POLISH-ENGLISH
ENGLISH-POLISH
DICTIONARY

HIPPOCRENE CONCISE DICTIONARY

POLISH-ENGLISH
ENGLISH-POLISH
DICTIONARY

Iwo C. Pogonowski

HIPPOCRENE BOOKS
New York

For information, address:
HIPPOCRENE BOOKS, INC.
171 Madison Avenue
New York, NY 10016
www.hippocrenebooks.com

ISBN-10: 0-7818-0133-8
ISBN-13: 978-0-7818-0133-1

Printed in the United States of America.

TABLE OF CONTENTS

Polish-English Dictionary   1

English-Polish Dictionary   73

Phonetics for English Speakers   230

Phonetics for Polish Speakers   234

POLISH-ENGLISH DICTIONARY

by

Iwo Cyprian Pogonowski

COMPLETE PHONETICS
POGONOWSKI'S SIMPLIFIED
PHONETIC NOTATION

ABREVIATIONS -- SKRÓTY

a.	- attribue	- przydawka
adj.	- adjective	- przymiotnik
adj. f.	- adjective feminine	- przymiotnik żeński
adj. m.	- adjective masculine	- przymiotnik męski
adj. n.	- adjective neuter	- przymiotnik nijaki
adv.	- adverb	- przysłówek
am.	- American	- amerykański
chem.	- chemistry	- chemia
conj.	- conjunction	- spójnik
constr.	- construction	- budowa
etc.	- and so on	- i tak dalej
excl.	- exclamation	- wykrzknik
expr.	- expression	- wyrażenie
f.	- substantive feminine	- rzeczownik żeński
gram.	- grammar	- gramatyka
hist.	- history	- historia
hyp.	- hyphen	- łącznik
indecl.	- indeclinable	- nieodmienny
inf.	- infinitive	- bezokolicznik
m.	- substantive masculine	- rzeczownik męski
m. in	- among others	- między innymi
n.	- substantice neuter	- rzeczownik nijaki
num.	- numeral	- liczebnik
part.	- particle	- partykuła
pl.	- substantive plural	- rzeczownik liczba nmoga
poet.	- poetry	- poezja
polit.	- politics	- polityka
p.p.	- past participle	- imiesłow czasu przeszłego
prep.	- preposition	- przyimek
pron.	- pronoun	- zaimek
s.	- substantive	- rzeczownik
sb.	- somebody	- ktoś
slang	- slang	- gwara, żargon
v.	- verb	- czasownik
vulg.	- vulgarity	- ordynarność
wg.	- according to	- według
W.W.II	- World War II	- druga wojna światowa
zob.	- see	- zobacz

A

a [a][as"a" in car] conj. and; or; but; then; at that time

a jakże! [a-yak-zhe] excl.: oh yes... ; yes indeed!

abonament [a-bo-na-ment] m. subscription, season ticket

absurd [ab-soord] m. absurdity

aby [a-bi] conj. to; in order to, in order that, only to; that

adres [ad-res] m. address

adwokat [ad-vo-kat] m. lawyer

akt kupna [akt koop-na] f. purchase deed; deed

akta [ak-ta] pl. documents; deeds; dossier; files; records

akuszerka [a-koo-sher-ka] f. midwife; accoucheuse

albo [a-lbo] conj. or; else

ale [a-le] conj. however; but; still; yet; not at all; n. defect

aleja [a-le-ya] f. avenue; alley

alkohol [al-ko-khol] m. alcohol

aluzja [a-looz-ya] f. hint; allusion; insinuation; dig

amant [a-mant] m. lover; beau

ambasada [am-ba-sa-da] f. embassy; ambassador and his staff; the embassy building

ambicja [am-beets-ya] f. ambition; aspiration; self esteem

Amerykanin [A-me-ri-ka-ńeen] m. American; man native of America

Amerykanka [A-me-ri-kan-ka] f. American; American woman

amerykański [a-me-ri-kań-skee] adj. m. American; of America

amunicja [a-moo-ńee-tsya] f. ammunition; munitions

analiza [a-na-lee-za] f. analysis; parsing; analysis of a sentence

analogia [a-na-log-ya] f. analogy; parallelism; parallel; parity

angielski [an-gel-skee] adj. m. English; English language

Angielka [an-gel-ka] f. English woman; Enflish girl

Anglia [an-glya] f. England

Anglik [an-gleek] m. Englishman

anioł [a-ńow] m. angel

ankieta [an-ke-ta] f. poll; inquiry; questionnaire; survey form

antybiotyki [an-ti-bee-yo-ti-kee] pl. antibiotics

apetyt [a-pe-tit] m. appetite

apostolski [a-pos-tol-skee] adj. m. apostolic; missionary

apteka [ap-te-ka] f. pharmacy

arena [a-re-na] f. arena; stage

areszt [a-resht] m. arrest; jail

arkusz [ar-koosh] m. sheet

armia [ar-mya] f. army; array

artykuł [ar-ti-koow] m. article

artysta [ar-ti-sta] m. artist

arytmetyka [a-rit-me-ti-ka] f. arithmetic

asekuracja [a-se-koo-ra-tsya] f. insurance; assurance

aspiryna [as-pee-ri-na] f. aspirin

asygnata [a-sig-na-ta] f. order (of payment, early check

asystować [a-sis-to-vać h] v. accompany; court; assist

atak [a-tak] m. attack; charge (fit); spasm; offensive

atlas [at-las] m. atlas

atom [a-tom] m. atom

atrakcja [a-trak-tsya] f. attraction; high light

atrament [a-tra-ment] m. ink

atut [a-toot] m. trump

audycja [aw-dits-ya] f. broadcast; program; pop

autentyczny [aw-ten-tich-ni] adj. m. authentic; genuine

auto [aw-to] n. motor car

autor [aw-tor] m. author

autostrada [aw-to-stra-da] f. superhighway; freeway

awans [a-vans] m. promotion; advancement; preferment

awantura [a-van-too-ra] f. brawl; fuss; row; scandal

azot [a-zot] m. nitrogen

aż [ash] part. as much; up to; till; until; as far as; down to

ażeby [a-zhe-bi] conj. that; in order that; so that; to

B

babka [bab-ka] f. grandmother; lass; chick; cake; flat hammer
baczność [bach-nośhćh] f. attention; watchfulness; care
bać się [baćh śhan] v. fear
bagaż [ba-gash] m. luggage
bajka [bay-ka] f. fairy-tale; gossip; scandal; story; fable
bak [bak] m. gasoline tank; can; pl. side-whiskers; sideburns
bal [bal] m. ball; bale; log
balkon [bal-kon] m. balcony
bałagan [ba-wa-gan] m. mess; disorder; disarray; confusion
bandaż [ban-dash] m. bandage
bank [bank] m. bank; pool
banknot [bank-not] m. banknote
barak [ba-rak] m. barrack
bardziej [bar-dźhey] adv. more; (emphatic "bardzo"); worse
bardzo [bar-dzo] adv. very
barwa [bar-va] f. color; hue
baryłka [ba-riw-ka] f. barrel
basen [ba-sen] m. pool; tank
bateria [ba-ter-ya] f. battery
bawełna [ba-vew-na] f. cotton
bawić [ba-veećh] v. amuse; entertain; recreate; stay
baza [ba-za] f. base; basis
bąbel [bown-bel] m. blister
bądź [bownćh] v. be this; conj. either-or; anyhow at any rate
bąk [bownk] m. horse fly; blunder; vulg. fart
beczka [bech-ka] f. barrel
befsztyk [bef-shtik] m. beefsteak (broiled or fried)
benzyna [ben-zi-na] f. gasoline
beret [be-ret] m. beret; cap
beton [be-ton] m. concrete
bez [bes] prep. without
bez [bes] m. lilac
bez- [bes] prefix = suffix less
bezbolesny [bez-bo-les-ni] m. painless; without pain

bezbronny [bez-bron-ni] adj. m. defenseless; helpless; unarmed
bezdomny [bez-dom-ni] adj. m. homeless; houseless; m. homeless person; outcast
bezgotówkowy [bez-go-toov-ko-vi] adj. m. without cash
bezład [bez-wat] m. disorder
beznadziejny [bez-na-dźhey-ni] adj. m. hopeless; desperate
bezokolicznik [bez-o-ko-leech-neek] m. infinitive (mood)
bezpieczeństwo [bez-pye-cheń-stvo] m. security; safety
bezpłatnie [bez-pwat-ńe] adv. free of charge; gratuitously
bezpośrednio [bez-po-śhred-ńo] adv. directly; personally
bezradny [bez-rad-ni] adj. m. helpless; baffled; at a loss
bezrobotny [bez-ro-bo-tni] adj. m. unemployed; out of work
bezsilny [bez-śheel-ni] adj. m. powerless; weak; helpless
beztroski [bez-tros-kee] adj. m. carefree; careless; jaunty
bezwstydny [bez-vstid-ni] adj. m. shameless; lewd; flagrant
bezwzględny [bez-vzgland-ni] adj. m. ruthless; despotic
białaczka [bya-wach-ka] f. leukemia; leukaemia
białko [byaw-ko] n. egg white; protein; white of the eye
biały [bya-wi] adj. m. white
biblia [beeb-lya] f. Bible
bić [beećh] v. beat; defeat
biec [byets] v. run; trot; flow
bieda [bye-da] f. poverty; want; trouble; distress; evil days
biedny [byed-ni] adj. m. poor
bieg [byek] m. run; race; course
biegle [bye-gle] adv. fluently
biel [byel] f. whiteness; white
bierny [byer-ni] adj. m. passive
bieżący [bye-zhown-tsi] adj. m. current; flowing; running
bilet [bee-let] m. note; ticket
biodro [byod-ro] n. hip; huckle
bitwa [beet-va] f. battle; fight
biust [byoost] m. bust; breast
biżuteria [bee-zhoo-ter-ya] f. jewelry; jewels

blady [bla-di] adj. m. pale
bliski [blees-kee] adj. m. near;
  imminent; near by; close
bliźni [bleeźh-ńee] m. fellow
  man; fellow creature; twin;
  identical; neighbor
blok [blok] m. block; pulley
blokować [blo-ko-vaćh] v.
  block; blockade; obstruct;
  stall; take up space; interlock
blondynka [blon-din-ka] f. blonde
  (girl); fair haired girl
bluzka [blooz-ka] f. blouse
błąd [bwownt] m. error; mistake;
  lapse; slip-up; fallacy; fault
błąkać się [bwown-kaćh śhan]
  v. wander; stray; roam; rove
błona [bwo-na] f. membrane;
  coat; film; tunic; velum; web
błotnik [bwot-ńeek] m. (car)
  fender; mudguard; (front end
  fender) splash-board
błoto [bwo-to] n. mud; muck
bo [bo] conj. because; for; or;
  as;since; or else; but then
boczny [boch-ni] adj. m. lateral;
  side; collateral (line)
bogaty [bo-ga-ti] adj. m. rich
bohater [bo-kha-ter] m. hero
boisko [bo-ees-ko] n. stadium;
  field; threshing floor; gridiron
bok [bok] m. side; flank
boks [boks] m. boxing; stall
boleć [bo-lećh] v. pain; ache
bosy [bo-si] adj. m. barefoot
Bóg [book] m. God
ból [bool] m. pain; ache; sore
brać [braćh] v. take; hold
brak [brak] m. lack; need; want;
  scarcity; shortage; absence;
  fault; privation; poverty
brama [bra-ma] f. gate; gateway;
  front door; wicket; port
brat [brat] m. brother; mate
brednie [bred-ńe] n. nonsense
brew [brev] f. eyebrow
broda [bro-da] f. beard; chin
brodzić [bro-dźheećh] v. wade
bronić [bro-ńeećh] v. defend;
  protect; shield; interdict
broń [broń] f. weapon; arms
broszka [brosh-ka] f. brooch
brud [brood] m. dirt; filth

brunetka [broo-net-ka] f.
  brunette; dark-haired woman
brwi [brvee] pl. eye brows
brzeg [bzhek] m. shore; margin
brzuch [bzhookh] m. belly;
  abdomen; stomach; tummy;
  guts; abdomen (of an insect)
brzydki [bzhid-kee] adj. m. ugly;
  unsightly; hideous; foul
brzytwa [bzhit-va] f. razor
bucik [boo-ćheek] m. shoe; boot
buda [boo-da] f. shed (stall)
budowa [boo-do-va] f.
  construction; erection; framew
  ork; structure
budować [boo-do-vaćh] v.
  build; construct
budowla [boo-dov-la] f. building
  (large); edifice; house
budzić [boo-dźheećh] v. wake
  up; awaken; rouse; stir; arise
budzik [boo-dźheek] m. alarm
  clock; alarm
burza [boo-zha] f. tempest;
  storm; wind storm; rain storm
but [boot] m. boot; shoe; sabot
butelka [boo-tel-ka] f. bottle
by [bi] conj. in order that;
  (conditional) as if; at least
być [bićh] v. be; exist; live
byle [bi-le] conj. in order to; so
  as to; pron. any; slap-dash

C

cal [tsal] m. inch
cała [tsa-wa] adj. f. whole
całkiem [tsaw-kem] adv. quite;
  entirely; completely; totally
całkowity [tsaw-ko-vee-ti]
  adj. m. total; complete
cało [tsa-wo] adv. (in one piece)
  safely; safe and sound
całować [tsa-wo-vaćh] v. kiss;
  embrace; give a kiss
całus [tsa-woos] m. kiss
cały [tsa-wi] adj. m. whole
cebula [tse-boo-la] f. onion

cegła [tseg-wa] f. brick
cel [tsel] m. purpose; aim
cement [tse-ment] m.cement
cena [tse-na] f. price; value
cera [tse-ra] f. complexion; skin;
  mend; darn; darned place
cęgi [tsan-gee] pl. tongs; pliers;
  nippers; pincers; pipe-wrench
charakter [kha-rak-ter] m.
  disposition; character; quality
chcieć [khćheć h] v.want
chęć [khanćh] f. wish; desire
chinina [khee-ńee-na] f. quinine
chętna [khant-na] adj. f. willing; eager; forward
chętny [khant-ni] adj. m. will-
  -ing; eager; forward
chirurg [khee-roorg] m. surgeon;
  sawbones (slang)
chlapać [khla-paćh] v. splash
chleb [khleb] m. bread
chłodzić [khwo-dźeećh] v.
  cool; refresh; refrigerate
chłop [khwop] m. peasant; man
chłopiec [khwo-pyets] m. boy
chłód [khwoot] m. cold;
  freshness; coolness; iciness;
  shiver; chilly atmosphere
chmura [khmoo-ra] f. cloud
chociaż [kho-ćhash] conj. albeit;
  even if; though, tho'; while
chodnik [khod-ńeek] m.
  sidewalk; pathway; stair
  carpet; foot-path; pavement
chodzić [kho-dźheećh] v. go;
  walk; move; creep; pace;
  attend; come; thread; stalk
choroba [kho-ro-ba] f. sickness
chory [kho-ri] adj. m. sick; ill;
  ailing; infirm; unwell
chować [kho-vaćh] v. hide
chód [khoot] m. gait; walk
chór [khoor] m. choir
chrapać [khra-paćh] v. snore
chrypka [khrip-ka] f. hoarseness;
  sore throat
Chrystus [khris-toos] m. Christ
chudnąć [khood-nownćh] v.
  lose weight; grow thin; lose
  flesh; become thin; thin
chuda [khoo-da] adj. f. lean;
  thin (female)
chudy [khoo-di] adj. m. lean;

thin (male)
chustka [khoost-ka] f.
  handkerchief; kerchief; scarf
chwalić [khva-leećh] v. praise
chwila [khvee-la] f. moment
chwycić [khvi-ćheećh] v.
  grasp; seize; get hold; grip
chwyt [khvit] m. grasp; grip
chyba [khi-ba] part. maybe
chybić [khi-beećh] v. miss
chytry [khit-ri] adj. m. sly
ci [ćhee] pron. these; they;
  part.: for you; well, well!
ciało [ćha-wo] n. body; substance; frame; anatomy; staff;
  aggregate; corpse; carcass
ciastko [ćhast-ko] n. cake; pie
ciąć [ćhownćh] v. cut; clip
ciągły [ćhowng-wi] adj. m. un-
  ceasing; continuous; perpetual
ciągnąć [ćhowng-nownćh] v.
  pull; draw; tag; lug; drag;
  haul; have in tow; trail;.
  obtain; pump; deduce; infer;
  suck; inhale; attract; stretch;
  expand; extend; continue;
  proceed; blow; sweep; run;
  tend; lean; dilate; wear on
ciąża [ćhown-zha] f. pregnancy
cicho [ćhee-kho] adv. silently;
  noiselessly; softly; privately
cichy [ćhee-khi] adj. m. quiet;
  still; low; gentle; calm; serene
ciec [ćhets] v. leak; flow
ciekawy [ćhe-ka-vi] adj. m.
  cute; curious; interesting;
  prying; inquiring; inquisitive
ciemno [ćhem-no] adv. darkly
ciemny [ćhem-ni] adj. m. dark
cienki [ćhen-kee] adj. m. thin
cień [ćheń] m. shade; shadow
ciepło [ćhep-wo] adv. warm
ciepły [ćhep-wi] adj. m. warm
cierpieć [ćher-pyećh] v. suffer;
  anguish; be troubled; endure
cierpliwość [ćher-plee-
  -vośhćh] f. patience; endu-
  rance; forbearance
cierpliwy [ćher-plee-vi] adj. m.
  enduring; patient; forbearing
cieszyć [ćhe-shićh] v. cheer
cieśla [ćheś-la] m. carpenter;
  wood worker; shipwright;

wood construction worker
ćięcie [ćhan-ćhe] n. cut; gash
ciężar [ćhan-zhar] m. weight;
burden; gravity; onus; duty;
charge; task; encumbrance
ciężki [ćhanzh-kee] adj. m.
heavy; weighty; bulky;
oppressive; clumsy; dull; inapt
ciężko [ćhanzh-ko] adv. heavily
ciocia [ćho-ćha] f. auntie; aunt
cisnąć [ćhees-nownćh] v.
press; squeeze; bear; urge;
hurt; pinch; crowd; tighten
cisza [ćhee-sha] f. calm; silence
ciśnienie [ćheeśh-ńe-ńe] n.
pressure; blood pressure;
thrust; stress
ciuch [ćhookh] m. used clothing
cło [tswo] n. customs
co [tso] pron. part. what; which
codzień [tso-dźheń] adv. daily
cofać się [tso-faćh śhan] v.
back up; retreat; regress;
retire; remove; withdraw
cokolwiek [tso-kol-vyek] pron.
anything; whatever; somewhat
coś [tsośh] pron. something
córka [tsoor-ka] f. daughter
cud [tsoot] m. wonder; miracle
codzoziemiec [tsoo-dzo-źhe-
-myets] m. alien; foreigner
cukier [tsoo-ker] m. sugar
cyfra [tsif-ra] f. number
cyna [tsi-na] f. tin
cyngiel [tsin-gyel] m. trigger
cytryna [tsi-tri-na] f. lemon
czajnik [chay-ńeek] m. tea-pot
czapka [chap-ka] f. cap; pileus
czar [char] m. spell; charm
czarno [char-no] adv. blackly
czarny [char-ni] adj. m. black
czas [chas] m. time; duration
czasem [cha-sem] adv. some-
-times; occasionally; by any
chance; now and then
cząstka [chownst-ka] f. particle
czego [che-go] conj. why? what?
czek [chek] m. check (in
banking); cheque
czekać [che-kaćh] v. wait;
await; stand by; expect;
waste time; be in store for
czekolada [che-ko-la-da] f.

chocolate; slab of chocolate
czemu [che-moo] part. why? to
what? what to? what for?
czerpać [cher-paćh] v. scoop;
draw; ladle; derive (benefit)
czerstwy [chers-tvi] adj. m.
stale; robust (man); firm
czerwiec [cher-vyets] m. June
czerwienić się [cher-vye-ńeećh
śhan] v. blush (redden)
czerwony [cher-vo-ni] adj. m.
red; scarlet; crimson; ruddy
czesać [che-saćh] v. comb;
brush; dress hair; do hair
czeski [ches-kee] adj. m. Czech
cześć [cheśhćh] f. honor;
cult; worship; respect;
adoration; reverence; good
name; greeting: hullo! cheerio!
często [chans-to] adv. often
częsty [chans-ti] adj. m.
frequent; repeated often
część [chanśhćh] f. part;
share; section; piece; quota
czoło [cho-wo] n. forehead
czterdzieści [chter-dźheśh-
-ćhee] num. forty
czternaście [chter-naśh-ćhe]
num. fourteen, 14
cztery [chte-ri] num. four
czterysta [chte-ri-sta] num.
hour hundred; 400
czucie [choo-ćhe] n. feeling;
smelling; sense perception
czuć [chooćh] v. feel; smell
czuły [choo-wi] adj. m. tender;
affectionate; sensitive; keen
czwartek [chvar-tek] m.
Thursday
czwarty [chvar-ti] num. fourth
czy [chi] conj. if; whether
czyj [chiy] pron. whose
czyli [chi-lee] conj. or; otherwise;
that is to say; in other words
czynić [chi-ńeećh] v. do;
render; act; amount; cause
czyrak [chi-rak] m. boil; furuncle;
abscess; anbury; rising
czysto [chi-sto] adv. clean
czysty [chis-ti] adj. m. clean
czyścić [chiśh-ćheećh] v.
clean; scour; brush; rub; purge
czytać [chi-taćh] v. read

czytelnik [chi-tel-ńeek] m.
reader; reading individual
czytelny [chi-tel-ni] adj. m.
legible; readable
ćwierć [ćhvyerćh] f. one
fourth (of a liter etc.)
ćwiczenie [ćhvee-che-ńe] n.
exercise; instruction; drill

D

dach [dakh] m. roof; shelter
dać [daćh] v. give; pay; result
dalej [da-ley] moreover; further
off; so on; later; further back
daleki [da-le-kee] adj. m. dis-
-tant; remote; far-away
dalszy [dal-shi] adj. m. further;
later; outlying; another
danie [da-ńe] m. serving (of
food); dish; course
dar [dar] m. gift; present
darmo [dar-mo] adv. free;
gratuitously; to no avail
darować [da-ro-vaćh] v. give;
forgive; overlook; spare
data [da-ta] f. date
dawno [dav-no] adv. long ago
dążyć [down-zhićh] v. aspire;
tend; aim; be bound; trend
dbać [dbaćh] v. care; set store
dach [dakh] m. breath; gust
decyzja [de-tsis-ya] f. decision;
ruling; resolve; resolution
defekt [de-fekt] m. defect; flaw;
denerwować [de-ner-vo-vaćh]
v. bother; make nervous; vex;
irritate; upset; exasperate
dentysta [den-tis-ta] m. dentist
depesza [de-pe-sha] f. wire;
telegram; cable; dispatch
depozyt [de-po-zit] m. deposit
derka [der-ka] f. rug; blanket
deska [des-ka] f. plank; board
deszcz [deshch] m. rain
dewiza [de-vee-za] f. foreign
money; motto; slogan; device
dętka [dant-ka] f. pneumatic tire;

tube; air chamber
dieta [dye-ta] f. diet; regimen
dla [dla] prep. for; to; towards
dlaczego [dla-che-go] prep. why;
what for; why are you ...?
dlatego [dla-te-go] prep.
because; this is why; and so
dłoń [dwoń] f. palm of the
hand; hand; metacarpus; quart
dług [dwook] m. debt; obligation
długi [dwoo-gee] adj. m. long
dłuto [dwoo-to] n. chisel
dno [dno] n. bottom; utterness
do [do] prep. to; into; up; till
doba [do-ba] f. 24 hours
dobranoc [do-bra-nots] (indecl.)
good-night
dobroć [dob-roćh] f. kindness
dobry [dob-ri] adj. m. good; kind;
right; hearty; retentive
dobrze [dob-zhe] adv. well; OK;
rightly; properly; okay
dochód [do-khoot] m. income;
revenue; profit; returns
dodać [do-daćh] v. add; sum
up; join; affix; impart
dodzwonić się [do-dzvo-
-ńeećh śhan] v. get through
on the phone; ring the door
bell and get an answer
dogadzać [do-ga-dzaćh] v.
please; accommodate; satisfy
dogodny [do-god-ni] adj. m.
convenient; suitable; handy
dojazd [do-yazt] m. access;
drive; approach; means of
transport; journey
dojechać [do-ye-khaćh] v.
reach; arrive; approach; bang;
hit; give a blow; jeer; peck
dojrzały [doy-zha-wi] adj. m.
ripe; mellow; mature; adult
dojście [doy-śhćhe] n. access;
(avenue of) approach
dokąd [do-kownt] adv. where;
till when? whither; where to?
how far? till when? how long?
dokładny [dok-wad-ni] adj. m.
accurate; exact; precise
dokoła [do-ko-wa] adv. round;
round about; all round
doktor [dok-tor] m. doctor
dokuczać [do-koo-chaćh] v.

vex; annoy; nag; bully; sting;
trouble; spite; worry; torment
dolina [do-lee-na] f. valley; dale;
glen; coomb; (slang) pocket
dolny [dol-ni] adj. m. lower
dom [dom] m. house; home
domagać się [do-ma-gaćh
śhan] v. demand; claim; insist
domowy [do-mo-vi] adj. m.
domestic; homemade; private
domysł [do-misw] m. guess
donośny [do-nośh-ni] adj. m.
resounding; ringing; loud
dookoła [do-o-ko-wa] adv. round;
round about; al! around; all
around; right round
dopalać [do-pa-laćh] v.
after burn; finish burning; burn
out; finish smoking
dopasować [do-pa-so-vaćh] v.
fit; adapt; adjust; match; tone
dopiero [do-pye-ro] adv. only;
just; hardly; barely; not till
dopłata [do-pwa-ta] f. extra
payment; surcharge; extra fare
dopóki [do-poo-kee] conj. as
long; as far; while; until; till
dopóty [do-poo-ti] conj. till; until;
so far; up to here; as long as
doprowadzić [do-pro-va-
-dźheećh] v. lead to; cause;
provoke; reduce; achieve;
convey; result; bring
dorabiać [do-ra-byaćh] v. make
additionally; replace; finish
doradzić [do-ra-dźheećh] v.
advise (to do something)
doręczyć [do-ran-chićh] v.
hand in; deliver; transmit
dorosły [do-ros-wi] adj. m. adult;
grown up; mature; grown
dorywczy [do-riv-chi] adj. m.
occasional; improvised; fitful;
off-and-on; hit-and-run
dosięgać [do-śhan-gaćh] v.
reach; attain; catch up with
doskonalić [do-sko-na-leećh] v.
perfect; improve; cultivate
dosłowny [do-swov-ni] adj. m.
literal; verbal; textual
dostać [dos-taćh] v. obtain;
reach; take out
dostosować [do-sto-so-vaćh] v.

accommodate; subordinate; fit
dostrzec [dos-tshets] v. notice;
behold; perceive; spot; spy;
see
dosyć [do-sićh] adv. enough;
plenty; sufficient
dość [dośhćh] adv. enough
doświadczyć [do-śhvyad-
-chićh] v. experience; sustain;
feel; undergo; suffer; scourge
dotąd [do-townt] adv. up till
now; here to fore; hitherto;
thus far; so far; yet; by then;
till then; still; not...as yet
dotknąć [dot-knownćh] v.
touch; finger; offend; hurt
dotrzymać [do-tshi-maćh] v.
keep; stick to one's
commitment; adhere; redeem
dotychczas [do-tikh-chas] adv.
up to now; hitherto; to date
dowcip [dov-ćheep] m. wit;
joke; jest; gag; quip; sally
dowiedzieć się [do-vye-dźhećh
śhan] v. get to know; learn
do widzenia [do vee-dze-ńa]
good bye; see you later
dowolny [do-vol-ni] adj. m.
optional; any; whichever
dowód [do-voot] m. proof;
evidence; record; token
dozorca [do-zor-tsa] m.
caretaker; watchman; overseer
drabina [dra-bee-na] f. ladder
drapać [dra-paćh] v. scratch
dreszcz [dreshch] m. chill;
shudder; thrill; flutter; shiver
drobne [drob-ne] pl. small
change; petty cash; small coin
droga [dro-ga] f. 1. road; 2.
journey; 3. adj. f. dear
drogi [dro-gee] adj. m. dear;
expensive; costly; beloved
drogowskaz [dro-gov-skas] m.
road sign; signpost
drugi [droo-gee] num. second ;
other; the other one; latter
druk [drook] m. print; printing
drzemka [dzhem-ka] f. nap
drzewo [dzhe-vo] n. tree
drzwi [dzhvee] n. door
duch [dookh] m. spirit; ghost;
state of mind; intendment

dusza [doo-sha] f. soul; psyche

dużo [doo-zho] adv. much; many

duży [doo-zhi] adj. m. big; large; great; fair-sized; pretty large

dwa [dva] num. two; 2

dwadzieścia [dva-dźheśh--ćha] num. twenty; 20

dwanaście [dva-naśh-ćhe] num. twelve; 12

dwieście [dvyeśh-ćhe] num. two hundred; 200

dworzec [dvo-zhets] m. (rail) station; depot

dwunastka [dvoo-nast-ka] f. twelve; (team) of twelve

dwunasty [dvoo-nas-ti] adj. m. twelfth; 12th

dykta [dik-ta] f. plywood

dym [dim] m. smoke; fumes

dyplom [di-plom] m. diploma

dyrekcja [di-rek-tsya] f. management; headquarters

dyskusja [dis-koo-sya] f. discussion; debate; controversy

dystans [dis-tans] m. distance

dywan [di-van] m. carpet; rug

dyżurny [di-zhoor-ni] adj. m. on call; on duty; orderly

dziadek [dźha-dek] m. grandfather

dział [dźhaw] m. section

działać [dźha-waćh] v. act; work; be active; be effective

dzieci [dźhe-ćhee] pl. children

dziecko [dźhets-ko] n. child; baby; trot; kiddie; kid

dziedzina [dźhe-dźhee-na] f. realm; area; sphere; domain

dzieje [dźhe-ye] pl. history

dzielnica [dźhel-ńee-tsa] f. province; quarter; section

dzielny [dźhel-ni] adj. m. brave; resourceful; efficient

dzieło [dźhe-wo] n. achievement; work; composition

dziennik [dźhen-ńeek] m. daily news; daily; journal; diary

dziennikarz [dźhen-ńee-kash] m. reporter; juornalist

dzienny [dźhen-ni] m daily; diurnal; day's (pay, work, etc.)

dzień [dźheń] m. day; daylight

dzień dobry [dźheń dob-ri]

exp. good morning; good day

dzierżawa [dźer-zha-va] f. lease; rental; holding; household

dziesiąta [dźhe-śhown-ta] adj. f. num. tenth; 10th (girl)

dziesiątka [dźhe-śhownt-ka] f. ten; (team of) ten; 10

dziesiąty [dźhe-śhown-ti] num. adj. m. tenth; 10th

dziesięć [dźhe-śhanćh] num. ten; 10

dziewczyna [dźhev-chi-na] f. girl; lass; wench; maid

dziewica [dźhe-vee-tsa] f. virgin; maiden

dziewięć [dźhe-vyanćh] num. nine; 9

dziewiętnaście [dźhe-vyant--naśh-ćhe] num. nineteen

dziękować [dźhan-ko-vaćh] v. thank; give thanks

dzisiejszy [dźhe-śhey-shi] adj. m. today's; modern

dziś [dźheeśh] adv. today

dzisiaj [dźhee-śhay] adv. today; at the present time

dziura [dźhoo-ra] f. hole

dziwactwo [dźhee-vats-tvo] n. crank; fad; craze; peculiarity

dziwić [dźhee-veećh] v. astonish; surprise; wonder

dziwić się [dźhee-veećh śhan] be astonished; be surprised; wonder

dziwny [dźheev-ni] m. strange; odd; queer; peculiar; singular

dzwonić [dzvo-ńeećh] v. ring up someone

dźwięk [dźhvyank] m. sound

dźwigać [dźhvee-gaćh] v. lift; hoist; raise; heave; erect; carry; upheave; elevate; erect

dżet [dzhet] m. jet

dżinsy [dzheen-si] pl. blue jeans

E

echo [ekho] n. echo; response

efekt [e-fekt] m. effect
efektowny [e-fek-tov-ni] adj. m.
 showy; striking; attractive
egoista [e-go-ees-ta] m. egotist
egzamin [eg-za-meen] m.
 examination; exam; standing a
 test; a set of questions
egzemplarz [eg-zem-plazh] m.
 copy (sample); specimen
ekipa [e-kee-pa] f. team; crew
ekonomia [e-ko-no-mya] f.
 economics; thrift; economy
ekran [ek-ran] m. screen; shield
ekspedient [eks-pe-dyent] m.
 salesperson; clerk; salesman
elegancja [e-le-gan-tsya] f.
 elegance; fashion; style
elektryczność [e-lek-trich-
 -nośhćh] f. electricity
emeryt [e-me-rit] m. retired
 person; pensioner; pensionary
energia [e-ner-gya] f. energy
energiczny [e-ner-geech-ni] adj.
 m. energetic; vigorous
epoka [e-po-ka] f. epoch
erotyczny [e-ro-tich-ni] adj. m.
 erotic; sexual; amatory
etap [e-tap] m. stage (of
 development); halting place
ewangelia [e-van-gel-ya] f.
 gospel; gospel truth
ewentualnie [e-ven-too-al-ńe]
 adv. possibly; if need be
ewolucja [e-vo-loo-tsya] f.
 evolution; development

 prank; trick; ill turn
figura [fee-goo-ra] f. figure;
 shape; form; image; big wig
filiżanka [fee-lee-zhan-ka] f. cup;
 cupful; coffee-cup
film [feelm] m. film; picture
fiołek [fyo-wek] m. violet
firanka [fee-ran-ka] f. curtain;
 drapery; pl. hangings
firma [feer-ma] f. business; firm;
 name of a firm; establishment
forma [for-ma] f. shape; mold
forsa [for-sa] f. dough; chink;
 bread; tin; a pot of money
fortepian [for-te-pyan] m. grand
 piano; stringed keyboard
fotel [fo-tel] m. armchair
fotograf [fo-to-graf] m.
 photographer
fotografia [fo-to-gra-fya] f
 photograph; snap shot; picture
fragment [frag-ment] m. fragment; episode; excerpt; scrap
frazes [fra-zes] m. platitude
fryzjer [fri-zyer] m. barber;
 hairdresser; beautician
fryzjerka [friz-yer-ka] f.
 hairdresser; beautician
fryzura [fri-zoo-ra] f. hair
 do; hair style
funkcja [foon-ktsya] f. function;
 functions; office; duties
funt [foont] m. pound (weight)
futro [foot-ro] n. fur (skin, coat)

F

fabryka [fa-bri-ka] f. factory
fajka [fay-ka] f. pipe (for
 smoking); wild boar's tusk
faktycznie [fak-tich-ńe] adv. in
 fact; actually; indeed; truly
fałsz [fawsh] m. falsehood
farba [far-ba] f. paint; dye color;
 dyeing; oil color; ink; blood
fasola [fa-so-la]f. bean
figiel [fee-gel] m. practical joke;

G

gabardyna [ga-bar-di-na] f.
 gabardine; twilled cloth
galareta [ga-la-re-ta] f. jelly
gałąź [ga-wownźh] f. branch
garaż [ga-razh] m. garage
garderoba [gar-de-ro-ba] f.
 wardrobe; dressing-room
gardło [gard-wo] n. throat
garnek [gar-nek] m. pot; potful
garnitur [gar-ńee-toor] m. set;
 suite (clothes); assortment

garnuszek [gar-noo-shek] m. cup
garść [garśhćh] f. handful
gasić [ga-śheećh] v. expire;
  go out; die down; extinguish;
  quench; put out; eclipse
gazeta [ga-ze-ta] f. newspaper
gazolina [ga-zo-lee-na] f.
  gasoline; gasolene; petrol
gaźnik [gaźh-ńeek] m. carbu-
  rettor (for air-gasoline mixing)
gąbka [gownb-ka] f. sponge
gdy [gdi] conj. when; as; that
gdyby [gdi-bi] conj. if
gdzie [gdźhe] adv. conj. where
gdziekolwiek [gdźhe-kol-vyek]
  adv. anywhere; wherever
gdzieś [gdźheśh] adv. somewhere; (vulg. exp.: in my ass)
generalny [ge-ne-ral-ni] adj. m.
  general; widespread; full-scale
geneza [ge-ne-za] f. origin;
  genesis; birth; the beginning
geografia [ge-o-gra-fya] f.
  geography; the physical traits
giąć [gyownćh] v. bow; bend
giętki [gant-kee]adj. m. flexible;
  nimble; elastic; adaptable
gimnastyczny [geem-na-stich-ni]
  adj. m. gymnastic; athletic
gimnastykować się [geem-nas-
  -ti-ko-vaćh śhan] v. do
  physical exercices
ginekolog [gee-ne-ko-log] m.
  gynecologist
glina [glee-na] f. clay; loam
gładki [gwat-kee] adj. m. plain;
  smooth; sleek; even; level;
  glib; straight; lank; fluent
głęboki [gwan-bo-kee] adj. m.
  deep; distant; remote; intense
głodny [gwod-ni] adj. m. hungry
głos [gwos] m. voice; sound;
  tone; toot; vote; opinion
głośno [gwośh-no] adv. loud
głośny [gwośh-ni] adj. m. loud
głowa [gwo-va] f. head; chief
głód [gwoot] m. hunger; famine
główny [gwoov-ni] adj. m. main;
  predominant; foremost; chief
głuchy [gwoo-khi] adj. m. deaf
głupi [gwoo-pee] adj. m. silly;
  stupid; foolish; asinine
głupota [gwoo-po-ta] f. stupidity;

imbecility; foolishness
gmach [gmakh] m. large building
gnić [gńeećh] v. rot; decay
gniew [gńev] m. anger; wrath
gniewać się [gńe-vaćh śhan]
  v. resent; be irritated by
gnój [gnooy] m. manure; dung;
  stinker (vulg.); lousy bum
godność [god-nośhćh] f. dignity; name; pride; self-esteem;
  self-respect; post; high rank
godzina [go-dźhee-na] f. hour
golić [go-leećh] v. shave
gołosłowny [go-wo-swov-ni]
  adj.goły [go-wi] adj. m. naked
gorący [go-rown-tsi] adj. m. hot;
  sultry; warm; hearty; lively
gorączka [go-rownch-ka] f. fever; shakes; excitement; heat;
  temperature; heat; passion
gorszy [gor-shi] adj. m. worse
gorzej [go-zhey] adv. worse
gorzki [gozh-kee] adj. m. bitter
gospodarstwo [gos-po-dar-stvo]
  n. household; farm; property;
  possession; holding
gospodyni [gos-po-di-ńee] f.
  landlady; hostess; manageress
gościć [gośh-ćheećh] v.
  receive; entertain; treat; stay
  at; to enjoy hospitality
gość [gośhćh] m. guest;
  caller; visitor; customer
gotować [go-to-vaćh] v. cook;
  boil; get ready; prepare
gotowy [go-to-vi] adj. m. ready;
  done; complete; willing
gotówka [go-toov-ka] f. cash
góra [goo-ra] f. mountain
górnik [goor-ńeek] m. miner
górny [goor-ni] adj. m. upper
górski [goor-skee] adj. m.
  mountainous; mountain-
grabić [gra-beećh] v. rake;
  plunder; rob; sack; rake up
grać [graćh] v. play; act;
  gamble; pretend; pulsate
granica [gra-ńee-tsa] f. border; boundary; limit; frontier;
  range; reach; confines; bounds
gratulacja [gra-too-lats-ya] f.
  congratulations; felicitation
groch [grokh] m. pea; pea plant

gromada [gro-ma-da] f. crowd;
  throng; community; team
grono [gro-no] n. bunch of
  grapes; cluster; group; body of
  people; company; circle
grosz [grosh] m. grosz; penny
grot [grot] m. dart; spike
grozić [gro-źheećh] v. threaten
grób [groop] m. grave; tomb
gruby [groo-bi] adj. m. thick; fat;
  big; stout; large; low-pitched
grudzień [groo-dźheń] m.(the
  month of) December
grupa [groo-pa] f. group; class
gruźlica [grooźh-lee-tsa] f.
  tuberculosis; consumption
grypa [gri-pa] f. flu; influenza
gryźć [griźhćh] v. bite;
  gnaw; chew; prick; torment
grzebień [gzhe-byeń] m. comb;
  crest of a wave; teaser
grzeczność [gzhech-nośhćh]
  f. politeness; favor; attentions
grzyb [gzhip] m. mushroom;
  fungus; snuff; dry-rot
gubić [goo-beećh] v. loose; ruin
guma [goo-ma] f. rubber
gwałcić [gvaw-ćheećh] v.
  rape; violate; compel; coerce;
  force; outrage; transgress
gwałtowny [gvaw-tov-ni] adj. m.
  outrageous; urgent; violent
gwarancja [gva-ran-tsya] f.
  warranty; guarantee; pledge
gwóźdź [gvooźhćh] m. nail

H

hak [khak] m. hook; clamp;
  clasp; grapnel; upper-cut (box)
halka [khal-ka] f. petticoat
hałas [kha-was] m. noise; din
hamować [kha-mo-vaćh] v.
  apply brakes; restrain; hamper;
  curb; cramp; delay; retard
hamulec [kha-moo-lets] m. brake
handlować [khand-lo-vaćh] v.
  trade; deal; be in business

hańba [khań-ba] f. disgrace
harcerz [khar-tsezh] m. boy
  scout
hasło [khas-wo] m. password
haust [khaust] m. gulp; swing
herbata [kher-ba-ta] f. tea
herbatnik [kher-bat-ńeek] m.
  biscuit; small dry cake
historia [khee-stor-ya] f. story;
  history; affair; show; fuss
historyjka [khees-to-riy-ka] f.
  (a little) story; tale
hodować [kho-do-vaćh] v. rear;
  breed; rise; keep; nurse
holować [kho-lo-vaćh] v. tow;
  haul; drag; tug; truck
hotel [kho-tel] m. hotel
huk [khook] m. bang; roar
humor [khoo-mor] m. humor
huta [khoo-ta] f. metal or glass
  mill; smelting works

I

i [ee] conj. and; also; too
ich [eekh] pron. their
idea [ee-de-a] f. idea; aim
idealny [ee-de-al-ni] adj. m. ideal;
  perfect; visionary; sublime
igła [eeg-wa] f. needle
ile [ee-le] adv. how much
ilość [ee-lośhćh] f. quantity
im [eem] conj. the more...
imię [ee-myan] n. name (given)
impreza [eem-pre-za] f.
  entertainment; spectacle;
  show; stunt; meet; venture
inaczej [ee-na-chey] adv.
  otherwise; differently; unlike
indyk [een-dik] m. turkey
indywidualny [een-di-vee-doo-al-
  -ni] adj. m. individual
inkasować [een-ka-so-vaćh] v.
  collect (money); get a blow
inny [een-ni] adj. m. other;
  different; another (one)
instrument [een-stru-ment] m.
  instrument; tool; deed; legal

instrument; appliance
instynkt [een-stinkt] m. instinct;
  inborn aptitude; knack
inteligentny [een-te-lee-**gent**-ni]
  adj. m. intelligent; clever; wise
interes [een-te-res] m. interest;
  business; store; matter
interesujący [een-te-re-soo-<u>yown</u>-
inżynier [een-**zhi**-ńer] m.
  engineer; graduate engineer
irytacja [ee-ri-**tats**-ya] f. irritation;
  vexation; chafe; annoyance
istota [ees-to-ta] f. being;
  essence; gist; sum; entity
istotny [ees-tot-ni] adj. m. real;
  substantial; vital; radical
istotnie [ees-tot-ńe] adv. indeed;
  truly; really; in fact; in reality
iść [eeśhćh] v. go; walk
izba [eez-ba] f. room; chamber
iżby [eezh-bi] conj. m. in order
  that; in order to; lest

J

ja [ya] pron. I; (indecl.) self
jabłko [yab-ko] n. apple
jad [yat] m. venom; poison
jadać [ya-daćh] v. eat
  (regularly)
jadalnia [ya-dal-ńa] f.
  dining-room; mess; mess-hall
jadło [yad-wo] n. food; edibles
jadłospis [yad-**wo**-spees] m.
  menu; bill of fare
jajko [yay-ko] n. egg (small)
jak [yak] adv. how; as; if; than
jaka [ya-ka] pron. f. what; which
jaki [ya-kee] pron. m. what;
  which one? that; some; like
jakiś [ya-keeśh] pron. some
jakość [ya-kośhćh] f. quality
jasny [yas-ni] adj. m. clear;
  bright; light; shining; noble
jazda [yaz-da] f. ride; driving
ją [yown] pron. her
jąkać [yown-kaćh] v. stutter
jechać [ye-khaćh] v. ride; drive

jeden [ye-den] num. one; some
jedenaście [ye-de-naśh-ćhe]
  num. eleven; 11
jednak [yed-nak] conj. however;
  yet; still; but; after all; though
jedno [yed-no] num. one; 1
jedno- [yed-no] one-; uni-; single-
jednocześnie [yed-no-cheśh-
  -ńe] adv. simultaneously; also
jednokrotnie [yed-no-krot-ńe]
  adv. one time; once (only)
jednostka [yed-**nost**-ka] f. unit;
  individual; entity; measure;
  digit; specimen; denomination
jedność [yed-nośhćh] f. unity
jedzenie [ye-**dze**-ńe] n. meat;
  food; victuals; feed; eats
jego [ye-go] pron. his; him
jej [yey] pron. her; hers
jasień [ye-śheń] f. autumn;
  fall; the fall of the leaf
jest [yest] (he, she, it) is
jestem [yes-tem] (I) am
jeszcze [yesh-che] adv. still;
  besides; more; yet; way back
jeść [yeśhćh] v. eat; feed sb
jeśli [yeśh-lee] conj. if
jezdnia [yezd-ńa] f. roadway
jezioro [ye-żho-ro] n. lake
jeżdżenie [yezh-dzhe-ńe] n.
  riding; driving; tyrannizing
jeżeli [ye-zhe-lee] conj. if
jęk [yank] m. groan; moan; wail
język [yan-zik] m. tongue
jodyna [yo-di-na] f. tincture of
  iodine (antiseptic); iodine
juta [yoo-ta] f. jute; jute plant
jutro [yoot-ro] adv. tomorrow
jutrzejszy [yoo-tshey-shi] adj. m.
  tomorrow's; future
już [yoozh] conj. already; at any
  moment; by now; no more

K

kaczka [kach-ka] f. duck
kajuta [ka-yoo-ta] f. ship-cabin
kakao [ka-ka-o] n. cocoa

kaktus [kak-toos] m. cactus
kalafior [ka-la-fyor] m.
cauliflower (a vegetable)
kaleka [ka-le-ka] m. f. cripple
kalendarz [ka-len-dash] m.
calendar; almanac
kalesony [ka-le-so-ni] pl.
underwear; drawers; shorts;
underpants; trunk drawers
kalkulować [kal-koo-lo-vaćh] v.
calculate; compute; work out
kalosz [ka-losh] m. rubber
overshoe; galosh; rubber boot
kał [kaw] m. excrement; stool
kamień [ka-myeń] m. stone
kamizelka [ka-mee-zel-ka] f.
waistcoat; vest; camisole
kanał [ka-naw] m. channel; dike;
(storm) sewer; duct; ditch;
conduit; tube; gully; gutter
kanapka [ka-nap-ka] f. sandwich;
small size sofa; love seat
kapać [ka-paćh] v. dribble;
trickle; drip; fall drop by drop
kapelusz [ka-pe-loosh] m. hat
kapitan [ka-pee-tan] m. captain
kapusta [ka-poos-ta] f. cabbage;
a dish of cabbage
kara [ka-ra] f. penalty; fine;
punishment; correction; chas-
tisement; retribution; requital;
a judgement; nuisance; pest
karać [ka-raćh] v. punish
kariera [ka-rye-ra] f. career
kark [kark] m. neck; nape
karmić [kar-meećh] v. feed;
nourish; nurse; suckle; nurture
karoseria [ka-ro-se-rya] f. car
(truck) body; enclosing frame
karp [karp] m. carp (fish)
karta [kar-ta] f. card; page; note;
sheet; leaf; ticket; charter
karton [kar-ton] m. cardboard
karuzela [ka-roo-ze-la] f. merry
-go-round; carousel
karykatura [ka-ri-ka-too-ra] f.
cartoon; caricature; parody
kasa [ka-sa] f. cashier's desk;
cash register; ticket office
kasjer [kas-yer] m. cashier
kasjerka [kas-yer-ka] f. woman
cashier
kasza [ka-sha] f. grits; groats;

cereals; gruel; porridge; mess
kaszel [ka-shel] m. cough
katar [ka-tar] m. head cold;
running nose; catarrh
kawa [ka-va] f. coffee
kawiarnia [ka-vyar-ńa] f. cafe
kazać [ka-zaćh] v. order; tell;
make sb. do sth; command
każdy [kazh-di] pron. every;
each; respective; any; all
kąpać [kown-paćh] v. v. bathe;
bath; bask; soak; be steeped
kąpiel [kown-pyel] f. bath
kąt [kownt] m. corner; angle
kciuk [kćhook] m. thumb
kelner [kel-ner] m. waiter
kelnerka [kel-ner-ka] f. waitress;
bar maid; woman waiter
kichać [kee-khaćh] v. sneeze
kiedy [ke-di] conj. when; as;
ever; how soon?; while; since
kiedy indziej [ke-di een-dźhey]
some other time
kiedykolwiek [ke-di-kol-vyek]
adv. whenever; at any time
kiedyś [ke-diśh] adv. someday;
in the past; once; one day
kiedyż ? [ke-dish] adv. when
then?; when on earth ?
kierować [ke-ro-vaćh] v. steer;
manage; run; show the way
kierowca [ke-rov-tsa] m. driver;
chauffer; truck driver
kierownik [ke-rov-ńeek] m.
manager; director; supervisor
kierunek [ke-roo-nek] m.
direction; course; trend; line
kij [keey] m. stick; cane; staff
kilka [keel-ka] num. a few; some
kilkakroć [keel-ka-kroćh] adv.
repeatedly; again and again
kilkakrotny [keel-ka-krot-ni] adj.
m. repeated; recurring
kilogram [kee-lo-gram] m.
kilogram = 2.2 pounds
kilometr [kee-lo-metr] m.
kilometer = 3,280.8 feet
kino [kee-no] n. cinema; movies
kiosk [kyosk] m. kiosk; booth
klasa [kla-sa] f. class; classroom;
rank; order; division
[klat-ka] f. cage; crate
klatka schodowa [klat-ka skho-

-do-va] f. staircase; stairway
klatka piersiowa [klat-ka pyer--śho-va] f. rib cage; chest
klej [kley] m. glue; cement
klient [klee-ent] m. customer
klientka [klee-ent-ka] f. woman customer
klimat [klee-mat] m. climate
klin [kleen] m. wedge; cotter
klozet [klo-zet] m. toilet
klub [kloop] m. club; union
klucz [klooch] m. key; wrench
kluska [kloos-ka] f. boiled dough strip; dumpling; lump
kłamać [kwa-mać] v. lie
kłaniać się [kwa-ńać śha̲n̲] v. salute; bow; greet; worship
kłaść [kwaśhćh] v. lay; put down; place; set; deposit
kłopot [kwo-pot] m. trouble
kłopotliwy [kwo-pot-lee-vi] adj. m. troublesome; baffling
kłócić [kwoo-ćheećh] v. stir; agitate; mix; disturb; quarrel
kłódka [kwood-ka] f. padlock
kłótnia [kwoot-ńa] f. quarrel
kłuć [kwooćh] v. stab; prick
kobieta [ko-bye-ta] f. woman
koc [kots] m. blanket; coverlet
kochać [ko-khaćh] v. love
kochać się [ko-khaćh śha̲n̲] v. be in love
kochany [ko-kha-ni] adj. m. beloved; loving; affectionate
koić [ko-eećh] v. soothe
kokaina [ko-ka-ee-na] f. cocaine; an alkaloid addicting drug
koklusz [kok-loosh] m. whooping cough; hooping cough
kolacja [ko-lats-ya] f. supper
kolano [ko-la-no] n. knee; bend
kolega [ko-le-ga] m. buddy; colleague; fellow worker
kolej [ko-ley] f. railroad
kolejno [ko-ley-no] adv. by turns; one after the other; in turns
kolejny [ko-ley-ni] adj. m. next; successive; following
koleżeństwo [ko-le-zheń-stvo] n. fellowship; comradeship
kolor [ko-lor] m. color; tint; hue
kolorowy [ko-lo-ro-vi] adj.m. colorful; colored

kolumna [ko-loom-na] f. column
koło [ko-wo] n. wheel; circle
koło [ko-wo] prep. around; near; about; by; in vicinity; close to
kołysać [ko-wi-saćh] v. rock; sway; toss to and fro; roll
komar [ko-mar] m. mosquito
komiczny [ko-meech-ni] adj. m. comic; amusing; funny; droll
komorne [ko-mor-ne] n. (apartment) rent; rental
komplet [kom-plet] m. complete set; complete (full) group
kompot [kom-pot] m. compote
komunikat [ko-moo-ńee-kat] m. bulletin; report; communique
komunista [ko-moo-ńees-ta] m. communist (party member)
koncert [kon-tsert] m. concert
konferansjer [kon-fe-rans-yer] m. master of ceremony
konferencja [kon-fe-rents-ya] f. conference; meeting
koniec [ko-ńets] m. end; finish
koniecznie [ko-ńech-ńe] adv. absolutely; necessarily
konkretny [kon-kret-ni] adj. m. concrete; definite; real
konopie [ko-no-pye] pl. hemp
konsekwentny [kon-se-kvent-ni] adj. m. consistent
konsulat [kon-soo-lat] m. consulate (office of a consul)
konto [kon-to] n. account
kontynuować [kon-ti-noo--ovaćh] v. continue; carry on
końcowy [koń-tso-vi] adj. m. final; terminal; last; late
kończyć [koń-chićh] v. end; finish; quit; be dying; stop
kopać [ko-paćh] v. kick; dig
kopalnia [ko-pal-ńa] f. mine
koper [ko-per] m. dill; fennel
koperta [ko-per-ta] f. envelope; quilt-case; (watch-)case
korale [ko-ra-le] pl. bead necklace; coral beads; gills
korniszon [kor-ńee-shon] m. pickled cucumber; gherkin
korytarz [ko-ri-tash] m. corridor; passage-way; lobby; tunnel
koryto [ko-ri-to] n. through; river -bed; channel; chute; road-bed

korzeń [ko-zheń] m. root; spice
korzystny [ko-zhist-ni] adj. m.
profitable; favorable
kosmetyczka [kos-me-tich-ka] f.
vanity bag; beautician
kosmetyk [kos-me-tik] m.
cosmetic; makeup (skin and
hair); cosmetic preparation
kostium [kos-tyoom] m. suit;
dress; garb; tailor made suit
kostka [kost-ka] f. small bone;
ankle; knuckle; die; dice; lump
kosz [kosh] m. basket; grab-bag;
Tartar military camp
koszt [kosht] m. cost; price;
expense; charge; economic
costs; production cost etc.
kosztować [kosh-to-vaćh] v.
cost (of something); taste
koszula [ko-shoo-la] f. shirt
kościół [kośh-ćhoow] m.
church; church organization
kość [kośhćh] f. bone; spine
koślawić [kośh-la-veećh] v.
deform; distort; crook
kot [kot] m. cat; pussy cat; puss
kółko [koow-ko] m. small wheel;
small circle; (soc.) circle
kpić [kpeećh] v. jeer; sneer
kradzież [kra-dźhesh] f. theft
kraj [kray] m. country; verge;
edge; hem of a garment; land
krajać [kra-yaćh] v. cut; slice;
carve; operate; hack; saw
kraść [kraśhćh] v. steal; rob
krawat [kra-vat] m. neck (tie)
krawcowa [krav-tso-va] f.
seamstress; tailor's wife
krawędź [kra-vandźh] f. edge
kreska [kres-ka] f. dash (line);
stroke; hatch; scar; accent
krew [krev] f. blood; race
krewny [krev-ni] m. relative
kręgosłup [kran-go-swoop] m.
spine; vertebral column; spinal
column; backbone; willpower
kroić [kro-eećh] v. cut; slice
krok [krok] m. step; pace; march
kropka [krop-ka] f. dot; point
kropla [krop-la] f. drop
krowa [kro-va] cow; mine
król [krool] m. king; rabbit
królewski [kroo-lev-skee] adj. m.

royal; kingly; majestic; king's
krótki [kroot-kee] adj. m. short;
brief; terse; concise; curt
krótko [kroot-ko] adv. briefly;
shortly; tersely; (hold) tightly
kruchy [kroo-khi] adj. m. brittle;
frail; tender; crisp; crusty
kruszyć [kroo-shićh] v. crush;
crumb; destroy; shatter;
disrupt; break into pieces
krwawić [krva-veećh] v. bleed
krzesło [kzhes-wo] n. chair
krztusić się [kzhtoo-śheećh
śhan] v. choke; stifle
krzyczeć [kzhi-chećh] v. shout;
cry; scream; yell; clamor
krzyk [kzhik] m. cry; scream;
shriek; yell; outcry; call
krzywda [kzhiv-da] f. harm; a
sense of wrong; wrong; injury
krzywo [kzhi-vo] adv. crooked
krzywy [kzhi-vi] adj. m. crooked;
skew; distorted; slanting
krzyż [kzhish] m. cross
książka [kśhownzh-ka] f. book
księgarnia [kśhan-gar-ńa] f.
bookstore; books; book shop
księżyc [kśhan-zhits] m. moon
kto [kto] pron. who; all; those
ktoś [ktośh] pron. somebody
którędy [ktoo-ran-di] adv. which
way; how to get there?
który [ktoo-ri] pron. who; which;
that; any; whichever; that
kubek [koo-bek] m. cup; mug
kubeł [koo-bew] f. pail; bucket
kucharka [koo-khar-ka] f. cook
kuchnia [kookh-ńa] f. kitchen;
kitchen stove; cooking range
kultura [kool-too-ra] f. culture;
good manners; cultivation
kupić [koo-peećh] v. buy
kurczę [koor-chan] n. chicken
kur [koor] m. cock; cock crow
kura [koo-ra] f. hen; hen bird
kurczę [koor-chan] n. chicken
kurek [koo-rek] m. tap; cock
kurz [koosh] m. dust
kuzyn [koo-zin] m. cousin
kuzynka [koo-zin-ka] f. cousin
kwadrans [kvad-rans] f. quarter
of an hour; fifteen minutes
kwiaciarka [kvya-ćhar-ka] f.

florist; flower girl
kwiaciarnia [kvya-ćhar-ńa] f.
  flower shop; florist's
kwiat [kvyat] m. flower
kwit [kveet] m. receipt

L

lać [laćh] v. pour; shed; (spill)
lada [la-da] part. any; whatever;
lakier [la-ker] m. varnish
lalka [lal-ka] f. doll; puppet
lampa [lam-pa] f. lamp
las [las] m. wood; forest; thicket
lata [la-ta] pl. years
lato [la-to] n. summer
ląd [lownd] m. 1.land;
  2. mainland; 3. continent
lądować [lown-do-vaćh] v.
  land; disembark; go ashore;
  alight; save oneself
lecieć [le-ćhećh] v. fly; run;
  hurry; wing; drift; drop; fall
lecz [lech] conj. but; however
leczyć [le-chićh] v. heal; treat;
  nurse; practice medicine
ledwie [led-vye] adv. hardly; no
  sooner; scarcely; barely; almost; nearly; only just
legitymacja [le-gee-ti-mats-ya] f.
  i-d card; identification papers;
  membership card etc.; warrant
lek [lek] m. medicine; drug
lekarstwo [le-kar-stvo] n. drug;
  medicine; exp: hardly any
lekarz [le-kash] m. physician
lekceważyć [lek-tse-va-zhićh] v.
  slight; scorn; neglect; disdain
lekcja [lek-tsya] f. lesson; class
lekki [lek-kee] adj. m. light; light
  -hearted; graceful; slight
lekko [lek-ko] adv. easily; lightly
len [len] m. flax; linen
leniwy [le-ńee-vi] adj. m. lazy
lepiej [le-pyey] adv. better;
  rather; (feel) better
lepki [lep-kee] adj. m. sticky
lepszy [lep-shi] adj. m. better;

improved; superior; preferable
letni [let-ńee] adj. m. lukewarm;
  half-hearted; summer
lewo [le-vo] adv. to the left
lewy [le-vi] adj. m. left; false
leżeć [le-zhećh] v. lie; (fit)
lęk [lank] m. fear; anxiety; dread
licho [lee-kho] adv. poorly; badly; indifferently; scantily
licho [lee-kho] n. evil; devil
liczba [leech-ba] f. number;
  figure; integer; group; class
liczny [leech-ni] adj. m.
  numerous; large; abundant;
  plentiful; frequent
liczyć [lee-chićh] v. count;
  reckon; compute; calculate
linia [leeń-ya] f. line; lane
linijka [lee-ńeey-ka] f. ruler
lipa [lee-pa] f. 1. linden tree;
  2. fake; cheat; fraud; trash
list [leest] m. letter; note
listonosz [lees-to-nosh] m.
  postman
listopad [lees-to-pad] m.
  November
liść [leeśhćh] m. leaf; frond
litera [lee-te-ra] f. letter
literat [lee-te-rat] m. writer
litr [leetr] m. liter
lodówka [lo-doov-ka] f. refrigerator; ice box; ice chest
lody [lo-di] pl. ice cream
lok [lok] m. curl; coil
lokator [lo-ka-tor] m. tenant
los [los] m. lot; fate; chance;
  lottery ticket; destiny; hazard
lot [lot] m. flight; speed
lotnisko [lot-ńees-ko] n. airport;
  airfield; aerodrome
lód [loot] m. ice; pl. ice cream
lub [loop] conj. or; or else
lubić [loo-beećh] v. like; be
  fond; enjoy; be partial
lud [loot] m. people; nation
ludność [lood-nośhćh] f.
  population (of a given
  territory, city, country, etc.)
ludzie [loo-dźhe] pl. people
luty [loo-ti] m. February
lżej [lzhey] adv. lighter; easier;
  with less weight
lżejszy [lzhey-shi] adj. m.

lighter; easier; not serious

Ł

ład [wad] m. order; orderliness
ładny [wad-ńi] adj. nice
ładować [wa-do-vaćh] v. load;
   charge(a battery); cram; fill
łagodny [wa-god-ni] adj. m.
   gentle; mild; soft; meek; easy
łamać [wa-maćh] v. break;
   crush; quarry; shatter; crack;
   snap; smash; fracture (a bone)
łapać [wa-paćh] v. catch; get
   hold (of); snatch; grasp; seize
łatać [wa-taćh] v. patch up
łatwy [wat-vi] adj. m. easy;
   simple; effortless; light
ławka [wav-ka] f. pew; bench
łazienka [wa-źhen-ka] f.
   bathroom; toilet; bath
łączyć [wown-chićh] v. join;
   unite; merge; link; bind; weld
łąka [wown-ka] f. meadow
łokieć [wo-kyećh] m. elbow
łowić [wo-veećh] v. trap; fish;
   catch (sounds); hunt; chase
łódź [woodźh] f. boat; craft
łóżko [woozh-ko] n. bed; bunk
łuk [wook] m. bow; arch; bent;
   curve; vault; flying buttress
łyk [wik] m. gulp; sip; draft
łyżeczka [wi-zhech-ka] f.
   teaspoon; dessert spoon;
   curette; small spoonful
łyżka [wizh-ka] f. spoon;
   spoonful; tablespoonful
łza [wza] f. tear

M

machać [ma-khaćh] v. wave;
   whisk; swing; swish; lash;
   wag; run; flap; brandish

macica [ma-ćhee-tsa] f. uterus;
   womb; screw nut; tap root
magazyn [ma-ga-zin] m. store;
   warehouse; repository; store
magnetofon [mag-ne-to-fon] m.
   tape-recorder
maj [may] m. May; verdure
majątek [ma-yown-tek] m.
   fortune; estate; property;
   wealth; one's possessions
majtek [may-tek] m. deck hand
majtki [may-tkee] pl. panties
malarz [ma-lash] m. painter
maleńki [ma-leń-kee] adj. m.
   very small; tiny; insignificant
malować [ma-lo-vaćh] v. paint;
   stain; color; make up; depict
mało [ma-wo] adv. little; few;
   seldom; lack; not enough
małpa [maw-pa] f. ape; monkey
mały [ma-wi] adj. m. little; small
   size; low; modest; slight
małżeństwo [maw-zheń-stvo]
   n. married couple; wedlock
mam [mam] v. I have
   (please see mieć)
mama [ma-ma] f. mamma; ma-
   ther; mum; mummy; mama
manatki [ma-nat-kee] pl. personal
   belongings; traps; chattels
mandat [man-dat] m. mandate;
   traffic ticket; fine
mapa [ma-pa] f. map; chart
marka [mar-ka] f. mark; brand;
   stamp; trade mark; reputation
marnować [mar-no-vaćh] v. run
   to waste; squander; spoil
marszczyć [mar-shchićh] v.
   wrinkle; frown; crease; ripple
martwić [mar-tveećh] v. distress; grieve; vex; worry; sad-
   den; afflict; (cause) trouble
martwy [mar-tvi] adj. m. dead
marynarz [ma-ri-nash] m.
   mariner; sailor; seaman
marzec [ma-zhets] m. March
marznąć [marz-nownćh] v. be
   frozen; freeze; freeze to death
masa [ma-sa] f. bulk; mass
masarnia [ma-sar-ńa] f. pork
   -meat (pork butcher's) shop
masło [mas-wo] n. butter
masowo [ma-so-vo] adv. whole-

sale; in a mass; in masses; in
great numbers (quantities)
masywny [ma-**siv**-ni] adj. m.
massive; solid; bulky; massy
maszyna [ma-**shi**-na] f. machine
materiał [ma-te-ryaw] m.
material; substance; stuff;
cloth; fabric; assignment
matka [**mat**-ka] f. mother
mądry [**mownd**-ri] adj. m. sage
mąka [**mown**-ka] f. flour; meal
mąż [**mownsh**] m. husband; man
mdleć [**mdlećh**] v. faint; lose
consciousness; fail; weaken;
go off into a faint; droop; flag
mechanik [me-**kha**-ńeek] m.
mechanic; Jack of all trades
medyczny [me-**dich**-ni] adj. m.
medical; medicinal
megafon [me-**ga**-fon] m.
loudspeaker; megaphone
meldować [mel-**do**-vaćh] v.
report; register; announce; inform; notify; give an account
metal [me-tal] m. metal
metalowy [me-ta-**lo**-vi] adj. m.
metallic (luster, sound etc.)
metr [metr] m. meter; 39.97in.
metro [met-ro] n. subway
metryka [met-ri-ka] f. birth
-certificate; the public register
męczyć [**man**-chićh] v. bother;
torment; oppress; tire; exhaust; trouble; torture; agonize
męski [**man**-skee] adj. m. masculine; manly; man's; virile;
male; gentleman's; manlike
mężczyzna [**manzh**-chiz-na] m.
man (on toilets: Gentleman)
mgła [**mgwa**] f. fog; mist; cloud
miara [**mya**-ra] f. measure;
gauge; yard-stick; foot-rule;
amount; measuring rod; limit
miasteczko [mya-**stech**-ko] n.
borough; small country town
miasto [**myas**-to] n. town
mieć [**myećh**] v. have; hold;
run; own; keep; have to do
miedź [**myedźh**] m. copper
miejsce [**myeys**-tse] n. place;
location; spot; room; space;
seat; employment; berth; point; scene; occupation; job

miejscowość [myey-**stso**-
-vośhćh] f. locality; place;
town; village; spot
miesiąc [mye-**śhownts**] m.
month; moon; lunar month
mieszać [mye-shaćh] v. mix;
mingle; shuffle; confuse
mieszać się [mye-shaćh **śhan**]
v. meddle; become confused
mieszkać [**myesh**-kaćh] v.
dwell; live; stay; have a flat;
lodge; reside; inhabit; abide
mieszkalny [myesh-**kal**-ni] adj. m.
inhabitable; habitable
mieszkanie [myesh-ka-ńe] n.
apartment; rooms; lodgings
między [**myan**-dzi] prep.
between; among; in the midst
międzynarodowy [myan-dzi-na-
-ro-do-vi] adj. m. international
miękki [**myan**-kee] adj. m. soft;
flabby; limp; supple
miękko [**myan**-ko] adv. softly;
gently; tenderly; limply; supply
mięsień [**myan**-śheń] m.
muscle; muscular strength
mięso [**myan**-so] n. flesh; meat
migrena [mee-**gre**-na] f. migraine;
sick headache; hemicrania
mijać [mee-yaćh] v. go past;
pass by; pass away; go by
mila [**mee**-la] f. mile
(1609.35 m.; 5,280 ft.;)
milczeć [meel-**chećh**] v. be
silent; quit talking; be quiet
milicja [mee-**leets**-ya] f. militia;
police; constabulary
miło [**mee**-wo] adv. nicely;
pleasantly; agreeably
miło poznać [mee-wo poz-
-naćh] exp. glad to meet; de-
lighted to meet; nice to meet
miłość [mee-**wośhćh**] f. love
miły [**mee**-wi] adj. m. pleasant;
beloved; likable; nice; enjoy-
able; prepossessing; attractive
mimo [**mee**-mo] adv. past; by
mimo woli [**mee**-mo **vo**-lee]
involuntarily; unintentional
mina [**mee**-na] f. facial
expression; look; appearance
mina [**mee**-na] f. mine; air
minuta [mee-**noo**-ta] f. minute

miotła [myot-wa] f. broom
miód [myoot] m. honey; mead
mistrz [meestsh] m. master;
    maestro; champion; expert
mleko [mle-ko] n. milk
młodość [mwo-dośhćh] f.
    youth; early stage
młody [mwo-di] adj. m. young
młodzież [mwo-dźhesh] f.
    youth; young generation
młotek [mwo-tek] m. hammer;
    tack-hammer; clapper
mniej [mńey] adv. less; fewer
mniej więcej [mńey vyan-tsey]
    more or less; about; round
mniejszy [mńey-shi] adj. m.
    smaller; lesser; less; minor
mnożyć [mno-zhićh] v. multiply
moc [mots] f. power; might;
    great-deal; vigor; strength
mocny [mots-ni] adj. m. strong
mocz [moch] m. urine
moda [mo-da] f. fashion; style
mogę [mo-gan] v. I can; I may
mokry [mok-ri] adj. m. wet;
    moist; watery; rainy; sweaty
moment [mo-ment] m. moment
momentalny [mo-men-tal-ni] adj.
    m. instantaneous; immediate
morski [mor-skee] adj. m.
    maritime; sea; nautical; naval
morze [mo-zhe] n. sea; ocean
most [most] m. bridge
motać [mo-taćh] v. reel;
    embroil; entangle; intrigue;
    spool; involve in difficulty
motocykl [mo-to-tsikl] m.
    motorcycle; motor bike
mowa [mo-va] f. speech; lan-
    guage; tongue; talk; address
może [mo-zhe] adv. perhaps;
    maybe; very likely; how a-
    bout? suppose...?
możliwy [mozh-lee-vi] adj.
    possible; fairly good; passable
można [mozh-na] v. imp. it is
    possible; one may; one can
móc [moots] v. be free to; to
    be able; be capable of (doing)
mój [mooy] pron. my; mine
mól [mool] m. moth
mól książkowy [mool
    kśhownzh-ko-vi] bookworm

mówić [moo-veećh] v. speak;
    talk; say; tell; say things
mózg [moozg] m. brain; mind
mrok [mrok] m. dusk; twilight
mróz [mroos] m. frost; the cold
mruk [mrook] m. mumbler; man
    of few words; growler
mu [moo] pron. him
mur [moor] m. brick wall
murzyn [moo-zhin] m. negro
musieć [moo-śhećh] v. be ob-
    liged to; have to; be forced;
    must do; got to have it; want
muzeum [moo-ze-oom] n.
    museum; exhibition building
muzyk [moo-zik] m. musician
muzyka [moo-zi-ka] f. music
my [mi] pron. we; us
myć [mićh] v. wash
mydło [mid-wo] n. soap; soft
    soap; cake of soap
mylić [mi-leećh] v. mislead;
    misguide; confuse; deceive
mysz [mish] f. mouse
myśl [miśhl] f. thought; idea
myśliwy [miśh-lee-vi] m. hunter

N

na [na] prep. on; upon; at; for;
    by; in (NOTE : verbs with
    prefix na NOT INCLUDED
    HERE; CHECK WITHOUT THE
    PREFIX na")
nabierać [na-bye-raćh] v. take;
    take in; tease; cheat; amass
nabożeństwo [na-bo-zheń-stvo]
    n. church service
nachylać [na-khi-laćh] v. stoop;
    bend; incline; lean; tilt; slant
naczelny [na-chel-ni] adj. m.
    chief; head; paramount; pri-
    mate; principal; main; front
nad [nad] prep. over; above; on;
    upon; beyond; at; of; for
nadal [na-dal] adv. still; in future;
    continue (to do); as before
nadawać [na-da-vaćh] v. confer

bestow; grant; endow; christen; invest; vest; offer; cause

nadążać [na-**down**-zhaćh] v.
keep up with; cope with; keep pace; lag behind; follow

nadchodzić [nad-kho-dźheećh] v. approach; arrive; come; be forthcoming; be imminent

nadejście [na-dey-śhćhe] n. coming; arrival; oncoming

nadjechać [nad-**ye**-khaćh] v. drive up; come up; arrive

nadmiar [nad-myar] m. excess

na dół [na doow] adv. down; downstairs; downwards

nadwyżka [nad-vizh-ka] f. surplus; excess amount

nadzieja [na-dźhe-ya] f. hope

nagi [na-gee] adj. m. naked; in buff; bare; nude; bald; empty

nagle [nag-le] adv. suddenly

nagły [nag-wi] adj. m. sudden; urgent; instant; abrupt; pressing; unexpected; immediate

naiwny [na-eev-ni] adj. m. naive

najbardziej [nay-bar-dźhey] adv. most (of all)

najeść się [na-yeśhćh **śhan**] v. eat plenty of; eat a lot

najgorzej [nay-go-zhey] adv. worst of all; worst possible

najlepiej [nay-le-pyey] adv. best; best of all

najlepszy [nay-lep-shi] adj. m. best; best of all; best possible

najmniej [nay-mńey] adv. least

najpierw [nay-pyerv] adv. first of all; in the first place; at first

najwięcej [nay-**vyan**-tsey] adv. most of all (worst of all)

nakręcać [na-**kran**-tsaćh] v. wind up; shoot (movie); turn; direct; set on; cheat; swindle

nakrętka [na-**krant**-ka] f. (screw) nut; female screw; jam nut

nalać [na-laćh] v. pour in; pour on (liquid only, no sand etc.)

nalewać [na-le-vaćh] v. pour in

na lewo [na le-vo] adv. to the left (go to the left)

należy [na-le-zhi] adj. m. due; owing; rightful; proper

namawiać [na-ma-vyaćh] v.

persuade; prompt; urge; exhort; instigate; encourage

na niby [na ńee-bi] adv. make believe; pseudo

na nowo [na no-vo] adv. anew

na odwrót [na od-vroot] adv. inversely; the other way around; directly opposite

na ogół [na o-goow] adv. (in general) generally; on the whole; not specifically

na około [na o-ko-wo] adv. all around; about; right round

naokoło [na-o-ko-wo] prep. all around; about; on all sides

na opak [na o-pak] adv. backward; perversely; the wrong way; upside-down

na ostatek [na o-sta-tek] adv. finally; in the end; at last

na oścież [na ośh-ćhesh] adv. wide open; opened all the way

napad [na-pat] m. assault; fit; attempt; attack; outburst; invective; outbreak; onset

napis [na-pees] m. inscription

napisać [na-pee-saćh] v. write; write down

na pomoc! [na po-mots] excl.: help! give help! please, help!

na powrót [na po-vroot] adv. return; again; on the way back

napój [na-pooy] m. drink

naprawa [na-pra-va] f. repair; redress; renovation; reform

naprawdę [na-prav-dan] adv. indeed; really; truly; positively

naprawiać [na-pra-vyaćh] v. repair; fix; mend; rectify; reform; mend; set (put) right

na prawo [na pra-vo] adv. to the right (go to the roght)

na próżno [na proozh-no] adv. in vain; uselessly; to no avail

na przełaj [na pzhe-way] adv. shortcut (across obstacles)

naprzód [na-pzhood] adv. in front; forwards; first; in the first place; forward; onward

na przykład [na pzhi-kwad] adv. for instance; for example

naraz [na-raz] adv. suddenly

na razie [na ra-źhe] adv. for the

time being; for the present
nareszcie [na-resh-ćhe] adv. at
last; finally; at long last
narodowy [na-ro-do-vi] adj. m.
national; of national character
naród [na-root] m. nation;
people; the nation; crowd
narzeczona [na-zhe-cho-na] f.
fiancee; an engaged woman
narzeczony [na-zhe-cho-ni] m.
fiance; an engaged man
narzekać [na-zhe-kaćh] v.
complain; grumble; lament
nas [nas] pron. us
nastać [na-staćh] v. set in;
enter; occur; come about
natawiać [na-sta-vyaćh] v. set
up; set right; tune in; point
następny [na-stanp-ni] adj. m.
next; the next; the following
nastrój [na-strooy] m. mood
nasz [nash] pron. our; ours
naśladować [na-śhla-do-vaćh]
v. imitate; mimic; reproduce
natomiast [na-to-myast] adv.
however; yet; on the contrary
naturalny [na-too-ral-ni] adj. m.
natural; true to life
natychmiast [na-tikh-myast] adv.
at once; instantly; right away
nauczać [na-oo-chaćh] v.
teach; instruct; tutor; train
nauczyciel [na-oo-chi-ćhel] m.
teacher; instructor
nauka [na-oo-ka] f. science; research work; learning; study;
teaching; knowledge; lesson
nawet [na-vet] adv. even
nawet gdyby [na-vet gdi-bi] adv.
even if; even though; even
na wpół [na vpoow] adv. half;
semi-; half-(finished, boiled)
na wylot [na vi-lot] adv. through
and through; right through
nawzajem [na-vza-yem] adv.
mutually; same to you
na wznak [na vznak] adv. on
one's back; supine
nazwa [naz-va] f. designation;
name; appellation; title
nazwisko [naz-vees-ko] n. family
name; surname; reputation
nazywać [na-zi-vaćh] v. call;

name; term; denominate; label; christen; give a name
nazywać się [na-zi-vaćh
śhan] v. be called; be named
nerka [ner-ka] f. kidney
nerw [nerv] m. nerve; vigor; ardor; coolness in danger
nerwowy [ner-vo-vi] adj. m.
nervous (breakdown); made
up of nerves; fearful; excitable
nędza [nan-dza] f. misery
ni to ni owo [ńee to ńee o-vo]
adv. neither this nor that
niby [ńee-bi] adv. as if;
pretending; as it were; like; a
sort of; as though; supposedly
nic [ńeets] pron. nothing at all;
not a bit; nothing whatever
nic a nic [ńeets ah ńeets]
expr.: nothing at all; nothing
whatever; not a bit
niczego [ńee-che-go] pron. not
bad; quite good; ont unsightly
niczyj [ńee-chiy] adj. m. nobody's; no one's; ownerless
nić [ńeećh] f. thread
nie [ńe] part. no; not (any)
nie jeszcze [ńe yesh-che] not
yet; not for a long time
niebieski [ńe-byes-kee] adj. m.
blue; heavenly; of the sky
niebo [ńe-bo] n. sky
nie byle jak [ńe bi-le yak]
expr.:not just any way; not
carelessly; unusually well
niech [ńekh] part. let; suppose
niechcący [ńekh-tsown-tsi] adv.
unintentionally; unawares
niecierpliwy [ńe-ćher-plee-vi]
adj. m. impatient; restless
nieco [ńe-tso] adv. somewhat; a
little; a trifle; slightly
niedaleki [ńe-da-le-kee] adj. m.
near; not distant; at hand
niedaleko [ńe-da-le-ko] adv.
near; not far; a short way off
niedawno [ńe-dav-no] adv.
recently; not long ago; newly
niedbale [ńed-ba-le] adv. neg-
lectfully; carelessly; casually;
nonchalantly; heedlessly
niedługo [ńed-woo-go] adv.
soon; not long; before long;

by and by; a short time

niedobrze [ńe-**dob**-zhe] adv. not well; badly; wrong; improperly

niedogodny [ńe-do-**god**-ni] adj. m. inconvenient; undesirable; causing bother, etc.

niedozwolony [ne-do-zvo-lo-ni] adj. m. not allowed; illicit

niedziela [ńe-**dźhe**-la] f. Sunday

niegrzeczny [ne-**gzhech**-ni] adj. m. rude; impolite; unkind; bad

niejaki [ńe-**ya**-kee] adj. m. one; certain; some; slight

niejeden [ńe-**ye**-den] adj. m. many a; quite a number

niekiedy [ńe-**ke**-di] adv. now and then; sometimes; at times

nieletni [ńe-**let**-ńee] pl. under age; juvenile; minor

nieludzki [ńe-**loodz**-kee] adj. m. inhuman; atrocious; ruthless

niełatwy [ńe-**wat**-vi] adj. m. not easy; fairly difficult

niemiły [ńe-**mee**-wi] adj. m. unpleasant; unsightly; harsh; surly; disagreeable; offensive

niemodny [ńe-**mod**-ni] adj. m. outmoded; out of fashion

niemowlę [ńe-mo-v**lan**] n. baby

niemożliwy [ńe-mo-**zhlee**-vi] adj. m. impossible; unfeasible

nienawiść [ńe-na-**veeśhćh**] f. hate; abomination; detestation

nieobecny [ńe-o-**bets**-ni] adj. m. absent; not present; not in

niepalący [ńe-pa-**lown**-tsi] adj. m. not smoking; non smoking; m. non-smoker

niepewny [ńe-**pev**-ni] adj. m. uncertain; insecure; unsafe

niepodległość [ńe-po-**dleg**--**wośhćh**] f. independence; sovereignty (of state, ruler)

niepokój [ńe-po-**kooy**] m. anxiety; unrest; trouble; agitation; concern; worry; disquiet

nieporozumienie [ńe-po-ro-zoo--**mye**-ńe] n. misunderstanding

nieporządek [ńe-po-**zhown**-dek] adj. m. disorder; mess

niepotrzebny [ńe-po-**tzheb**-ni] adj. m. unnecessary; useless

nieprawda [ńe-**prav**-da] f.

untruth; falsehood; lie; exp.: impossible! isn't that so?

nieprawdopodobny [ńe-prav-do--po-**dob**-ni] adj. m. improbable

niepunktualny [ńe-poon-ktoo-**al**--ni] adj. m. unpunctual; late

nieraz [**ńe**-raz] adv. often; again and again; many a time

niesmak [**ńes**-mak] m. bad taste; disgust; repugnance; nasty taste (in the mouth)

niespodzianka [ńe-spo-**dźhan**--ka] f. surprise; surprise gift

nie sposób [ńe spo-**soop**] adv. it's impossible; by no means

niestety [ńe-**ste**-ti] adv. alas; unfortunately; exp.: I am sorry

nieść [**ńeśhćh**] v. carry; bring; bear; lay; afford; drive; bear along; give as a sacrifice

nie tyle [ńe **ti**-le] adv. not so much; not exactly; but; rather

nie tylko [ńe **til**-ko] adv. not only; anything but; not merely

nieuwaga [ńe-oo-**va**-ga] f. inattention; absentmindedness

nieuważny [ńe-oo-**vazh**-ni] adj. m. inattentive; careless

nie warto [ńe **var**-to] adv. not worth (talking about it); not worthwhile (considering it)

niewątpliwy [ńe-**vownt**-plee-vi] adj. m. sure; doubtless

niewiela [ńe-**vye**-le] adv. not much; not many; little; few

nie wolno [ńe **vol**-no] v. not allowed; not permitted

niewygoda [ńe-vi-**go**-da] f. discomfort; trouble; hardship

niezadowolenie [ńe-za-do-vo-le--ńe] n. discontent; displeasure

niezbędny [ńe-**zband**-ni] adj. m. indispensable; essential

niezgoda [ńe-**zgo**-da] f. discord; disagreement; dissension

niezwykły [ńe-**zvik**-wi] adj. m. unusual; extreme; rare; odd

nieżonaty [ńe-zho-**na**-ti] adj. m. unmarried; single; bachelor

nigdy [**ńeeg**-di] adv. never

nigdzie [**ńeeg**-dźhe] adv. nowhere; anywhere (after negation)

nikotyna [ńee-ko-ti-na] f.
nicotine; poisonous tobacco
extract causing nicotinism
nikt [ńeekt] pron. nobody
nim [ńeem] conj. before; till
niski [ńees-kee] adj. m. low
nisko [ńees-ko] adv. low
niszczyć [ńeesh-chićh] v.
destroy; spoil; ruin; wreck;
damage; demolish; lay waste
nizina [ńee-źhee-na] f. lowland
niż [ńeezh] m. lowland; depression; atmospheric low; low
niż [ńeesh] conj. than
niżej [ńee-zhey] adv. lower;
below; down; further down
noc [nots] f. night
nocny [nots-ni] adj. m.
nocturnal; night-
nocować [no-tso-vaćh] v.
spend night; stay (accommodation) overnight; sleep
noga [no-ga] f. leg; foot
normalny [nor-mal-ni] adj. m.
normal; standard; ordinary
nos [nos] m. nose; snout
nosić [no-śheećh] v. carry;
wear; bear; have about one
notować [no-to-vaćh] v. make
notes; take notes; write down
nowela [no-ve-la] f. short story;
amendment (to a constitution)
nowina [no-vee-na] f. news
nowoczesny [no-vo-ches-ni] adj.
m. modern; up to date; present day; newest; progressive
nowy [no-vi] adj. m. new
nożyczki [no-zhich-kee] pl.
scissors; small scissors
nóż [noosh] m. knife; cutter
nudny [nood-ni] adj. m. boring;
nauseating; dull; sickening
nudzić [noo-dźheećh] v. bore
nudzić się [noo-dźheećh
śhan] v. be bored
numer [noo-mer] m. number
nurek [noo-rek] m. diver
nurt [noort] m. current (flowing);
stream; trend; wake
nuta [noo-ta] f. (sound) note
nylon [ni-lon] m. nylon

O

o [o] prep. of; for; at; by; about;
against; with; to; over; oh!
obawa [o-ba-va] f. fear;
apprehension; phobia; anxiety
obawiać się [o-ba-vyaćh śhan]
v. be anxious; fear; dread
obcęgi [ob-tsan-gee] pl. tongs
obchodzić [ob-kho-dźheećh] v.
go around; evade; elude;
celebrate; inspect; by-pass
obcy [ob-tsi] adj. m. strange;
foreign; unfamiliar; unrelated
obecnie [o-bets-ńe] adv. at
present; just now; to-day
obejrzeć [o-bey-zhećh] v.
inspect; glance at; see
oberwać [o-ber-vaćh] v. tear
off; cop it; pluck; get a nock
objaśniać [ob-yaśh-ńaćh] v.
explain; make clear; gloss
objąć [ob-yownćh] v. embrace;
assume; grasp; encompass;
enfold; hug; span; take over
obliczać [ob-lee-chaćh] v.
count; reckon; figure out; calculate; estimate; design; mean
obniżać [ob-ńee-zhaćh] v.
lower; sink; drop; abate; level
down; draw down; reduce
oboje [o-bo-ye] num. both
obojętny [o-bo-yant-ni] adj. m.
indifferent; neutral
obok [o-bok] adv. prep. beside;
next; about; close by; by;
close; next door; alongside
obowiązek [o-bo-vyown-zek] m.
duty; obligation; responsibility
obracać [ob-ra-tsaćh] v. turn
-over; turn into; rotate; crank
obraz [ob-raz] m. picture; image;
painting; drawing; likeness
obrazek [ob-ra-zek] m.
illustration; small picture
obrazić [ob-ra-źheećh] v.
offend; affront; insult; sting
obrączka [ob-rownch-ka] f. ring
obrona [o-bro-na] f. defense

obrót [ob-root] m. turn; turn
-over; revolution; slew; sales
obrywać [ob-ri-vaćh] v. tear
off; tear away; pluck; wrench
off; curtail; get (spanking)
obserwować [ob-ser-vo-vaćh]
v. watch; observe; take stock
obudzić [o-boo-dźheećh] v.
wake up; awaken; excite; stir
up; rouse from sleep; arise
obywatelstwo [o-bi-va-tel-stvo]
m. citizenship; nationality
ocaleć [o-tsa-lećh] v. survive
(danger); rescue; save
ocean [o-tse-an] m. ocean
ocena [o-tse-na] f. grade; estimate; appraisal; criticism
ochota [o-kho-ta] f. eagerness;
forwardness; willingness
oczekiwać [o-che-kee-vaćh] v.
wait for; await; expect; hope
oczywisty [o-chi-vees-ti] adj. m.
obvious; self-evident; plain
oczywiście [o-chi-veeśh-ćhe]
adv. obviously; of course
od [od] prep. from; off; of; for;
since; out of; with; per; by
(the line); then (idiomatic)
odbierać [od-bye-raćh] v take
away; deprive; take back
odbiornik [od-byor-ńeek] m.
(radio) receiver; collector
odbudować [od-boo-do-vaćh]
v. rebuild; restore; reconstruct
odbywać [od-bi-vaćh] v. do;
perform; be in progress
odczytać [od-chi-taćh] v. read
over; take the reading; call
oddać [od-daćh] v. give back;
pay back; render; deliver
od dawna [od dav-na] since a
long time; long since
oddychać [od-di-khaćh] v.
breathe; take breath; respire
oddział [od-dźhaw] m. division;
section; ward; branch; detail
odejmować [o-dey-mo-vaćh] v.
subtract; deduct; take away;
diminish; withdraw; deprive
odejść [o-deyśhćh] v. depart;
go away; leave; abandon
odjazd [od-yazt] m. departure
odkręcić [od-kran-ćheećh] v.

unscrew; turn around
odkryć [od-krićh] v. discover;
uncover; lay bare; expose; dig
up; unearth; notice; reveal
odległość [od-leg-wośhćh] f.
distance; remoteness; interval
odległy [od-leg-wi] adj. m.
distant; remote; far away;
long ago; far removed
odlot [od-lot] m. departure (by
plane); take-off; start
odłożyć [od-wo-zhićh] v. set
aside; put off; put back
odmawiać [od-ma-vyaćh] v.
refuse; say prayers; decline
(an offer, etc.); recite
odnająć [od-na-yownćh] v.
sublet (rent) a room (from)
odnajdywać [od-nay-di-vaćh] v.
recover; find; discover
odnieść [od-ńeśhćh] v. bring
back; take back; sustain
odnowić [od-no-veećh] v.
renew; renovate; reform; revive; restore; condition; do up
odpiąć [od-pyownćh] v.
unfasten; unbuckle; unclasp
odpisać [od-pee-saćh] v. copy;
write back; answer; deduct
odpłynąć [od-pwi-nownćh] v.
float away; sail away; swim
away; put to sea; row away
odpoczynek [od-po-chi-nek] m.
rest; repose; relax from work
odpoczywać [od-po-chi-vaćh]
v. rest; have a rest; take a
rest; repose (on a sofa, etc.)
odpowiadać [od-po-vya-daćh]
v. answer to; correspond to
odpowiedni [od-po-vyed-ńee]
adj. m. respective; adequate;
suitable; fit; right; due; op-
portune; competent (official)
odprasować [od-pra-so-vaćh] v.
press; iron; press out; express
odprowadzać [od-pro-va-dzaćh]
v. divert; drain off; escort
odradzać [od-ra-dzaćh] v.
advise against; regenerate;
revive; infuse new life (into)
odróżniać się [od-roozh-ńaćh
śhan] v. differ; be different
odrzutowiec [od-zhoo-to-vyets]

m. jet-propelled plane; jet

odstąpić [od-**stown**-peećh] v. step back; secede; cede

odsyłać [od-**si**-waćh] v. send back; refer; return; direct

odtąd [od-<u>townt</u>] adv. hence -forth; from now on; from here; thereafter; since then

odwaga [od-**va**-ga] f. courage

odważny [od-**vazh**-ni] adj. m. brave; courageous; bold (man); daring; plucky; spunky

odważyć się [od-va-zhićh **śhan**] v. dare; have the courage (the pluck); risk

odwiedzać [od-**vye**-dzaćh] v. visit; call on; pay a visit; pay a call; come and see; frequent

odwijać [od-**vee**-yaćh] v. unwrap; draw back one's fist

odwilż [od-**veelzh**] f. thaw

odwołać [od-**vo**-waćh] v. take back; appeal; refer; recall

odzież [o-**dźhesh**] f. clothes

odznaka [od-**zna**-ka] f. badge

odzyskać [od-**zis**-kaćh] v. retrieve; regain; recover; win back; resume possession

odzywać się [od-zi-vaćh **śhan**]v. speak up; drop a line; respond; address; pass a word

oferta [o-**fer**-ta] f. offer

ofiara [o-**fya**-ra] f. victim; offering; sacrifice; dupe

ogień [o-**gyeń**] m. fire; flame

oglądać [o-**glown**-daćh] v. inspect; consider; see

ogolić [o-go-leećh] v. shave

ogółem [o-goo-wem] adv. on the whole; as a whole; altogether

ogórek [o-**goo**-rek] m. cucumber

ogromny [o-**grom**-ni] adj. m. huge; tremendous; colossal

ogród [o-**groot**] m. garden

ogrzewać [o-**gzhe**-vaćh] v. heat

o ile [o **ee**-le] conj. as far as

ojciec [**oy**-ćhets] m. father

ojczyzna [oy-**chiz**-na] f. native country (land, soil); mother-land; homeland; fatherland

okazać [o-ka-zaćh] v. show; demonstrate; evidence; exhibit

okazja [o-**ka**-zya] f. opportunity

okno [**o**-kno] n. window

oko [**o**-ko] n. eye; eye sight

okolica [o-ko-**lee**-tsa] f. region; surroundings; vicinity

okoliczność [o-ko-**leech**- -nośhćh] f. circumstance; fact; occasion

około [o-**ko**-wo] prep. near; about; more or less; on; or

okres [**o**-kres] m. period; phase

okręt [o-**krant**] m. ship; boat

okropny [o-**krop**-ni] adj. m. horrible; fearful; awful; extreme; ghastly; atrocious

okrutny [o-**kroot**-ni] adj. m. cruel; savage; excessive; sore

okrywać [o-**kri**-vaćh] v. cover

okulary [o-koo-la-ri] pl. eyeglasses; eyepiece

olej [**o**-ley] m. oil; oil paint

ołówek [o-**woo**-vek] m. lead pencil; drawing in pencil

ołtarz [**ow**-tash] m. altar

omal [o-**mal**] adv. nearly

omdlały [om-dla-wi] adj. m. fainted; faint; languid

on [on] pron. he; this (man)

ona [o-na] pron. she

oni [o-**ńee**] pron. m. pl. they

ono [o-no] pron. it

opakowanie [o-pa-ko-va-**ńe**] n. wrapping; packing; wrappage

opał [o-**paw**] m. fuel for heating

opanować [o-pa-no-vaćh] v. master; conquer; seize; learn

opera [o-**pe**-ra] f. opera; opera house; no end of a joke

opieka [o-**pye**-ka] f. care

opinia [o-**pee**-ńya] f. opinion; view; reputation; sentiment

opowiadać [o-po-vya-daćh] v. tell-tale; relate; record

opowiadanie [o-po-vya-**da**ńe] n. tale; narrative; story

opóźniać [o-**poożh**-ńaćh] v. delay; retard; slow down; defer; hold back; detain

opóźnienie [o-**poożh**-ńe-ńe] n. delay; deferment; tardiness

oprocentowanie [o-pro-tsen-to- -va-ńe] n. interest (on money)

oprócz [o-**prooch**] prep. except; besides; apart from; but; save

opublikować [o-poo-blee-ko-
-vaćh] v. publish; make public
oraz [o-ras] conj. as well as
organizm [or-ga-ńeezm] m.
organism; any living thing
orkiestra [or-kes-tra] f.
orchestra; orchestra pit
ortografia [or-to-gra-fya] f.
orthography; correct spelling
oryginalny [o-ri-gee-nal-ni]
adj. m. original; inventive; new
osiedlać [o-śhed-laćh] v.
settle; make a settlement
osiedle [o-śhed-le] n. housing
development; settlement
osiem [o-śhem] num. eight; 8
osiemdziesiąt [o-śhem-dźhe-
-śhownt] num. eighty; 80
osiemnaście [o-śhem-naśh-
-ćhe] num. eighteen; 18
osiemset [o-śhem-set] num.
eight hundred; 800
oskarżać [os-kar-zhaćh] v.
accuse; charge with; indict
oskrzela [os-kshe-la] pl. n.
bronchia; two main branches
of the windpipe
osłabiać [o-swa-byaćh] v. impair; weaken; reduce; lessen;
diminish; attenuate; abate
osoba [o-so-ba] f. person
osobisty [o-so-bees-ti] adj. m.
personal; private; particular
osobiście [o-so-beeśh-ćhe]
adv. personally; in person
osobny [o-sob-ni] adj. m.
separate; private; individual
ostatni [o-stat-ńee] adj. m. last;
late; end; closing; parting
ostatnio [o-sta-tńo] adv. of late;
lately; not long ago; recently
ostrożność [o-strozh-nośhćh]
f. caution; prudence; care
ostrożny [o-strozh-ni] adj. m.
careful; prudent; cautious;
wary; circumspect; discreet
ostry [o-stri] adj. m. sharp
oszczędności [osh-chand-nośh
-ćhee] pl. savings (money)
oszukać [o-shoo-kaćh] v. cheat
ość [ośhćh] f. (fish) bone
ośmieszać [o-śhmye-shaćh]
v. ridicule; deride; make fun of

ośrodek [o-śhro-dek] m. center
oświetlenie [o-śviet-le-ńe] n.
lighting; light; illumination
oto [o-to] part. here; there
otruć [o-trooćh] v. poison
otrzymać [o-tzhi-maćh] v.
receive; get; be given; acquire
otwarcie [o-tvar-ćhe] adv.
1. openly; frankly; in plain
words; outright; 2. n. opening
otwierać [o-tvye-raćh] v. open
otyły [o-ti-wi] adj. m. obese
owad [o-vad] m. insect
owszem [ov-shem] part. yes;
certainly; on the contrary

Ó

ósma godzina [oos-ma go-
-dźhee-na] eight o'clock
ósmy [oos-mi] num. the eighth;

P

pacha [pa-kha] f. armpit
pachnąć [pakh-nownćh] v.
smell (good); have a fragrance
pacierz [pa-ćhesh] m. prayer
pacjent [pa-tsyent] m. patient
paczka [pach-ka] f. parcel
pająk [pa-yownk] m. spider
pakunek [pa-koo-nek] m. baggage; package; parcel; bundle
palić [pa-leećh] v. burn; smoke
cigarette; heat; scorch; shoot
paliwo [pa-lee-vo] n. fuel
palto [pal-to] m. overcoat
pałac [pa-wats] m. palace
pamiętać [pa-myan-taćh] v.
remember; recall; be careful
pan [pan] m. lord; master;
mister; you; gentleman; squire
pani [pa-ńee] f. lady; you;
madam; mistress (in school)

panna [pan-na] f. miss; girl; lass
państwo [państ-vo] n. state;
nation; married couple
papieros [pa-pye-ros] m.
cigarette; a small cigar
papież [pa-pyesh] m. pope
para [pa-ra] f. 1. couple; 2.
steam; the power of steam
under pressure; vigor; energy
parasol [pa-ra-sol] m. umbrella
parasolka [pa-ra-sol-ka] f.
woman's umbrella
park [park] m. park (wooded)
parkować [part-ko-vaćh] v.
park (a car, a truch, etc.)
parter [par-ter] m. ground floor;
first floor; parterre
partia [par-tya] f. party; card
game; political party; game
pas [pas] m. belt; traffic lane
pasażer [pa-sa-zher] m.
passenger; chap; fellow; liner
pasażerka [pa-sa-zher-ka] f.
(woman or girl) passenger
pasek [pa-sek] m. belt; band
pasować [pa-so-vaćh] v. fit
pasta [pas-ta] f. paste
pastylka [pas-til-ka] f. tablet
paszport [pash-port] m. passport;
certificate of identity
patelnia [pa-tel-ńa] f. frying pan
patrzeć [pa-tshećh] v. look at;
look on; stare at; see in retrospect; glare at; watch
paznokieć [paz-no-kyećh] m.
(finger) nail; toe nail
październik [paźh-dźher-ńeek]
m. October
pchać [pkhaćh] v. push; thrust;
shove; impel; propel; urge;
egg on; drive; cram; stuff; dispatch; send; rush
pchnięcie [pkhńan-ćhe] n.
push; thrust; jostle; shove
pech [pekh] m. bad luck
pełnoletni [pew-no-let-ńee] adj.
m. adult; of age; mature
pełny [pew-ni] adj. m. full
penicylina [pe-ńee-tsi-lee-na] f.
penicillin (antibiotic)
pensja [pens-ya] f. salary;
pension; allowance; wages
pensjonat [pen-syo-nat] m.

boarding house; pension
peron [pe-ron] m. train-platform
pestka [pest-ka] f. kernel; pip;
drupe; stone; trifle
pewien [pe-vyen] adj. m. certain;
one; a; an; some; sure
pewnik [pev-ńeek] m. axiom
pewny [pev-ni] adj. m. sure;
secure; dependable; safe
pędzić [pan-dźheećh] v. drive;
run; lead; distill; hurry
pękać [pan-kaćh] v. burst;
split; crack; go off; flaw;
snap; cleave; rift; break
pępek [pan-pek] m. navel
pianino [pya-ńee-no] n. piano
piasek [pya-sek] m. sand
piątek [pyown-tek] m. Friday
piątka [pyown-t-ka] f. five; 5
piąty [pyown-ti] num. fifth; 5th
pić [peećh] v. drink; booze
piec [pyets] v. bake; roast; burn;
scorch; sting; smart
pieg [pyek] m. freckle; ephelis
piegowaty [pye-go-va-ti] adj. m.
freckled (with brownish spots)
piekarz [pye-kash] m. baker
piekło [pye-kwo] n. hell
pielęgniarka [pye-lan-gńar-ka] f.
nurse; hospital nurse
pielęgnować [pye-lan-gno-vaćh]
v. nurse; tend; care; cultivate
pielucha [pye-loo-kha] f. diaper;
baby's napkin; napkin
pieniądz [pye-ńownts] m.
money; coin; currency; funds
pień [pyeń] m. trunk; stem;
stump; snag; stock; root
pieprz [pyepsh] m. pepper
piernik [pyer-ńeek] m. 1. ginger
bread; 2. an old fogey; duffer
pieróg [pye-rook] m. dumpling
pierś [pyerśh] f. breast; chest
pierwotny [pyer-vot-ni] adj. m.
primitive; primary; original
pierwszy [pyerv-shi] num. first
pierze [pye-zhe] n. feathers
pies [pyes] m. 1. dog; 2. cur
piesek [pye-sek] m. little dog
piesko [pyes-ko] adv. badly
pieszo [pye-sho] adv. on foot
pieśń [pyeśhń] f. song
pięciobój [pyan-ćho-booy] m.

pentathlon (of five events)
pięć [pyanćh] num. five; 5
pięćdziesiąt [pyanćh-dźhe--śhownt] num. fifty; 50
pięćset [pyanćh-set] num. five hundred; 500
piękny [pyank-ni] adj. m. beautiful; lovely; fine; handsome; good-looking; pretty
pięść [pyanśhćh] f. fist
pięta [pyan-ta] f. heel
piętnastoletni [pyan-tna-sto-let--ńee] adj. m. fifteen years old
piętnasty [pyant-nas-ti] num. fifteenth; 15th
piętnaście [pyant-naśh-ćhe] num. fifteen; 15
piętro [pyant-ro] n. story; floor;
pijany [pee-ya-ni] adj. m. drunk; tipsy; intoxicated; elated
pilnik [peel-ńeek] m. file
pilność [peel-nośhćh] f. diligence; urgency; industry; care; assiduity; urgency
pilny [peel-ni] adj. m. diligent; urgent; industrious; careful
piła [pee-wa] f. saw; bore
piłka [peew-ka] f. ball; handsaw; football; socker; shot
pilnować [peel-no-vaćh] v. watch; guard; look after
piłować [pee-wo-vaćh] v. saw; bore (a person); rasp on...
pionowy [pyo-no-vi] adj. m. vertical; upright; plumb
piorun [pyo-roon] m. thunderbolt; lightning shaft; lightning
piosenka [pyo-sen-ka] f. song
pióro [pyoo-ro] n. feather; pen
pisać [pee-saćh] v. write
pisarz [pee-sash] m. writer
pismo [pees-mo] n. writing; letter; newspaper; scripture; alphabet; type; print
pisownia [pee-sov-ńa] f. spelling; orthography
piwo [pee-vo] n. beer
plac [plats] m. square; area; ground; building site; field
plan [plan] m. plan; design; map
planeta [pla-ne-ta] f. planet
plastyk [plas-tik] m. artist; plastic (substance)

plaża [pla-zha] f. beach
plątać [plown-taćh] v. entangle
plecy [ple-tsi] pl. back; backing
plomba [plom-ba] f. lead seal; tooth filling; stopping
plotka [plot-ka] f. gossip; rumor; piece of gossip; pl. tales
pluć [plooćh] v. spit; abuse
płaca [pwa-tsa] f. wage; salary
płacić [pwa-ćheećh] v. pay
płakać [pwa-kaćh] v. cry; weep
płaszcz [pwashch] m. overcoat
płot [pwot] m. fence; hoarding
płuco [pwoo-tso] n. lung
płynąć [pwi-nownćh] v. flow; swim; sail; drift; go by; come
płynny [pwin-ni] adj. m. liquid; fluent; fluid; smooth; graceful
płyta [pwi-ta] f. plate; slab; disk; sheet; board; (musical) record
płytki [pwit-kee] adj. m. shallow; flat; trivial; pointless
pływać [pwi-vaćh] v. 1. swim; float; navigate; be afloat; sail 2. quibble; be evasive
po [po] prep. after; to; up to; till; upon; for; at; in; up; of; next; along; about; over; past; behind; as far as; how (much)
pobić [po-beećh] v. beat up; defeat; beat in; thrash; spank
pobierać [po-bye-raćh] v. take; collect; receive; get; draw (rations, etc.); charge; derive
poboczny [po-boch-ni] adj. m. lateral; secondary; accessory
pobyt [po-bit] m. stay; visit
pocałować [po-tsa-wo-vaćh] v. give a kiss; kiss (good-bye)
pochodzenie [po-kho-dze-ńe] n. origin; descant; source
pochyły [po-khi-wi] adj. m. inclined; stooped; sloping; out of the vertical; oblique
pociąg [po-ćhownk] m. train; affinity; inclination
po cichu [po ćhee-khoo] adv. secretly; silently; softly
pocić [po-ćheećh] v. sweat
po ciemku [po ćhem-koo] adv. in the dark; while in the dark
pocieszać [po-ćhe-shaćh] v. console; comfort; cheer up;

solace; bring consolation
po co ? [po tso] what for ?
początek [po-chown-tek] m.
beginning; start; outset; fore-
part; early stage; outset
poczekalnia [po-che-kal-ńa] f.
waiting room; waiting hall
poczta [poch-ta] f. post; mail
pocztówka [poch-toov-ka] f.
postcard; picture postcard
pod [pod] prep. under; below;
towards; on in underneath
podać [po-dać] v. give; hand;
pass; serve; shake (hand)
podanie [po-da-ńe] n.
application; request; legend
podarek [po-da-rek] m. gift
podarty [po-dar-ti] adj. m. torn
podatek [po-da-tek] m. tax; duty
podaż [po-dash] f. supply
podbródek [pod-broo-dek] m.
chin; bib; feeder
podciągać [pod-chown-gać]
v. draw up; pull up; improve;
raise; elevate; include; class
podczas [pod-chas] prep. during;
while; when; whereas
pod dostatkiem [pod do-stat-
-kem] adv. plenty; enough
podejmować [po-dey-mo-vać]
v. take up; entertain; pick up
podejrzany [po-dey-zha-ni] adj.
m. suspect; suspicious; shady
podejść [po-deyśhch] v. approach; walk up; steal up; advance; come near; come
nearer; seep up; outwit
podeszwa [po-desh-fa] f. sole
podkreślać [pod-kre-śhlać]
v. stress; underline (an error);
emphasize; accentuate; insist
podłoga [pod-wo-ga] f. floor
podług [pod-wook] prep.:
according to; in conformity
with; after (masters, etc.)
podłużny [pod-woozh-ni] adj. m.
oblong; longitudinal; elongated
podły [pod-wi] adj. m. mean
podmiejski [pod-myeys-kee] adj.
m. suburban; of the suburbs
podmiot [pod-myot] m. subject
podnieść [pod-ńeśhch] v.
lift; hoist (a flag); rise; elevate;

rear; increase (wages, etc.)
podobać się [po-do-bać
śhan] v. please; be attractive;
take sombody's fancy; enjoy
podobny [po-dob-ni] adj. m.
similar; like; congenial
podoficer [pod-o-fee-tser] m.
noncommissioned officer
podpis [pod-pees] m. signature
podpora [pod-po-ra] f. prop
podręcznik [pod-ranch-ńeek] m.
handbook; textbook; manual
podróż [pod-roosh] f. travel;
voyage; journey; passage
podróżnik [pod-roozh-ńeek] m.
traveler; voyager; wayfarer
po drugie [po droo-ge] adv. in
the second place; second
podstawa [pod-sta-va] f. base;
basis; footing; mount; rest;
foundation; principle
podstawić [pod-sta-veećh] v.
substitute; put under; bring
round; place under; push to
podszewka [pod-shev-ka] f.
lining; inside information
poduszka [po-doosh-ka] f. pillow;
pad; cushion; ball (of the
thumb); cushion pad; finger tip
podwieczorek [pod-vye-cho-rek]
m. afternoon tea (snack)
podwładny [pod-vwad-ni] adj. m.
subordinate (to somebody);
inferior; m.subordinate
podwozie [pod-vo-źhe] n.
chassis; under-carriage
podwórko [pod-voor-ko] n.
backyard; farmyard; court;
courtyard; barnyard
podział [po-dźhaw] m. division
podzielić [po-dźhe-leećh] v.
divide (into parts)
podziękować [po-dźhan-ko-
-vać] v. thank; decline with
thanks (for something)
poeta [po-e-ta] m. poet
poetka [po-et-ka] f. poet
pogarda [po-gar-da] f.contempt
pogląd [po-glownd] m. opinion
pogoda [po-go-da] f. weather;
cheerfulness; fine weather
pogodny [po-god-ni] adj. m.
serene; cheerful; sunny

pogotowie [po-go-to-vye] n.
ambulance service; readiness

pogrom [po-grom] m. rout;
pogrom; crushing defeat

pojechać [po-ye-khaćh] v. go;
leave; take (train; boat etc.)

pojedynczy [po-ye-din-chi]
adj. m. single; individual; one-
fold; single-entry (books)

pojemnik [po-yem-ńeek] m.
container; vessel; receptacle

pojęcie [po-yan-ćhe] n. notion;
idea; concept; comprehension

pojutrze [po-yoot-zhe] adv. the
day after tomorrow

pokazywać [po-ka-zi-vaćh] v.
show; point; exhibit; let see

pokład [po-kwat] m. deck; layer

pokłócić się [po-kwoo-ćheećh
śhan] v. fall out with; quarrel

pokochać [po-ko-khaćh] v. fall
in love; become fond of

pokoik [po-ko-eek] m. little room;
little cozy room

pokój [po-kooy] m. room; peace

po kryjomu [po kri-yo-moo] adv.
secretly; on the sly; in secret

pokuta [po-koo-ta] f. penance

pokwitować [po-kvee-to-vaćh]
v. receipt; acknowledge
receipt (of a sum, etc,)

pokwitowanie [po-kvee-to-va-ńe]
n. receipt; written receipt

Polak [po-lak] m. Polonian; Pole;
Polonius (as in Hamlet)

pole [po-le] n. field; area

polegać [po-le-gaćh] v. rely

policja [po-leets-ya] f. police

policzek [po-lee-chek] m. cheek

policzyć [po-lee-chićh] v.
count up; reckon; total

politechnika [po-lee-tekh-ńee-ka]
f. polytechnic institute; technical university or college

polka [pol-ka] f. polka (dance)

polka [pol-ka] f. Polish girl; Polish
women; Pole; Polish lady

polski [pol-skee] adj. m. Polish;
Polish language

polubić [po-loo-beećh] v. get to
like; become fond of; take a
fancy to; take a liking to

połknąć [pow-knownćh] v.

swallow; gulp down; drink
down; gulp bach (tears, etc.)

połowa [po-wo-va] f. half

położyć [po-wo-zhićh] v. lay
down; place; deposit; fell; ruin

południe [po-wood-ńe] n. noon;
south; midday; the South

pomagać [po-ma-gaćh] v. help

pomocnik [po-mots-ńeek] m.
helper; assistant; helpmate;
(an) aid; one who assists

pomóc [po-moots] v. help; assist

pomyłka [po-miw-ka] f. error

pomysł [po-misw] m. idea

ponad [po-nat] prep. above;
over; beyond; upwards of;
super-; more than; over and
above; besides; apart from

ponadto [po-nad-to] prep.
moreover; besides; over and
above; furthermore; also

ponaglać [po-na-glaćh] v. rush;
urge; remind; press; urge on

poniechać [po-ńe-khaćh] v.
give up; relinquish; renounce;
forsake; desist; forbear; drop

poniekąd [po-ńe-kownt] adv.
partly; in a way; in a sense

ponieść [po-ńeśhćh] v. sustain; carry; bear; suffer; incur;
push; take; overcome; bolt

ponieważ [po-ńe-vash] conj.
because; as; since; for

poniżej [po-ńee-zhey] adv.
below; beneath; hereunder;
under; lower down; less than

ponowny [po-nov-ni] adj. m.
repeated; renewed; reiterated

pończocha [poń-cho-kha] f.
stocking; piece of hosiery

popielniczka [po-pyel-ńeech-ka]
f. ash-tray; ash pan

popierać [po-pye-raćh] v.
support; back; promote; favor;
uphold; give one's backing to

popić [po-peećh] v. rinse down

popiół [po-pyoow] m. ashes;
ash; cinders; slag

popołudnie [po-po-wood-ńe] n.
afternoon; after 12 at noon

po południu [po po-wood-ńu] in
(during) the afternoon

poprawa [po-pra-va] f.

improvement; change for the better; (signs of) recovery

poprawiać [po-prav-yaćh] **v.** correct (something)

poprawny [po-**prav**-ni] adj. m. correct; faultless; proper

poprosić [po-pro-**śhee**ćh] **v.** ask; beg; invite; request

po prostu [po pros-too] adv. simply; openly; candidly; unceremoniously; in plain words

poprzedni [po-**pshed**-ńee] adj. m. previous; preceding; former; foregoing; anterior

popsuć się [po-psooćh śhan] v. break down; go bad

popychać [po-pi-khaćh] v. push (along, up, down, aside); shove; ill treat; hustle; jostle

popyt [po-pit] m. demand

pora [po-ra] f. time; season

porada [po-ra-da] f. advice

poradnik [po-rad-ńeek] m. guide; handbook; reference book

poranek [po-ra-nek] m. morning

porcelana [por-tse-la-na] f. china; porcelain; crockery; dishes

porcja [por-tsya] f. portion

poręcz [po-ranch] f. banister

poród [po-root] m. child delivery; childbirth; parturition

porównać [po-roov-naćh] v. compare; draw a comparison; liken; parallel (two items)

port [port] m. port; harbor

portfel [port-fel] m. wallet

portier [por-tyer] m. doorman

poruszać [po-roo-shaćh] v. move; touch; sway; set in motion; keep in motion; wag

porywać [po-ri-vaćh] v. snatch; carry off; whisk away; grab; thrill; snap up; sweep away

porywacz [po-ri-vach] m. kidnaper; abductor; ravisher

porządek [po-zhown-dek] m. order; tidiness; regularity; system; arrangement; sequence

porządny [po-zhownd-ni] adj. m. neat; decent; accurate; reliable

posada [po-sa-da] f. employment

posiadać [po-śha-daćh] v. hold; own; possess; acquire;

dominate; be in possession

posiłek [po-śhee-wek] m. meal; refreshment; reinforcement

posłać [po-swaćh] v. send; make a bed; dispatch somewhere; dispatch; forward

posłodzić [po-swo-dźheećh] v. sweeten; add sugar

posłuchać [po-swoo-khaćh] v. listen; obey; take advice

posłuszny [po-swoosh-ni] adj. m. obedient; submissive; docile

posolić [po-so-leećh] v. add salt (once); salt

pospolity [pos-po-lee-ti] adj. m. vulgar; common; ordinary; commonplace; everyday

post [post] m. fast; fast day

postać [po-staćh] v. form; human shape; personage

postanowić [po-sta-no-veećh] v. decide; enact; resolve; determine; make up one's mind

postawić [po-sta-veećh] v. set up; put up; put on; bet; raise; erect; build; stake

postęp [po-stanp] m. progress; advance; march; headway

postępować [po-stan-po-vaćh] v. act; behave; deal; proceed

postępowanie [po-stan-po-va-ńe] n. behavior; advance; conduct; (legal) procedure

postój [pos-tooy] m. halt; stop; stand; parking; stopping place

posuwać [po-soo-vaćh] v. move; shove; push on; carry; dash; speed; shift; advance

posyłać [po-si-waćh] v. send over; send to; dispatch

poszerzać [po-she-zhaćh] v. widen; broaden; extend; ream; spread; open out; let out

poszukiwać [po-shoo-kee-vaćh] v. search; look for; inquire; seek; claim; be in want of

pościć [pośh-ćheećh] v. fast

pościel [pośh-ćhel] f. bedclothes sheets and blankets

pośpiech [pośh-pyekh] m. haste; hurry; dispatch

pośpieszyć się [po-śhpye-shićh śhan] v. hurry

pośrednik [po-**śhred**-ńeek] m.
go-between; intermediary
pośród [po-śhroot] prep. in
the midst of; among; amid(st)
pot [pot] m. sweat; perspiration
potąd [po-<u>townt</u>] adv. up to
here; up to this place
potem [po-tem] adv. after;
afterwards; then; later on
potomstwo [po-tom-stvo] pl.
issue; progeny; offspring;
breed of animals; young
potrafić [po-tra-feećh] v. know
how to do; manage to do; be
able to do; be capable to do
potrawa [po-tra-va] f. dish
po trochu [po tro-khoo] little by
little; gradually; by driblets
potrzeba [po-**tzhe**-ba] f. need;
want; call for; emergency; ex-
tremity; necessity; evacuation
potrzebny [po-**tsheb**-ni] adj. m.
necessary; needed; wanted
potrzymać [po-tshi-maćh] v.
hold for some time
powaga [po-**va**-ga] f. gravity;
seriousness; dignity; prestige
poważny [po-**vazh**-ni] adj. m.
earnest; grave; dignified; serious; solemn; business-like
powiadomić [po-vya-do-meećh]
v. inform; notify; let know
powiedzieć [po-**vye**-dźhećh] v.
say to; tell; intend to say;
express; declare; make known
powieka [po-**vye**-ka] f. eyelid
powierzchnia [po-**vyezh**-khńa] f.
surface; plane; area; acreage
powiesić [po-**vye**-śheećh] v.
hang (a person, picture, etc.);
suspend; hung up; ring off
powieść [po-vyeśhćh] f.
novel; v. lead somebody
powietrze [po-**vyet**-zhe] n. air
powikłać [po-**vee**-kwaćh] v.
complicate; embroil; confuse
powitać [po-**vee**-taćh] v.
welcome; salute; bid welcome
powlekać [po-**vle**-kaćh] v.
cover; drag; coat; smear;
spread; put on bed-linen
powodować [po-vo-**do**-vaćh] v.
cause; bring about; touch off;

effect; induce; give occasion
powoli [po-**vo**-lee] adv. slow
powolny [po-**vol**-ni] adj. m. slow;
tardy; leisurely; gradual
powołanie [po-vo-**wa**-ńe] n.
vocation; call; appointment;
quotation; reference; plea of
powód [po-voot] m. cause;
reason; ground; motive; rise;
provocation; the plaintiff
powróz [po-vroos] m. rope
powszedni [po-**vshed**-ńee]
adj. m. everyday; common-
place; daily; ordinary; common
powtarzać [po-**vta**-zhaćh] v.
say again; go over; repeat;
reproduce; reiterate; retell
po wtóre [po vtoo-re] adv.
secondly; in the second place;
in the second group; then
powtórny [po-**vtoor**-ni] adj. m.
repeated; renewed; second
poza [po-za] f. pose; attitude;
posture; affection; sham
poza [po-za] prep. beyond;
besides; except; apart; outside; apart from; past; extra-
poziom [po-źhom] m. level
poznać [po-znaćh] v. get to
know; come to know; recognize; taste; acquaint; see
pozostać [po-**zos**-taćh] v.
remain; stay behind; continue
pozwalać [po-**zva**-laćh] v. let;
allow; permit; tolerate; suffer
pozwolenie [po-zvo-le-ńe] n.
permission; consent; permit
pożar [po-zhar] m. fire (woods,
buildings); conflagration
pożądany [po-z<u>hown</u>-**da**-ni] adj.
m. desirable; welcome; desired
pożegnać [po-**zheg**-naćh] v. bid
goodbye; see off; dismiss
pożyczka [po-zhich-ka] f. loan
pożyczyć [po-zhi-chićh] v.
lend; borrow (to and from)
pożyteczny [po-zhi-tech-ni] adj.
m. useful; profitable
pożytek [po-zhi-tek] m. use;
advantage; usefulness; benefit
pójść [pooyśhćh] v. go; go
(home, school) away; go up...;
leave; fly; drift; pan out

pół [poow] num. half; semi-; demi; a one half; mid (way); in mid course; half-way; hemi

półka [poow-ka] f. shelf; ledge

północ [poow-nots] f. midnight; north; North; the North

północny [poow-nots-ni] adj. m. north; Northern; Northerly

póty [poo-ti] conj. as long

późno [pooźh-no] adv. late; well on; tardily; late-

późny [pooźh-ni] adj. m. late

praca [pra-tsa] f. work; job

pracować [pra-tso-vaćh] v. work ; have a job; act; operate; busy oneself with

pracownik [pra-tsov-ńeek] m. worker;employee;clerk;official

prać [praćh] v. wash clothes; launder; thrash; strike; beat up

pragnienie [prag-ńe-ńe] n. wish; thirst; desire; lust for

praktyczny [prak-tich-ni] adj. m. practical; sensible; expedient

prasować [pra-so-vaćh] v. iron (linen etc.); press; print

prawda [prav-da] f. truth

prawie [pra-vye] adv. almost; nearly; practically; all but

prawny [prav-ni] adj. m. legal; lawful; legitimate; rightful

prawo [pra-vo] n. law; (driving) license; statute; claim

prąd [prownd] m. current; flow stream; air flow; tendency; trend; movement (air, water)

precz! [prech] adv. go away; do away with; down (off) with

premia [pre-mya] f. premium;

prezerwatywa [pre-zer-va-ti-va] f. contraceptive sheath; condom

prezent [pre-zent] m. gift

prądki [prand-kee] adj. m. swift; quick; rapid; fast; prompt; immediate; hasty; instant; nimble

prędzej [pran-dzey] adv. quicker; sooner; rather; with all haste

problem [pro-blem] m. problem

procent [pro-tsent] m. percentage; interest on money

proces [pro-tses] m. lawsuit

proch [prokh] m. powder; dust

produkcja [pro-dook-tsya] f. production; (factory, literary) output; produce; performance

profesor [pro-fe-sor] m. (university) professor; teacher

program [pro-gram] m. program; plan; agenda (of a meeting)

projektować [pro-yek-to-vaćh] v. design; plan; lay out; draft

promień [pro-myeń] adj. m. ray beam; gleam; radius; fin ray

proponować [pro-po-no-vaćh] v. propose; put forwards; suggest; submit (a plan); offer

prosić [pro-śheećh] v. beg; pray; ask; invite; request

prosto [pros-to] adv. straight; right; upright; simply; candidly

prosty [pros-ti] adj. m. straight; direct simple; vulgar; plain

proszą [pro-shan] please

prośba [prośh-ba] f. request; demand; petition; application

protekcja [pro-tek-tsya] f. pull; patronage; backing; influence; push; a person that protects

proteza [pro-te-za] f. artificial limb, tooth, or denture, etc.

protokół [pro-to-koow] m. record; protocol; minutes; official record; formal record

prowadzić [pro-va-dźheećh] v. steer; lead; conduct; guide; keep; live; carry on (a conversation); show the way; escort; run; manage (an institution)

prowadzić auto [pro-va--dźheećh aw-to] drive a car

próba [proo-ba] f. trial; test; proof; ordeal; acid test; try; go

prócz [prooch]prep.save; except; besides; apart from; moreover

próg [proog] m. threshold

próżny [proozh-ni] adj. m. 1. empty; void; 2. vain; futile

pryskać [pris-kaćh] v. splash; spray; splatter; sputter; fly; clear out; bolt; scamper away; burst; hop it; dissolve; vanish

pryszcz [prishch] m. pimple

prysznic [prish-ńeets] m. shower bath; shower (fixture)

prywatny [pri-vat-ni] adj. m. private; personal; confidential

przebaczać [pshe-**ba**-chाć] v.
forgive; pardon; condone

przebiegać [pshe-**bye**-gać] v.
run cross; take place; proceed

przebierać [pshe-**bye**-rać] v.
choose; sort; change clothes;
sift; disguise; manipulate

przebywać [pshe-**bi**-vać] v.
stay; reside; dwell; inhabit

przechadzka [pshe-**khadz**-ka] f.
walk; stroll; tour; airing

przechodzić [pshe-**kho**-
-**dźhe**eść] v. pass (through)

przechowanie [pshe-kho-**va**-ńe]
n. safekeeping; storage

przechylić [pshe-**khi**-leeść] v.
tilt; lean; tip; incline

przecie [pshe-**će**] conj. yet; of
course but; after all; still

przecież [pshe-**ćhesh**] conj. yet;
still; after all; now; though

przeciętny [pshe-**ćhant**-ni]
adj. m. average; ordinary; indifferent; mediocre; common

przeciw [pshe-**ćheev**] prep.
against; versus; contrary to

przeciwko [pshe-**ćheev**-ko] prep.
against; contrary; versus

przecznica [pshech-**ńee**-tsa] f.
side-street; cross street

przeczyć [pshe-**chi**ść] v. deny;
belie; negate; contradict

przeczytać [pshe-**chi**-tać] v.
read through; peruse; read
over again; re-read

przed [pshet] prep. before; in
front of; ahead of; previous
to; from; since; ago; against

przede wszystkim [pshe-de
vshist-keem] adv. above all;
first and foremost; first of all;
in the first place; to start with

przedmieście [pshed-**myeśh**-
-će] n. suburb; a district on
the outskirts of a city

przedmiot [pshed-**myot**] m.
object; subject; subject matter

przedpokój [pshed-po-**kooy**] m.
(waiting-room) lobby; ante-
chamber; anteroom; entry hall

przedpołudnie [pshed-po-**wood**-
-ńe] n. morning; forenoon

przedstawić [pshed-**sta**-veeść]

v. present; represent; introduce to; recommend; imagine

przedstawienie [pshed-sta-**vye**-
-ńe] n. performance; show;
version; play; introduction

przedtem [pshed-tem] adv.
before; beforehand; before
that; before then; formerly; in
advance; before now; earlier

przedwczoraj [pshed-**vcho**-ray]
adv. the day before yesterday

przegapić [pshe-ga-**peeść**] v.
let slip; over look; miss

przegrać [pshe-**grać**] v. lose
(war, game, battle, lawsuit,
fortune, etc.); gamble away

przegryzać [pshe-**gri**-zać] v.
bite through; bite in two

przejazd [pshe-yazt] m. crossing;
passage; thoroughfare; journey

przejść [pshey**śhćh**] v. pass;
cross; experience; go across

przekaz [pshe-kas] m. transfer;
money order; remittance

przekłuć [pshe-**kwooćh**] v.
prick (a bubble); pierce; puncture (a tire); perforate

przekonać [pshe-ko-**nać**] v.
convince; persuade; bring
round; reason with; urge; talk

przekreślić [pshe-**kreśh**-leeść]
v. cross out; delete; annul

przekroczenie [pshe-kro-**che**-ńe]
n. crossing; offence; trans-
gression; sin (against)

przelot [pshe-lot] m. overflight;
flight; passage; transit by air

przełamać [pshe-**wa**-mać] v.
break through; break in two

przełożyć [pshe-**wo**-zhiść] v.
transfer; prefer; shift; reach

przełyk [pshe-wik] m. gullet; eso-
phagus; oesophagus; throat

przemawiać [pshe-**ma**-vyać] v.
speak; harangue; address

przemysł [pshe-misw] m.
industry; trade; ingenuity

przenieść [pshe-**ńeśhćh**] v.
transfer; surpass; carry over;
remove; convey; move (to);
retrace; exceed; overshoot

przepis [pshe-pees] m. regulation

przepis [pshe-pees] m. recipe

przepisać [pshe-pee-saćh] v.
prescribe; write over again
przepłacać [pshe-pwa-tsaćh] v.
overpay; pay too much; bribe
przepłynąć [pshe-pwi-nownćh]
v. swim across; row across
przepocić [pshe-po-ćheećh] v.
sweat through; sweat (a shirt)
przepustka [pshe-poost-ka] f.
pass; permit; liberty; sluice
przerażenie [pshe-ra-zhe-ńe] n.
terror; horror; dread; dismay
przerwa [psher-va] f. pause;
break; recess; interval
przesada [pshe-sa-da] f.
exaggeration; overstatement
przesadzać [pshe-sa-dzaćh] v.
exaggerate; jump (leap) over
przesłać [pshes-waćh] v. send
przespać [pshes-paćh] v. sleep
over; fail to wake up for
przestać [pshes-taćh] v. cease
przestawiać [pshe-sta-vyaćh] v.
displace; transpose; shift
przestępstwo [pshe-stanp-stvo]
n. offense; crime; transgress-
ion; misdemeanor; felony
przestraszyć [pshe-stra-shićh]
v. scare; startle; alarm
przesuwać [pshe-soo-vaćh] v.
move; shift; shove; transfer
przeszkadzać [pshe-shka-dzaćh]
v. hinder; trouble; prevent
przeszkoda [pshe-shko-da] f.
obstacle; hitch; obstruction
przeszłość [pshesh-woshćh]
f. past; record; antecedents
prześcieradło [pshe-śhćhe-ra-
-dwo] n. bedsheet; sheet
przetłumaczyć [pshe-twoo-ma-
-ćhićh] v. translate; explain
przeważnie [pshe-vazh-ńe] adv.
mainly; mostly; chiefly; largely
przewód [pshe-voot] m. conduit;
channel; wire; procedure
przez [pshes] prep. across; over
(the fence); through; during;
within; in; on the other side
przeżegnać się [pshe-zheg-
-naćh śhan] v. cross oneself
przód [pshoot] front; ahead; bow
przy [pshi] prep. by; at; nearby;
with; on; about; close; beside

przybić [pshi-beećh] v. nail
down; fasten; fix; dishearten
przybywać [pshi-bi-vaćh] v.
arrive; come; reach; attain
przybywać [pshi-bi-vaćh] v.
increase; rise; attain; reach
przychodzić [pshi-kho-
-dźheećh] v. come over, a-
round, along, to, again; turn
up; arrive; be first at; follow
incline; comply; bend;
przycinać [pshi-ćhee-naćh] v.
1. cut off; shorten; clip; trim
przycinać [pshi-ćhee-naćh] v.
2. make fun of; sting; peck at
przyczepić [pshi-che-peećh] v.
attach; fasten; link; fix; pin;
hook; charge with an offense
przyczepić się [pshi-che-peećh
śhan] v. cling; pick a quarrel;
find fault; hold tight; attach
przyczyna [pshi-chi-na] f. cause;
reason; ground; intersection
przydać [pshi-daćh] v. add;
append; lend; add weight
przydział [pshi-dźhaw] m.
allotment; ration; allowance
przyglądać się [pshi-glown-
-daćh śhan] v. observe; look
on; scan; see; watch; survey
przygnębienie [pshi-gnan-bye-
-ńe] n. depression; low spirits
przygoda [pshi-go-da] f.
adventure; accident; experience (pleasant, unpleasant)
przygotować [pshi-go-to-vaćh]
v. prepare; get ready; worn;
fit; coach; train; make ready;
pack up; turn on (the bath)
przyjaciel [pshi-ya-ćhel] m.
friend; good friend; close
friend; intimate friend
przyjaciółka [pshi-ya-ćhoow-ka]
f. girl friend; close friend
przyjaźń [pshi-yaźhń] m.
friendship; friendly relations;
amity; kindest regards etc.
przyjąć [pshi-yownćh] v.
receive; accept; take; take on;
take upon (oneself); pass (a
resolution; carry (a motion)
przyjechać [pshi-ye-khaćh] v.
come (over); arrive; come

przyjemność [pshi-**yem**-
-nośhćh] f. pleasure; (keen)
enjoyment; gusto; zest

przyjemny [pshi-**yem**-ni] adj. m.
pleasant; attractive; nice; cosy

przyjęcie [pshi-**yan**-ćhe] n.
admission; adoption; reception

przyjść [**pshiyśhćh**] v. come
-over; come along; come in
(around); arrive; turn up

przykład [pshi-**kwat**] m. example;
instance; pattern; sample

przykrość [pshi-**krośhćh**] f.
annoyance; irritation; vexation

przykry [pshi-**kri**] adj. m.
disagreeable; painful; nasty;
bad; unpleasant; annoying

przylegać [pshi-**le**-gaćh] v. fit;
cling; adhere; lie close

przylegać [pshi-**le**-gaćh] v.
adjoin; abut; be contiguous

przylot [pshi-**lot**] m. plane arrival

przymiot [pshi-**myot**] m. (man's)
quality; trait; attribute

przymrozek [pshi-**mro**-zek] m.
slight frost; ground frost

przymus [pshi-**moos**] m.
compulsion; constraint; pressure; coercion; duress

przynajmniej [pshi-**nay**-mńey]
adv. at least; at any rate; anyway; in the smallest degree

przynależeć [pshi-na-le-**zhećh**]
v. belong; be a member (of a
party); be affiliated with

przynosić [pshi-no-**śheećh**] v.
1. bring (up, down etc.); fetch

przynosić [pshi-**no**-śheećh] v.
2. bear; yield; bring (profit,
honor, ill luck, news); afford

przypadek [pshi-**pa**-dek] m.
event; chance; case; incident

przypadkiem [pshi-pad-**kem**]
adv. by chance; accidentally

przypadkowo [pshi-pad-ko-vo]
adv. accidentally; by chance;
unintentionally; by accident

przypatrzyć się [pshi-**pa**-tshićh
śhan] v. observe; look at; see
(in detail); contemplate

przypiąć [pshi-**pyown**ćh] v. pin;
fasten; attach; buckle; pin on

przypominać [pshi-po-**mee**-

-naćh] v. remind; recollect;
resemble; recall(to mind)

przypuszczać [pshi-**poosh**-
-chaćh] v. suppose; let approach; admit; let enter

przyroda [pshi-ro-da] f. nature

przyrząd [pshi-zh**own**t] m.
instrument; tool; appliance;
device; gadget; contraption

przysłowie [pshi-**swo**-vye] n.
proverb; byword

przyśpieszać [pshi-**śh**pye-
-shaćh] v. accelerate; urge;
speed up; hasten; rush; hurry

przystanek [pshi-**sta**-nek] m.
stop; station; bus stop etc.

przystępny [pshi-**stanp**-ni]
1. adj. m. accessible; easy to
approach; affable

przystępny [pshi-**stanp**-ni]
2. adj. m. intelligible; clear; lucid; plain; straightforward;
moderate (conditions, prices)

przystojny [pshi-**stoy**-ni] adj. m.
handsome; decent; suitable

przystosować [pshi-sto-**so**-
-vaćh] v. adjust; fit; accommodate; adapt; conform

przysyłać [pshi-**si**-waćh] v.
send; send along; send up

przyszłość [**pshish**-wośhćh] f.
the future; days to come

przyszły [pshi-**shwi**] adj. m.
future; next; coming; prospective; the one that is to be

przyszyć [pshi-**shićh**] v. sew on

przytomność [pshi-**tom**-
-nośhćh] f. consciousness;
(one's) senses; lucid intervals

przytomny [pshi-**tom**-ni] adj. m.
conscious; quick-witted

przy tym [pshi tim] adv. besides

przywitać [pshi-**vee**-taćh] v.
welcome; greet; bid (each
other) good morning

przyznać [pshi-**znaćh**] v. admit; award; allow; grant; acknowledge; recognize; concede

przyzwoity [pshi-**zvo**-ee-ti] adj.
m. decent; proper; seemly; becoming; suitable; appropriate

psi los [p**śh**ee los] adj. m. dog's
life; dog's luck, etc.

psiak [pśhak] m. pup; doggie
psiakość [pśha-kośhćh]
exp.: (dog's bone) what a
nuisance! dash! shoot!
psiakrew [pśha-krev] exp.:
(dog's blood) scoundrel!
damn! hell! bastard!
psiara [pśha-ra] f. dog lover;
dog fencier (woman)
psica [pśhee-tsa] f. bitch
psioczyć [pśho-chićh] v. complain over; grumble about
psisko [pśhees-ko] n. big dog
psuć [psooćh] v. spoil; decay;
waste; corrupt; deprave; damage; put out of order; injure
ptak [ptak] m. bird; fowl
ptaszek [pta-shek] m. little bird;
small bird; confidence man
puch [pookh] m. down; fluff
pudełko [poo-dew-ko] n. (small)
box; tin; can; hand box
puder [poo-der] m. powder
pukać [poo-kaćh] v. knock; rap
punkt [poonkt] m. point; mark
punktualny [poon-ktoo-al-ni] adj.
m. punctual; exact; prompt
pusty [poos-ti] adj. m. empty
puszczać [poosh-chaćh] v. let
go; let fall; set afloat; free;
fade; drop; let out; emit; start;
release; relinquish (a hold)
puszczać się [poosh-chaćh
śhan] v. draw apart; dart after; let go; be a permissive
girl; go to bed with; set out
puszka blaszana [poosh-ka bla-
-sha-na] tin can; tin box
puścić [poośh-ćheećh] v. let
go; let free; release; let fall
pytać [pi-taćh] v. ask; inquire;
question; interrogate
pytanie [pi-ta-ńe] n. question;
inquiry; query; interrogation

R

rabat [ra-bat] m. discount;

rebate; reduction (in price)
rabować [ra-bo-vaćh] v. rob;
maraud; plunder; pirate; take
by force; steal; pirate
rachunek [ra-khoo-nek] m. bill to
be paid or settled; account;
calculation; sum; addition
racja [ra-tsya] f. reason; right;
ration; propriety; correctness;
argument; cause; justification
raczej [ra-chey] adv. rather;
sooner (than); rather than
rada [ra-da] f. advice; counsel
radio [ra-dyo] n. radio; wireless;
broadcasting (system)
radość [ra-dośhćh] f. joy;
gladness; delight; merriment;
glee; feeling of happiness
radzić [ra-dźheećh] v.
deliberate; suggest; give an
advice; (give, hold) counsel
raj [ray] m. paradise; heaven
rana [ra-na] f. wound; injury;
sore; hurt (to man, plant etc.)
randka [rand-ka] f. date
ranek [ra-nek] m. morning; day
-break; break of day
ranny [ran-ni] adj. m. 1. wound-
ed, injured person; casualty
rano [ra-no] adv. early
rano [ra-no] adv. morning;
forenoon; too early
rasa [ra-sa] f. race; stock; breed;
(plant) variety; blood
rata [ra-ta] f. instalment
(payment); part payment (plan)
ratować [ra-to-vaćh] v. rescue
(from drowning); save; deliver
(from danger, predicament)
raz [ras] m. 1. one time
raz [ras] m. 2. blow; stroke
raz [ras] adv. 3. once; at one
time; at last; time being
razem [ra-zem] adv. together
rączka [rownch-ka] f. handle;
small hand; handgrip; holder
recepta [re-tsep-ta] f.
prescription; doctor's order
redaktor [re-dak-tor] m. editor
refleks [re-fleks] m. reflex
rejon [re-yon] m. region
religia [re-lee-gya] f. religion
renta [ren-ta] f. rent; fixed

income; annuity; pension
reperować [re-pe-ro-vaćh] v.
mend; repair; fix; set right
reportaż [re-por-tash] m. account
reportaż [re-por-tash] m. report-
ing; commentary; coverage (of
an event, news report, etc.)
restauracja [res-taw-rats-ya] f.
1. restaurant; diner
restauracja [res-taw-rats-ya] f.
2. restoration (of objects of
art, historic buildings, etc.)
reszta [resh-ta] f. rest; reminder;
change; residue; the rest
reumatyzm [rew-ma-tizm] m.
rheumatism (pain in the joints)
rezerwować [re-zer-vo-vaćh] v.
reserve; set aside; book
reżyser [re-zhi-ser] m. stage
manager; (film) director
ręcznik [ranch-ńeek] m. towel
ręka [ran-ka] f. hand; arm; touch
rękaw [ran-kav] m. sleeve
rękawiczka [ran-ka-veech-ka] f.
glove (fur lined, velvet, etc.)
robak [ro-bak] m. worm; beetle;
grub; maggot; anxiety; worry
robić [ro-beećh] v. make; do;
act; work; become; get; feel;
turn; knit; raise (an alarm)
robota [ro-bo-ta] f. work; job
robotnica [ro-bot-ńee-tsa] f.
workwoman; operative; factory girl; female farmhand
robotnik [ro-bot-ńeek] m.
worker; operative; mechanic
roczny [roch-ni] adj. m. annual;
one year's (duration etc.)
rodzaj [ro-dzay] m. kind; sort;
gender; type; race; manner; a-
spect; nature; type; genre
rodzice [ro-dźhee-tse] pl.
parents; father and mother
rodzina [ro-dźhee-na] f. family
rok [rok] m. year; a twelvemonth
runner; pulley; castor;
rolnik [rol-ńeek] m. farmer
ropa [ro-pa] f. 1. puss
ropa [ro-pa] f. 2. crude oil; rock
oil; naphtha; petroleum
rosnąć [ros-nownćh] v. grow
rosół [ro-soow] m. broth;
bouillon; clear soup; pickle

roślina [rośh-lee-na] f. plant;
vegetable; living plant
rower [ro-ver] n. bike; cycle
rozbić [roz-beećh] v. smash;
defeat; wreck; shatter; disrupt
rozbierać [roz-bye-raćh] v.
undress (somebody); strip; dis-
mount; seize; analyze; divide
rozejść się [ro-zeyśhćh
śhan] v. split; part; separate
rozgłos [roz-gwos] m. publicity;
fame; renown; repute; notorie-
ty; publication; promulgation
rozgniewać [roz-gńe-vaćh] v.
anger; vex; irritate
rozkaz [roz-kas] m. order
rozkazać [ros-ka-zaćh] v. order
rozkosz [roz-kosh] f. delight
rozkwit [roz-kveet] m. bloom
rozładować [roz-wa-do-vaćh] v.
unload; discharge (a battery)
rozłączyć [roz-wown-chićh] v.
disconnect; sever; uncouple
rozłąka [roz-wown-ka] f.
separation (of people)
rozmaity [roz-ma-ee-ti] adj. m.
varied; miscellaneous; diverse
rozmawiać [roz-ma-vyaćh] v.
converse; talk; speak with
rozmiar [roz-myar] m. dimension;
size; proportion; scale
rozmowa [roz-mo-va] f.
conversation; talk; discourse
rozmyślić się [roz-miśh-leećh
śhan] v. change one's mind
rozpacz [roz-pach] f. despair;
distress; (utter) desperation
rozpakować [roz-pa-ko-vaćh] v.
unpack (one's luggage); unwrap (a parcel, a package)
rozpęd [roz-pant] m. impetus;
dash; momentum; taking a run
rozpocząć [roz-po-chi-naćh]
v. begin; start going; open;
initiate; launch; embark upon
rozpogodzić się [roz-po-go-
-dźheećh śhan] v. clear up;
brighten up; cheer up
rozporek [roz-po-rek] m. fly; slit
rozprawa [roz-pra-va] f. trial;
showdown; dissertation; debate; court trial (hearing)
rozpusta [roz-poos-ta] f.

debauch; riot; licentiousness
rozrywka [roz-riv-ka] f.
amusement; recreation; entertainment; pastime; diversion
rozsądek [roz-sown-dek] m.
good sense; discretion; intellect; reason; judgement; sense
rozsądny [roz-sownd-ni] adj. m.
sensible; reasonable; advisable; sound; judicious
rozstać się [roz-stáćh śhan] v.
part; give up; part with
rozstrój [roz-strooy] m. upset; disorder; confusion; derangement; (nervous) breakdown
rozsypać [roz-si-paćh] v.
disperse (a granular substance); spill; scatter; spread
rozszerzać [roz-she-zháćh] v.
widen; broaden; enlarge; expand; spread out; extend; dilate; open; propagate; spread
roztargniony [roz-tar-gńo-ni] adj. m. absentminded; distracted; scatterbrained; far-away
rozum [ro-zoom] m. mind; reason; intellect; understanding; wit; senses; judgment; brains; intelligence; senses; judiciousness; wits
rozumieć [ro-zoo-myećh] v.
understand; get; perceive
rozwiązać [roz-vyown-zaćh] v.
untie; solve; undo; dissolve; loosen; unbind; unravel; undo
rozwód [roz-vood] m. divorce
rozwódka [roz-vood-ka] f.
divorcee; divorced woman
rozwój [roz-vooy] m.
development; evolution; extension; progress; (up)growth
ród [rood] m. clan; breed; family; stock; race; origin; line
róg [roog] m. horn; corner; antler; bugle; corner kick (sport); pl. woman's marital infidelity
rój [rooy] m. swarm; hive; bevy; cluster; colony; galaxy
równa [roov-na] adj. f. equal; even; plain; level; flat; steady; uniform; regular; whole (hour); round (sum of money)
równać [roov-naćh] v. equalize;

level; make even; smooth out
równie [roov-ńe] adv. equally
również [roov-ńesh] conj. also; too; likewise; as well
równik [roov-ńeek] m. equator
równoczesny [roov-no-ches-ni] adj. m. simultaneous
równowaga [roov-no-va-ga] f.
equilibrium; balance; poise
równoważny [roov-no-vazh-ni] adj. m. equivalent; equipollent; equiponderant
równy [roov-ni] adj. m. equal; even (number); plain; level; flat; even tempered; regu-lar; steady; whole (year); round (sum of money)
róża [roo-zha] f. rose
różnica [roozh-ńee-tsa] f.
difference; disparity; dissimilarity; result of subtraction
rubaszny [roo-bash-ni] adj. m.
coarse; ill-mannered; gruff
rubin [roo-been] m. ruby (red)
rubryka [roo-bri-ka] f. space; column; blank space; rubric
ruch [rookh] m. move; movement; traffic; motion; gesture; circulation; agitation; rush
ruchawka [roo-khaw-ka] f. riot
ruchliwy [rookh-lee-vi] adj. m.
busy; mobile; agile; active
ruchomości [roo-kho-mośh-ćhee] pl. movables (personal property); belongings; chattels personal effects; one's things
ruchomy [roo-kho-mi] adj. m.
mobile; moving; shifting; flexible; floating;dis-placeable
ruczaj [roo-chay] m. brook
ruda [roo-da] f. ore (metallic)
rudera [roo-de-ra] f. run-down house; shanty; ruin; hovel
rudy [roo-di] adj. m. red (haired); russet; ginger; foxy; ruddy
rufa [roo-fa] f. stern; poop
rugować [roo-go-vaćh] v. eject; oust; evict; eliminate; displace
ruina [roo-ee-na] f. ruin; wreck
ruja [roo-ya] f. heat; rut
rujnować [rooy-no-vaćh] v.
ruin; undo; destroy; wreck
ruleta [roo-le-ta] f. roulette

rulon [roo-lon] m. roll; rouleau
rum [room] m. rum (drink)
rumak [roo-mak] m. charger;
steed; palfrey; courser
rumianek [roo-mya-nek] m.
camomile; chamomile (tea)
rumiany [roo-mya-ni] adj. m.
rosy; ruddy; browned; florid
rumienić [roo-mye-ńeećh] v.
blush; brown; redden; color
rumieniec [roo-mye-ńets] m.
blush; ruddiness; floridity
rumor [roo-mor] m. racket;
uproar; rumble; clatter; din
rumowisko [roo-mo-vees-ko] n.
debris; rubble; brash
rumuński [roo-mooń-skee]
adj. m. Rumanian; of Rumania
runąć [roo-nownćh] v. fall
down; collapse; crash; swoop;
come down; topple; resound
runda [roon-da] f. bout; round;
lap; fall (in wrestling)
runo [roo-no] n. fleece; nap
rupiecie [roo-pye-ćhe] pl.
rubbish; rash; junk; stuff;
oddments; odds and ends
ruptura [roop-too-ra] f. hernia
rura [roo-ra] f. tube; pipe
rurka [roor-ka] f. small pipe
rurociąg [roo-ro-ćhowng] m.
pipeline; run of pipes; piping
rusałka [roo-saw-ka] f. undine;
naiad; water nymph; vanessa
ruszać [roo-shaćh] v. move;
stir; start; take away; withdraw; touch; tamper; remove
rusznikarz [roosh-ńee-kash] m.
gunsmith (man or shop)
rusztowanie [roosh-to-va-ńe] n.
scaffold; cradle (hanging)
rutyna [roo-ti-na] f. routine
rutynowany [roo-ti-no-va-ni] adj.
m. experienced; competent
rwać [rvaćh] v. pluck; tear; pull
out; pull up; rush; burst
rwący [rvown-tsi] adj. m. rapid;
racking (pain); swift flowing
rwetes [rve-tes] m. bustle; ado;
racket; turmoil; agitation; stir
ryba [ri-ba] f. fish; the Fish
rybak [ri-bak] m. fisherman
rybny staw [rib-ni **stav**] fish pond
(artificially made pond)
rybołówstwo [ri-bo-**woos**-tvo] n.
fishery; fishing industry
rycerski [ri-tser-skee] adj. m.
chivalrous; courteous; gallant
rycerz [**ri**-tsesh] m. knight
rychło [rikh-wo] adv. soon;
quickly; early; soon after
rychły [rikh-wi] adj. m. speedy;
early; prompt; approaching
rycina [ri-ćhee-na] f. engraving;
illustration; cartoon; drawing;
plate; figure; picture
rycynus [ri-**tsi**-noos] m. castor
oil; castor oil plant
ryczałt [ri-chawt] m. lump sum;
global sum; the lump
ryczeć [ri-chećh] v. roar; moo;
bellow; low; growl; bray; (elephant) trumpet; hoot; yell
ryć [rićh] v. dig; root; engrave;
carve; excavate; burrow; in-
cise; plough; tunnel; inscribe
rydel [ri-del] m. spade; spud
rydwan [rid-van] m. chariot
rygiel [ri-gel] m. bolt; bar; lock
rygor [ri-gor] m. rigor; severity;
discipline; penalty; strictness
ryj [riy] m. snout; phiz; mug
ryk [rik] m. roar; moo; low; yell
rylec [ri-lets] m. burin; graver;
chisel; etching needle; dry
point; (cyclostyle) pen
rym [rim] m. 1. rhyme; 2. bang!
rymarz [ri-mash] m. saddler
rymować [ri-mo-vaćh] v. rhyme
rynek [ri-nek] m. market (square)
rynna [rin-na] f. gutter; chute
rynsztok [rin-shtok] m. sewer
rynsztunek [rin-shtoo-nek] m.
armor; armature; outfit; kit
rys [ris] m. feature; trait
rysa [ri-sa] f. crack; flow;
fissure; scratch; rift; crevice;
chink; cranny; a partial break
rysopis [ri-so-pees] m.
description (of a person for a
passport, military service, etc.)
rysować [ri-so-vaćh] v. draw;
design; sketch; draft; trace;
pencil; describe; delineate; line
rysownica [ri-sov-ńee-tsa] f.
drawing board; drafting table

rysownik [ri-**sov**-ńeek] m.
draftsman; illustrator; designer
rysunek [ri-**soo**-nek] m. sketch;
drawing; draft; outline; deline-
ation; draftsmanship; cartoon
rysunkowy [ri-soon-ko-vi] adj. m.
tracing; drawing (board, block,
etc.); cartoon (film); drawn
ryś [riśh] m. lynx
rytm [ritm] m. rhythm; cadence
rytmiczny [rit-meech-ni] adj. m.
rhythmic; regular; measured
rytownictwo [rit-ov-ńeets-tvo] n.
engraving (trade); dye sinking
rytownik [ri-tov-ńeek] m.
engraver; master dye sinker
rytuał [ri-too-aw] m. ritual
rywal [ri-val] m. rival; contestant
rywalizacja [ri-va-lee-**zats**-ya] f.
rivalry; competition; emulation
ryza [ri-za] f. ream; restraint
ryzyko [ri-zi-ko] n. risk; venture
ryzykować [ri-zi-ko-vaćh] v.
risk; venture; gamble; hazard
ryzykowny [ri-zi-kov-ni] adj. m.
risky; hazardous; venturesome
ryż [rizh] m. rice; rice paddy
ryży [ri-zhi] adj. m. red (haired);
russet; ginger; foxy (person);
red-brown; ginger-haired
rzadki [zhad-kee] adj. m. rare;
thin; watery; weak; loose
rzadko [zhad-ko] adv. seldom;
thinly; rarely; far apart; ex-
ceptionally; sparsely
rzadkość [zhad-ko-śhćh] f. ra-
rity; sparseness; curiosity; cu-
rio; rareness; thinness
rząd [zhownt] m. row; rank; file;
line up; government; rule
rzec [zhets] v. say; utter
rzecz [zhech] m. thing; matter;
act; stuff; deal; work; subject;
theme; object; business; concern; point; purpose; question
rzeczowo [zhe-cho-vo] adv.
factually; terse; business like;
to the point; objectively
rzeczpospolita [zhech-pos-po-**lee**-
-ta] f. republic; commonwealth
rzeczywistość [zhe-chi-**vees**-
-tośhćh] f. reality; actuality
rzeka [zhe-ka] f. river; stream

rzekomo [zhe-ko-mo] adv. would
be; allegedly; supposedly; by
all accounts; pretendedly
rzekomy [zhe-ko-mi] adj. m.
make believe; reputed; sup-
posed; sham; alleged; imagi-
nary; so called; would be
rzemieślnik [zhe-**myeśhl**-ńeek]
m. artisan; craftsman; mechanic; tradesman
rzeźnik [zheźh-ńeek] m.
butcher; brutal killer
rzucać [zhoo-tsaćh] v. throw;
fling; pitch; dash; hurl; toss;
chuck at; lay down; leave
rzut [zhoot] m. throw; cast;
projection; view; sketch

S

sadło [sad-wo] n. lard; suet
sala [sa-la] f. hall; room
sala [sa-la] f. audience (in a hall)
salon [sa-lon] m. drawing-room
sałata [sa-**wa**-ta] f. lettuce; salad
sam [sam] adj. m. alone; oneself; myself; yourself; nothing
but; very; right; mere
samica [sa-mee-tsa] f. female
samiec [sa-myets] m. male
samochód [sa-mo-khood] m.
mobile; car; motor car
samolot [sa-mo-lot] m. airplane
samouczek [sa-mo-oo-chek] m.
handbook (for self-instruction)
sąd [sownd] m. judgment; court
sądzić [sown-dźheećh] v. try;
judge; think; believe; expect;
guess; pass judgement; doom
sąsiad [sown-śhad] m. neighbor
schemat [skhe-mat] m. scheme;
plan; draft; outline; diagram
schody [skho-di] pl. stairs
schodzić [skho-dźheećh] v.
get down; go down stairs;
step down; come (walk) down
schronisko [skhro-ńees-ko] n.
shelter; hiding place; refuge

sedno [sed-no] n. crux; core;
gist; essence (of the matter)
sekunda [se-koon-da] f. second
sen [sen] m. sleep; slumber;
dormancy; torpidity; dream
sens [sens] m. sense;
significance; meaning; point
ser [ser] m. (cottage etc.) cheese
serce [ser-tse] n. heart; kindness
serdeczny [ser-dech-ni] adj.m.
hearty; cordial; sincere
serio [ser-yo] adv. seriously
setka [set-ka] f. hundred, 100
sezon [se-zon] m. season
sędzia [san-dźha] m. judge;
referee; magistrate; umpire
siadać [śha-dać] v. sit down;
take a seat; get stranded; go
flat; squat down; go aground
siatka [śhat-ka] f. net; screen
siebie [śhe-bye] pron. (for) self;
oneself; one; each other
siedem [śhe-dem] num. seven
siedemdziesiąt [śhe-dem-dźhe-
-śhownt] num. seventy; 70
siedemdziesiąty [śhe-dem-
-dźhe-śhown-ti] num.
seventieth; 70th
siedemnasty [śhe-dem-nas-ti]
num. seventeenth; 17th
siedemnaście [śhe-dem-naśh-
-će] num. seventeen; 17
siedemset [śhe-dem-set] num.
seven hundred; 700
siekiera [śhe-kye-ra] f. hatchet;
small axe; small hatchet
sień [śheń] f. hallway;
corridor; vestibule; entrance
hall (of a manorial residence)
sierota [śhe-ro-ta] f. m. orphan;
lonesome person; poor fellow
sierpień [śher-pyeń] m. August
się [śhan] pron. self (oneself,
myself, etc.; of itself, by
itself, one, you); each other
sięgać [śhan-gać] v. reach
silnik [śheel-ńeek] m. motor
silnik spalinowy [śheel-ńeek
spa-lee-no-vi] combustion
engine (oil or gas fuel)
silny [śheel-ni] adj. m. strong;
powerful; mighty; hefty; lusty;
sturdy; stiff; robust; nasty

siła [śhee-wa] f. many; much
siostra [śhos-tra] f. sister
siódemka [śhoo-dem-ka] f.
seven; 7
siódmy [śhood-mi] num.
seventh; 7th
siwy [śhee-vi] adj. m. gray;
blue; grizzly; gray-haired;
hoary; darkish; dreary
skakać [ska-kać] v. jump;
spring; bounce; leap; pop;
skip; dive; gambol; plunge
skala [ska-la] f. scale; extent
skaleczyć [ska-le-chić] v. hurt;
injure; cut; prick; wound
skała [ska-wa] f. rock; stone
skandal [skan-dal] m. scandal
skarb [skarb] m. treasure;
treasury; riches; beloved
person; darling; love; hoard
skarga [skar-ga] f. complaint;
suit; claim; charge; grievance
skarpetka [skar-pet-ka] f. sock; a
short stocking
skaza [ska-za] f. tarnish; brab;
blot; flaw; spot; speck
skąd [skownd] adv. from where;
since when; where from?
skąpy [skown-pi] adj. m. stingy;
scanty; meager; avaricious;
niggardly; miserly; mean
sklep [sklep] m. store; shop
skład [skwat] m. composition;
warehouse; store; framework
składać [skwa-dać] v. make
up; compose; piece; fold; set
together; assemble; deposit
skłonny [skwon-ni] adj. m.
disposed; inclined; prone; apt
skoczyć [sko-chić] v. leap;
jump; make a dash; hurry
skok [skok] m. jump; leap; hop
skomplikowany [skom-plee-ko-
-va-ni] adj. m. complex; intricate; full of details
skończyć [skoń-chić] v.
finish; end; stop; have done
skoro [sko-ro] conj. after; at;
since; as; soon; if; once; as
soon as; now that; seeing that
skorowidz [sko-ro-veetz] m.
index; indexed note book
skóra [skoo-ra] f. skin; hide;

leather; coat; pelt; fell
skórka [skoor-ka] f. skin; peel;
crust; cuticle; agnail; pelt; fur
skórny [skoor-ni] adj. m.
cutaneous; dermal; skin-
(disease department, etc.)
skórzany [skoo-zha-ni] adj. m.
leather made; leathery;
leather-(gloves, shoes, etc.)
skradać się [skra-daćh śhan]
v. steal up; creep up; advance
stealthily; slink; sneak up
skrobać [skro-baćh] v. scrape;
rasp; scratch; scale (fish);
tread on; stab; spear; scribble
skromny [skrom-ni] adj. m. coy;
modest; simple; lowly; chaste;
unassuming; scant; frugal
skroń [skroń] f. temple
skrócić [skroo-ćheećh] v. abbreviate; shorten; cut down;
curtail; lessen; abridge
skrót [skroot] m. abbreviation
skrzydło [skshid-wo] n. wing of
(bird, plane, insect); leaf; brim;
(fan) arm; extension; flank
skrzynia [skshi-ńa] f. chest; bin;
box; hutch; case; crate; coffer
skrzyżowanie dróg [skshi-zho-va-
-ńe droog] pl. f. cross-roads;
crossing; intersection
skuteczny [skoo-tech-ni] adj. m.
effective; efficient; operative
skutek [skoo-tek] m. effect;
result; outcome; consequence
słaby [swa-bi] adj. m.weak;
frail; feeble; infirm; faint;
flimsy; poor; lacking character
sławny [swav-ni] adj. m. famous; glorious; celebrated; il-
lustrious; well-known; of note
słodki [swod-kee] adj. m. sweet
słony [swo-ni] adj. m. salty
słoń [swoń] m. elephant
słońce [swoń-tse] n. sun;
sunlight (self-luminous)
słota [swo-ta] f. foul weather
słowianin [swo-vya-ńeen] m.
Slav (of the Slavic group)
słowo [swo-vo] n. word
słuch [swookh] m. hearing
słuchać [swoo-khaćh] v. hear;
obey; listen; obey orders

słynny [swin-ni] adj. m. famous
słyszeć [swi-shećh] v. hear
smacznego! [smach-ne-go] exp.
(have a) good apatite!
smaczny [smach-ni] adj. m. tasty
smak [smak] m. taste; relish;
savor; palate; liking; appetite
smakować [sma-ko-vaćh] v.
taste; relish; delight (in)
smażyć [sma-zhićh] v. fry;
scorch; bake in the sun
smutek [smoo-tek] m. sorrow;
sadness; grief; mournfulness
smutny [smoot-ni] adj. m. sad
sobota [so-bo-ta] f. Saturday
soda [so-da] f. soda
sok [sok] m. sap; juice
solidarność [so-lee-dar-
-nośhćh] f. solidarity
solidarność [so-lee-dar-
-nośhćh] s. Solidarity Labor
Union formed in Poland (1980)
solniczka [sol-ńeech-ka] f.
salt-shaker; saltcellar
solo [so-lo] adv. solo
sonda [son-da] f. probe; feeler;
sonde; searcher; explorer;
plummet; lead
sos [sos] m. gravy; sauce
sól [sool] f. salt (mineral)
spacerować [spa-tse-ro-vaćh]
v. walk; stroll; walk about
spać [spaćh] v. sleep; slumber
spec [spets] m. specialist;
expert; craftsman; dab hand;
dab; sharp-(shooter, etc.))
specjalizacja [spe-tsya-lee-zats-
-ya] f. specialization; major
spełniać [spew-ńaćh] v. perform; fulfill; comply with; accomplish; answer; satisfy; do
spędzać [span-dzaćh] v. round
up (cattle); spend (time); a-
bort; drive away; gather; pass
(time); gather; bring together
spirytus [spee-ri-toos] m. spirits;
alcohol; rectified (proof) spirit
spis [spees] m. list; register;
inventory; record; roll; census
spłata [spwa-ta] f. refund;
instalment payment; amortiza-
tion; repayment; part payment
spod [spod] prep. from under

spodek [spo-dek] m. saucer

spodnie [spod-ńe] pl. trousers; pants; slacks; breeches

spodziewać się [spo-dźhe--vaćh śhan] v. expect; hope for; think that it will happen

spojrzeć [spoy-zhećh] v. look; glance at; gaze at; view

spokojny [spo-koy-ni] adj. m. quiet; calm; peaceful; still

spokój [spo-kooy] m. peace; calm; quiet; serenity; placidity

sporny [spor-ni] adj. m. controversial; debatable; questionable; contestable; litigious

sporo [spo-ro] adv. good deal; a lot of; briskly; quite a few

spory [spo-ri] adj. m. pretty big; fast; useful; considerable; fair

sposób [spo-soop] m. means; way; manner; fashion; method

spotkać [spot-kaćh] v. come across; meet; run across; befall; come across; happen; find

spotkanie [spot-ka-ńe] n. meeting; date; encounter

spowiedź [spo-vyedźh] f. confession; confided secrets

spożycie [spo-zhi-ćhe] n. consumption; intake (food, calories, fluids, etc.)

spożywca [spo-zhiv-tsa] m. consumer (of food, etc.)

spód [spoot] m. bottom; foot

spódnica [spood-ńee-tsa] f. skirt; petticoat; apron strings

spółka [spoow-ka] f. partnership; (joint stock) company; society

spóźniać się [spooźh-ńaćh śhan] v. be late; be slow; be behind time; be delayed; lose

spragniony [sprag-ńo-ni] adj. m. thirsty; thirsting for

sprawa [spra-va] f. affair; matter; cause; case; question; job; business; deal; action

sprawdzić [sprav-dźheećh] v. verify; examine; test; check

sprawiać [spra-vyaćh] v. cause; bring to pass; occasion; afford; bring about; give

sprawunek [spra-voo-nek] m. purchase (made while shop-

ping); pl. shopping

sprężyna [spran-zhi-na] f. spring; mainspring; impulse; incentive

sprytny [sprit-ni] adj. m. tricky; clever; cunning; cute

sprzątać [spshown-taćh] v. tidy up; clean up (the mess, etc.); clear up; pitch up; take away; snatch away; remove

sprzeciwiać się [spshe-ćhee--vyaćh śhan] v. object; oppose; stand against; resist

sprzeczać się [spshe-chaćh śhan] v. fight; argue; dispute (about); squabble; quarrel (about parking, etc.); contend

sprzedać [spshe-daćh] v. dispose of; sell; trade away

sprzedawczyni [spshe-dav-chi--ńee] f. saleslady; saleswoman; vendor; seller

sprzęt [spshant] m. implement; furniture; accessories; utensils; tackle; outfit; chattels

spuszczać [spoosh-chaćh] v. let down; drop; droop; lower; drain; let fall; throw down; roll down; put down; let loose

srebro [sreb-ro] n. silver

srogi [sro-gee] adj. m. fierce; cruel; severe; strict; grim

stacja [stats-ya] f. station

stacja benzynowa [stats-ya ben--zi-no-va] f. filling or service station; gas station

stać [staćh] v. stand; be stopped; farewell; ill-afford; rise; be at a station; stagnate

stal [stal] f. steel

stale [sta-le] adv. constantly; always; for ever; incessantly

stały [sta-wi] adj. m. stable; permanent; solid; fixed; firm

stamtąd [stam-townt] prep. from there; from over there; out of it

stan [stan] m. state; status; condition; order; estate; class

stanąć [sta-nownćh] v. stand up; stop at; put up; rise; set foot; get on one's feet, etc.

stanowić [sta-no-veećh] v. establish; determine; con-

stitute; decide; proclaim
stanowisko [sta-no-**vees**-ko] n.
position; post; status; stand;
rank; appointment; attitude
starać się [sta-rach śhan] v.
take care; try one's best
staranny [sta-ran-ni] adj. m.
careful; accurate; nice; exact
starczyć [star-chich] v. suffice
stary [sta-ri] adj. m. old; old-
-looking; former; stale
statek [sta-tek] m. ship; craft;
vessel; boat; steamship
stawać się [sta-vach śhan] v.
become; grow (scarce, big)
stawiać [sta-vyach] v. place;
erect; put; stand; offer; lay
down; post; station; put upright; give (grades); defy; rise;
set (sail); move (a resolution)
stąd [stownt] prep. from here;
away; therefore; that is why
sto [sto] num. hundred; 100
stocznia [stoch-ńa] f. shipyard
stolica [sto-lee-tsa] f. capital (of
a country, state, island, etc.)
stolik [sto-leek] m. small table;
nice little (card, etc.) table
stołek [sto-wek] m. small stool
stołówka [sto-woov-ka] f. mess
(dining) hall; mess; canteen
stopa [sto-pa] f. foot; standard
stopa życiowa [sto-pa zhi-cho-
-va] f. living standard
stopień [sto-pyeń] m. (stair)
step; degree; grade; extent
stosunek [sto-soo-nek] m. rate;
relation; proportion; attitude
stół [stoow] m. table; fare
strach [strakh] m. fear; fright
strajkować [stray-ko-vach] v.
go on strike; strike; be out
strata [stra-ta] f. loss
strawić [stra-veech] v. digest;
consume; bear; stomach; sap;
stand; ruin; destroy; etch
strefa [stre-fa] f. zone; area
streszczenie [stresh-che-ńe] n.
resume; summary; digest
stromo [stro-mo] adv. steeply;
abruptly; precipitously; sheer
stromy [stro-mi] adj. m. steep
strona [stro-na] f. page; side;

region; aspect; part; party
strych [strikh] m. attic
stryj [striy] m. uncle
strzelać [stshe-lach] v. shoot;
fire; slap; score; blunder
strzyc [stshits] v. cut; clip;
shear; mow; trim; graze
student [stoo-dent] m. student
studia [stoo-dya] pl. university
studies; university research
studio [stoo-dyo] n. atelier;
(film, artist's, etc.) studio
studiować [stoo-dyo-vach] v.
study; investigate; peer
styczeń [sti-cheń] m. January
stygnąć [stig-nownch] v. cool
down; cool off; be cooling off
stykać się [sti-kach śhan] v.
contact; touch; adjoint; meet
suchy [soo-khi] adj. m. dry;
withered; lean; uninteresting
sukces [sook-tses] m. success
sukienka [soo-kyen-ka] f. dress
suknia [sook-ńa] f. gown; dress
suma [soo-ma] f. sum; total;
high mass; entirety; whole
sumienie [soo-mye-ńe] n.
conscience (clear, guilty etc.)
supersam [soo-per-sam] m.
supermarket (of groceries)
surowy [soo-ro-vi] adj. m.
severe; raw; coarse; harsh
sutka [soot-ka] f. nipple
swój [svooy] pron. his; hers; my;
its; our; your; their; one's own
sympatyczny [sim-pa-tich-ni] adj.
m. congenial; attractive
sympatyzować [sim-pa-ti-zo-
-vach] v. like; go along; feel
with; share the feelings, ideas
syn [sin] m. son; (a descendant)
synowa [si-no-va] f. daughter-in-
-law (the wife of a son)
sypialnia [si-pyal-ńa] f. bedroom;
bedroom furniture suite
sypki [sip-kee] adj. m. loose
(rocks); granular (substance);
friable; dry (goods, etc.)
sytuacja [si-too-ats-ya] f.
situation; circumstances; position; things; state of affairs
szachy [sha-khi] pl. chess
szacunek [sha-tsoo-nek] m.

1. valuation; assessment
szacunek [sha-tsoo-nek] m.
2. respect; esteem; deference
szafa [sha-fa] f. chest; wardrobe;
bookcase; cupboard
szalenie [sha-le-ńe] adv. madly;
terribly; awfully; like mad
szanować [sha-no-vaćh] v.
respect (person, tradition)
honor; have regard; esteem
szanowny [sha-nov-ni] adj. m.
honorable; worthy; dear (sir)
szarfa [shar-fa] f. scarf; sash
szarpać [shar-paćh] v. jerk;
pull; tear; tousle; knock about;
assail; prey; impair; slander
szary [sha-ri] adj. m. gray; drab
szatan [sha-tan] m. satan; devil;
a very strong coffee drink
szatnia [shat-ńa] f. locker room;
coat-room; a large coat closet
szatynka [sha-tin-ka] f. dark
-blond girl; auburn haired
(woman, girl, lady, etc.)
szczególny [shche-gool-ni] adj.
m. peculiar; special; specific
szczegół [shche-goow] m. detail
szczegółowy [shche-goo-wo-vi]
adj. m. detailed; minute;
thorough; lengthy (document)
szczelny [shchel-ni] adj. m.
(water, air, etc.) tight
szczepić [shche-peećh] v.
graft; vaccinate; inoculate
szczery [shche-ri] adj. m.
sincere; frank; candid
szczęka [shchan-ka] f. jaw;
mandible; clamp; denture plate
szczęście [shchanśh-ćhe] n.
happiness; good luck; success
szczęśliwy [shchan-śhlee-vi]
adj. m. happy; lucky; successful; thriving; prosperous; joyful
szczupły [shchoop-wi] adj. m.
slim; slender; thin; lean
szczyt [shchit] m. top; summit;
peak; apex; climax; vortex
szef [shef] m. boss; chief
szeptać [shep-taćh] v. whisper
szereg [she-rek] m. row; file;
series; range; chain (of events)
szeroki [she-ro-kee] adj. m. wide
range; broad; ample; extensive

szesnastka [shes-nast-ka] f. the
figure sixteen; 16
szesnastoletni [shes-nas-to-let-
-ńee] adj. m. sixteen-year-old
szesnastowieczny [shes-nas-to-
-vyech-ni] adj. m. sixteenth-
century; of the 16th century
szesnasty [shes-nas-ti] num.
sixteenth; 16th
szesnaście [shes-naśh-ćhe]
num. sixteen; 16
sześcian [sheśh-ćhan] m.
cube (number's third power)
sześć [śheśhćh] num. six; 6
sześdziesiąt [sheśhćh-dźhe-
-śhownt] num. sixty; 60
sześdziesiąty [sheśhćh-dźhe-
-śhown-ti] adj. m. sixtieth
sześdziesięcioletni [sheśh-
-dźhe-śhan-ćho-let-ńee] adj.
m. sixty years old; of sixty
(60) years' duration
sześćset [sheśhćh-set] num.
six hundred; 600
szew [shev] m. seam; stitch;
juncture; raphe; suture
szewc [shevts] m. shoemaker;
boot-maker; (mending) cobbler
szkic [shkeets] m. outline;
sketch; essay; study; tracing
szklanka [shklan-ka] f. (drinking)
glass; glassful (of water etc.)
szkło [shkwo] n. glass; pane
szkoda [shko-da] f. damage;
harm; detriment; mischief; injury; hurt; exp.: that's too
bad! what a pity! what a
shame! how annoying!
szkodzić [shko-dźheećh] v.
do harm; injure; be harmful;
cause damage; disagree with
szkoła [shko-wa] f. school
szlafrok [shlaf-rok] m.
house-robe; woman's wrapper
(at home); dressing gown
szmata [shma-ta] f. clout; rag
szminka [shmeen-ka] f. lipstick;
paint; rouge; make up
szofer [sho-fer] m. chauffeur;
driver; (bus) driver; (truck)
driver; (lorry) driver
szowinizm [sho-vee-ńeezm] m.
chauvinism; jingoism

szóstka [shoost-ka] f. the figure
six; 6
szósty [shoos-ti] adj. m. num.
sixth; 6th
szpachla [shpakh-la] f. spatula;
putty-knife; palette knife
szpetny [shpet-ni] adj. m. ugly;
unsightly; shabby; base; vile
szpilka [shpeel-ka] f. pin (small)
szpital [shpee-tal] m. hospital
szrama [shra-ma] f. scar; slash
szranki [shran-kee] pl. lists;
bounds; reins; tilt (tourna-
ment) yard; barriers; leash
sztandar [shtan-dar] m. banner;
(national) flag; infantry colors
sztuczny [shtooch-ni] adj. m.
artificial; sham; false;
immitation
sztuka [shtoo-ka] f. art; piece;
head of cattle; (stage) play;
stunt; craft; art (of war); unit
sztukować [shtoo-ko-vaćh] v.
piece; patch up; eke out (a living); lengthen (dress, etc.)
sztych [shtikh] m. stab;
engraving; etching; woodcut;
spade thrust (in fencing, etc.)
sztywny [shtiv-ni] adj. m. stiff;
rigid; inflexible; unbending; fixed; stark; puffed up; offish
szuflada [shoo-fla-da] f. drawer;
shunting; shelving
szukać [shoo-kaćh] v. look for;
seek; search; cast about for;
be bent on; be out for
szumowiny [shoo-mo-**vee**-ni] pl.
scum; scum, dregs, lees of
society; scum of society
szyb [shib] m. shaft; (oil) well;
pit; coal shaft; groove; stack
szyba [shi-ba] f. (glass) pane;
wind-shield; sheet of water
szybciej [shib-ćhey] adv. hurry
up! jump to it!
szybki [shib-kee] adj. m. quick
fast; prompt; rapid; sharp
(walk); smart (pace)
szybko [shib-ko] adv. quickly;
fast; promptly; swiftly; rapidly;
speedily; apace; hurry up!
szyć [shićh] v. sew; sew up
szyja [shi-ya] f. neck; bottleneck;

gullet; throat
szyk [shik] m. order; elegance;
(battle) array; formation
szykować [shi-ko-vaćh] v.
make ready; prepare; get
ready; array; marshal
szynk [shink] m. bar; saloon; pub
szynka [shin-ka] f. ham

Ś

ściana [śhćha-na] f. wall
ściek [śhćhek] m. sewer;
gutter; sink; sewage; drain;
gully; sullage
ściekać [śhćhe-kaćh] v.
drain off; flow down; trickle
down; drip; gutter
ścierka [śhćher-ka] f. duster;
rug; kitchen towel; clout
ścisk [śhćheesk] m. throng;
press; crowd; squeeze; crush;
clamp; cleat; hand-screw
ściskać [śhćhees-kaćh] v.
compress; shake (hand); hug;
squeeze; press; clench; pack
ścisłość [śhćhees-wośhćh]
f. exactness; accuracy; com-
pactness; density; reliability;
cohesion; strictness; fidelity
ślad [śhlat] m. trace; track;
(foot) print; footstep
śledzić [śhle-dźheećh] v.
spy; watch; investigate;
observe; shadow; follow
śledź [śhledźh] m. herring
ślepy [śhle-pi] adj. m. blind
śliczny [śhleech-ni] adj. m.
pretty; lovely; dandy
ślina [śhlee-na] f. saliva
śliski [śhlees-kee] adj. m.
slippery; slimy; scabrous
śliwka [śhleev-ka] m. plum
ślub [śhloop] m. wedding; vow
śmiać się [śhmyaćh śhan] v.
laugh; laugh at; chuckle; scoff
at; make sport of
śmiech [śhmyekh] m. laughter

śmieci [śhmye-ćhee] pl.
rubbish; garbage; rag; shred;
scrap of paper; refuse
śmiecić [śhmye-ćheeć] v.
litter; throw litter about
śmiecie [śhmye-ćhe] n.
rubbish; garbage; rag; shred;
scrap; refuse; sweepings
śmieć [śhmyeć] m. litter;
rag; scrap; shred
śmierć [śhmyerćh] f. death
śmieszny [śhmyesh-ni] adj. m.
funny; ridiculous; comic;
absurd; amusing; droll
śmietana [śhmye-ta-na] f. sour
cream; clotted cream
śmietanka [śhmye-tan-ka] f.
cream; flower (of society etc.)
śmietnik [śhmyet-ńeek] m.
garbage can; garbage dump
śmiga [śhmee-ga] f. (windmill)
sail
śmigło [śhmeeg-wo] n. pro-
peller; adv. swiftly; nimbly
śmigłowiec [śhmee-gwo-vyets]
m. helicopter
śniadanie [śhńa-da-ńe] n.
breakfast; luncheon
śniady [śhńa-di] adj. m.
swarthy; sun-tanned; dusky;
tawny; dark-skinned
śnieg [śhńek] m. snow;
snow-scape
śpieszyć się [śhpye-shićh
śhan] v. hurry; hasten; be in
a hurry; make haste; be fast
śpiew [śhpyev] m. song;
singing; singing lesson
śpiewać [śhpye-vaćh] v. sing
śpiwór [śhpee-voor] m.
sleeping bag
średni [śhred-ńee] adj. m.
average; medium; mean; intermediary; middle; mediocre
średnio [śhred-ńo] adv.
average; medium-; fairly well
środa [śhro-da] f. Wednesday
środek [śhro-dek] m. center;
middle; measures; means;
remedy; interior; midst; inside;
agent; medium; device
środowisko [śhro-do-vees-ko]
n. surroundings; environment;

habitat; range; (chem.)
medium
śruba [śhroo-ba] f. screw
śrubokręt [śhroo-bo-krant] m.
screwdriver; turn-screw
świadectwo [śhvya-dets-tvo] n.
certificate; bill of health
świadek naoczny [śhvya-dek
na-och-ni] m. exp.: an
eyewitness
świat [śhvyat] m. world
światło [śhvyat-wo] n. light
światłomierz [śhvya-two-
-myesh] m. light meter
photometer
światowy [śhvya-to-vi] adj. m.
world; worldly; global; society-
świąteczny [śhvyown-tech-ni]
adj. m. festive; holiday
(mood); solemn
świder [śhvee-der] m. drill;
auger; bore; borer; perforator
świeca [śhvye-tsa] f. candle
świecić [śhvye-ćheećh] v.
light up; shine; glitter; sparkle
świetny [śhvyet-ni] adj. m.
splendid; excellent; first rate
świeżo [śhvye-zho] adv. fresh
świeży [śhvye-zhi] adj. m.
fresh; new; recent; fresh; raw;
ruddy; brisk; crisp; breezy
święcić [śhvyan-ćheećh] v.
celebrate; keep a holiday;
bless; observe; ordain
święta [śhvyan-ta] pl. holiday
święto [śhvyan-to] n. holiday
święty [śhvyan-ti] adj. m.
saint; holy; saintly; pious;
sacred; sacrosanct; inviolate
świnia [śhvee-ńa] f. swine;
hog; pig; exp.: dirty pig

T

tancerz [tan-tsesh] m. dancer
tani [ta-ńee] adj. m. cheap
taniec [ta-ńets] m. dance
tańczyć [tań-chićh] v. dance

tapczan [tap-chan] m. couch; convertible bed

taras [ta-ras] m. terrace

tarcza [tar-cha] f. shield; disk

targ [tark] m. country market

targować [tar-go-vaćh] v. sell; bargain; trade; haggle; deal

taśma [taśh-ma] f. band; tape

tchórz [tkhoosh] m. skunk; coward; craven; poltroon; funk

teatr [te-atr] m. theatre; the stage; the play

teatralny [te-a-tral-ni] adj. m. theatrical; scenic; stage- (effects, manager, etc)

techniczny [tekh-ńeech-ni] adj. m. technical (terms, school, staff); technological (progress)

technik [tekh-ńeek] m. technician; engineer; mechanic

teczka [tech-ka] f. briefcase; folder; portfolio; jacket; binder

tekst [tekst] m. text; wording

telefon [te-le-fon] m. telephone; phone; phone receiver

telefonować [te-le-fo-no-vaćh] v. ring up; telephone; call up

telegraf [te-le-graf] m. telegraph; telegraph office

telegrafować [te-le-gra-fo-vaćh] v. cable; wire; telegraph

telegram [te-le-gram] m. telegram; cable; wire; cablegram

telewizja [te-le-veez-ya] f. television; TV

telewizor [te-le-vee-zor] m. television set; TV set

temat [te-mat] m. subject

temperament [tem-pe-ra-ment] m. temper; nature; mettle

temperatura [tem-pe-ra-too-ra] f. temperature; fever

tempo [tem-po] n. rate; tempo

temu [te-moo] adv. ago

ten; ta; to [ten, ta, to] m.f.n. pron. this; this one

teoria [te-o-rya] f. theory

teraz [te-ras] adv. now; nowadays; at present

teren [te-ren] m. terrain

termin [ter-meen] m. term; expression; apprenticeship;

time limit; fixed date

termometr [ter-mo-metr] m. thermometer

tędy [tan-di] adv. this way

tęgo [tan-go] adv. stoutly; ably; amply; mightily; powerfully

tępy [tan-pi] adj. m. dull; point less; slow-witted; stolid

tęsknić [tansk-ńeećh] v. long (for); yearn; be nostalgic

tętno [tant-no] n. pulse rate; heartbeats; vibrations

tężec [tan-zhets] m. tetanus

tężyzna [tan-zhiz-na] f. vigor

tło [two] n. background

tłok [twok] m. piston; crowd

tłuc [twoots] v. pound; hammer; batter; smash; shatter

tłuczek [twoo-chek] m. pestle

tłum [twoom] m. crowd; mob; host; throng; multitude

tłumacz [twoo-mach] m. interpreter; translator

tłumić [twoo-meećh] v. muffle; put down; dampen; suppress; stifle; stamp out; deaden

tłusty [twoos-ti] adj. m. obese; fat (meat; pig etc.); rich; oily; greasy; corpulent; fatty

tłuszcz [twooshch] m. fat; grease

to [to] pron it; this; that; so

toaleta [to-a-le-ta] f. toilet; dress; dressing table

toaletowe przybory [to-a-le-to-ve pzhi-bo-ri] pl. toilet-articles; cosmetics

tobół [to-boow] m. pack; bundle

toczyć [to-chićh] v. roll; machine; wage (war); wheel; carry on; shape; fester

tom [tom] m. volume

ton [ton] m. sound; tone; note

tona [to-na] f. ton (metric etc.)

tonąć [to-nownćh] v. drown

topić [to-peećh] v. drown; thaw; melt down; smelt (metals); sink; flux

tor [tor] m. track; lane; path

torować [to-ro-vaćh] v. clear; pave; clear a path; show the way; pave the way for

tort [tort] m. tort (multi-layer)

fancy cake

towar [to-var] m. merchandise

towarzystwo [to-va-zhist-vo] n. company; society; companionship; entourage

towarzyszyć [to-va-zhi-shićh] v. accompany; escort; keep company; attend; go together

tożsamość [tozh-sa-mośhćh] f. identity; sameness

tracić [tra-ćheećh] v. lose; waste; shed (leaves); execute

trafiać [tra-fyaćh] v. hit (target); guess right; home

trafny [traf-ni] adj. m. exact; correct; right; fit; apt

tragarz [tra-gash] m. porter

traktować [trak-to-vaćh] v. deal; treat; negotiate; discuss

tramwaj [tram-vay] m. tramway

transport [trans-port] m. transport; haulage; consignment

tranzyt [tran-zit] m. transit

trasa [tra-sa] f. route; (bus) line

tratwa [trat-va] f. raft; float

trawa [tra-va] f. grass

trawić [tra-veećh] v. digest

trąbić [trown-beećh] v. bugle; toot; hoot; roar; proclaim

trącać [trown-caćh] v. jostle; elbow; tip; knock; nudge; strike; touch; nudge

treść [treśhćh] f. contents; jist; substance; essence; pith; marrow; tenor; purview; plot

trochę [tro-khan] adv. a little bit; a few; some; awhile; a spell

troje [tro-ye] num. three

tropić [tro-peećh] v. track

troszczyć się [trosh-chićh śhan] v. care; be anxious about; take care; look after

troszeczkę [tro-shech-kan] adv. little bit; tiny; just a little

trotuar [tro-too-ar] m. sidewalk; pavement (for pedestrians)

trójbarwny [trooy-barv-ni] adj. m. tricolor; three-colored

trójca [trooy-tsa] f. trinity

trójka [trooy-ka] f. three

trójkąt [trooy-kownt] m. triangle; set square; triangular shape

trud [troot] m. pains; toil

trudnić się [trood-ńeećh śhan] v. occupy oneself; be engaged; do (for a living)

trudno [trood-no] adv. with difficulty; too bad; hard

trudny [trood-ni] adj. m. difficult; hard; tough; laborious

trumna [troom-na] f. coffin

truskawka [troos-kav-ka] f. strawberry

trwać [trvaćh] v. last; persist; stay; remain; linger on

trwały [trva-wi] adj. m. durable

tryb [trib] m. manner; mode; mood; gear; procedure; course

trząść [tshownśhćh] v. shake

trzeba [tshe-ba] v. imp. ought to; one should; it is necessary

trzeci [tshe-ćhee] num. third

trzewik [tshe-veek] m. shoe; slipper; skid; trig

trzeźwy [tsheźh-vi] adj. m. sober; clear headed; level headed; wide awake

trzonek [tsho-nek] m. shaft; shank; handle (of a hammer, axe, etc.); helve

trzy [tshi] num. three

trzydziestokrotny [tshi-dźhes-to--krot-ni] adj. m. thirty-fold

trzydziestoletni [tshi-dźhes-to--let-ńee] adj. m. thirty year old (man, oak, etc.)

trzydziesty [tshi-dźhes-ti] num. thirtieth

trzydzieści [tshi-dźheśh-ćhee] num. thirty; 30

trzykrotny [tshi-krot-ni] adj. m. threefold

trzyletni [tshi-let-ńee] adj. m. three year old (boy, car, etc.)

trzymać [tshi-maćh] v. hold; keep; cling; clutch; hold on to

trzynaście [tshi-naśh-ćhe] num. thirteen; 13

trzypiętrowy [tshi-pyant-ro-vi] adj. m. three-story high (house)

trzysta [tshis-ta] num. three hundred; 300

tu [too] adv. here; in here

turysta [too-ris-ta] m. tourist

turystyczny [too-ris-tich-ni] adj.

m. tourist; touring-
tusz [toosh] m. 1. shower; hit;
2. India ink; mascara
tusza [too-sha] f. corpulence
tutaj [too-tay] adv. here
tutejszy [too-tey-shi] adj. m.
local (custom, man); of this
place; of our (place, country)
tuzin [too-źheen] m. dozen
tuż [toosh] adv. near by; close
by; just before; just after
tuż obok [toosh o-bok] adv. next
too; near by; close by
twardy [tvar-di] adj. m. hard
twarz [tvash] f. face;
physiognomy; aspect
twarzowy [tva-zho-vi] adj. m.
becoming; facial (bone etc.)
tworzyć [tvo-zhićh] v. create;
form; compose; produce;
make; bring to life
twój [tvooy] pron. yours; your
ty [ti] pron. you (familiar form)
tyczka [tich-ka] v. pole; perch
tyć [tićh] v. grow fat
tydzień [ti-dźheń] m. week
tyfus [ti-foos] m. typhus
tygodnik [ti-god-ńeek] m.
weekly (magazine etc.)
tygodniowy [ti-god-ńo-vi]
adj. m. weekly (pay etc.)
tygrys [ti-gris] m. tiger; type of
German tank in World War II
tyle [ti-le] adv. so much; so
many; that much (was done)
tylekroć [ti-le-krоćh] adv. so
many times; that many times
tylko [til-ko] adv. only; but; just
tylko co [til-ko tso] adv. just
now; a moment ago; this instant; just a minute ago
tylny [til-ni] adj. m. back; hind
(leg etc.); rear (light etc.)
tył [tiw] m. back; rear; stern
tym lepiej [tim le-pyey] adv. so
much better
tymczasem [tim-cha-sem] adv.
meantime; during; at the time
tymczasowo [tim-cha-so-vo] adv.
provisionally; temporarily
tymczasowy [tim-cha-so-vi] adj.
m. temporary; provisional
tynk [tink] m. plaster (work)

typ [tip] m. type; model; guy
tysiąc [ti-śhownts] num.
thousand; 1,000
tysiąclecie [ti-śhownts-le-ćhe]
n. millennium
tysiącletni [ti-śhownts-let-ńee]
adj. m. millinery
tysiączny [ti-śhanch-ni] num.
thousandth; 1,000th
tytoń [ti-toń] m. tobacco
tytuł [ti-toow] m. title
tytułować [ti-too-wo-vaćh] v.
entitle; address; style as a...

U

u [oo] adj. mbeside; at; with; by;
on; from; in; (idiomatic)
u boku [oo bo-koo] exp.: at
one's side (to have a helper, a
sabre...)
ubezpieczać [oo-bez-pye-chaćh]
v. insure; secure; protect
ubiegać się [oo-bye-gaćh
śhan] v. solicit; compete for
ubiegły [oo-byeg-wi] adj. m.
past; last (year,week etc.)
ubierać [oo-bye-raćh] v. dress
ubierać się [oo-bye-raćh shan]
v. dress oneself
ubikacja [oo-bee-kats-ya] f.
toilet; rest room; powder
room; men's room; W.C.
ubogi [oo-bo-gee] adj. m. poor
ubrać [oob-raćh] v. dress
ubranie [oob-ra-ńe] n. clothes;
decoration; putting in a fix
ucho [oo-kho] n. ear; handle;
(needle) eye; ring (of anchors)
uchwała [oo-khva-wa] f.
resolution; vote; law
uciecha [oo-ćhe-kha] f. joy
ucieczka [oo-ćhech-ka] f.
escape; flight; desertion;
recourse
uciekać [oo-ćhe-kaćh] v. flee
ucisk [oo-ćheesk] m. oppression
uczciwy [ooch-ćhee-vi] adj. m.

honest; upright; straight
uczelnia [oo-**chel**-ńa] f. school;
college; academy; university
uczennica [oo-chen-**ńee**-tsa] f.
schoolgirl; (girl) pupil
uczeń [oo-cheń] m. schoolboy
uczesać [oo-**che**-saćh] v. comb
(hair); brush hair; dress hair
uczta [ooch-ta] f. feast; banquet
uczucie [oo-**choo**-ćhe] n. feeling
uczyć [oo-chićh] v. teach; train
uczyć się [oo-chićh **śhan**] v.
learn; study; take lessons
uczynek [oo-chi-nek] m. deed
uczynny [oo-chin-ni] adj. m.
obliging; helpful; cooperative
udany [oo-da-ni] adj. m.
successful; put-on; sham
udawać [oo-da-vaćh] v.
pretend; imitate
uderzenie [oo-de-zhe-ńe] n.
blow; stroke; hit; bump;
impact; slap; percussion
udo [oo-do] n. thigh
udusić [oo-doo-śheećh] v.
strangle; smother; stifle;
throttle; suffocate; stew
udział [oo-dźhaw] m. share;
part; quota; participation
ufać [oo-faćh] v. trust; confide
ufarbować [oo-far-bo-vaćh] v.
dye; dye somebody's hair
ufny [oof-ni] adj. confident;
trustful; hopeful; reliant;
sanguine (self-confident)
ugoda [oo-go-da] f. agreement
ugodowy [oo-go-do-vi] adj. m.
conciliatory; amicable
ujechać [oo-ye-khaćh] v.
be well on one's way
ujemny [oo-yem-ni] adj. m.
negative (value etc.);
unfavorable; detrimental
ujęcie [oo-yan-ćhe] n. grasp
ukarać [oo-ka-raćh] v. punish
inflict punishment; penalize
ukazać [oo-ka-zaćh] v. show;
(appear); exhibit; reveal
układ [ook-wat] m. scheme;
agreement; disposition;
system; arrangement
ukłonić się [oo-kwo-ńeećh
śhan] v. bow (to sb); tip

one's hat; greet
ukochana [oo-ko-kha-na] adj. f.
beloved; darling; pet (female)
ukochany [oo-ko-kha-ni] adj. m.
beloved; darling; pet (male)
ukoić [oo-ko-eećh] v. soothe
ukojenie [oo-ko-ye-ńe] n. relief;
consolation; alleviation
ukrajać [oo-kra-yaćh] v. cut off
ukrywać [oo-kri-vaćh] v. hide;
cover up; conceal; hold back
ul [ool] m. beehive; hive
ulatniać się [oo-lat-ńaćh
śhan] v. evaporate; volatile;
vanish; melt away; leak;
escape; cease; disappear
ulegać [oo-le-gaćh] v. yield
uległy [oo-leg-wi] adj. m.
submissive; docile; compliant
ulewa [oo-le-va] f. rainstorm
ulga [ool-ga] f. relief; solace
ulica [oo-lee-tsa] f. street
uliczka [oo-leech-ka] f. lane
ulicznica [oo-leech-ńee-tsa] f.
prostitute; streetwalker
ulicznik [oo-leech-ńeek] m.
gamin; guttersnipe; nipper
ulubiony [oo-loo-byo-ni] adj. m.
beloved; favorite; pet
ułomny [oo-wom-ni] adj. m.
disabled; defective; lame;
faulty
ułożony [oo-wo-zho-ni] adj. m.
arranged; well-mannered; set
umawiać się [oo-mav-yaćh
śhan] v. make a date (or
plan); appoint; fix (a price)
umeblowanie [oo-meb-lo-va-ńe]
n. furniture; furnishings
umieć [oo-myećh] v. know-
-how; be able to
umierać [oo-mye-raćh] v. die
umocnić [oo-mots-ńeećh] v.
strengthen; fortify; beef up
umowa [oo-mo-va] f. contract
umożliwić [oo-mozh-lee-veećh]
v. make possible; enable
umyć [oo-mićh] v. wash up
umysł [oo-misw] m. mind;
intellect; brain; spirit
umysłowy [oo-mis-wo-vi] adj. m.
mental; intellectual; brain
umyślnie [oo-miśhl-ńe] adv. on

purpose; specially; purposely

umyślny [oo-miśhl-ni] adj. m.
intentional; deliberate; special

umywalnia [oo-mi-val-ńa] f.
washroom; washstand

unia [ooń-ya] f. union

uniemożliwić [oo-ńe-mozh-lee-veeść] v. make impossible

unieść [oo-ńeśhść] v. lift up

uniewaźnić [oo-ńe-vazh-ńeeść] v. annul; void;
cancel; repeal; abrogate

uniewinnienie [oo-ńe-veen-ńe-ńe] n. acquittal

unikać [oo-ńee-kaść] v. avoid;
shun; steer clear; abstain from

uniwersytet [oo-ńee-ver-si-tet] m. university

upadać [oo-pa-daść] v. fall
down; collapse; topple over

upadek [oo-pa-dek] m. fall; drop

upaść [oo-paśhść] v. have a
fall; fall down; topple over;
drop (on one's knees); decay;
decline; go to ruin; crash

upić się [oo-peeść śhan] v.
get drunk; be intoxicated

upiec [oo-pyets] v. bake
(bread); roast (meat, etc.)

upodobać [oo-po-do-baść] v.
take a liking; take to; fancy

upokorzyć [oo-po-ko-zhiść] v.
humiliate; make eat crow;
abase; mortify; hurt the pride

upominać [oo-po-mee-naść] v.
admonish; warn; scold; rebuke

upominek [oo-po-mee-nek] m.
gift; souvenir; present; token

uporać się [oo-po-raść śhan]
v. get over; cope with; settle;
negotiate; handle; manage

upoważnienie [oo-po-vazh-ńe-ńe] n. authorization; full
powers; warrant; authority

upór [oo-poor] m. obstinacy

uprzejmy [oo-pzhey-mi] adj. m.
kind; polite; nice; suave;
affable; complaisant; bland

uratować [oo-ra-to-vaść] v.
save; salvage; rescue

uraz [oo-ras] m. injury; complex;
resentment; grudge

urazić [oo-ra-źheeść] v. hurt;

offend; wound sb's feelings

urlop [oor-lop] m. leave;
furlough; vacation; holiday

uroczystość [oo-ro-chis-tośhść] f. celebration;
festivity; feast; ceremony

uroda [oo-ro-da] f. beauty;
loveliness; attraction; charm

urodzaj [oo-ro-dzay] m. good
harvest; abundance; harvest;
crop; good yield; yield

urodzić [oo-ro-dźheeść] v.
give birth; breed; bear; yield a
rich crop; be delivered

urodziny [oo-ro-dźhee-ni] n.
birthday; birth; birthday party

urok [oo-rok] m. charm; spell

urozmaicenie [oo-roz-ma-ee-tse-ńe] n. variety; diversity;
change; variation

urwać [oor-vaść] v. tear off;
pull off; wrench away; deduct

urwisko [oor-vees-ko] n.
precipice; crag; cliff;
(dangerously) steep rock

urząd [oo-zhownt] m. office

urządzać [oo-zhown-dzaść] v.
arrange; settle; set up

urządzenie [oo-zhown-dze-ńe] n.
furniture; installation; gear

urządzić się [oo-zhown-dźheeść shan] v. settle
down; fix oneself up

urzędnik [oo-zhand-ńeek] m.
official; white-collar worker

urzędowy [oo-zhan-do-vi] adj. m.
official (document, capacity..)

usiąść [oo-śhownśhść] v. sit
down; take one's seat; perch;
take a seat; alight

usiłować [oo-śhee-wo-vaść] v.
strive; try hard; attempt

usługa [oo-swoo-ga] f. service;
favor; good turn; help

uspokoić [oo-spo-ko-eeść] v.
calm down; soothe; set at
ease; pacify; tranquilize

usprawiedliwić [oos-pra-vyed-lee-veeść] v. justify; explain

usta [oos-ta] n. mouth; lips

ustawa [oo-sta-va] f. law; rule

ustawiać [oo-stav-yaść] v.
arrange; place; put; set up

ustąpić [oos-<u>town</u>-pee ćh] v.
retire; retreat; withdraw;
recede; yield to; make con-
cessions; meet half-way; give
in; resign; abate; cease; give
way; knuckle down; let have
ustęp [oos-<u>tanp</u>] m. rest-room;
paragraph; passage
ustępować [oos-<u>tan</u>-po-vaćh]
v. yield; withdraw; recede;
cease; retreat; surrender
ustrój [oos-trooy] m. structure;
government system; organism
usuwać [oo-soo-vaćh] v. clear
away; remove; dismiss; retire
uszanować [oo-sha-no-vaćh] v.
respect; spare (life etc.)
uszkodzenie [oosh-ko-dze-ńe] n.
damage; injury; impairment
uszkodzić [oosh-ko-dźheećh]
v. damage; injure; impair; spoil
uścisk dłoni [oośh-ćheesk
dwo-ńee] m. handshake
uśmiech [oośh-myekh] m.
smile; (silly) smirk; simper
uśmiechać się [oośh-mye-
-khaćh śhan] v. smile; give a
smile; simper; grin; sneer
uśmiechnięty [oośh-myekh-
-ńan-ti] adj. m. smiling
uśpić [oośh-peećh] v. put to
sleep; anesthetize; etherize
utargować [oo-tar-go-vaćh] v.
make a bargain; realize
utracić [oo-tra-ćheećh] v.
loose (health, job, etc.);
waste; forfeit a right etc.
utwór [oot-voor] m. work;
composition; production;
work; creation; formation
uwaga [oo-va-ga] f. attention;
remark; notice; heed; note;
exp.: caution!; look out!
uważać [oo-va-zhaćh] v. pay
attention; be careful; mind;
take care; look after; watch
out; consider; reckon
uważny [oo-vazh-ni] adj. m.
careful; attentive; watchful
uwodzić [oo-vo-dźheećh] v.
seduce (men or women)
uzależnić [oo-za-lezh-ńeećh] v.
make dependent; subordinate

uzasadnić [oo-za-sad-ńeećh] v.
substantiate; justify; motivate
uzdrawiać [ooz-dra-vyaćh] v.
heal; cure; bring back to
health; reorganize; sanify
uzdrowisko [ooz-dro-vees-ko] n.
health resort
uzgadniać [ooz-gad-ńaćh] v.
reconcile; coordinate; adjust
uznawać [ooz-na-vaćh] v.
acknowledge; do justice;
confess; recognize; admit
uzyskać [oo-zis-kaćh] v. obtain;
gain; get; acquire; secure
użyć [oo-zhićh] v. use; exert;
take (medicine); profit; employ
użyteczny [oo-zhi-tech-ni]
adj. m. useful; serviceable;
helpful; effective
użytek [oo-zhi-tek] m. use
użytkownik [oo-zhit-kov-ńeek]
m. user (of apartment etc.)
używać [oo-zhi-vaćh] v. use;
enjoy; exercise a right; make
use; exert (strength etc.)
używany [oo-zhi-va-ni] adj. m.
used; second-hand; worn

W

w [v] prep. in; into; at
we [ve] prep. in; into; at
wabić [va-beećh] v. lure
wada [va-da] f. fault; defect;
flaw
waga [va-ga] f. weight; balance;
pair of scales; importance
wagon [va-gon] m. car; wagon
wagon restauracyjny [va-gon res-
-taw-ra-tsiy-ni] dining car
wahać się [va-khaćh śhan] v.
hesitate; sway; rock; swing
wakacje [va-kats-ye] pl.
vacation; holidays; taking a
holiday; taking a vacation
walać [va-laćh] v. soil; stain;
dirty; roll; draggle; wallow
walić [va-leećh] v. demolish;

hit; pile; bring down; beat
walizka [va-leez-ka] f. suitcase;
valise; portmanteau
walka [val-ka] f. struggle; fight;
war; battle; wrestling
waluta [va-loo-ta] f. currency
wanna [van-na] f. bath tub
warga [var-ga] f. lip; labium
wariat [var-yat] m. lunatic;
insane; madman; fool; crazy
man; crank
warstwa [vars-tva] f. layer;
stratum; coat; coating; class
warto [var-to] adv. it's worth
(while); it's proper; it's worth
one's while; it pays
wartość [var-toshćh] f. value;
worth; quality; power;
magnitude
warunek [va-roo-nek] m.
condition; requirement; term;
stipulation; circumstance
wasz [vash] pron. your; yours
wazon [va-zon] m. flower pot
ważny [vazh-ni] adj. m.
important; valid; significant
ważyć się [va-zhićh śhan] v.
dare; weigh oneself; poise;
venture; rock oneself
wąchać [vown-khaćh] v. smell
wąski [vown-skee] adj. m.
narrow; tight (fitting); narrow-
(gage); bottle-neck
wątpić [vownt-peećh] v. doubt
wątpliwy [vownt-plee-vi] adj. m.
doubtful; open to doubt; toss-
up; questionable; precarious
wątroba [vown-tro-ba] f. liver
wąż [vownsh] m. snake; hose
wbrew [vbref] prep. in spite of;
in defiance; against
wcale [vtsa-le] adv. quite
wcale nie [vtsa-le ńe] not at all
(exp); not in the least
wchłaniać [vkhwa-ńaćh] v.
absorb; soak up; take in; soak
in; incept; imbibe
wchodzić [vkho-dźheećh] v.
enter; get in; set in; climb
w ciągu [v ćhown-goo] adv.
during; while; in time of
wciąż [vćhownsh] adv.
continually; constantly;

persistently; as ever
w czas [v chas] on time
wczasy [vcha-si] pl. vacations
wczesny [vches-ni] adj. m. early;
in the small hours
wcześnie [vcheśh-ńe] adv.
early; at an early date
wczoraj [vcho-ray] adv.
yesterday; during yesterday
wczoraj wieczorem [vcho-ray
vye-cho-rem] adv. last night
wdech [vdekh] m. aspiration
wdowa [vdo-va] f. widow
w dół [v doow] adv. down;
downwards; downstairs; (go)
lower; (move) lower
wdzięczność [vdźhanch-
-nośhćh] f. gratitude; thank-
fulness; indebtedness
wdzięk [vdźhank] m. grace;
charm; attraction
według [ved-wook] prep.
according to; after; along;
near; next to; in accordance
wejście [veyśh-ćhe] n.
entrance; way in; admission
ticket; entry
wejść [veyśhćh] v. enter; get
in; step in; walk in; go in
wełna [vew-na] f. wool
wełniany [vew-ńa-ni] adj. m.
woolen; worsted; wool-
(blanket, fabric, etc.)
weneryczna choroba [ve-ne-rich-
-na kho-ro-ba] f. venereal
disease
wesele [ve-se-le] n. wedding
wesoły [ve-so-vi] adj. merry;
gay; jolly; gleeful; funny
wet za wet [vet za vet] exp. tit
for tat; retaliate
wetknąć [vet-knownćh] v.
stick in; slip in; tuck away;
stuff; insert; shove
wewnątrz [vev-nowntsh] prep.
adv. inside; within; intra-
węch [vankh] m. smell; nose
wędlina [vand-lee-na] f. meat
products; pork products
węgiel [van-gel] m. coal;
carbon; crayon
wiadomo [vya-do-mo] v. (imp.) it
is known; everybody knows

wiadomość [vya-do-mośhćh]
f. news; information; message
wiadro [vya-dro] n. bucket; pail
wiara [vya-ra] f. faith; belief
wiarogodny [vya-ro-god-ni] adj.
m. reliable; credible; veracious
wiatr [vyatr] m. wind; gale;
breeze; (dog's or horse's) nose
wiąz [vyowns] m. elm (Ulmus)
widelec [vee-de-lets] m. fork
widmo [veed-mo] n. ghost;
phantom; spectrum; specter
widocznie [vee-doch-ńe] adv.
evidently; apparently; clearly
widok [vee-dok] m. view; sight
widokówka [vee-do-koov-ka] f.
picture postcard
widywać [vee-di-vaćh] v.
see (often, regularly, etc.)
widz [veets] m. spectator
widzenie [vee-dze-ńe] n. sight;
vision; visit; hallucination
widzieć [vee-dźhećh] v. see
wieczny [vyech-ni] adj. m.
eternal; perpetual; endless
wieczorem [vye-cho-rem] exp. in
the evening; during the
evening
wieczór [vye-choor] m. evening
wiedza [vye-dza] f. knowledge;
learning; erudition; science
wiedzieć [vye-dźhećh] v.
know; be aware; be conscious
wiejski [vyey-skee] adj. m.
village; rural; rustic; country
wiek [vyek] m. age; century
wiekuistość [vye-koo-ees-
-tośhćh] f. eternity; all time
wielce [vyel-tse] adv. very;
greatly; extremely; very much
wiele [vye-le] adj. m. many; a
lot; much; far out; a great
deal; how much?
wielki [vyel-kee] adj. m. big;
large; great; vast; keen;
mighty; intense; important
wielkość [vyel-kośhćh] f.
greatness; size; dimension;
value; quantity; vastness
wieprzowina [vyep-zho-vee-na] f.
pork (meat)
wierny [vyer-ni] adj. m. faithful;
true; loyal; exact

wiersz [vyersh] m. verse; poem
wierzba [vyezh-ba] f. willow
wierzyć [vye-zhićh] v. believe;
trust; rely; believe in God
wieś [vyeśh] f. village;
countryside; hamlet; the
villagers
wieźć [vyeźhćh] v. carry (on
wheels, horse, sledge);
transport; convey; drive
wieża [vye-zha] f. tower; rook
więc [vyants] conj. now; well;
therefore; so; consequently
więcej [vyan-tsey] adv. more
większość [vyank-shośhćh] f.
majority; the bulk; most
większy [vyank-shi] adj. m.
bigger; larger; greater
więzienie [vyan-źhe-ńe] n.
prison; confinement; jail; gaol;
restraint
wigilia [vee-geel-ya] f. Christmas
Eve; Christmas Eve supper
wilgoć [veel-goćh] f. humidity
wilgotny [veel-got-ni] adj. m.
moist; humid; damp; wet
wina [vee-na] f. guilt; fault
winda [veen-da] f. elevator
wino [vee-no] n. wine; grapevine
winszować [venn-sho-vaćh] v.
congratulate (on having
success); wish well
wiosenny [vyo-sen-ni] adj. m.
spring- (flowers, month etc.)
wiosło [vyos-wo] n. oar; paddle
wiosna [vyos-na] f. Spring (time)
wisieć [vee-śhećh] v. hang;
sag
wisiorek [vee-śho-rek] m.
pendant
wiśnia [veeśh-ńa] f. cherry
(tree)
witać [vee-taćh] v. greet;
welcome; meet to welcome;
bid welcome
witamina [vee-ta-mee-na] f.
vitamin (A, B, C, D, E etc)
wizyta [vee-zi-ta] f. call; visit; be
on a visit
wizytówka [vee-zi-toov-ka] f.
calling card; visiting card
wjazd [vyazt] m. (car) entrance
wkładać [vkwa-daćh] v. put in

w koło [v ko-wo] adv. round; in circles; over and over again

wkoło [vko-wo] prep. round; about in circles

w lewo [v le-vo] adv. to the left (go to the left)

w lot [v lot] adv. in a flash; quickly; in a harry

wlot [vlot] m. inlet; intake

władza [vva-dza] f. authority

własność [vvas-nośhćh] f. property; characteristic feature

własny [vvas-ni] adj. m. own; very own; of one's own

właściciel [vvaśh-ćhee-ćhel] m. proprietor; holder; owner

właściwy [vvaśh-ćhee-vi] adj. m. proper; right; suitable; due; adequate; becoming; fit

właśnie [vvaśh-ńe] adv. exactly; just so; precisely; very; just as; just now; just then; only just; quite so

włączać [vwown-chaćh] v. include; switch on; plug in

włącznie [vwownch-ńe] adv. inclusively; inclusive; including

włożyć [vwo-zhićh] v. put in; put on; clothe; invest

wnet [vnet] adv. soon; directly; shortly; before long presently

wnętrze [vnan-tzhe] n. interior

wniosek [vńo-sek] m. conclusion; proposition; suggestion; motion

wnuczka [vnooch-ka] f. granddaughter

wnuk [vnook] m. grandson

wobec [vo-bets] prep. in the face of; before; towards

woda [vo-da] f. water; froth; bull

wodór [vo-door] m. hydrogen

w ogóle [vo-goo-le] adv. generally; on the whole; in the main; all in all; altogether

województwo [vo-ye-voodz-tvo] n. province; voivodeship

wojna [voy-na] f. war; warfare

wojna domowa [voy-na do-mo--va] f. civil war

wojsko [voy-sko] n. army; troops

wojskowy [voy-sko-vi] adj. m. military; army (post etc.)

wokoło [vo-ko-wo] adv. all around; round; about

wola [vo-la] f. will; volition

woleć [vo-lećh] v. prefer

wolno [vol-no] adv. slowly

wolny [vol-ni] adj. m. free

wolt [volt] m. volt

wołać [vo-waćh] v. call; cry

wołowina [vo-wo-vee-na] f. beef

worek [vo-rek] m. bag; sack

wosk [vosk] m. wax

wozić [vo-źheećh] v. carry (on wheels); transport; drive; cart

woźnica [voźh-ńee-tsa] m. coachman; driver; waggoner

wódka [vood-ka] fr. vodka

wódz [voots] m. commander; chief; leader; headman

wół [voow] m. ox; steer; bullock

wówczas [voov-chas] adv. then; that time; at the time

wóz [voos] m. car; cart; wagon

wpierw [vpyerv] adv. first

wpis [vpees] m. enrollment

wplątać [vplown-taćh] v. entangle; implicate; involve

wpływ [vpwif] m. influence; income; effect; impact of

wpływowy [vpwi-vo-vi] adj. m. influential

w pobliżu [v po-blee-zhoo] adv. near; in the vicinity; close by

w poprzek [v po-pzhek] prep. adv. across; crosswise

wpół [vpoow] adv. in half; halfway; half past; half-; semi-

w pośród [v pośh-root] adv. among; in the midst of

wprawa [vpra-va] f. skill; practice; proficiency

wprawdzie [vprav-dźhe] adv. in truth; to be sure; indeed

wprost [vprost] adv. directly; straight ahead; outright; simply; in a straight line

wprowadzać [vpro-va-dzaćh] v. usher; introduce; lead in; put in; walk into; march into

wprzód [vpshoot] adv. ahead; before; first; in the first place

wracać [vra-tsaćh] v. return

wraz [vras] prep. together

wrażenie [vra-zhe-ńe] n. 1.

impression; sensation; feeling;
thrill; 2. implant; engraft

wreszcie [vresh-ćhe] adv. at
last; finally; after all;
eventually; last of all

wrącz [vranch] adv. down right

wrogi [vro-gee] adj. m. hostile

wróg [vrook] m. foe; enemy

wrzeć [vzhećh] v. boil; rage

wrzesień [vzhe-śheń] m.
September

wschód słońca [vskhoot swoń--tsa] m. sunrise

wsiadać [vśha-daćh] v. get in;
mount; get on board; take
one's seat; mount (a horse)

wskazówka [vska-zoov-ka] f.
hint; direction; (clock) hand

wskazujący palec [vska-zoo--yown-tsi pa-lets] m. forefinger

wskaźnik [vskaźh-ńeek] m.
index; pointer; indicator; signal

w skos [v skos] adv. slant

wskroś [vskrośh] prep. through

wskutek [vskoo-tek] prep. as a
result; due to; thanks to

wspaniały [vspa-ńa-wi] adj. m.
superb; glorious; grand; great;
smashing; magnificent; lordly;
gorgeous; luxurious; splendid

wspomagać [vspo-ma-gaćh] v.
help; aid; assist; succor

wspominać [vspo-mee-naćh] v.
remember; recall; mention

współczesny [vspoow-ches-ni]
adj. m. contemporary; modern;
present-day (music, writers)

współczucie [vspoow-choo-ćhe]
n. sympathy; compassion; pity

wstawać [vsta-vaćh] v. get up

wstecz [vstech] adv. backwards

wstęp [vstanp] m. entrance;
admission; preface; opening

wstrząs [vstzhowns] m. shock

wstrzmać [vstzhi-maćh] v.
stop; abstain; put off; hold
back; delay; suspend; cease

wstyd [vstit] m. shame;
disgrace; dishonor; indecency

wszakże [vshak-zhe] conj. adv.
yet; however; nevertheless

wszechświat [vshekh-śhvyat]
m. universe; cosmos;

macrocosm

wszelki [vshel-ki] adj. m. every;
all; any (possible); whatever

wszędzie [vshan-dźhe] adv.
everywhere; on all sides; all
over; far and near

wszystek [vshis-tek] adj. m.
whole; all; ever; the whole

wszystko [vshist-ko] n. all;
everything; anything; all this;
all that; the whole lot

wszystko jedno [vshist-ko yed--no] exp.: all the same; no
matter; never mind

w ślad [vśhlad] adv. following
in tracks; following closely

wtedy [vte-di] adv. then

wtem [vtem] adv. suddenly

wtenczas [vten-chas] adv. then;
at that time; at this junction

wtorek [vto-rek] m. Tuesday

w tył [v tiw] adv. back

wuj [vooy] m. uncle

wy [vi] pron. you; you people

wybić [vi-beećh] v. knock out
(something); strike; cover; kill

wybierać [vi-bye-raćh] v.
choose elect; select; pick out;
mine; extract; scoop; excavate

**wybierać się [vi-bye-raćh
śhan]** v. set out; be about to
go; be planning to go (on a
trip, etc.); be about to leave

wyborny [vi-bor-ni] adj. m.
excellent; prime; choice;
splendid; delicious; exquisite

wybór [vi-boor] m. choice;
option; selection; adoption

wybrzeże [vi-bzhe-zhe] n. coast;
beach; seashore; seacoast

wybuch [vi-bookh] m. explosion;
eruption; outbreak; outburst

wychodzić [vi-kho-dźheećh] v.
get out; walk out; climb out

wychowanie [vi-kho-va-ńe] n.
upbringing; manners;
education; breeding

wychudły [vi-khood-wi] adj. m.
gaunt; skinny; haggard;
emaciated; hollow-cheeked

wychwalać [vi-khva-laćh] v.
praise; exalt; extol; speak
highly of; crack up

wychylać się [vi-khi-lach śhan] v. lean out; stick one's neck out; hang out; appear; be visible

wyciągać [vi-chown-gach] v. pull out; stretch out; derive

wycieczka [vi-chech-ka] f. trip; excursion; outing; ramble; hike

wycierać [vi-che-rach] v. wipe; erase; efface; dust; wear out; blow (nose); rub

wyciskać [vi-chees-kach] v. squeeze out; impress; wring

wyczyn [vi-chin] m. feat; stunt

wydarzenie [vi-da-zhe-ńe] n. event; happening; occurrence

wydatek [vi-da-tek] m. expense

wydatny [vi-dat-ni] adj. m. prominent; salient; distinct

wydawać [vi-da-vach] v. spend; give the change; give away; publish

wydech [vi-dekh] m. exhalation

wydychać [vi-di-khach] v. breathe out; exhale; emit

wydział [vi-dźhaw] m. department; section; division

wygląd [vig-lownd] m. appearance; aspect; air; looks; semblance

wyglądać [vig-lown-dach] v. look out; appear; appear; look

wygoda [vi-go-da] f. comfort

wygodny [vi-god-ni] adj. m. comfortable; cozy; handy

wygrać [vi-grach] v. win; score

wyjaśnić [vi-yaśh-ńeech] v. explain; clear up; elucidate

wyjawić [vi-ya-veech] v. disclose; reveal; bring to light

wyjazd [vi-yazt] m. departure

wyjątek [vi-yown-tek] m. exception; excerpt; extract

wyjeżdżać [vi-yezh-dzhach] v. leave; drive away; set out

wyjście [viyśh-che] n. exit; way out; departure; egress

wykaz [vi-kas] m. list; register; roll; schedule; docket

wykład [vik-wat] m. lecture

wykonać [vi-ko-nach] v. execute; do; fulfill; carry out; perform

wykorzystać [vi-ko-zhis-tach] v. take advantage; exploit; use up

wykryć [vi-krich] v. discover; detect; reveal (the truth etc.)

wyleczyć [vi-le-chich] v. cure

wylew krwi [vi-lev krvee] hemorrhage; blood effusion

wyliczać [vi-lee-chach] v. count up; count out; recite

wyładować [vi-wa-do-vach] v. unload; discharge; cram; pack

wymawiać [vi-mav-yach] v. pronounce; reproach; cancel; express

wymiana [vi-mya-na] f. exchange

wymieniać [vi-mye-ńach] v. exchange; convert; replace

wymierać [vi-mye-rach] v. die out; become extinct (gradually)

wymierzać [vi-mye-zhach] v. aim; measure; assess; survey; mete out

wymiotować [vi-myo-to-vach] v. vomit; be sick; spew up (one's food)

wymowa [vi-mo-va] f. pronunciation; significance (of facts); eloquence

wymówka [vi-moov-ka] f. reproach; pretext; excuse; put-off; evasion; rebuke

wymusić [vi-moo-śhich] v. extort; wring; force; compel

wymyślać [vi-miśh-lach] v. think up; call names; invent; abuse; devise; contrive

wynajmować [vi-nay-mo-vach] v. hire; rent; lease out

wynalazek [vi-na-la-zek] m. invention; device; contrivance

wynik [vi-ńeek] m. result; score

wynosić [vi-no-śheech] v. carry out; elevate; amount; wear out; praise; nurse

wyobraźnia [vi-o-braźh-ńa] f. imagination; fancy; empty fancy

wypad [vi-pat] m. sally; attack

wypada [vi-pa-da] v. it is proper; it is becoming; it is fitting; it behoves; it is the

right (proper) thing to do
wypadać [vi-pa-daćh] v. fall
out; rash out; become; turn
out; happen; occur; work out
wypadek [vi-pa-dek] m. accident;
case; event; chance; instance
wypełniać [vi-pew-ńaćh] v.
fulfill; fill up; while away; fill
in; perform; execute (a duty)
wypijać [vi-pee-yaćh] v. drink
(empty); drink to; drink off
wypłata [vi-pwa-ta] f. pay (day)
wypocić [vi-po-ćheećh] v.
sweat out; perspire; be soaked
in sweat; exude
wypoczynek [vi-po-chi-nek] m.
rest; repose
wypowiadać [vi-po-vya-daćh]
v. pronounce; declare; express
wyprać [vi-praćh] v. wash out
wyprawa [vi-pra-va] f.
expedition; excursion; outfit;
tanning; dowry; plaster
wyprowadzać [vi-pro-va-dzaćh]
v. lead out; move out; trace
wyprzedaż [vi-pzhe-dash] v.
(clearance) sale
wyrabiać [vi-ra-byaćh] v.
1. make; form; 2. play pranks
wyraz [vi-ras] m. word;
expression; look; term (of
praise, indignation, etc.)
wyraźny [vi-raźh-ni] adj. m.
explicit; clear; distinct
wyrażać [vi-ra-zhaćh] v.
express; say; signify
wyrok [vi-rok] m. sentence;
verdict; judgment; pronounce-
ment (by doctors, etc.)
wyrób [vi-roob] m. manufacture
wyruszyć [vi-roo-shićh] v. start
out; set out; march out; sail
away; start on a journey
wyrzucać [vi-zhoo-tsaćh] v.
expel; throw out; dump;
reproach; remove; eject
wyrzut [vi-zhoot] m. reproach
wysłać [vi-swaćh] v. send off;
dispatch; emit; let fly
wysoce [vi-so-tse] adv. highly
wysoki [vi-so-kee] m. tall; high;
soaring; lofty; towering
wysokość [vi-so-kośhćh] f.

height; altitude; level; extent
wyspa [vis-pa] f. island; isle
wystarczyć [vi-star-chićh] v.
suffice; do enough; be enough
wystawa [vi-sta-va] f. exhibition;
display (window dressing)
wystawać [vi-sta-vaćh] v.
stand long time; stick out
występ [vi-stanp] m. protrusion;
(stage) appearance; utterance
wysuwać [vi-soo-vaćh] v.
shove forward; protrude; put
out; put up; advance; propose
wysychać [vi-si-khaćh] v. dry
out; get parched; shrivel up
wytargować [vi-tar-go-vaćh] v.
buy by haggling; haggle a lot
wytchnąć [vi-tkhnownćh] v.
rest up; relax; take a rest;
have a rest; breathe
wytłumaczyć [vi-twoo-ma-
-chićh] v. explain; excuse;
justify; account for
wytrwały [vi-trva-wi] adj. m.
enduring; persevering; dogged
wytrzymać [vi-tzhi-maćh] v.
endure; stand; hold out; keep
wywiad [vi-vyat] m. interview;
reconnaissance; espionage
wywierać [vi-vye-raćh] v. exert
wywód [vi-voot] m. deduction
wywóz [vi-voos] m. export;
removal; disposal; transport
wyzdrowieć [vi-zdro-vyećh] v.
recover; get well; recuperate
wyzysk [vi-zisk] m. exploitation;
sweating (of labor)
wyż [vizh] m. height; upland;
highland; high pressure area;
peak; atmospheric high
wyżej [vi-zhey] adv. higher;
above; (mentioned) above;
(cited) above; higher up
wyższość [vizh-shośhćh] f.
superiority; excellence;
predominance
wyższy [vizh-shi] adj. m. higher
(up); taller; superior; top
(floor); preponderant
wyżyć się [vi-zhićh śhan] v.
live up to; fulfill oneself
wyżywienie [vi-zhi-vye-ńe] m.
food; board; subsistence; diet

wzajemny [vza-yem-ni] adj. m.
mutual; reciprocal; inter-

w zamian [v za-myan] adv. in
exchange; instead; in return

wzbić się [vzbeech śhan] v.
soar (up); shoot up; rise

wzbogacić [vzbo-ga-ćheećh] v.
enrich; add to; dress; make
rich; make wealthy; treat

wzbudzać [vzboo-dzaćh] v.
excite; inspire; arouse; stir

wzdłuż [vzdwoosh] prep. along

względny [vzgland-ni] adj. m.
relative; indulgent; kind of

względy [vzglan-di] pl. favors

wzgórze [vzgoo-zhe] n. hill

wziąć [vźhownćh] v. take;
hold; help oneself to; possess

wzmacniać [vzmats-ńaćh] v.
reinforce; brace up; fortify

wznowić [vzno-veećh] v. renew; resume; reprint; re-edit

wzorowy [vzo-ro-vi] adj. m.
exemplary; model; perfect

wzór [vzoor] m. pattern; model;
formula; fashion; standard

wzrok [vzrok] m. sight; vision

wzrost [vzrost] m. growth
-size; height; increase; rise;
stature; increment; gain

wzruszać [vzroo-shaćh] v.
move; touch; affect; thrill; stir

wzywać [vzi-vaćh] v. call; call
in; summon; cite; ask in

Z

z [z] prep. with; off; together

ze [ze] prep. with; off; together;
from (the ceiling etc.)

za [za] prep. behind; for; at; by;
beyond; over (a wall)

zabawiać [za-bav-yaćh] v. entertain; amuse; divert; dwell;
stay; last; take time

zabawić się [za-bav-eećh
śhan] v. enjoy oneself; have
a good time; play at; get busy

in doing something; be late

zabawka [za-bav-ka] f. toy; trifle

zabezpieczyć [za-bez-pye-chićh]
v. safeguard; secure; protect

zabić [za-beećh] v. kill; slay;
slaughter; plug up; nail down;
drive into; beat (a card)

zabierać [za-bye-raćh] v. take
away; take along; take on (up)

zabierać się [za-bye-raćh
śhan] v. clear out; get ready
for; start to do; begin;

zabłądzić [za-bwonn-dźheećh]
v. go astray; get lost; stray

zabłocić [za-bwo-ćheećh] v.
get muddy; muddy (shoes etc)

zabytek [za-bi-tek] m. relic;
monument (of art, nature etc.)

zachodzić [za-kho-dźheećh] v.
call on; occur; arise; become;
set; creep from behind; drop
in; reach (a place); go far

zachodni [za-khod-ńee] adj. m.
western; westerly

zachorować [za-kho-ro-vaćh] v.
get sick; fall ill; be taken ill

zachowanie [za-kho-va-ńe] n.
behavior; maintenance; re-
tention; manners; behavior

zachód [za-khoot] m. west;
the West; sunset; pains;
trouble; endeavor

zachód słońca [za-khoot swoń-
-tsa] m. sunset

zachwycać [za-khvi-tsaćh] v.
fascinate; charm; delight;
enchant; rouse admiration

zachwyt [zakh-vit] m.
fascination; rapture;
enchantment; ecstasy

zacięty [za-ćhan-ti] adj. m.
obstinate; stubborn; dogged

zacny [zats-ni] adj. m. worthy;
good; upright; respectable

zacofany [za-tso-fa-ni] adj. m.
backward; old fashioned

zacząć [za-chownćh] v. start;
begin; fire away; go ahead

zaczekać [za-che-kaćh] v.
wait (for somebody, etc.)

zaczekaj [za-che-kay] v.
you just wait!

zaczynać [za-chi-naćh] v. start;

begin; cut (into a new loaf)
zad [zad] m. posterior; rump
zadać [za-daćh] v. give; put;
deal; associate; treat with
zadanie [za-da-ńe] n. task;
charge; assignment; problem;
job; work; stint; duty
zadatek [za-da-tek] m. earnest
money; down payment; installment; advance payment
zadowolić [za-do-vo-leećh] v.
satisfy; gratify; please; suffice
zadowolony [za-do-vo-lo-ni] adj.
m. satisfied; content; pleased
zadrapać [za-dra-paćh] v.
scratch open; make a scratch
zadzwonić [za-dzvo-ńeećh] v.
ring; ring up; ring for
zagadka [za-gad-ka] f. puzzle;
riddle; crux; problem; quiz
zagadnienie [za-gad-ńe-ńe] n.
problem; question; issue
zaglądać [za-glown-daćh] v.
peep; look up; look into
zagłada [za-gwa-da] f. extinction;
extermination; annihilation
zagłębić [za-gwan-beećh] v.
plunge; sink; dip; immerse
zagmatwać [za-gmat-vaćh] v.
entangle; confuse; embroil
zagniewany [za-gńe-va-ni]
adj. m. angry; cross; sore; in a
huff; in (high) dudgeon
zagotować [za-go-to-vaćh] v.
boil; start boiling; flare up
zagranica [za-gra-ńee-tsa] f.
foreign countries;outside world
zagraniczny [za-gra-ńeech-ni]
adj. m. foreign; foreign (trade,
sojourn abroad, etc.)
zahamować [za-kha-mo-vaćh]
v. restrain; put brakes on;
stop; check a motion
zaimek [za-ee-mek] m. pronoun
zainteresowanie [za-een-te-re-so-
-va-ńe] n. interest; concern
zajazd [za-yazt] m. motel; inn;
zając [za-yownts] m. hare
zająć [za-yownćh] v. occupy
zajęcie [za-yan-ćhe] v. interest;
occupation; work; trade
zajmować [zay-mo-vaćh] v.
occupy; replace; displace

zakaz [za-kas] m. prohibition
zakąska [za-kowns-ka] f. snack
zakład pogrzebowy [za-kwat po-
gzhe-bo-vi] m. funeral parlor
zakład [za-kwat] m. plant; shop;
institute; bet; wager; fold
zakładać [za-kwa-daćh] v.
found; initiate; put on; lay
zakłócać [za-kwoo-tsaćh] v.
disturb; unsettle; ruffle
zakochać się [za-ko-khaćh
śhan] v. fall in love; become
infatuated; become a lover of
zakochany [za-ko-kha-ni] adj. m.
a person in love; infatuated;
an enumerated man
zakończenie [za-koń-che-ńe] n.
end; ending; termination; tip
zakres [za-kres] m. range; field;
scope; domain; sphere; realm
zakręcić [za-kran-ćheećh] v.
turn; twist; turn off; curl
zakręt [za-krant] m. curve; bend
turn; twist; (street) corner
zakrętka [za-krant-ka] f.
turnbuckle; cap; nut; latch
zakryć [za-krićh] v. cover; hide
zakup [za-koop] m. purchase
zakurzony [za-koo-zho-ni] adj. m.
dusty; covered with dust
zaledwie [za-led-vye] adv. barely;
scarcely; merely; but; only just
zaległy [za-leg-wi] adj. m.
unpaid; overdue; unfulfilled;
unaccomplished (duty, task)
zależeć [za-le-zhećh] v. de-
pend on; be relative to
zależny [za-lezh-ni] adj. m.
dependent; contingent; subordinate; conditioned (by)
zaliczać [za-lee-chaćh] v.
include; count in; credit; rate;
accept; number; rate; reckon
zaliczka [za-leech-ka] f. earnest
money; down payment; pay-
ment on account; installment
zaludnienie [za-lood-ńe-ńe] n.
population; population density
załadować [za-wa-do-vaćh] v.
load up; embark; ship (goods)
załagodzić [za-wa-go-dźheećh]
v. mitigate; alleviate; soothe
załatwiać [za-wat-vyaćh] v.

settle; transact; deal; dispose

załatwienie [za-wat-**vye**-ńe] n.
settlement; arrangement; disposal, transaction, negotiation
(of business, etc.)

załączać [za-**wown**-chaćh] v.
enclose; connect; annex; plug in; include; subjoin

załoga [za-wo-ga] f. crew; garrison; staff; personnel

zamawiać [za-ma-vyaćh] v.
reserve; order (goods); book (a seat); engage (workers)

zamazać [za-ma-zaćh] v. smear over; soil up; daub; blur (a picture); blur (outlines)

zamek [za-mek] m. lock; castle

zamek błyskawiczny [za-mek bwis-ka-**veech**-ni] m. zipper

zamężna [za-**manzh**-na] adj. f. married (woman in married state); f. married woman

zamiana [za-mya-na] f. exchange

zamiar [za-myar] m. purpose

zamiast [za-myast] prep. instead of; in place; in lieu

zamienić [za-**mye**-ńeećh] v.
change; convert; replace; swap; turn into; exchange

zamieszać [za-mye-shaćh] v.
stir up; blend; mix up; involve

zamieszkać [za-**myesh**-kaćh] v.
take up residence; put up; live

zamieszkiwać [za-myesh-**kee**-vaćh] v. inhabit; reside; occupy; live; settle; put up

zamknąć [zam-kn**own**ćh] v.
close; shut; lock; wind up; fence in; surround; clasp

zamoczyć [za-mo-chićh] v.
wet; soak; steep; drench; dip; submerge; moisten

zamówić [za-moo-veećh] v.
order; reserve; commission; book; engage; charm away

zamówienie [za-moo-**vye**-ńe] n.
order; commission (a work of art); custom order

zanadto [za-nad-to] adv. too much; excess; more than enough; beyond measure

zaniechać [za-ńe-khaćh] v.
give up; wave; desist from

zanieść [za-ńeśhćh] v. carry

zanik [za-ńeek] m. wane atrophy; disappearance

zanim [za-ńeem] conj. before

zanocować [za-no-**tso**-vaćh] v.
stay over night; put up at

zanotować [za-no-to-vaćh] v.
note; write down;take down

zaocznie [za-och-ńe] adv. in absence; (judgement or sentence) by default

zaopatrzyć [za-o-pa-tzhićh] v.
provide; equip; supply; fit out; furnish; stock; affix (a seal)

zaoszczędzić [za-osh-**chan**-dźheećh] v. save; spare (trouble); put (money) by

zapach [za-pakh] m. smell; aroma; flavor; odor; stench

zapakować [za-pa-ko-vaćh] v.
pack up; stow away; pack off

zapalić [za-pa-leećh] v. switch on light; set fire; animate

zapalniczka [za-pal-ńeech-ka] f.
(cigarette) lighter

zapałka [za-paw-ka] f. match

zapamiątać [za-pa-my**an**-taćh] v. remember; memorize; keep (something) in mind

zaparcie [za-par-ćhe] n.
constipation; denial

zapas [za-pas] m. stock; store; reserve; supply; fund; refill

zapasowy [za-pa-**so**-vi] adj. m.
spare; emergency (door, part, etc.); reserve (fund, etc.)

zapełniać [za-pew-ńeećh] v. fill up; stop a gap; fill (a space etc.); crowd a street

zapewne [za-pev-ne] adv.
certainly; surely; doubtless; to be sure; I should think

zapewnić [za-pev-ńeećh] v.
assure; secure; assert

zapis [za-pees] m. registration; bequest; record; notation

zapisać [za-pee-saćh] v. note down; prescribe; enroll; bequeath; record; write down

zapisek [za-pee-sek] m. note

zaplanować [za-pla-no-vaćh] v. make plans for; plan

zapłacić [za-pwa-ćheećh] v.

pay; repay; requite; pay off
zapominać [za-po-**mee**-naćh] v.
 forget; neglect; unlearn
zapomnienie [za-pom-**ńe**-ńe] n.
 oblivion; forgetfulness
za pomocą [za po-mo-ts**own**]
 adv. by means (of something);
 with help (of a tool...)
zapotrzebowanie [za-po-tzhe-bo-
 -**va**-ńe] n. demand; order;
 requisition; request
zapowiadać [za-po-**vya**-daćh] v.
 announce; forecast; pretend
zapraszać [za-pra-**sha**ćh] v.
 invite (to dinner etc.); offer
zaproszenie [za-pro-**she**-ńe] n.
 invitation (to dinner etc.)
zapuszczać [za-**poosh**-chaćh] v.
 let in (dye); grow (hair);
 neglect; let down; sink into
zapytywać [za-pi-ti-vaćh] v.
 ask; question; interrogate
zarabiać [za-rab-yaćh] v. earn
zaraz [**za**-ras] adv. at once;
 directly; right away; soon
zaraza [za-**ra**-za] f. infection;
 plague; epidemic; pestilence
zarazek [za-ra-zek] m. virus;
 germ; microbe; (disease)
 bacteria; (microorganism)
zarazem [za-ra-zem] adv. at the
 same time; as well; also
zarażenie [za-ra-zhe-ńe] n.
 infection (with a disease etc.)
zarobek [za-ro-bek] m. gain;
 bread; earnings; wages;
 livelihood; living
zarosły [za-ros-wi] adj. m.
 overgrown (with vegetation
 etc.); unshaven; shaggy
zarost [**za**-rost] m. beard; hair
zarośla [za-**rośh**-la] n. thicket
zarówno [za-**roov**-no] adv.
 equally; as well; alike; both
zarumienić się [za-roo-**mye**-
 -**ńeećh śhan**] v. blush;
 flush; brown; get browned
zarys [**za**-ris] m. sketch; outline;
 broad lines; design; draft
zarząd [za-**zhownd**] m.
 management; administration;
 board (of directors, trustees)
zarzut [**za**-zhoot] m. reproach;

objection; accusation; blame
zasada [za-**sa**-da] f. principle;
 alkali; base; law; rule; tenet
zasiąg [za-**śh**ank] m. reach;
 scope; extent; range; radius
zaskoczyć [za-**sko**-chićh] v.
 surprise (an enemy); attack
 unawares; click; lock
zasłonić [za-**swo**-ńeećh] v.
 curtain shade; shield; cover up
zasługa [za-**swoo**-ga] f. merit
zasługiwać [za-swoo-**gee**-vaćh]
 v. deserve; be worthy; merit
zasnąć [za-sn**own**ćh] v. fall
 asleep; sleep; drop off to
 sleep; fall to sleep
zaspać [**zas**-paćh] v. oversleep
zastać [**za**-staćh] v. find
 somebody (at home, in the
 office, doing something, etc.);
 come across, meet somebody
zastanowić się [za-sta-no-
 -veećh **śhan**] v. reflect;
 puzzle; ponder; wonder
zastaw [za-stav] m. pawn;
 deposit; security; forfeit; lien
zastąpić [za-**stown**-peećh] v.
 replace; bar passage; do duty
 for; supersede; stand for
zastępca [za-**stanp**-tsa] m.
 proxy; substitute; deputy
zastosować [za-sto-**so**-vaćh] v.
 adopt (measures, etc.); apply;
 employ; make use; bring into
zastosować się [za-sto-**so**-vaćh
 śhan] v. comply; toe the line
zastosowanie [za-sto-so-**va**-ńe]
 n. application; use compliance
zastój [za-stooy] m. stagnation
zastraszyć [za-**stra**-shićh] v.
 intimidate; cow; bully; brow-
 beat; use undue influence
zastrzyk [za-stshik] m. injection;
 shot (in the arm); grouting
zaszczyt [**zash**-chit] m. honor;
 distinction; privilege; dignity
zaszkodzić [za-**shko**-dźheećh]
 v. harm; hurt; damage; injure
zaszyć [za-shićh] v. sew up
zaszyć się [za-shićh **śhan**] v.
 hide; burrow; conceal oneself
zaś [za**śh**] conj. but; whereas;
 and; while; specially

zaśmiecić [za-**śhmye**-ćheećh]
v. litter (the street, etc.);
clutter up (a room, etc.)

zaświadczenie [za-śhvyad-che-
-ńe] n. certificate; affidavit

zatarg [za-targ] m. conflict;
clash; dispute; quarrel

zatem [za-tem] adv. then; consequently; therefore; and so

zatoka [za-to-ka] f. bay; gulf

zatonąć [za-to-<u>nown</u>ćh] v. sink

zatrucie [za-troo-<u>ćhe</u>] n.
poisoning; intoxication; tox-
aemia (blood poisoning)

zatruć [za-trooćh] v. poison

zatrudniać [za-**trood**-ńaćh] v.
employ; engage; give work;
take on (workers); occupy

zatrzask [za-tshask] m. (door)
latch; (snap) fastener lock

zatrzymać [za-**tshi**-maćh] v.
stop; retain; detain; arrest;
hold; bring to a stand still

zatwierdzać [za-**tvyer**-dzaćh] v.
approve; ratify; affirm

zatykać [za-ti-kaćh] v. stop up;
plug up; insert a plug

zaufać [za-oo-faćh] v. confide

zawadzać [za-**va**-dzaćh] v.
hinder; scrape; touch; be a
drag; scrape against; impede

zawartość [za-**var**-toshćh] f.
contents; subject (of a book)

zawczasu [za-vcha-soo] adv. in
time; in advance; beforehand

zawczoraj [za-vcho-ray] adv. the
day before yesterday

zawdzięczać [za-vdźh**an**-
-chaćh] v. owe (gratitude); be
indebted (for something)

zawiadomienie [za-vya-do-mye-
-ńe] n. notification; information; notice; intimation

zawiązać [za-**vyown**-zaćh] v.
tie up; bind; set up (a club)

zawieja [za-vye-ya] f. blizzard;
snow-storm; cloud (of dust)

za wiele [za vye-le] adv. too
much; too many (expenses)

za widna [za veed-na] adv. in
day light; before dark

zawierać [za-**vye**-raćh] v.
contain; include; contract;

conclude; shut; strike up

zawijać [za-**vee**-yaćh] v. wrap
up; tuck in; put in a port

zawinić [za-**vee**-ńeećh] v. be
guilty; commit an offense

zawiść [za-veeśhćh] f. envy

zawodnik [za-vod-ńeek] m.
competitor (in sport); contestant; participant

zawołać [za-vo-waćh] v. call
out for; call; exclaim; shout;
cry; cry out for; summon

zawód [za-voot] m. 1. profession; trade; vocation; craft
2. disappointment; deception

zawór [za-voor] m. valve; vent

zawrót głowy [za-vroot **gwo**-vi]
m. dizziness; vertigo;
giddiness; staggers

zawstydzić [za-**vsti**-dźheećh]
v. shame; embarrass; overwhelm; put to shame

zawsze [zav-she] adv. always;
evermore; (for) ever; at all
times; for all times; still

zazdrość [zaz-droshćh] f.
envy; jealousy

zaziąbić się [za-źh<u>an</u>-beećh
śhan] v. catch a cold

zażalenie [za-zha-le-ńe] n.
complaint; grievance

zażywać pigułki [za-zhi-vaćh
pee-**goow**-kee] v. take pills

ząb [z<u>own</u>p] m. tooth; fang;
prong; cog; indentation

zbadac [zba-dach] v. probe into;
investigate; examine

zbędny [zb<u>and</u>-ni] m.
superfluous; redundant;
needless; useless

zbieg [zbyek] m. fugitive; con-
fluence; deserter; escapee

zbieg okoliczności [zbyek o-ko-
-leech-no**śh**-ćhee] m. coin-
cidence; an accidental occurrence at the same time

zbierać [zbye-raćh] v. gather;
pick; summon; clear; take in

zbiór [zbyoor] m. harvest;
collection; set; crop; class;
series; aggregation

zblednąć [zbled-n<u>own</u>ćh] v.
pale; grow pale; fade; turn

pale; become pale

z bliska [z blees-ka] adv. from near; close up; from near by

zbliżyć się [zblee-zhićh **śhan**] v. become close; approach; be near; come up; draw near

zbocze [zbo-che] n. (hill) slope

zboże [zbo-zhe] n. corn; grain

zbrodnia [zbrod-ńa] f. crime

zbroić [zbro-eećh] v. arm

zbudzić się [zboo-dźheećh **śhan**] v. wake up; awake; be stirred; be roused

zbyt [zbit] adv. too (much)

zbyt wiele [zbit vye-le] adv. too much; excessively; over

zbyt [zbit] m. sale; market

zbyteczny [zbi-tech-ni] adj. m. superfluous; needless; odd; redundant; left over

z czasem [z cha-sem] adv. with time; eventually; later

z dala [z da-la] adv. from far

z daleka [z da-le-ka] adv. from far; from afar; away from

zdalnie [zdal-ńe] adv. remote; from afar; by remote control

zdanie [zda-ńe] n. 1. opinion; judgment; sentence; clause; proposition; 2. giving back

zdanie sprawy [zda-ńe spra-vi] n. report; account; giving account; giving information

zdarzać się [zda-zhaćh **śhan**] v. happen; take place; occur

zdarzenie [zda-zhe-ńe] n. happening; event; incident

zdawać [zda-vaćh] v. entrust; submit; turn over; give up; pass (test); hand over

zdawać się [zda-vaćh **śhan**] 1. seem; 2. surrender; 3. rely

z dawien dawna [z da-vyen dav-na] adv. from way back

z dawna [z dav-na] adv. since a long time; from way back

zdążyć [zdown-zhićh] v. come on time; keep pace; tend

zdecydować się [zde-tsi-do-vaćh **śhan**] v. decide; determine; make up one's mind

zdenerwować się [zde-ner-vo-vaćh **śhan**] v. get upset

zdenerwowany [zde-ner-vo-va-ni] adj. m. nervous; excited

zderzak [zde-zhak] m. bumper

zderzyć się [zde-zhićh **śhan**] v. collide; clash; run into

zdjąć [zdyanćh] v. take off; take a photograpf (picture) of

zdrada [zdra-da] f. treason

zdrętwienie [zdrant-vye-ńe] n. numbness; stiffness; torpidity

zdrowie [zdrov-ye] n. health; good constitution; being well

zdrowotne jedzenie [zdro-vot-ne ye-dze-ńe] n. health food

zdrowy [zdro-vi] adj. m. healthy; sound; mighty; in good health

zdrzemnąć się [zdzhem-nownćh **śhan**].v. doze off; sleep light; catnap; take a nap

zdumienie [zdoo-mye-ńe] n. astonishment; amazement

zdziwienie [zdźhee-vye-ńe] n. surprise; wonderment; astonishment; sudden surprise

zebranie [ze-bra-ńe] n. meeting

zegar [ze-gar] m. clock; meter

zegar słoneczny [ze-gar swo-nech-ni] sundial

zegarek [ze-ga-rek] m. watch

zegarmistrz [ze-gar-meestsh] m. watch-maker; clock-maker; watch-maker's shop

zejście [zeyśh-ćhe] n. descent

zejść [zeyśhćh] v. descent

zejść się [zeyśhćh **śhan**] v. meet (as prearranged); meet; rendezvous; have a date

zelówka [ze-loov-ka] f. (shoe) sole; bottom surface of a shoe

zelżeć [zel-zhećh] v. lighten up; ease; let up; diminish; abate; give; remit

zemdleć [zem-dlećh] v. faint; pan out; swoon; feel weak

zemsta [zem-sta] f. revenge

zepchnąć [zep-khnownćh] v. push down; drive out; shove down; thrust down

zepsuć [zep-sooćh] v. damage; spoil; worsen; pervert; harm; injure; disarrange; pollute

zepsuć się [zep-sooćh **śhan**] v. go bad; brake down; get

spoiled; deteriorate; worsen;
become corrupt, perverted
zepsuty [zep-soo-ti] adj. m.
damaged; spoiled; corrupt;
bad; perverse; out of order
zespół [ze-spoow] m. team;
group; gang; crew; troupe;
set; complex; co-operative
zestarzeć się [ze-sta-zheći
śhan] v. grow old; get old;
age; stale (news, story)
zestawienie [ze-sta-**vye**-ńe] n.
comparison; balance sheet; list
zeszyt [ze-shit] m. notebook
zetknąć się [zet-k**nown**ći
śhan] v. meet face-to-face;
get in touch; come into contact; meet; put in touch
zewnątrz [zev-**nown**tsh] adv. &
prep. out; outside; outwards;
outdoors; on the surface
zez [zes] m. squint; cross-eye
zęby [**zan**-bi] pl. teeth; cogs
zgadzać się [zga-dzaći **śhan**]
v. agree; fit in; see eye-to-eye
zgaga [zga-ga] f. heartburn
zgarnąć [zgar-**nown**ći] v. rake;
together; brush aside
zgasić [zga-śheeći] v. put
out; extinguish; switch off;
dim; stub out (a cigarette)
zginać [zgee-naći] v. bend
(over); fold; stoop; bow
zginąć [zgee-**nown**ći] v. get
lost; perish; die; be killed;
vanish; be destroyed; fade
away from sight; disappear
zgłupieć [zgwoo-pyeći] v.
grow silly; grow stupid; be
astounded; be astonished
zgnić [zgńeeći] v. rot; decay;
putrefy; molder; ret
zgoda [zgo-da] f. concord;
assent; consent; unity; har-
mony; approval; reconciliation
zgodnie [zgod-ńe] adv. according; in concert; peaceably;
in unison; in compliance
zgodny [zgod-ni] m. compatible;
good-natured; unanimous
zgon [zgon] m. death; decease
z góry [z goo-ri] adv. in advance
zgrabny [zgrab-ni] adj. m. skillful;

clever; deft; smart; neat;
shapely; slick; deft; well-built
zgromadzenie [zgro-ma-**dze**-ńe]
n. assembly; congress; meeting; collection; congregation
zgroza [zgro-za] f. horror
z grubsza [zgroob-sha] adv.
roughly; approximately
zgrzyt [zgzhit] m. screech; jar
zguba [zgoo-ba] f. loss;
doom; undoing; ruin; destruction; lost (property, object)
zgubić [zgoo-beeći] v. lose;
undo; drop; bring to ruin;
destroy; unmake; fall out of
zgubić się [zgoo-beeći **śhan**]
v. get lost; get mixed up; be
mislaid; lose one another
zgubiony [zagoob-yo-ni] adj. m.
lost; disoriented; misled
ziarno [źhar-no] n. grain; corn
zielony [źhe-lo-ni] adj. m. green;
young and inexperienced
(man); raw; sappy; unripe
ziemniak [źhem-ńak] m. potato
ziewać [źhe-vaći] v. yawn;
gape; give a yawn
zięć [źhanći] m. son-in-law
zima [źhee-ma] f. winter
zimno [źheem-no] n. cold; chill
zimno [źheem-no] adv. coldly
zimny [źheem-ni] adj. m. cold
zimować [źhee-mo-vaći] v.
hibernate; winter; pass the
winter; survive the winter
zjawić się [zya-veeći **śhan**]
v. appear; make appearance;
show up; turn uo; occur
zjawisko [zya-vees-ko] n. fact;
event; phenomenon; vision;
very unusual occurrence
zjazd [zyazt] m. meeting;
coming; descent; downhill
drive or slide; congress
zjeść [zyeśhći] v. eat up;
devour; eat away (profits, etc)
zlecenie [zle-tse-ńe] n.
commission; order; errand;
message; instruction
z ledwością [z led-vośh-
-ćhown] adv. hardly; with
difficulty; with great pains
z lekka [z lek-ka] adv. lightly;

softly; slightly; gently

zlew [zlef] m. sink; kitchen sink

złagodzić [zwa-go-dźheećh] v.
mitigate; soothe; lessen;
soften; diminish the severity

złamać [zwa-maćh] v. break;
smash; overcome (resistance)

złazić [zwa-źheećh] v. climb
down; get off; peel off

złe [zwe] n. evil; wrong; ill

zło [zwo] n. evil; devil; harm

złodziej [zwo-dźhey] m. thief

złodziejka [zwo-dźhey-ka] f.
1. thief; 2. electrical adapter

złoto [zwo-to] n. gold; gold work

złoty [zwo-ti] adj. m. golden

złoty [zwo-ti] m. Polish money
unit (originally gold ducat)

złożyć [zwo-zhićh] v. deposit

złudny [zwood-ni] adj. m.
illusory; deceptive; illusive

zły [zwi] adj. m. bad; evil; ill;
vicious; cross; poor; rotten

zmarły [zmar-wi] adj. m.
deceased; dead; defunct; the
late (husband, father, etc,)

zmarszczka [zmarshch-ka] f.
wrinkle; crease; fold; pucker

zmartwienie [zmar-tvye-ńe] n.
worry; sorrow; grief; trouble

zmartwiony [zmar-tvyo-ńi]
adj. m. sad; sorrowful

zmiana [zmya-na] f. change;
variation; shift; relay; exchange; alteration; transition

zmienić [zmye-ńeećh] v. alter; change; modify; vary; exchange; replace; transform

zmorzyć [zmo-zhićh] v.
overpower; overcome

zmowa [zmo-va] f. conspiracy;
collusion; plot; secret deal

zmrok [zmrok] m. dusk; twilight

zmuszać [zmoo-shaćh] v.
coerce; compel; force; oblige;
constrain; make do; get to do

zmysł [zmisw] m. sense;
instinct; knack; aptitude;
consciousness; pl. reason

zmysłowy [zmis-wo-vi] adj. m.
sensual; sensory; sense; lewd

zmywanie [zmi-va-ńe] n. wash-
-ing up; **washing dishes**

znaczek [zna-chek] m. mark;
stamp; badge; tick

znaczyć [zna-chićh] v. mean;
signify; iumply; denote; matter

znać [znaćh] v. know; know
how; adv. apparently

znajdować [znay-do-vaćh] v.
find; see; meet; experience

znajomy [zna-yo-mi] adj. m. well
acquainted; well-known; well-
known man; familiar

znak [znak] m. mark; sign;
stamp; signal; token; trace

znaleźć [zna-leźhćh] v. find

znaleźne [zna-leźh-ne] n.
finder's reward; finder's share

znany [zna-ni] adj. m. noted;
known; famed; familiar; well-
known; notorious; famous

znawca [znav-tsa] m. expert

zniecierpliwić się [zńe-ćher-
-plee-veećh śhan] v. grow
impatient; get vexed; lose
patience; become annoyed

znienacka [zńe-nats-ka] adv. all
of a sudden; unawares

znikać [zńee-kaćh] v. vanish

znikąd [zńee-kownt] adv. from
nowhere; out of nowhere

znikomy [zńee-ko-mi] adj. m.
perishable; negligible; minute

zniszczeć [zńeesh-chećh] v.
decay; go to ruin; be worn out

zniszczyć [zńeesh-chićh] v.
destroy; ruin; wear out;
ravage; annihilate; waste

znosić [zno-śheećh] v. annul;
endure; carry down; ware out

znowu [zno-voo] adv. again;
anew; once again; afresh

znów [znoof] adv. again; anew

zobaczyć [zo-ba-chićh] v. see

zobowiązać [zo-bo-vyown-
-zaćh] v. oblige; obligate;
bind to do; pin down to do

zogniskować [zog-ńees-ko-
-vaćh] v. focus; concentrate

zostać [zos-taćh] v. remain;
stay; become; get to be; be
left; turn (green etc.)

zostawiać [zos-tav-yaćh] v.
leave; abandon; put aside

z powodu [z po-vo-doo] prep.

because of; owing to; due to

z powrotem [z pov-ro-tem] adv.
back; backwards; on the way
back (home, to work, etc.)

zrabować [zra-bo-vaćh] v. rob

z rana [z ra-na] adv. in the
morning; during the morning

zranić [zra-ńeećh] v. wound;
injure; hurt (feelings); mangle

zrazu [zra-zoo] adv. at first

zredagować [zre-da-go-vaćh] v.
draw up; compose; edit; draft

zresztą [zresh-town] adv.
1. moreover; besides; 2. after
all; though; anyway; in the
end; ah, well, no matter

zręczność [zranch-nośhćh] f.
cleverness; dexterity; skill

zręczny [zranch-ny] adj. m.
clever; skillful; deft; neat;
adroit; dexterous; nimble;
slick; handy; smart; polite

zrobić [zro-beećh] v. make; do;
turn; execute; perform

zrozumieć [zro-zoo-myećh] v.
understand; grasp (mentally);
see; make out; comprehend

zrozumienie [zro-zoo-mye-ńe] n.
understanding; sympathy; (legal) sense; mental grasp; comprehension; spirit; sense

zrównać [zroov-naćh] v. level;
make even; align; equalize

zryć [zrićh] v. dig up; furrow

zrywać [zri-vaćh] v. rip; tear
off; tear down; pick; quarrel

z rzadka [z zhad-ka] adv. rarely

zrządzenie losu [zzhown-dze-ńe
lo-soo] n. fate; decree of fate

zrzęda [zzhan-da] m. grumbler

zszyć [zshićh] v. sew together

zubożeć [zoo-bo-zhećh] v.
impoverish; grow poor; pau-
perize; reduce to poverty

zuch [zookh] m. brave fellow

zuchwały [zookh-va-wi] adj. m.
insolent; impudent; bold

zupa [zoo-pa] f. soup

zupełny [zoo-pew-ni] adj. m.
entire; whole; total; out and
out; utter; outright; strict

zużycie [zoo-zhi-ćhe] n.
consumption; wear and tear;

waste; expenditure (of time)

zużytkować [zoo-zhit-ko-vaćh]
v. utilize; use up; exploit

zużyty [zoo-zhi-ti] adj. m. worn
out; used up; wasted; trite

zwarcie [zvar-ćhe] n. short
(circuit); contraction; infighting
adv. densely; closely

zwariować [zvar-yo-vaćh] v. go
mad; go crazy; become in-
sane; alter (a composition)

zwarzyć [zva-zhićh] v. boil; nip;
frost damage; turn sour; blight

związać [zvyown-zaćh] v. bind;
fasten; join; tie up; strap;
frame; lash together; link

zwichnąć [zveekh-nownćh] v.
strain; dislocate; disjoin;
luxate; warp; ruin (a career)

zwichnięcie [zveekh-ńan-ćhe]
n. dislocation; luxation; sprain

zwiedzać [zvye-dzaćh] v. visit;
see the sights; tour (a
country); see; inspect

zwiedzanie [zvye-dza-ńe] n.
sightseeing; touring

zwierzać się [zvye-zhaćh
śhan] v. disclose a secret;
confide in (somebody)

zwierzchnik [zvyezh-khńeek] m.
boss; superior; chief; lord;
master; suzerain; feudal lord

zwierzchnictwo [zvyezh-
-khńeets-tvo] n. sovereignty;
superior of rank; authority;
supreme power; control

zwierzę [zvye-zhan] n. animal

zwinąć [zvee-nownćh] v. roll
up; wind up; coil up; twist up;
furl; take in (sails); fold

zwinny [zveen-ni] adj. m. agile;
nimble; deft; dexterous; lis-
some; light-fingered; light

zwisać [zvee-saćh] v. hang
down; droop; dangle; sag;
flag; overhang; beetle

zwlekać [zvle-kaćh] v. delay

zwłaszcza [zvwash-cha] adv.
particularly; chiefly; especially;
most of all; specially

zwłoka [zvwo-ka] f. delay;
respite; lag; postponement

zwłoki [zvwo-kee] n. corpse

zwodzić [zvo-dźheećh] v.
delude; deceive; mislead; let
down; lower

zwolna [zvol-na] adv. slowly

zwolnieć [zvol-ńećh] v. slow
down; slack off; relax; slacken

zwolnienie [zvol-ńe-ńe] n.
1. dismissal; release; acquittal;
sack; exemption; 2. slowing

zwoływać [zvo-wi-vaćh] v. call
together; assemble; convene

zwój [zvooy] m. roll; reel; coil

zwracać [zvra-tsaćh] v. return;
give back; pay (attention)

zwracać się [zvra-tsaćh
śhan] v. address; turn to;
apply to; approach for; ask

zwrot [zvrot] m. 1. turn;
2. restitution; restoration; refund 3. revulsion; 4. phrase

zwrotka [zvrot-ka] f. stanza

zwrotnica [zvrot-ńee-tsa] f.
switch (large) steering

zwycięstwo [zvi-ćhans-tvo] n.
victory; triumph; win

zwyciężać [zvi-ćhan-zhaćh] v.
conquer; win; prevail; overcome; get the upper hand

zwyczaj [zvi-chay] m. custom;
habit; fashion; usage; practice

zwyczajny [zvi-chay-ni] adj. m.
usual; ordinary; common; normal; regular; plain; simple

zwykle [zvik-le] adv. usually

zwykły [zvik-wi] adj. m. common

zysk [zisk] m. gain; profit

zyskać [zis-kaćh] v. gain; earn

zza [zza] prep. from behind

Ź

źle [źhle] adj. n. & adv. ill;
wrong; badly; falsely; mis-
takenly; improperly; poorly

źrenica [źhre-ńee-tsa] f. pupil

źródło [źhrood-wo] n. spring;
source; well; fountain head

źródłowy [źhrood-wo-vi]

adj. m. original; spring (water)

Ż

żaba [zha-ba] f. frog

żaden [zha-den] pron. none;
neither; not any; no one; no-

żagiel [zha-gyel] m. sail

żakiet [zha-kyet] m. jacket

żal [zhal] m. regret; grief;
sorrow; remorse; grudge;
rancor; compunction; soreness

żalić się [zha-leećh śhan] v.
complain; lament; find fault

żaluzja [zha-looz-ya] f. blind

żałoba [zha-wo-ba] f. mourning

żałobny marsz [zha-wob-ni
marsh] m. funeral march

żałosny [zha-wos-ni] adj. m.
lamentable; wretched; plain-
tive; piteous; deplorable

żałość [zha-wośhćh] f. grief;
desolation; sorrow; deep
sorrow; emotional suffering

żałować [zha-wo-vaćh] v.
regret; be sorry; mourn

żar [zhar] m. heat; glow; ardor

żarcie [zhar-ćhe] n. swill; dub

żargon [zhar-gon] m. jargon

żarówka [zha-roof-ka] f. light
bulb; electric bulb; bulb

żart [zhart] m. joke; jest; quip

żartować [zhar-to-vaćh] v.
joke; make fun; poke fun;
trifle; jest; make sport

żarzyć [zha-zhićh] v. glow;
anneal; incandesce

żąć [zhownćh] v. mow; cut;
reap (corn with a sickle)

żądać [zhown-daćh] v.
demand; require; exact; sti-
pulate; postulate; claim

żądanie [zhown-da-ńe] n.
demand; claim (for damages);
requirement; stipulation

żądło [zhownd-wo] n. sting;
(snake) fang; dart

żądny [zhownd-ni] adj. m. eager

(for); anxious; greedy; avid (of fame, honors, etc.)

żądny przygód [zhownd-ni pzhi--goot] adventurous (man)

że [zhe] conj. that; then; as

żebrać [zhe-braćh] v. beg

żebro [zhe-bro] n. rib; fin

żeby [zhe-bi] conj. so as; in order that; if; may; if only

żeglarstwo [zhe-glar-stvo] n. sailing; navigation; seamanship

żeglarz [zhe-glash] m. seaman; sailor; mariner; seafarer

żegnać [zheg-naćh] v. bid farewell; bless; bid good-bye; see off; bid farewell

żelatyna [zhe-la-ti-na] f. jelly

żelazny [zhe-laz-ni] adj. m. iron

żelazo [zhe-la-zo] n. iron; armor

żelazobeton [zhe-la-zo-be-ton] m. reinforced concrete

żelaztwo [zhe-las-tvo] n. scrap iron; hardware; iron junk

żelbet [zhel-bet] m. reinforced concrete; ferro-concrete

żeliwo [zhe-lee-vo] n. cast iron

żenić [zhe-ńeećh] v. marry

żenować [zhe-no-vaćh] v. embarrass; disconcert; nonplus

żeński [zheń-skee] adj. m. female; feminine; women's

żer [zher] m. food; prey; feeding

żłób [zhwoop] m. trough; crib

żmudny [zhmood-ni] adj. m. uphill; toilsome; strenuous

żniwiarka [zhńee-vyar-ka] f. harvester; reaper

żniwo [zhńee-vo] n. harvest

żołądek [zho-wown-dek] m. stomach; belly; the abdomen

żołądź [zho-wowndźh] f. acorn

żołd [zhowd] m. (soldier's) pay

żołnierz [zhow-ńesh] m. soldier

żona [zho-na] f. wife

żonaty [zho-na-ti] adj. m. married; family man

żółty [zhoow-ti] adj. m. yellow

żrący [zhrown-tsi] adj. m. corrosive; caustic; biting

żubr [zhoobr] m. (European--Polish) bison; aurochs

żuchwa [zhookh-va] f. jawbone

żuć [zhooćh] v. chew up;

chew; masticate; manducate

żucie [zhoo-ćhe] n. chewing; mastication; (the) chew; chewing up

żwawo [zhva-vo] adj. m. briskly; alertly; apace; jauntily

żwawy [zhva-vi] adj. m. brisk; quick; lively; spry; sprightly

żwir [zhveer] m. gravel

życie [zhi-ćhe] n. life; pep; upkeep; lifetime; animation

życiodajny [zhi-ćho-day-ni] adj. m. life-giving; vivifying

życiorys [zhi-ćho-ris] m. biography; life history

życioyy [zhi-ćho-vi] adj. m. biological; vital; (reality) of life; living (standard, etc.)

życzenie [zhi-che-ńe] n. wish; desire;request; greeting

życzliwy [zhich-lee-vi] adj. m. favorable; friendly; kindly

życzyć [zhi-chićh] v. wish (someone something)

żyć [zhićh] v. be alive; live; exist; subsist; get along

żyła [zhi-wa] f. vein; seam; core; strand; streak; lode; string

żyłka [zhiw-ka] f. vein; streak

żyrować [zhi-ro-vaćh] v. endorse; sign as payee

żytni [zhit-ńee] adj. m. rye

żytniówka [zhit-ńoov-ka] f. corn vodka; gin; rye vodka

żyto [zhi-to] n. rye

żywcem [zhiv-tsem] adv. alive

żywe srebro [zhi-ve sreb-ro] n. mercury; restless person

żywica [zhi-vee-tsa] f. resin

żywiec [zhi-vyets] m. cattle for slaughter; live bait

żywić [zhi-veećh] v. feed; nourish; cherish; feel; foster

żywioł [zhi-vyow] m. element

żywiołowy [zhi-vyo-wo-vi] adj. m. elemental; spontaneous; impulsive; impetuous

żywność [zhiv-nośhćh] f. food; provisions; eatables; victuals; (animal) fodder

żywo [zhi-vo] adv. quickly; briskly; exp. make it snappy!

żywopłot [zhi-vo-pwot] m. hedge

żywość [zhi-vośhćh] f. animation; liveliness; vivacity; vitality; intensity; vigor; esprit

żywot [zhi-vot] m. life; womb; belly; life (of a saint)

żywotnie [zhi-vot-ńe] adv. vitally; exuberantly; luxuriantly

żywotność [zhi-vot-nośhćh] f. vitality; liveliness; vivacity

żywotny [zhi-vot-ni] m. vital

żywy [zhi-vi] adj. m. alive; lively; vivid; intense; gay; brisk; live; acute; keen; bright

żyzność [zhiz-nośhćh] f. fertility; fruitfulness; richness

żyzny [zhiz-ni] adj. m. fertile; generous (soil); fruitful; fat; fecund; rich

ENGLISH-POLISH DICTIONARY

by

Iwo Cyprian Pogonowski

COMPLETE PHONETICS
POGONOWSKI'S SIMPLIFIED
PHONETIC NOTATION

A

a [ej] art. jeden; pewien;
pierwsza litera angielskiego
alfabetu; pierwszej kategorii
A-O'k [ej okej] zupełnie gotów
aback [e'baek] adv. wstecz;
w tył; do tyłu; nazad
abandon [e'baendon] v.
opuszczać; porzucić; zarzu-
cić; zaniechać; oddać się
abandonment [e'baendonment]
s. opuszczenie; brak pohamo-
wania; zrezygnowanie z
abashed [e'baeszt] adj.
speszony; zmieszany (czymś)
abate ['ebejt] v. osłabiać;
zmniejszać; mitygować; uciszyć; osłabić; anulować
abbey ['aebi] s. opactwo
abbreviate [e'bry:wjejt] v.
skrócić; skracać
abbreviation [e'bry:wjejszyn] s.
skrót; skrócenie; skracanie
ABC ['ej'bi:'si] alfabet
abdicate ['aebdykejt] v. zrzekać
się (stanowiska); abdykować
abdomen ['aebdomen] s. brzuch
abduct [aeb'dakt] v. upro-
wadzić; uprowadzać; por-
wać; porywać (kogoś, coś)
abhor [eb'ho:r] v. mieć odrazę
abide, abode, abode [e'bajd,
e'boud, e'boud]
abide [e'bajd] v. znosić;
obstawać; dotrzymywać;
czekać (na coś); trwać
ability [e'bylyty] s. zdolność
abject ['aebdżekt] adj. podły;
nędzny, nikczemny, skrajny
abjure [eb'dżuer] v. poprzysiąc
able ['ejbl] adj. zdolny; zdatny;
utalentowany; poczytalny
abnormal [aeb'no:rmel] adj.
anormalny; nieprawidłowy
aboard [e'bo:rd] adv. na
pokładzie; na statku; w

pociągu; w tramwaju, etc.
abode [e'boud] v. był posłuszny
abode [e'boud] s. mieszkanie; v.
proszę zobaczyć: abide
abolish [e'bolysz] v. obalić;
znieść; znosić; obalać
abolition [aebe'lyszyn] n.
obalenie (ustawy, etc.); znie-
sienie (zwyczaju, etc.)
A-bomb ['ejbom] s. bomba
atomowa; bomba jądrowa
abominable [e'bomynebl] adj.
ohydny; wstrętny; obrzydliwy
abortion [e'bo:rszyn] s.
przerwanie ciąży; poronienie
abound [e'baund] v. obfitować
about [e'baut] adv. naokoło;
około; dookoła; po (czymś);
o; wobec (kogś); przy
about [e'baut] prep. o; przy;
odnośnie; naokoło; wokoło
about to [e'baut tu] gotów do
above [e'baw] adv. powyżej; w
górze; wyżej; na górze
above [e'baw] prep. nad; ponad
above [e'baw] adj. powyższy
abrasive [e'brejsyw] adj.
ścierny; s. scierniwo
abreast [e'brest] adv. obok;
rzędem; ramię przy ramieniu
abridge [e'brydż] v. skrócić
abroad [e'bro:d] adv. zewnątrz;
za granicą; za granicę; w dal
abrogate ['aebrogejt] v. obalić;
unicestwić; odwoływać; znosić (ustawę, zarządzenie etc.)
abrupt [e'brapt] adj. nagły; la-
pidarny; szorstki; urwany;
ostry; oschły; obcesowy
abscess ['aebses] s. wrzód;
ropień (na skórze, etc.)
absence ['aebsens] s. brak;
(czyjaś) nieobecność; nie-
stawiennictwo (roztargnienie)
absent ['aebsent] adj. nieobecny;
v. być nieobecnym
absent-minded ['aebsent
-'majndyd] adj. roztargniony
absolute ['aebselu:t] adj. abso-
lutny; zupełny; czysty (alkohol)
nieodwołalny; prawdziwy
absolutely ['aebselu:tly] adv.
absolutnie; oczywiście

absorb [eb'zorb] v. chłonąć;
wchłonąć; tłumić; absorbo-
wać; złagodzić (uderzenie)
abstain [eb'stejn] v. powstrzymywać się (od czegoś);
być abstynentem; pościć
abstract ['aebstraekt] adj.
oderwany; abstrakcyjny; s.
abstrakcja; streszczenie; v.
streszczać; abstrahować; odrywać; ukraść; sprzątnąć;
wyabstrahować; wydobyć
absurd [eb'se:rd] adj. absurdalny;
bezsensowny; niedorzeczny
abundance [e'bandens] s.
obfitość; znaczna ilość; dostatek; zasobność
abuse [e'bju:s] s. nadużycie;
obelga; [e'bju:z] v. obrażać;
nadużywać; lżyć; obrzucać
obelgami (przekleństwami)
academic [,aeke'demyk] adj.
akademicki; jałowy; s. uczony
academy [e'kaedemy] s. akademia; uniwersytet
accelerate [aek'selerejt] v.
przyspieszać; przyśpieszyć
accent ['aeksent] s. wymowa;
akcent; [aek'sent] v. ak-
centować; uwydatniać; da-
wać nacisk; znakować
accept [ek'sept] v. akceptować;
zgadzać się na; zechcieć
wziąć (przyjąć); uznać
acceptable [ek'septebl] adj. do
przyjęcia (możliwy); znośny;
zadawalający; mile widziany
access ['aekses] s. dostęp
accessory [aek'sesery] s. dodatek; adj. dodatkowy; uboczny;
ny; pomocniczy (w zbrodni)
accident ['aeksydent] s. traf;
wypadek; katastrofa; awaria
accommodate [e'komedejt] v.
przystosować; pogodzić; za-
kwaterować; wygodzić; wy-
świadczyć (pysługę); za-
łagodzić (spór, etc.)
accommodation [e,kome'dejszyn]
s. wygoda; dostosowanie;
kwatera; pogodzenie się;
ugoda; kompromis; usługa
accompany [e'kampeny] v.

towarzyszyć; odprowadzać;
akompaniować
accomplish [e'kamplysz] v.
dokonać; spełnić; zre-
alzować; udoslonalić
accomplishment
[e'kamplyszment] s.
osiągnięcie; realizacja;
dokonanie; wykonanie; ogłada
according [e'ko:rdyng] prep.
według; zależnie od
account [e,kaunt] s. rachunek;
sprawozdanie; v. wyliczać;
wytłumaczyć; uważać; oce-
niać; być odpowiedzialnym
accountant [e'kauntent] s.
księgowy, księgowa
accumulate [e'kju:mju,lejt] v.
gromadzić; zbierać; piętrzyć
accuracy ['aekjuresy] s.
ścisłość; dokładność;
celność (strzału)
accuse [e'kju:z] v. oskarżać
accustom [e'kastem] v.
przyzwyczajać; przyzwyczaić
accustomed [e'kastemd] adj.
przyzwyczajony (do); zwykły;
przywykły; zwyczajny
ache [ejk] s. ból; v. boleć
achieve [e'czi:w] v. dokonać;
osiągnąć (cel); zdobywać
(sławą); dochodzic (do)
achievement [e'czi:wment] s.
osiągnięcie; wyczyn; zdobycz
acid ['aesyd] adj. kwaśny; s.
kwas; kwaśna substancja
acknowledge [ek'nollydż] v.
uznać; potwierdzić; przy-
znać (się); nagrodzić
acquaintance [e'kłejntens] s.
znajomość; znajomy
acquire [e'kłajer] v. nabywać
acre [ejker] s. akr; morga amery
-kańska; 4047 m. kwadr.
across [e'kros] adv. w poprzek;
na krzyż; prep. przez; na
przełaj; po drugiej stronie
(rzeki, ulicy, itp.)
act [aekt] v. czynić; działać;
postępować; s. czyn; akt;
uczynek; akt sztuki; uchwała
(parlamentu); ustawa

action ['aekszyn] s. działanie;
czyn; akcja; ruch; proces
active ['aektyw] adj. czynny;
obrotny; rzutki; ożywiony;
żywy; ożywiony; bujny
activity [aek'tywyty] s.
działalność; czynność;
ożywienie; ruch
actor ['aekter] s. aktor
actress ['aektrys] s. aktorka
actual ['aekczuel] adj. istotny;
faktyczny; bieżący; obecny
actually ['aekczuely] adv.
rzeczywiście; obecnie; istotnie; faktycznie; nawet
ad [aed] s. ogłoszenie (reklama)
(pot. od advertisement)
adapt [e'daept] v. dostosować;
przerobić; przystosować; dostrajać; nadawać się (do)
add [aed] v. dodać; doliczyć
addicted [e'dyktyd] adj.
nałogowy; nałogowo poświę-
cający się (czemuś)
addition [e'dyszyn] s.
dodawanie; dodatek; (in
addition = ponadto)
address [e'dres] s. adres; mowa;
odezwa; v. zwracać się;
adresować (do); skierować
(prośbą); przemawia
adequate ['aedykłyt] s.
stosowny; dostateczny; kom-
petentny; właściwy; trafny
adhere [ed'hjer] v. lgnąć;
należeć; trzymać; przylegać
adjacent [e'dżejsent] adj.
przyległy; sąsiedni
adjective ['aeddżyktyw] s.
przymiotnik; adj. dodatkowy
adjust [e'ddżast] v.
dostosowywać; uregulować;
nastawić; pogodzić
administration
[ed,myny'strejszyn] s. zarząd;
rząd; administracja; ministerstwo; wymiar (karyitp.)
admirable['aedmerebl] adj.
godny podziwu; zachwycający
admire[ed'majer] v. podziwiać
admission [ed'myszyn] s. wstęp;
dostęp; przyznanie; uznanie;
(dopływ); bilet wstępu

admission ticket
[ed'myszyn'tykyt] bilet wstępu
adolescence [,aede'lesns] s.
młodość (pokwitanie - dojrzałość); wiek młdzieńczy
adopt [e'dopt] adoptować;
przyjmować; akceptować; u-
synawiać; przybierać
adorable [e'do:rebl] adj. godny
uwielbienia; bardzo miły
adore [e'do:r] v. czcić;
uwielbiać; bardzo lubieć;
kochać; oddawać cześć
adult ['aedalt] adj. dorosły;
dojrzały; s. osoba dorosła
adultery [e'daltery] s.
cudzołóstwo
advance [ed'waens] v. iść
(posuwać się) naprzód; po-
śpieszać; awansować;
przedkładać; popierać; pożyczać; adj. wysunięty;
wcześniejszy; w przodzie
advanced [ed'waenst] adj.
postępowy; światły; wysu-
nięty naprzód; stary; przedwczesny; czołowy; późny
advantage [ed'waentydż] s.
korzyść; pożytek; przewaga
advertisement ['edwertysment]
s. ogłoszenie; reklama
advice [ed'wajs] s. rada;
informacja; porada; pouczenie
affair [e'feer] s. sprawa; interes;
romans; przedsięwzięcie
affect [e'fekt] v.
1. wpływać; oddziaływać;
wzruszać; 2, dotyczyć; udawać (ar-tystą, uczycia itp.)
affirm [e'fe:rm] v. potwierdzać;
zapewniać; zaręczać (że)
affirmation [,aefe:r'mejszyn] s.
twierdzenie; oświadczenie;
zapewnienie; zatwierdzenie
(wyroku w sądzie)
affluent ['aefluent] 1. adj. zamożny; 2. s. dopływ (rzeki)
afford [e'fo:rd] v. zdobyć się;
dostarczyć; stać na coś
affront [e'frant] v. znieważać
afraid [e'frejd] adj.
przestraszony; wyrażający
rezerwą; w strachu (przed)

African ['aefryken] adj.
afrykański
after ['a:fte:r] prep. po; za;
odnośnie; według; poniekąd
afternoon ['a:fte:rnu:n] s.
popołudnie; adj. popołudniowy
afterwards ['aftełerdz] adv.
później; potem; następnie
again [e'gen] adv. ponownie;
znowu; na nowo; więcej;
ponadto; nadto; jeszcze
against [e'genst] prep. przeciw;
wbrew; na; pod; na wypadek
age [ejdż] s. wiek; stulecie;
czasy; epoka; v. starzeć się
agency ['ejdżensy] s. ajencja;
działanie; pośrednictwo
agenda [e'dżenda] s. agenda;
lista; porządek dzienny
agent ['ejdżent] s. pośrednik;
ajent; czynnik; przedstawiciel
aggravate ['aegrewejt] v.
pogarszać; rozjątrzać; denerwować; działać na nerwy
aggression [e'greszyn] s.
napaść; agresja; agresyw-
ność; napastliwość
aggressive [e'gresyw] adj.
napastliwy; zaczepny; agre-
sywny; napastniczy
agile ['aedżyl] adj. zwinny;
obrotny; zręczny; ruchliwy
agitate ['aedżytejt] v. poruszać;
miotać; agitować; wzruszać
agnostic ['aegnostyk] s.
agnostyk; adj. agnostyczny
ago [e'gou] adv. przed; ... temu
agony ['aegeny] s. śmiertelna
męka; katusze; spazm; agonia
agree [e'gri:] v. godzić się;
zgadzać się; uzgadniać
agreeable [e'gri:ebl] adj. zgodny;
miły; chętny; sympatyczny
agreement [e'gri:ment] s. zgoda;
umowa; porozumienie; układ
agriculture[,aegry'kalczer] s.
rolnictwo; uprawa ziemi
ahead [e'hed] adv. naprzód;
dalej; na przedzie; z przodu
aid [ejd] s. pomoc; pomocnik; v.
pomagać; subwencjonować
AIDS [ejdz] s. nabyta strata
odporności prowadząca do

zapadniecia na raka, zapalenie
płóc, itd. (Acquired Immune
Defficieny Syndrome)
ailing ['ejlyng] s. choroba
aim [ejm] s. zamiar; cel; v.
celować (w coś); mierzyć;
wymierzyć; zamierzać; skierować; dążyć (do czegoś)
air [eer] s. 1. powietrze; 2. mina;
postawa; wgląd; nastrój
air [eer] v. 1. wietrzyć;
2. obnosić się; nadawać
airline ['eerlajn] s. linia lotnicza
(system transportu lotniczego)
airmail ['eermejl] s. poczta
lotnicza; przesyłka lotnicza
airplane ['eerplejn] s. samolot
airport ['eerpo:rt] s. lotnisko
alarm [e'la:rm] s. popłoch;
strach; sygnał alarmowy;
trwoga; v. alarmować;
trwożyć; płoszyć
alarm clock [e'la:rm,klok] s.
budzik (zegar alarmowy)
alcohol ['aelkehol] s. alkohol;
spirytus (ziemniaczany itp.)
alcoholic [,aelke'holyk] s.
alkoholik; adj. alkoholowy
alert [e'le:t] adj. czujny; raźny;
żwawy; s. alarm; pogotowie
alias ['ejliaes] adv. inaczej; alias;
vel; s. pseudonim (autora itp.)
alibi ['aelybaj] s. alibi; wymówka;
v. usprawiedliwiać się
alien ['ejljen] adj. obcy
alike [e'lajk] adj. jednakowy;
podobny; adv. tak samo;
jednako; podobnie; zarówno;
także; jednakowo
alive [e'lajw] adj. żywy; żyjący;
ożywiony; pełen życia
all [o:l] adj. & pron. cały;
wszystek; każdy (człowiek);
adv. całkowicie; w pełni;
zupełnie; s. wszystko
alleviate [e'li:wjejt] v. łagodzić;
zmniejszać; złagodzić
alley ['aely] s. aleja; przejście;
zaułek; boczna ulica; tor
alliance [e'lajens] s. związek;
sojusz; powinowactwo; sko-
ligacenie; przymierze
almond [am'end] s. migdał

almost ['o:lmoust] adv. prawie;
niemal; jak gdyby; o mało;
ledwo; zaledwie; ledwie
alone [e'loun] adj. sam;
samotny; w pojedynkę; sam
jeden; jedyny; osamotniony
along [e'lo:ng] adv. naprzód;
wzdłóż; razem z sobą
aloud [e'laud] adv. głośno
alphabet ['aelfebyt] s. alfabet
already [o:l'redy] adv. już;
(dużo) wcześniej; poprzednio;
uprzednio; wcześniej niż
also [o:lsou] adv. także; również
alter ['o:lter] v. zmieniać
(styl, użytek, itp.); poprawiać; odmienić; przemienić
alternate ['o:lternejt] v. zmieniać
się (kolejno); brać kolejno
alternative [ol-ter'netyw] 1.
s. alternatywa (wybór) 2. adj.
alternatywny (dający wybór)
although [o:l̦zou] conj. chociaż
altogether [o:lte'gedze:r] adv.
zupełnie; całkowicie
always ['o:lłejz] adv. stale;
zawsze; ciągle; wciąż
am [aem] v. (ja) jestem
amateur ['aemecze:r] s.
miłośnik; amator; dyletant
amaze [e'mejz] v. zdumiewać;
zadziwiać; wprawić (wpra-
wiać kogoś) w zdumienie
amazing [e'mejzyng] adj.
zdumiewający; zadziwiający
ambassador [aem'baesede:r] s.
ambasador; przedstawiciel
ambiguous [aem'bygjues] adj.
dwuznaczny; mętny; nie wyraźny; nie jasny; zagadkowy
ambitious [aem'byszes] adj.
(bardzo) ambitny; żądny
ambulance ['aembjulens] s.
ambulans; wóz pogotowia
ambush ['aembusz] s. zasadzka
amend [e'inend] v. poprawiać
amendment [e'mendment] s.
poprawa; ulepszenie (czegoś);
uzupełnienie; zmiana
American [e'meryken] s.
Amerykanin; adj. amerykański
amiable ['ejmjebel] adj. miły;
uprzejmy; sympatyczny

amid [e'myd] prep. wśród;
pośród; między; pomiędzy
ammunition [,aemju'nyszyn] s.
amunicja (proch, kule itp.)
among [e'mang] prep. wśród;
pomiędzy; między; pośród
wśród; pomiędzy; między;
pośród; w otoczeniu
amount [e'maunt] v. wynosić;
s. suma; kwota; wynik
ample ['aempl] adj. rozległy;
dostatni; hojny; suty; obfity
wzmacniacz; amplifikator
amplify ['aemplyfy] v.
rozszerzać (bardziej); wzmacniać; przesadzać; rozwinąć
amusement [e'mju:zment] s.
rozrywka; zabawa
amusing [e'mju:zyng] adj. zabawny; śmieszny; pocieszny
an [aen; en] art. jeden; jakiś
analysis [e'naelysys] s. analiza
analyze [e'naelajz] v.
analizować; rozpatrywać;
zanalizować (szczegółowo)
anatomy [e'naetemy] s. ana-
tomia (budowa organizmów)
ancestor ['aensester] s. przodek
anchor ['aenker] s. kotwica
ancient ['ejnszent] adj.
starodawny; stary; sędziwy;
wiekowy; s. osoba stara
and [aend; end] conj. i; coraz
anecdote ['aenyk,dout] s.
dykteryjka; anegdota
anew [e'nju] adv. na nowo
angel ['ejndżl] s. anioł
anger ['eanger] s. gniew; złość;
v. gniewać; irytować
angle ['aengl] s. kąt; narożnik;
kątówka; v. kluczyć
Anglo-Saxon [aenglou-saeksen]
adj. anglo-saski (język itp.)
angry [aengry] adj. zagniewany
(fizyczny, psychiczny)
animal ['aenyml] s. zwierzę;
stworzenie; adj. zwierzęcy
animated cartoon ['aenymejtyd
'ka:rtu:n] film rysunkowy;
kreskówka (filmowa)
animosity [,aeny'mosyty] s.
uraza; niechęć; animozja
ankle ['aenkl] s. kostka u stopy;

staw między stopą i łydką
anniversary [,aeny've:rsery] s.
rocznica; adj doroczny (obchód tego samego zdarzenia)
announce [e'nauns] v.
zapowiadać; ogłaszać (publicznie); oznajmiać (coś)
announcement [e'naunsment] s.
zapowiedź; zawiadomienie
annoy [e'noj] v. dokuczać;
drażnić; nękać (stale); trapić; martwić (ciągle)
annoyed [e'nojd] adj.
rozgniewany; rozdrażniony;
strapiony; skłopotany
annual ['aenjuel] adj. coroczny;
anonym ['aenenym] s. anonim
anonymous [e'nonymes] adj.
bezimienny; anonimowy
another [e'nadzer] adj. & pron.
drugi; inny; jeszcze jeden
answer ['aenser] s. odpowiedź
ant [aent] s. mrówka
antagonist [aen'taegenyst] s.
przeciwnik; przeciwniczka
anti ['aenty] pre. przeciw-
anticipate [aen'tysypejt] v.
przewidywać; uprzedzać
antique [aen'ti:k] adj. stary;
starożytny; staromodny
antiquity [aen'tykłyty] s.
starożytność; zabytki
anxiety [aeng'zajety] s.niepokój;
troska; obawa; pragnienie
anxious ['aenkszes] adj.
zaniepokojony; zabiegający;
pragnący (usilnie czegoś)
any ['eny] pron. jakikolwiek;
któryś; jakiś; żaden; lada;
byle; jakaś; któraś; żadna
anybody ['eny'body] pron. ktoś;
ktokolwiek; każdy; nikt
anyhow ['enyhau] adv. w każdym razie; jakkolwiek
anyone ['enylan] pron.
ktokolwiek; każdy; ktoś; nikt
anything ['enytyng] pron. coś;
cokolwiek; wszystko (oprócz);
nic; cokolwiek bądź
anyway ['enyłej] adv. w każdym
razie; jakkolwiek; byle jak
anywhere ['enyhłeer] adv.
gdziekolwiek; byle gdzie;

nigdzie; (colloq.) at all
apart [e'pa:rt] adv. osobno;
niezależnie; na boku; od siebie
apartment [e'pa:rtment] s.
mieszkanie; izba; pokój
apartment house [e'pa:rtment
,haus] blok mieszkalny;
kamienica (czynszowa)
apathetic [aepe'tetyk] adj.
apatyczny; obojętny; bez
uczuć; nieczuły; bierny
ape [ejp] s. małpa (bezogonowa);
v. małpować; naśladować
(ruchy etc.); błaznować
apex ['ejpeks] s. szczyt; czubek;
wierzchołek; kulminacja
apologize [e'poledżajz] v.
usprawiedliwiać; przepraszać
apology [e'poledży] s.
usprawiedliwienie; obrona
(ideologii etc.); przeprosiny
apostrophe [e'postrefy] s.
apostrof; apostrofa
apparent [e'paerent] adj. jawny;
pozorny; oczywisty; widoczny
appeal [e'pi:l] v. apelować;
odwoływać się (do wyższej
instancji); uciekać się do
appear [e'pier] v. ukazywać się;
zjawiać się; pokazywać się
appearance [e'pierens] s.
(zewnętrzny) wygląd; pozór;
wystąpienie; zjawienie się
appetite ['aepitajt] s. apetyt
appetizing ['aepitajzing] adj.
apetyczny; smakowity
applause [e'plo:z] s. aplauz;
oklaski; poklask; pochwała;
aprobata; klaskanie
apple ['aepl] s. jabłko
appliance [e'plajens] s. przyrząd;
urządzenie; akcesoria
application [,aeply'kejszyn] s.
podanie; użycie; zastosowanie; przykładanie;
pilność; sposób używania
apply [e'plaj] v. używać;
stosować; odnosić się; naciskać; być pilnym; prosić o
appoint [e'point] v. mianować;
wyznaczać; ustanawiać;
ustalić (datę, miejsce etc.)
appreciate [e'pri:szjejt] v. cenić

wysoko; zyskiwać na wartości; ocenić; oszacować; docenić; dobrze myśleć o
apprehend [,aepry'hend] v. ująć; pojmać; rozumieć
approach [e'proucz] v. zbliżać się; podchodzić; s. dostęp
appropriate [e'prouprjejt] adj. właściwy; odpowiedni; stosowny; przywłaszczyć sobie
approval [e'pru:wel] s. aprobata; uznanie; zatwierdzenie
April ['ejprel] s. kwiecień
apt [aept] v. mieć skłonność
arbitrary['a:rbytrary] adj. dowolny; samowolny
arbor ['a:rber] s. altanka; wał napędowy; oś maszyny; drzewo (krzaki) cieniste
arcade [a:r'kejd] s. arkada; podcienie; przejście kryte
arch [a:rcz] s. łuk; sklepienie; podbicie; v. tworzyć łuk
arch [a:rcz] adj. chytry; wierutny; arcy...; figlarny
archeology [a:rky'oledży] s. archeologia
architect ['a:rkytekt] s. architekt; twórca; budowniczy
architecture ['a:rkytekczer] s. architektura; styl budowy
archives ['a:rkajwz] pl. archiwa; archiwum (miejsce i zbiory)
ardent ['a:rdent] adj. rozpalony; prażący; płonący; gorliwy
arduous ['a:rdżues] adj. mozolny; wytrwały; stromy; żmudny; wymagający wysiłku
are [a:r] v. są; jesteś; jesteście
area ['e:rje] s. obszar; zakres; powierzchnia; teren; okolica; strefa; część (domu, lasu)
argue ['a:rgju:] v. wykazywać; rozumować; spierać się; rozpatrywać; dowodzić; udowadniać; kłócić się
argument ['a:rgjument] s. argument; dowód; sprzeczka; spór; debata; podsumowanie
arise [e'rajz] v. powstawać; wstawać; wynikać; nadarzyć się; stać się
arm [a:rm] s. ramię; odnoga;

konar; rękaw; poręcz
arm [a:rm] s. broń (rodzaj); uzbrojenie; v. uzbroić; opancerzyć; nastawiać (zapłon); przygotowywać się do walki
armchair [,a:rm'cze:r] s. fotel
arms ['a:rmz] pl. broń; uzbrojenie; herby; herb
army ['a:rmy] s. wojsko; armia
around [e'raund] prep. dookoła; naokoło; wokoło; adv. wokół; tu i tam; około; wszędzie
arrange [e'rejndż] v. układać; szykować; porządkować; ustalać; komponować
arrangement [e'rejndżment] s. układ; ułożenie się; urządzenie; zaaranżowanie; porządek; szyk; plan; układ
arrest [e'rest] s. areszt; aresztowanie; zatrzymanie; v. aresztować; zatrzymywać (i sprawdzić); wstrzymywać; przyciągać (uwagę etc.)
arrival [e'rajwel] s. przyjazd; przybysz; rzecz nadeszła
arrive [e'rajw] v. przybyć; dojść; osiągnąć; wspólnie ustalać; zdobyć sławę etc.
arrogant ['aeregent] adj. butny; arogancki; wyniosły
arrow ['aerou] s. strzała
art [a:rt] s. sztuka; chytrość; zręczność; rzemiosło; fortel
artichoke ['a:rty,czouk] s. karczoch (jarzyna)
article ['a:rtykl] s. rodzajnik; artykuł; warunek; paragraf (dokumentu); temat
artifact [,a:rty'faekt] s. wytwór ludzkiej ręki (jakikolwiek)
artist ['a:rtist] s. artysta; artystka
as [aez; ez] adv. pron. conj. jak; tak; co; jako; jaki; skoro; żeby; choć; z (dniem, rokiem)
as ... as [ez ... ez] tak jak
ascend [e'send] v. piąć się; iść w górę; wznosić się; wracać w przeszłość; wstępować (na tron); wsiąść na
ash [aesz] s. popiół; jesień
ashamed [e'szejmd] adj. zawstydzony; zażenowany

ash tray ['aesztrej] s. popielniczka (dla palaczy)
Asian [,ejż,jen] adj. Azjata;
Azjatka; azjatycki; azjatycka
ask [ae:sk] v. pytać; zapytywać; prosić; zapraszać
ask for ['ae:sk fo:r] prosić o ...
aspect ['aespekt] s. aspekt;
wygląd; wyraz; faza; postać;
strona; mina; przejaw; strona
(fasada) domu; zapatrywanie
aspire [es'pajer] v. dążyć;
marzyć; wzdychać do; mieć
aspiracje; być ambitnym
ass [aes] s. osioł; wulg. dupa
assail [e'sejl] v. napadać (brutalnie); przystępować; atakować (argumentami); uderzać
assassinate [e'saesynejt] v.
zamordować (podstępnie);
dokonać zamachu (na ...)
assassination [e,saesy'nejszyn]
s. morderstwo; zabójstwo;
zamach; skrytobójstwo
assembly [e'sembly] s. zebranie;
zbiórka; montaż; legislatura
assert [e'se:rt] v. twierdzić;
upominać się; dowieść; stawiać się; potwierdzić
assets ['aesets] pl. własności;
aktywa (ściągalne); wartoś-
ciowi pracownicy
assignment [e'sajnment] s.
przydzielenie; przypisanie;
przekazanie; przydział; podział
assist [e'syst] v. pomagać;
brać udział; być przy
assistant [e'systent] s. asystent;
pomocnik; adj. pomocniczy
associate [e'sousżejt] s. towarzysz; wspólnik; partner;
sprzymierzeniec; rzecz zwią-
zana z czymś; część (cze-
goś); v. łączyć; obcować;
kojarzyć; brać do spółki; adj.
towarzyszący (podrzędny)
assortment [e'so:rtment] s.
asortyment; wybór; sorto-
wanie; klasyfikacja
assume [e'sju:m] v. zakładać;
obejmować; przybierać; przypuszczać; wdziewać; uda-
wać; przedsiębrać; brać

assure [e'szu:r] v. zapewniać;
ubezpieczać; zabezpieczać
astonished [es'tonyszt] adj.
zdumiony; bardzo zdziwiony
astrologer [es'troledżer] s.
astrolog
astronomer [es'tronemer] s.
astronom
at [aet; et] prep. w; na; u; przy;
pod; z; za; do; o; po
athlete ['eatli:t] s. atleta; siłacz;
sportowiec; wyczynowiec
atmosphere ['aetmesfier] s.
atmosfera; otoczenie; nastrój
atom ['aetem] s. atom
attach [e'taecz] v.
przywiązywać; przyczepiać;
przydzielać; łączyć;
przymocowywać; nalepiać
attack [e'taek] v. napadać;
atakować; s. atak; uderzenie
attempt [e'tempt] v. usiłować;
czynić zamach; próbować; s.
próba; usiłowanie; zamach
attend [e'tend] v. uczęszczać;
leczyć; obsługiwać; towa-
rzyszyć; iść razem
attention [e'tenszyn] s. uwaga;
uprzejmość; troska; opieka
attitude ['aetitu:d] s. postawa;
ustosunkowanie się; poza
attract [e'traekt] v. przyciągać;
zwabić; być pociągającym;
zdobywać uznanie; urzekać
attraction [e'traekszyn] s.
przyciąganie; powab; urok;
atrakcja; siła przyciągania
attractive [e'traektyw] adj.
pociągający; przyciągający;
miły; urzekający
auction ['o:kszyn] s. licytacja;
(publiczna) aukcja
audience ['o:djens] s. słuchacze
publiczność; audiencja
August ['o:gest] s. sierpień
aunt [aent] s. ciotka; wujenka;
stryjenka
austere [o:s'tier] adj. surowy;
poważny; prosty; czysto użyt-
kowy; bez ozdób; ponury
Australian [o:s'trejljen] adj.
australijski; s. Australijczyk
Austrian ['o:strjen] adj.

austriacki; s. Austriak
authentic [o:'tentyk] adj.
autentyczny; prawdziwy
author ['o:ter] s. autor; pisarz;
sprawca; twórca (dzieł etc.)
authority [o:'toryty] s. władza;
autorytet; znaczenie; powaga;
moc rozkazywania; urząd
automatic [,o:te'maetyk] adj.
automatyczny; machinalny
automation [,o:te'mejszyn] s.
automatyzacja; robotyzacja
automobile ['o:temeby:l] s.
samochód; auto; sl. wóz
autumn ['o:tem] s. jesień
available [e'wejlebl] adj.
dostępny; osiągalny
avenue ['aewynju:] s. bulwar;
aleja; ulica; dojazd; dojście
average ['aewerydż] adj. przeciętny; średni; s. średnia;
wartość średnia; przeciętna; v. osiągać średnio; obliczać średnią; wypośrodko-
wywać; pracować przecięt-
nie, w średnim tempie
averse [e'we:rs] adj. niechętny;
czujący odrazę; przeciwny
avid ['ewyd] adj. chciwy;
zachłanny; bardzo chętny
avoid [e'woyd] v. unikać;
uchylać się; stronić
avow [e'wau] v. wyznawać
await [e'łejt] v. czekać;
oczekiwać; być w ocze-
kiwaniu; być zagrożonym
awake [e'łejk] v. budzić się;
otwierać oczy na ...; adj.
czujny; przebudzony; na jawie
award [e'ło:rd] v. przysądzać;
wyznaczać; s. nagroda;
zapłata; grzywna sądowa
aware [e'łeer] adj. świadomy
away [e'łej] adv. precz; z dala
awful ['o:ful] adj. straszny;
budzący lęk i szacunek
awkward ['o:kłerd] adj. niezgrab
ny; niezdarny; kłopotliwy; nie-
poręczny; zakłopotany; trudny
(do prowadzenia); niewygodny
ax [aeks] s. siekiera; topór; v.
obcinać siekierą; redukować

B

baby ['bejby] s. niemowlę
bachelor ['baeczeler] s. nie-
zamężna; nieżonaty; stopień
uniwersytecki (najniższy); osoba posiadająca ten stopień
back [baek] s. tył; grzbiet; v.
cofać się; wycofać się
background ['baekgraund] s. tło;
dalszy plan; przeszłość
backwards ['baekłerds] adv. w
tyle; odwrotnie; do tyłu
bacon ['bejkn] s. słonina; wędzo
ny i solony boczek; bekon
bad [baed] adj. zły; niedobry;
przykry; sfałszowany; słaby;
zdrożny; niewłaściwy
badge [baedż] s. odznaka; oznaka (członkostwa, rangi etc.)
bag [baeg] s. torba; worek;
sl. babsztyl; upodobanie;
v. pakować; zwędzić
baggage ['baegydż] s. bagaż
bake [bejk] v. piec; wypalać
bakery [bejkery] s. piekarnia
balance ['baelens] s. waga
(przyrząd); bilans; równowaga;
v. równoważyć; bilansować;
wahać się; przeciwdziałać
balcony ['baelkeny] s. balkon
bald [bo:ld] adj. łysy; jawny
ball [bo:l] s. 1. piłka; pocisk;
kłębek; kula (ziemska); 2. bal;
zabawa taneczna; gra
balloon [be'lu:n] s. balon
ballot ['baelet] s. (tajne)
głosowanie; kartka do głosowania; v. tajnie głosować
ban [baen] s. zakaz; klątwa; v.
zabraniać; wyjąć spod prawa
banana [be'na:ne] s. banan
band [baend] s. szajka; kapela;
zespół muzyczny; taśma; v.
wiązać się; przepasywać
opaską; zrzeszać (w celu)
bang [baeng] s. huk; zryw;
uciecha; bęc; v. trzaskać;

walnąć (z wielkim hukiem)
bank ['baenk] s. brzeg; łacha;
nasyp; skarpa; bank; stół ro-
boczy; rząd; nachylenie toru;
zasób; zbiór; wał przeciw-
powodziowy; v. prowadzić
bank; składać w banku; piętrzyć; pochylać; sl. polegać;
obwałować; pochylić jezdnię
bar [ba:r] s. belka; drąg; rogatka;
krata; bariera; v. zagradzać;
hamować; prep. oprócz
barber ['ba:rber] s. fryzjer
(męski); golibroda
bare [beer] adj. nagi; goły; łysy;
v. obnażać; odkrywać
barefoot ['beerfut] adj. & adv.
boso; bosy; bosa
bargain ['ba:rgyn] s. ubicie targu;
dobre (okazyjne) kupno; v. targować się (o cenę); spodziewać się; dobijać targu
barn [ba:rn] s. stodoła; stajnia;
obora; wozownia; remiza
barracks ['baereks] pl. koszary;
baraki; budynki koszarowe
barrel ['baerel] s. beczka; lufa;
rura; cylinder; walec; bęben
barrier ['baerjer] s. zapora;
zastawa; rogatka; ogrodzenie
bartender ['ba:rtender] s. bar-
man; bufetowy; bufetowa;
barmanka; sprzedający wódkę
barter ['ba:rter] v. wymieniać;
handlować; s. handel wy-
mienny (bez pieniędzy)
base [bejs] s. podstawa; nasada;
adj. podły; nędzny; niski
basement ['bejsment] s. sute-
erena; piwnica; podziemie
bashful ['baeszful] adj.
wstydliwy; nieśmiały;
trwożliwy; lękliwy
basic ['bejsyk] adj. podstawowy;
zasadniczy; zasadowy
basis ['bejsys] pl. fundamenty;
podstawy; podłoże; grunt;
zasada; główna część
basket ['ba:skyt] s. kosz;
koszyk; v. wrzucać do kosza
bastard ['baesterd] s. bękart;
nieślubne dziecko; adj. nieślubny; nędzny; kiepski

bat [baet] s. nietoperz; maczuga;
kij; v. mrugać; hulać (slang)
bath [ba:s] s. kąpiel; łazienka
bathe [bejz] v. kąpać; moczyć;
rosić; przemywać; wykąpać
bathing suit ['bejzyng sju:t] strój
kąpielowy; kostium kąpielowy
bathroom ['ba:zru:m] s. łazienka;
ubikacja; ustęp; klozet
bathtub ['ba:ztab] s. wanna
battery ['baetery] s. bateria
(elektryczna lub armat); komplet; pobicie; zestaw armat
battle ['baetl] s. bitwa; walka
bay [bej] adj. czerwono-brązowy;
gniady (koń); s. wawrzyn;
laur (drzewo); pl. laury
bay [bej] s. zatoka; wnęka;
przęsło; v. ujadać; wyć
be [bi:] v. być; żyć; trwać;
dziać się; istnieć; stawać
się; zdarzać się; pozostawać
beach [bi:cz] s. brzeg; plaża
bead [bi:d] s. paciorek; koralik;
v. nawlekać korale; perlić
się; ozdabiać paciorkami
beam [bi:m] s. belka; dźwigar;
promień; radosny uśmiech;
v. promieniować; nadawać
sygnał; rozpromieniać się
bean [bi:n] s. fasola; bób;
ziarnko; łeb; animusz
bear; bore; borne [beer; bo:r;
bo:rn]
bear [beer] s. niedźwiedź; v.
dźwigać; ponosić; znosić;
podtrzymywać; trzymać się;
rodzić; mieć (potomstwo);
nosić się; zachowywać się
beard [bierd] s. broda (zarost)
beast [bi:st] s. bestia; bydlę
beat; beat; beaten [bi:t; bi:t;
bi:tn]
beat [bi:t] v. bić; bić się;
ubijać; tłuc; trzepotać; zbić;
kuć; karać biciem (batem)
beautiful ['bju:teful] adj. piękny;
cudny; wspaniały; świetny
beauty ['bju:ty] s. piękność;
piękno; uroda; piękna kobieta
beauty parlor ['bju:ty'pa:rler]
salon kosmetyczny
because [bi'ko:z] conj. dlatego;

że; gdyż; adv. z powodu
become [bi'kam] v. stawać się;
nadawać się; zostawać
kimś (czymś); pasować do
bed [bed] s. łoże; łożysko;
klomb; grządka; ławica;
podkład; nocleg
bedroom ['bedrum] s. sypialnia
bee [bi:] s. pszczoła
beef [bi:f] s. wołowina; siła;
narzekanie; wyrzekanie (slang)
beer [bier] s. piwo
beetle ['bi:tl] s. tłuczek; ubijak;
v. ubijać; wystawać; zwisać
before [bi'fo:r] adv. przedtem;
dawniej; z przodu; na przedzie
beg [beg] v. prosić; żebrać
begin [by'gyn] v. zaczynać
zapoczątkować; rozpocząć
beginning [by'gynyng] s.
początek; rozpoczęcie
behave [by'hejw] v. zachowywać się; prowadzić się
behind [by'hajnd] adv. w tyle; z
tyłu; do tyłu; prep. za; poza;
s. tyłek; pupa
belch [belcz] v. zionąć; odbijać
się; s. bekanie; buchanie; huk;
odbijanie się
Belgian ['beldżen] adj. belgijski
belief [by'li:f] s. wiara; wierzenie;
zaufanie; przekonanie
believe [by'li:w] v. wierzyć;
sądzić; mieć przekonanie;
zakładać; uważać
believer [by'li:wer] s. wyznawca;
wierzący; zwolennik
bell [bel] s. dzwon; dzwonek
belly ['bely] s. brzuch; żołądek
belongings [bylongynz] pl.
rzeczy; bagaż; przynależności
below [by'lou] adv. niżej; w
dole; na dół; pod spodem;
prep. poniżej; pod; w piekle
belt [belt] s. pas; pasek; strefa;
v. bić pasem; opasywać
bench [bencz] s. ława; ławka;
stół; terasa; miejsce sędziego
bend [bend] s. zgięcie; krzywa;
v. giąć; wyginać; przeginać;
zginać; naginać
beneath [by'ni:s] prep. pod; pod
spodem; na dół; poniżej

beneficial [,beny'fyszel] adj.
pożywny; korzystny; zbawien-
ny; dobroczynny
benefit ['benyfyt] s. korzyść;
dobrodziejstwo; pożytek;
zasiłek; dobro
benevolent [by'newelent] adj.
dobroczynny; życzliwy;
łaskawy
berry ['bery] s. jagoda; ikra
beside [by'sajd] adv. poza tym;
ponadto; inaczej; prep. obok;
przy; w pobliżu; w porównaniu; na równi z ...
best [best] adj. & adv. najlepszy;
najlepiej; v. okpiwać
bet [bet] s. zakład; v. zakładać
się; iść o zakład
better ['beter] adv. lepiej; lepszy;
v. poprawić; przewyższyć;
prześcignąć; prześcigać
between [by'tłi:n] prep. między;
adv. w pośrodku; tymczasem
beyond [by'jond] adv. & prep.
za; poza; dalej niż; nad;
ponad; dalej (położony etc.)
Bible ['bajbl] s. Biblia
bicycle ['bajsykl] s. rower
big [byg] adj. & adv. duży;
wielki; ważny; głośny; godny
bike [bajk] s. rower
bill [byl] s. dziób; pika; cypel
bill [byl] s. rachunek; kwit; afisz;
plakat; v. ogłaszać; afi-
szować; oblepiać afiszami
billion ['byljen] s. tysiąc
milionów (USA); miliard
bin [byn] s. skrzynia; paka; v.
pakować; chować do skrzyni
bind [bajnd] v. wiązać; zobowiązywać; opatrywać; oprawiać; obszywać; uwiązać
binoculars [bajnokjulez] pl.
lornetka (polowa, teatralna)
bird [be:rd] s. ptak; dziwak
birth [be:rt] s. urodzenie
birth control ['be:rt kon,troul]
kontrola urodzin
birthday ['be:rtdej] s. urodziny;
początek czegoś
bitch [bycz] s. suka; wulg.
kurwa
bite [bajt] v. gryźć; kąsać;

docinać; dokuczać; s. po-
karm; przynęta; ukąszenie;
ciętość; lekki posiłek; odrobina czegoś do jedzenia
bitter ['byter] adj. gorzki; ostry;
zły; zgorzkniały; przykry
black [blaek] adj. czarny; ponury;
s. murzyn; v. czernić
blade [blejd] s. źdźbło; liść;
ostrze; płetwa; klinga; wesołek
blame [blejm] s. wina; nagana;
v. łajać; ganić; winić
blank [blaenk] adj. biały; pusty;
czysty; nie wypełniony; s.
puste miejsce; nie wypełniony
formularz; ślepak
blanket ['blaenkyt] s. koc
wełniany; ciepły koc
blasphemy ['blaesfymy] s. bluź-
nierstwo; pogarda dla Boga
blast [bla:st] s. wybuch; podmuch; odgłos eksplozji; prąd
powietrza; v. wysadzić w
powietrze; detonować; niszczyć; przeklinać; uderzać
bleed [bli:d] v. krwawić
bless [bles] v. błogosławić;
udzielić błogosławieństwa
blind [blajnd] adj. ślepy; v.
oślepić; s. zasłona
blink [blynk] v. mrugać; s. błysk
oka; mignięcie; migotanie
bliss [blys] s. radość; błogość
blizzard ['blyzerd] s. śnieżyca;
zawieja; zadymka; zamieć
block [blok] s. blok; kloc; zeszyt;
przeszkoda; v. tamować;
wstrzymywać; tarasować;
zatykać; zablokować;
blokować; tamować
blonde [blond] s. blondynka
blood [blad] s. krew; ród;
pokrewieństwo
blossom ['blosem] v. kwitnąć;
s. kwiecie; kwiat
blouse [blauz] s. bluza
blow [blou] s. silny cios; nagły
atak; nagłe nieszczęście;
szok; dmuchnięcie; podmuch;
rzut; rozkwit; v. dmuchać;
zakwitać; rozkwitać; popychać podmuchem; wybu-
chać; stapiać; trąbić; chwa-

lić się; rozrzutnie wydawać
pieniądze; popełniać błąd;
odchodzić; rozbić; rozwalić
blue [blu:] adj. niebieski; błękit-
ny; siny; ponury; v. farbować
na niebiesko; pomalować na
niebiesko; s. błękit; lazur
boar [bo:r] s. dzik; odyniec
board [bo:rd] s. deska; władza
naczelna; tablica; rada; pokład
boast [boust] v. chwalić się; s.
samochwalstwo; przechwałki
boat [bout] s. łódź; statek
body ['body] s. ciało (ludzkie,
fizyczne, astralne); karoseria;
korpus; grupa; gromada; ogół
boil [bojl] v. wrzeć; kipieć;
gotować; s. wrzenie; czyrak
bold [bould] adj. śmiały;
zuchwały; zauważalny;
wyraźny; wyrazisty
bolt [boult] s. zasuwa; bolec;
piorun; wypad; rygiel;
ucieczka; v. zasuwać; rzucić
się; wypaść; czmychać
bone [boun] s. kość; ość
bonfire ['bonfajer] s. płonący
stos; ognisko (obozowe etc.)
book [buk] s. książka; rejestr;
v. księgować; rezerwować;
aresztować; rejestrować
boot [bu:t] s. but; cholewa
booth [bu:s] s. budka; stragan
border ['bo:rder] s. granica;
brzeg; rąbek; lamówka; skraj;
kresy; v. obrębiać; graniczyć; oblamować; obszyć
bore [bo:r] v. wiercić; drążyć;
nudzić; zanudzać; s. otwór;
nudy; nudziarz; natręt; rzecz
nieznośna; nudziarstwo
born [bo:rn] adj. urodzony
borrow ['borou] v. (za)pożyczać
boss [bo:s] s. szef; v. rządzić
both [bous] pron. & adj. obaj;
obydwaj; obie; obydwie; oboje
bother ['bodzer] s. kłopot; v.
niepokoić; dokuczać; drę-
czyć; zawracać głowę
bottle ['botl] s. butelka
bottom ['botem] s. dno; spód;
dolina; głąb; dolna część;
adj. dolny; spodni; podsta-

wowy; v. sięgać dna; wstawiać dno; osiągać dno
bounce [bauns] v. odbijać się; podskakiwać; odskoczyć; blagować; s. gwałtowne odbicie; odskok; samochwalstwo; chełpliwość
bound [baund] s. granica; adj. będący w drodze; v. graniczyć; być zobowiązanym
boundary [baundry] s. linia graniczna; adj. graniczny
bow [bau] s. łuk; kabłąk; smyczek; ukłon; v. zginać się; kłaniać się; wygiąć w kabłąk; schylić się
bowl [boul] s. miska; czerpak; stadion; szala; v. grać kulami (w kręgla); toczyć koło
box [boks] s. skrzynka; pudełko; loża; boks; v. pakować; oddzielać; uderzać pięścią
boy [boj] s. chłopiec; służący
boyhood ['bojhud] s. wiek chłopięcy; dzieciństwo chłopca; chłopięce lata
bracelet ['brejslyt] s. bransoletka; kajdanek (policyjny)
brag [braeg] v. chełpić się
braid [brejd] s. warkocz; wstążka; plecionka; v. pleść; opasywać; obszywać
brake [brejk] s. hamulec
branch [bra:ncz] s. gałąź; odnoga; filia; v. odgałęziać się; zbaczać; rozwidlać się
brand [braend] s. głownia; żagiew; wypalony znak na skórze; piętno; żelazne narzędzie do wypalania znaku; znak własności; znak firmowy; marka towaru; pochodzenie towaru; gatunek towaru; v. naznaczać; piętnować; wryć (w pamięć)
brandy ['braendy] s. wódka ze spirytusu winnego
brassiere [bre'zier] s. biustnik; stanik; biustonosz
brat [braet] s. brzdąc; bachor
brave [brejw] adj. dzielny; odważny; śmiały; v. stawiać czoło; odważyć się

bread [bred] s. chleb; forsa (slang); środki utrzymania
breadth [breds] s. szerokość; rozmach; szerokość poglądów; rozpiętość (skrzydeł)
break [brejk] v. łamać; rujnować; przegrywać; potłuc; urwać; przerwać; s. załamanie; wyłom; nagła zmiana; wada
breakfast ['brekfest] s. śniadanie; v. jeść śniadanie
breast [brest] s. pierś
breaststroke ['brest,strouk] pływanie żabką
breath [bres] s. oddech; tchnienie; dech; oddychanie; powiew; podmuch
breeze [bri:z] s. wietrzyk; zwada; podmuch wiatru; v. wiać; śmigać; odejść; oszukać
brew [bru:] v. warzyć (piwo); knuć; s. napój uwarzony; preparat; warzenie; parzenie; odwar; napar
brick [bryk] s. cegła; kostka; adj. ceglany; v. obmurować; zamurować (okno; drzwi etc.)
bridge [brydż] s. most; mostek; brydż; grzbiet; v. łączyć mostem; zapełnić lukę
brief [bri:f] s. streszczenie; zestawienie; odprawa; krótkie majtki; v. zwięźle streścić; pouczyć; informować; zrobić odprawę; mówić krótko; adj. krótkotrwały; treściwy; zwięzły; krótki
bright [brajt] adj. jasny; świetny; bystry; adv. jasno
brilliant ['bryljent] adj. lśniący; błyszczący; świetny; wybitny; znakomity
bring [bryng] v. przynosić; przyprowadzać; powodować; zmusić (się); ściągnąć
broad [bro:d] adj. szeroki; z rozmachem; wyraźny; obszerny; rozległy; s. szeroka płaszczyzna; wulg. kobieta; adv. szeroko; z akcentem
broadcast ['bro:dka:st] s. transmitować; rozsiewać; szerzyć; s. transmisja

broken [brouken] adj. połamany;
zepsuty; zob. break

brook [bruk] s. potok; strumyk;
v. ścierpieć

broom [bru:m] s. miotła; v.
zamiatać; wymiatać; ob-
miatać

brother ['bradzer] s. brat

brown [braun] adj. brunatny;
brązowy; palony; kasztano-
waty; pakunkowy (papier); v.
brązowieć; opalać się;
przyrumieniać (mięso)

brush [brasz] s. szczotka;
pędzel; draśnięcie; v.
szczotkować; otrzepać;
pędzlować

bubble ['babl] s. bąbel; bańka;
kipienie; wrzenie; v. kipieć;
burzyć się; wydzielać bańki;
musować; bulgotać

bucket ['bakyt] s. wiadro;
czerpak (koparki); tłok; miska

buckle ['bakl] v. spinać; łączyć;
wichrować; s. spinka; kla-
merka; sprzączka

budget ['badżyt] s. budżet; v.
budżetować; asygnować

buffet ['bafyt] s. bufet; cios;
kułak; szturchaniec; raz;
uderzenie

bug [bag] s. owad; pluskwa;
defekt; amator; insekt; robak

build [byld] v. budować;
rozbudowywać; stworzyć;
wznosić

building ['byldyng] s. budowla

bull [bul] s. byk; duży samiec;
głupstwo; nonsens = bull-shit
[bul-szyt] (wulg.)

bum [bam] s. włóczęga; nierób;
popijawa; zadek; v. włóczyć
się; cyganić; pić; adj. marny

bun [ban] s. ciastko drożdżowe;
kok (włosów)

bunch [bancz] s. pęk; banda;
zgraja; guz; v. składać w
pęki; skupiać się; kulić się

bundle ['bandl] s. tłumok;
wiązka; v. pakować (w tobół)

burden ['be:rdn] s. brzemię;
ciężar; obowiązek; v.
obciążać; przygniatać;

obładowywać

bureaucracy [bju'rokresy] s.
biurokracja

burn [be:rn] v. palić; płonąć;
zapalić; poparzyć; wypalać;
s. oparzelizna; dziura wypa-
lona; oparzenie

burst [be:rst] v. rozsadzać;
rozrywać; s. wybuch; pęk-
nięcie; salwa; zryw; szał;
grzmot; hulanka

bury ['bery] v. pochować;
zagrzebać; pogrzebać; chować; zakopywać

bus [bas] s. autobus

bush [busz] s. krzak; gąszcz

business ['byznys] s. interes;
zajęcie; sprawa; przedsię-
biorstwo; transakcja; handel;
adj. handlowy; urzędowy

businessman ['byznysman] s.
przedsiębiorca; człowiek
interesów; handlowiec

busy ['byzy] adj. zajęty;
skrzętny; wścibski; ruchliwy

but [bat] adv. conj. prep. lecz;
ale; jednak; natomiast; tylko;
inaczej niż; z wyjątkiem

butcher ['buczer] s. rzeźnik; kat;
v. zarzynać; mordować;
masakrować; brutalnie
zabijać; partaczyć

butter ['bater] s. masło; v.
smarować masłem; przy-
chlebiać

butterfly ['baterflaj] s. motyl; adj.
motyli

buttocks ['bateks] pl. pośladki

button ['batn] s. guzik; przycisk
dzwonka; v. zapinać

buy [baj] v. kupować; prze-
kupić; okupić

by [baj] prep. przy; koło;
co(dzień); przez; z; po; w
(nocy); o; według

C

cab [kaeb] s. taksówka;

dorożka-szoferka; budka maszynisty

cabbage ['kaebydż] s. kapusta

cabin ['kaebyn] s. kabina; chatka; prymitywnie zbudowany domek

cable ['kejbl] s. przewód; lina; depesza; v. depeszować; umocowywać liną; przesyłać kablem

cafe ['kaefej] s. kawiarnia; kawa; restauracja; bar

cage [kejdż] s. klatka; kosz; v. zamykać w klatce

cake [kejk] s. ciastko; kostka (mydła); smażony placek (z ryby)

calculate ['kaelkjulejt] v. rachować; sądzić; oceniać

calendar ['kaelynder] s. kalendarz; terminarz

call [ko:l] v. wołać; wzywać; telefonować; odwiedzać; zawijać do portu; wyzywać; s. krzyk; wezwanie; apel; powołanie; wizyta; nazwanie; żądanie; sygnał

calm [ka:m] adj. spokojny; cichy; opanowany; s. spokój; cisza; opanowanie; v. uspokajać; uciszać; uciszyć się

camel ['kaemel] s. wielbłąd

camera ['kaemere] s. aparat fotograficzny; prywatna izba

camp [kaemp] s. obóz; v. obozować; rozlokowywać w namiotach

camp out [kaemp aut] v. obozować w namiocie

campus ['kaempes] s. teren uniwersytecki lub szkolny

can [kaen] s. puszka blaszana; ustęp; v. móc; konserwować; wyrzucać; umieć; zdołać; potrafić

canal [ke'nael] s. kanał; kanalik

cancel ['kaensel] v. znosić; kasować; odwoływać; skreślać; anulować

cancer ['kaenser] s. rak (choroba); nowotwór

candidate ['kaendydyt] s. kandydat; kandydatka

candle ['kaendl] s. świeca

candy ['kaendy] s. cukierki; lukier; cukier lodowaty

cannot ['kaenot] v. nie móc (od can not); nie potrafić

cap [kaep] s. czapka; pokrywa; wieko; kapiszon; beret

cap [kaep] v. wkładać czapkę lub nakrywkę; wieńczyć; zakładać spłonkę; zakasować; nakrywać

capable ['kejpebl] adj. zdolny

cape [kejp] s. 1. peleryna; 2. przylądek

capital ['kaepytl] s. stolica; kapitał; adj. główny; zasadniczy; stołeczny; fatalny

captain ['kaeptyn] s. kapitan; naczelnik; v. dowodzić

capture ['kaepczer] s. owładnięcie; łup; zdobycz; v. pojmać; owładnąć

car [ka:r] s. samochód; wóz

card ['ka:rd] s. karta; bilet; pocztówka; legitymacja; atut

care [keer] s. opieka; troska; ostrożność; zgryzota; dozór; uwaga; niepokój

career [ke'rier] s. kariera; zawód; tok; pęd; bieg; v. cwałować

careful [keerful] adj. ostrożny; troskliwy; dbały; pieczołowity

careless [keerles] adj. niedbały; nieważny; nieostrożny

carpet ['ka:rpyt] s. dywan; v. wyścielać dywanem

carriage ['kaerydż] s. wagon; powóz; postawa; kareta; chód

carrot ['kaeret] s. marchewka

carry ['kaery] v. nosić; wozić; zanieść; unosić

cart ['ka:rt] s. wóz

carve ['ka:rw] v. rzeźbić; krajać; cyzelować; pociąć na części

case [kejs] s. 1. wypadek; sprawa; dowód; 2. skrzynia; pochwa; torba; 3. sprawa sądowa; v. zamykać w pochwie; otaczać czymś; oszalować; oprawić

cash [kaesz] s. gotówka; pieniądze; v. spieniężać;

inkasować; płacić (gotówką)
cast [ka:st] s. rzut; odlew; gips;
odcień; v. rzucać; łowić;
odlewać; powalić; dzielić
role teatralne
castle ['ka:sl] s. zamek
cat [kaet] s. kot; jędza
catch [kaecz] v. łapać; łowić;
ujmować; słyszeć; wybuch-
nąć; nabawić się; usidlić;
uchwycić; s. łup; połów
cathedral [ke'ti:drel] s. katedra
Catholic ['kaetelyk] adj. katolicki;
s. katolik
cattle [kaetl] s. bydło rogate
cause [ko:z] s. przyczyna;
sprawa; racja; motywacja;
proces; powód; v. spowodować; być przyczyną
caution ['ko:szyn] s. ostrożność; przezorność; roztrop-
ność; uwaga; v. ostrzegać
cave [kejw] s. pieczara; jaskinia;
v. zapadać się; drążyć
ceiling ['sy:lyng] s. sufit; pułap;
górna granica
celebrate ['selybrejt] v.
święcić; uczcić; sławić;
obchodzić
cemetery ['semytry] s. cmentarz
censor ['sensor] s. cenzor
cent [sent] s. cent
centimeter ['sentymi:ter] s.
centymetr
central ['sentral] adj. środkowy;
czołowy; s. centrala
Central Europe ['sentral juerop]
Europa Środkowa
century ['senczury] s. stulecie
ceremony ['serymeny] s.
ceremonia; v. sztywno się
zachowywać
certain ['se:rtyn] adj. niejaki;
pewien; pewny; ustalony;
jakiś
chain [czejn] s. łańcuch;
syndykat; trust; v. wiązać na
łańcuchu; mierzyć; uwiązać;
zakuć
chair [czeer] s. krzesło; stołek;
fotel; katedra; v. prze-
wodniczyć; sadzać na
krześle

challenge ['czaelyndż] s.
wyzwanie; zadanie; v. wy-
zywać; zarzucać; wzywać;
korcić; prowokować; rzucać
wyzwanie
champagne ['szaem'pejn] s.
szampan
chance [cza:ns] s. okazja;
przypadek; szczęście; szansa;
ryzyko; adj. przypadkowy;
przygodny; v. zdarzać się;
ryzykować; próbować; przy-
trafić się; natknąć się
change [czejndż] s. zmiana;
wymiana; drobne; v. zmienić;
przebierać (się); wymieniać;
rozmieniać (na drobne)
channel ['czaenl] s. kanał;
koryto; łożysko; v. żłobić;
przesyłać drogą (urzędową)
chaos ['kejos] s. chaos
chapter ['czaepter] s. rozdział;
oddział; v. dzielić na rozdziały
character ['kaerykter] s.
charakter; typ; cecha;
reputacja; moralność; facet;
znak; usposobienie
characteristic ['kaerykterystyk]
adj. charakterystyczny;
typowy; s. cecha; własność;
właściwość
charge [cza:rdż] s. ciężar;
ładunek (naboju, baterii); obowiązek; piecza; podopieczny;
zarzut; opłata; należność;
koszt; szarża; godło; v. ładować; nasycać; obciążać;
żądać; liczyć sobie; oskarżać; atakować; szarżować
charge card [cza:rdż 'kard] s.
karta kredytowa do zakupów
charm [cza:rm] s. czar; urok;
amulet; urok; wdzięk; v.
czarować; oczarować
charming [cza:rmyng] adj.
czarujący
chase 1. [czejs] s. pościg;
pogoń; polowanie; łowy;
teren polowania; v. gonić;
ścigać; polować; wyganiać
chat [czaet] s. pogawędka;
awędzenie; v. gawędzić; gadać; rozmawiać

cheap [czi:p] adj. tani; marny
cheat [czi:t] s. oszust; oszustka;
v. oszukiwać; zdradzać (w
małżeństwie); okpiwać
check [czek] s. wstrzymanie;
przerwa; sprawdzenie; czek;
kwit; szach; adj. szachow-
nicowy; kontrolny; pod-
kreślony; v. hamować;
sprawdzać; zakreślać;
nadawać; zgadzać się;
szachować; ganić; kryty-
kować; opanowywać
cheer [czier] s. brawo; hurra;
radość; jadło; v. krzyczeć;
rozweselać; dodawać otuchy
cheerful ['czierful] adj. pogodny;
wesoły; ochoczy;
rozweselający
cheese ['czi:z] s. ser
chef [czef] s. kuchmistrz
chemical ['kemykel] adj.
chemiczny; s. substancja
chemiczna
cherry ['czery] s. czereśnia;
wiśniowy kolor; vulg.
prawiczka; adj. wiśniowy;
vulg. prawiczy; czerwony
chess [czes] s. szachy
chest [czest] s. skrzynia;
komoda; pierś; płuca; kufer;
skrzynka
chew [czu:] v. żuć;
przeżuwać; besztać;
gderać; s. żucie; tytoń do
żucia; prymka
chewy [czu:y] adj. nadający się
do żucia
chicken ['czykyn] s. kurczę; adj.
tchórzliwy; bojący się
chief [czy:f] s. wódz; szef; adj.
główny; naczelny
child [czajld] s. dziecko
childish ['czajldysz] adj.
dziecinny
children ['czyldren] pl. dzieci
chilly [czyly] adj. chłodny; adv.
chłodno; zimno
chimney ['czymny] s. komin;
wylot; szkło lampy naftowej
chin [czyn] s. broda; podbródek;
v. podciągać brodę do
drążka

chip [czyp] s. drzazga; odłamek;
skrawek; v. otłuc; obijać;
dokuczać; nabierać; ciosać;
ćwierkać; piszczeć; nogę
podstawiać; złuszczać się;
odłupać
chocolate ['czoklyt] s. czekolada;
adj. czekoladowy (kolor etc.)
choice [czojs] s. wybór;
wybranka; adj. wyborowy;
doborowy
choose [czu:z] v. wybierać;
woleć; postanowić; obrać;
zadecydować
chop [czop] v. rąbać; obcinać;
s. rąbnięcie; kotlet; krótka fala
Christmas ['krysmas] s. Boże
Narodzenie
church [cze:rcz] s. kościół
cigarette [sige'ret] s. papieros
cigarette lighter [sy'gae'ret'lajter]
s. zapalniczka
cinema ['syneme] s. kino
circle ['se:rkl] s. koło; krąg;
obwód; v. otaczać; kręcić
się w koło; opasywać; krążyć; okrążać
circular ['se:rkjuler] s. okólnik;
adj. okrągły; kolisty
circus ['se:rkes] s. cyrk; okrągły
plac; rondo; desant (sl.)
citizen ['sytyzn] s. obywatel
city ['syty] s. (wielkie) miasto;
centrum finansowe; ośrodek
city hall ['syty,ho:l] s. zarząd
miasta; magistrat
civilization [,sywylaj'sejszyn] s.
cywilizacja; całość kultury
civilize ['sywylajz] v.
cywilizować; ucywilizować
claim [klejm] v. żądać;
twierdzić; s. żądanie; twierdzenie; działka; skarga; zażalenie; dług
clap [klaep] s. huk; klaskanie; v.
łopotać; oklaskiwać; klepać
clarify ['klaeryfaj] v. wyjaśniać;
rozjaśniać; oczyszczać
clash [klaesz] s. brzęk; starcie;
v. brzęczeć; ścierać się;
kolidować; uderzać w coś
class [klaes] s. klasa; lekcja;
rocznik; grupa; kurs; kate-

-goria; v. klasyfikować;
segregować; sortować
classmate ['kla:s,mejt] s. kolega
szkolny
classic ['klaesyk] s. klasyk;
studia klasyczne; adj. klasyczny; uznany autorytet;
klasyk
classify ['klaesyfaj] s.
klasyfikować; sortować;
zaklasyfikować
claw [klo:] s. pazur; szpon; łapa;
kleszcze; v. drapać; wy-
drapać; łapać w szpony
clay [klej] s. glina; sl. trup
clean [kli:n] adj. czysty;
wyraźny; zgrabny; adv.
całkiem; zupełnie; po prostu;
v. oczyścić; opróżniać; ogo-
łocić; wygrać; uprzątnąć;
dużo zyskać (sl.)
cleanse [klenz] v. czyścić;
zmywać (grzechy);
oczyszczać
clear [klier] adj. jasny; czysty;
bystry; adv. jasno; wyraźnie;
z dala; zupełnie; dokładnie; s.
wolna przestrzeń
clergy ['kle:rdży] s.
duchowieństwo; kler
clerk [kla:rk] s. subiekt;
urzędnik; pisarz; ekspedient
clever ['klewer] adj. zdolny;
sprytny; zręczny; pomysłowy;
uprzejmy
client ['klajent] s. klient
cliff [klyf] s. urwisko; stroma
ściana; ściana skalna
climax ['klajmaeks] s. szczyt;
zakończenie; v. stopniować;
szczytować; kulminować
climb [klajm] s. wspinaczka;
miejsce wspinania; v. piąć
się; wspinać; wzbijać się;
wdrapać się
clock [klok] s. zegar ścienny
close [klouz] v. zamykać;
zatykać; zakończyć;
zwierać; zgodzić się; s.
zakończenie; koniec; miejsce
ogrodzone; adv. szczelnie;
blisko; prawie; adj. zamknięty;
skąpy; gęsty; bliski; ścisły;

ekskluzywny
closet ['klozyt] s. pokoik; klozet;
kredens
cloth [klos] s. materiał; szmata;
szafa; obrus; sukno; żagiel
clothes [klouz] pl. ubranie;
pościel; pranie; odzież; ubiór
clothing [klouzyng] s. odzież;
osłona; bielizna; odzienie
cloud [klaud] s. chmura; obłok;
zasąpienie; tuman; kłąb dymu;
v. chmurzyć; sępić; rzucać
cień; ufarbować
cloudy ['klaudy] adj. chmurny;
posępny; zamglony; mętny
clown [klaun] s. błazen; prostak;
v. błaznować; wygłupiać się
club [klab] s. klub; pałka; kij; v.
bić pałką; zbijać; łączyć;
zrzeszać; stowarzyszać się
clumsy ['klamzy] adj. niezgrabny;
nietaktowny; niekształtny
clutch [klacz] s. chwyt; szpon;
sprzęgło; v. trzymać się
kurczowo
coal [koul] s. węgiel
coarse [ko:rs] adj. pospolity;
gruboziarnisty; szorstki
coast [koust] s. brzeg; v. jechać
bez napędu; płynąć brzegiem
coat [kout] s. marynarka; surdut;
powłoka; v. okrywać; pokry-
wać warstwą; powlekać
(farbą)
cock [kok] s. kogut; kurek; kran;
kutas (wulg.); v. postanowić;
nastroszyć; napiąć; odwo-
dzić; podnieść; zadzierać;
wznieść
cockroach ['kokroucz] s.
karaluch
cocktail ['koktejl] s. cocktail
cocoa ['koukou] s. kakao
code [koud] s. kodeks; szyfr; v.
szyfrować; pisać szyfrem
coffee ['kofy] s. kawa
coffeepot ['kofy-pot] s.
maszynka do kawy
coin [koyn] s. moneta; v. bić
monety; spieniężać; ukuć
(nowe pojęcie); tłoczyć
cold [kould] s. zimno;
przeziębienie; adj. zimny;

chłodny; mroźny
collar ['koler] s. kołnierz; szyjka;
pierścień; obroża; chomąto;
piana (na piwie); v. wkładać
obrożę; pojmać; ująć
collect ['ke'lekt] v. zbierać;
odbierać; inkasować
collection ['ke'lekszyn] s. zbiór;
kolekcja; inkaso;
zainkasowane pieniądze
college ['kolydż] s. uczelnia;
kolegium; zrzeszenie;
akademia
color ['kaler] s. barwa; farba;
koloryt; v. barwić; farbować;
koloryzować; rumienić się
colorful ['kalerful] adj. pstry;
barwny; żywy; kolorowy
comb [koum] s. grzebień;
grzbiet (fali); v. czesać;
kłąbić się
combination [komby'nejszyn] s.
kombinacja; zespół; związek
combine [kembajn] v. połączyć;
powiązać; skombinować;
łączyć w sobie
come [kam] v. przybyć;
pochodzić; wynosić; dziać
się; być
comedy ['komydy] s. komedia
comfort ['kamfert] s. wygoda;
pociecha; v. pocieszać;
czynić wygodnym; dodawać
otuchy
comfortable ['kamfertebl] adj.
wygodny; zadowolony;
spokojny
command [ke'maend] v.
rozkazywać; kazać;
rozporządzać; panować nad;
dowodzić; s. rozkaz; nakaz;
komenda; dowództwo
comment ['koment] s.
objaśnienie; v. robić uwagi
krytyczne lub złośliwe;
wypowiadać zdanie
commerce ['kome:rs] s. handel
commission [ke'myszyn] s.
zlecenie; misja; urząd; v.
delegować; powierzać;
objąć; zlecać; zamianować;
upoważniać
commit [ke'myt] v. powierzać;

przekazywać; odsyłać;
popełniać; wciągać;
zobowiązywać się; oddawać
w opiekę; zamykać w (domu
wariatów); obiecywać
committee [ke'myti:] s. komitet;
komisja; opiekun (umysłowo
chorego)
common ['komen] adj. wspólny;
publiczny; ogólny; pospolity;
zwyczajny; prosty
**Common Wealth of Independent
States** ['komen łels ow
,yndy'pendet stejc] s.
Wspólnota Niezależnych
Państw
commotion [ke'mouszyn] s.
zamieszki; tumult; poruszenie
communicate [ke'mju:ny,kejt] v.
dzielić się; komunikować
się; łączyć się; przenosić
(ciepło, zimno etc.)
communism ['komju,nyzem] s.
komunizm; ruch
komunistyczny
communist ['komjunyst] s.
komunista; adj. komunistyczny
community [ke'mju:nyty] s.
środowisko; społeczność;
gmina; kolektyw; wspólnota;
koło; zakon
compact [kem'paekt] adj. gęsty;
zbity; zwarty; v. ubijać;
zbijać; zagęszczać; s.
puderniczka
compact ['kempaekt] s. ugoda;
porozumienie; puderniczka;
samochód średniej wielkości
(USA)
companion [kem'paenjen] s.
towarzysz; (coś) do pary
company ['kempeny] s.
towarzystwo; załoga; goście;
partnerzy; spółka; kompania;
trupa teatralna
comparative [kem'paeretyw] adj.
porównawczy; względny;
stosunkowy; s. stopień
wyższy (przymiotnika)
compare [kem'peer] v.
porównywać; dawać się
porównać; stopniować
(gram.)

comparison [kem'paeryson] s.
porównanie; zestawienie
compassionate [kem'paeszynyt]
adj. litościwy; v. litować się
compatible [kem'paetebl] adj.
zgodny; licujący; do
pogodzenia
compete [kem'pi:t] v.
konkurować; rywalizować;
ubiegać się
competition [,kompy'tyszyn] s.
konkurencja; konkurs; zawody;
współzawodnictwo; turniej
competitor [kem'petyter] s.
rywal; konkurent;
współzawodnik;
współzawodniczka; rywalka
complain [kem'plejn] v. żalić
się; narzekać; skarżyć;
wnosić zażalenie; wnosić
skargę
complaint [kem'plejnt] s. skarga;
zażalenie; dolegliwość
complete [kem'pli:t] adj.
całkowity; zupełny; kompletny;
v. uzupełniać; udoskonalić;
ukończyć; wypełnić
(formularz)
complex [kem'pleks] adj.
złożony z dwu lub więcej
części; zawiły;
skomplikowany; s. połączona
grupa (np. budynków;
impulsów, itd.); obsesja
complicate ['komply,kejt] v.
wikłać; splatać;
komplikować
complicated ['kemlpy,kejtyd] adj.
skomplikowany; powikłany
compliment ['komplyment] s.
komplement; gratulacje;
ukłony; uszanowanie; v.
mówić komplementy;
gratulować
complimentary ['komply'mentery]
adj. pochlebny; okazowy;
grzecznościowy
comply [kem'plaj] v.
zastosować się; spełnić;
podporządkować się;
uczynić zadość;
przestrzegać
compose [kem'pouz] v. składać;

układać; tworzyć;
komponować; skupiać
(myśli); uspokoić;
załagodzić; uspakajać się
composer [kem'pouzer] s.
kompozytor; kompozytorka
composition [,kempe'zyszyn] s.
skład; układ; ugoda;
wypracowanie; budowa;
usposobienie
comprehend [,kompry'hend] v.
pojmować; rozumieć;
zawierać
compromise ['kompre,majz] s.
kompromis; ugoda;
kompromitacja; narażenie; v.
załatwić ugodowo;
kompromitować
computer [kem'pju:ter] s.
kalkulator; komputer;
przelicznik
conceited [ken'si:tyd] adj.
próżny; zarozumiały
concentrate ['konsentrejt] v.
skupiać się; stężać; s.
roztwór
concentration ['kensentrejszyn]
s. skupienie (się); stężenie;
koncentracja; skoncentrowanie
concern [ken'se:rn] s. interes;
troska; związek; v. tyczyć
się; dotyczyć; obchodzić;
niepokoić się o ...; wchodzić
w grę
concerned [ken'se:rnd] adj.
zainteresowany; zaaferowany;
strapiony; niespokojny
concert ['konsert] s. koncert;
porozumienie; v. ułożyć;
ukartować; porozumieć się
concise [ken'sajs] adj. zwięzły;
treściwy; krótki i węzłowaty
conclude [ken'klu:d] v.
zakończyć; zawierać;
wnioskować; postanawiać;
kończyć się
conclusion [ken'klu:żyn] s.
zakończenie; wynik;
postanowienie; wniosek;
konkluzja; zawarcie układu;
wynik ostateczny
condition [ken'dyszyn] s. stan;
warunek; zastrzeżenie;

poprawka; v.
uwarunkowywać;
zastrzegać; naprawiać;
przygotowywać;
przyzwyczajać;
klimatyzować
condom [kan'dem] s.
prezerwatywa; kondon
conference ['konferens] s.
narada; liga; zebranie; zjazd
confess [ken'fes] v. wyznać;
przyznać się; spowiadać się
confession [ken'feszen] s.
wyznanie; spowiedź;
przyznanie się; religia
confide [ken'fajd] v. ufać
(komuś); zwierzać się;
powierzać
confidence ['konfydens] s.
zaufanie; bezczelność;
pewność; ufność;
zwierzenie; śmiałość
confidential [,konfy'denczel] adj.
tajny; poufny; zaufany;
poufały; intymny
conflict ['konflykt] s. zatarg;
starcie; konflikt; kolizja
conform [kon'fo:rm] v.
dostosować; upodabniać;
dostrajać
confuse [ken'fju:z] v. zmieszać
(kogoś, siebie); wikłać;
gmatwać
confusion [ken'fju:żyn] s. nieład;
zamieszanie; bałagan; chaos
congratulate [ken'graetju,lejt] v.
gratulować; składać
(komuś) gratulacje;
pogratulować
congress ['kongres] s. zjazd;
zebranie; parlament USA
connect [ke'nekt] v. łączyć;
wiązać; mieć połączenie
connection(xion) [ke'nekszyn] s.
połączenie; pokrewieństwo
connoisseur ['kony':ser] s.
znawca; fachowiec
conquer ['konker] v. zdobyć;
zwyciężyć; pokonać
conquest ['konkłest] s. podbój;
zdobycie; zawojowanie
conscience ['konszyns] s.
sumienie; świadomość zła i

dobra
conscious ['konszes] adj.
przytomny; świadomy;
naumyślny
consciousness ['konszysnys] s.
świadomość; całość
myśli i uczuć
consecutive [ken'sekjutyw] adj.
kolejny; nieprzerwany;
skutkowy
consequence ['konsykłens] s.
wynik; znaczenie;
konsekwencja
conservative [ken'se:rwatyw]
adj. ostrożny; zachowawczy;
konserwatywny; s.
konserwatysta; środek
konserwujący
consider [ken'syder] v.
rozważać; rozpatrywać;
uważać; szanować; mieć
wzgląd; sądzić
considerable [ken'syderebl] adj.
znaczny; adv. znacznie
considerate [ken'syderyt] adj.
myślący; uważający;
troskliwy
consideration [ken,syde'rejszyn]
s. wzgląd; rozważanie;
warunek; uprzejmość;
rekompensata
consist [ken'syst] v. składać
się; polegać; zgadzać się
consistent [ken'systent] adj.
zgodny; stały; konsekwentny
console [ken'soul] v. pocieszać;
s. konsola; wspornik; podpora
conspicuous ['ken'spykjues] adj.
widoczny; zwracający uwagę
conspiracy [ken'spyresy] s.
spisek; konspiracja; zmowa
constant ['konstent] adj. stały;
trwały; s. liczba stała
constitution [,konsty'tju:szyn] s.
statut; konstytucja; struktura;
założenie; układ psychiczny
construct [ken'strakt] v.
budować; tworzyć; rysować
(figury geom.)
construction [ken'strakszyn] s.
budowa; konstrukcja; układ;
konstruowanie; ujęcie;
interpretacja

constructive [ken'straktyw] adj.
twórczy; konstruktywny

consulate ['konsjulyt] s.
konsulat; uprawnienia konsula

consult [ken'salt] v. radzić się;
informować się

consume [ken'sju:m] v.
spożywać; zużywać;
trawić; niszczyć; marnieć;
uschnąć

consumer [ken'sju:mer] s.
konsumer; spożywca;
odbiorca

contagious [ken'tejdżes] adj.
zaraźliwy; zakaźny;
udzielający się

contain [ken'tejn] v. zawierać;
opanowywać się; wiązać;
hamować

contaminate [ken'taemynejt] v.
zakazić; skalać;
deprawować

contemporary [ken'temperery]
adj. & s. współczesny
(rówieśnik)

content 1. [ken'tent] adj.
zadowolony; s. zadowolenie;
v. zadowalać

content 2. ['kontent] s.
zawartość; treść; obję-
tość; pojemność; po-
wierzchnia; kubatura; istota

contents ['kontents] s.
zawartość (pojemnika, książki); treści

contest ['kontest] s. rywalizacja;
spór; v. walczyć; spierać
się; ubiegać; kwestionować

continual [ken'tynjuel] adj.
ciągły; powtarzający się; stały

continue [ken'tynju:] v.
kontynuować; ciągnąć dalej;
trwać; ciągnąć się;
odroczyć; upierać się

continuous [ken'tynjues] adj.
nieprzerwany; stały; ciągły

contract ['kontraekt] s. umowa;
układ; kontrakt; obietnica

contract [ken'traekt] v.
ściągać; kurczyć; zobo-
wiązywać

contradict [,kontre'dykt] v.
zaprzeczać; posprzeczać się

contrary ['kontrery] adj.
przeciwny; s.
przeciwieństwo; adv. w
przeciwieństwie

contrast [ken'traest] v.
przeciwstawiać; kontras-
tować; s. kontrast;
przeciwieństwo

contribute [ken'trybjut] v.
przyczynić się; dostarczyć;
współdziałać; zasłużyć się

contribution [,kontry'bju:szyn] s.
przyczynek; wkład; ofiara;
kontrybucja; datek; wsparcie

control [ken'troul] v. sprawdzać;
rządzić; kontrolować; opanować; s. kontrola; sterowanie; regulowanie; ster;
władza

controversial [,kentre'we:rżel]
adj. sporny; sprzeczający się

controversy ['kontre,we:rsy] s.
spór; kłótnia; polemika;
dysputa

convenient [ken'wi:njent] adj.
wygodny; łatwy do
osiągnięcia

conventional [ken'wenszynl] adj.
zwyczajowy; konwencjonalny;
umowny; powszechnie stoso-
wany; klasyczny

conversation [,konwer'sejszyn] s.
rozmowa; konwersacja

convict ['konwykt] s. skazaniec;
więzień; v. udowadniać;
przekonywać; uznać winnym

cook [kuk] s. kucharz;
kucharka;v. gotować;
preparować

cool [ku:l] adj. chłodny; oziębły;
spokojny; v. chłodzić; stu-
dzić; ochłonąć; s. chłód

cooperate [kou'operejt] v.
współpracować; współ-
działać

cooperation [kou,ope'rejszyn] s.
współpraca; współdziałanie;
kooperacja; spółdzielczość

coordinate [kou'o:rdynejt] adj.
współrzędny; współrzędna

cope ['koup] v. uporać; dawać
sobie radę; pokrywać;
borykać się; zwieńczać; s.

kapa; peleryna
copper ['koper] s. miedź; v.
miedziować; s. (slang) glina;
policjant; miedziak; kocioł z
miedzi
copy ['kopy] v. kopiować;
przepisywać; naśladować;
s. kopia; odpis; odbitka;
egzemplarz; wzór; model;
rękopis do druku
cord [ko:rd] s. sznur; lina; v.
wiązać; ustawiać w sągi
cork [ko:rk] s. korek; v.
korkować
corkscrew ['ko:rk,skru:] s.
korkociąg; adj. w kształcie
korkociągu
corn [ko:rn] s. 1. ziarno; zboże;
kukurydza; 2. nagniotek
corner ['ko:rner] s. róg;
narożnik; kąt; zakręt; v.
zapędzać do kąta; zmuszać;
monopolizować
corporation [,ko:rpe'rejszyn] s.
korporacja; zrzeszenie; osoba
prawna zbiorowa
corpse [ko:rps] s. trup; zwłoki
correct [ke'rekt] adj. poprawny;
v. korygować; karcić;
prostować; leczyć;
naprawiać
correspond [,korys'pond] v.
odpowiadać; korespondować
correspondence [,korys'pondens]
s. zgodność; korespondencja
corrupt [ke'rapt] adj. zepsuty;
sprzedajny; v. korumpować;
psuć się
corruption [ke'rapszyn] s.
zepsucie; korupcja; rozkład;
fałszowanie
cost [kost] v. kosztować; s.
koszt; strata; cena
costume ['kostju:m] s. kostium;
strój; przystroić w kostium
cosy ['kouzy] adj. przytulny; v.
przytulić się
cottage ['kotydż] s. chata;
dworek; domek letniskowy
cotton ['kotn] s. bawełna; v.
polubić; kapować; adj.
bawełniany
couch [kaucz] s. tapczan;

posłanie; łóżko; v. rozsiadać
się; mówić
cough [kof] s. kaszel; v.
kaszleć; wykaszleć;
zakaszleć
could [kud] v. mógłby; zob. can
council ['kaunsyl] s. rada;
konsylium; sobór; zarząd
(miejski etc.)
count [kaunt] v. liczyć; sądzić;
liczyć się; znaczyć; s.
rachuba; liczenie; suma;
zarzut; hrabia
counterfeit ['kaunterfyt] adj.
fałszywy; podrobiony; v.
udawać; fałszować
country ['kantry] s. kraj;
ojczyzna; wieś; prowincja
county ['kaunty] s. powiat;
hrabstwo; adj. powiatowy
couple ['kapl] s. para; v. łączyć;
parzyć się; żenić
coupon ['ku:pon] s. odcinek;
kupon wymienny (w sklepie,
banku ...)
courage ['karydż] s. odwaga
courageous [ke'rejdżes] adj.
odważny; śmiały; dzielny;
waleczny
course [ko:rs] s. bieg; kierunek;
ruch naprzód; droga; danie;
kolejność; bieżnia; warstwa;
kurs; ciąg; v. gnać; pędzić;
ścigać; uganiać się
court [ko:rt] s. podwórze; hala;
dwór; hotel; sąd; v. zalecać
się; wabić; zabiegać
courteous ['ke:rczjes] adj.
grzeczny; uprzejmy i miły
cousin ['kazyn] s. kuzyn;
kuzynka; krewny; cioteczny
brat (siostra)
cover ['kawer] s. koc; wieko;
oprawa; osłona; koperta;
nakrycie (stołu); pokrycie; v.
kryć; pokryć (klacz);
ubezpieczać; dać opis;
nakrywać; rozlać; chować;
przejechać
cow [kał] s. krowa; v.
zastraszyć się; przestraszyć
coward ['kauerd] s. tchórz; adj.
tchórzliwy; bojaźliwy

cozy [kouzy] adj. wygodny;
przytulny; s. okrycie czajnika
crab [kraeb] s. krab; rak; (wulg.)
menda; v. łowić kraby;
krytykować; rujnować;
narzekać
crack [kraek] s. trzask; rysa;
szpara; próba; dowcip; v.
trzaskać; żartować; łupać;
uderzyć; rujnować; spowo-
dować pęknięcie; adj.
wysokiej jakości; doskonały
crash [kraesz] s. huk; łomot;
upadek; katastrofa; ruina;
krach; samodział; v. trzaskać;
huczeć; roztrzaskiwać;
wpaść na ...; adv. z hukiem;
z trzaskiem; z łomotem; z
hałasem
crazy [krejzy] adj. zwariowany;
pomylony; walący się (np.
dom)
cream [kri:m] s. śmietana;
śmietanka; krem; v. ustać
się; zbierać śmietankę;
zabielać
create [kry:'ejt] v. tworzyć;
wywoływać;
zapoczątkowywać;
powodować
creation [kry'ejszyn] s.
stworzenie; kreacja; świat;
wszechświat
creative [kry'ejtyw] adj. twórczy;
wynalazczy; tworzący
creature [kry:czer] s. stwór;
istota; kreatura (dominowana)
credit [kredyt] s. kredyt; wiara;
autorytet; powaga; uznanie;
chluba; v. dawać wiarę;
zapisywać na rachunek;
zaliczać; przypisywać (coś
komuś)
creep [kri:p] v. pełzać; wkradać
się; mieć ciarki; s. pełzanie;
ciarki; obsuwanie; poślizg;
nędzny typ; pełzanie się
crevice [krewys] s. szczelina;
rysa; pęknięcie; szpara
crew [kru:] s. załoga; drużyna;
zgraja; zob. crow
crib [kryb] s. żłób z pętami;
stajnia; obora; ciupka; pokoik;

domek; kojec; plagiat; v.
stłaczać; wyposażać w
żłoby; ocembrować;
zwędzić; używać
ściągaczki
crime [krajm] s. zbrodnia
criminal [krymynl] s. zbrodniarz;
kryminalista; adj. zbrodniczy;
kryminalny
cripple [krypl] s. kulawy; kaleka;
v. okulawić; osłabiać; kuleć;
utykać; okaleczyć;
przeszkadzać
crisis [krajsys] s. przesilenie;
kryzys; krytyczna sytuacja
crisp [krysp] adj. rześki;
chrupki; energiczny; v. robić
kruchym; marszczyć;
kędzierzawić; fryzować;
ufryzować
critic [krytyk] s. krytyk
recenzent; recenzentka
critical [krytykel] adj.
krytykujący; krytyczny; trudny
do nabycia; ważny (moment)
criticize [krytysajz] v.
krytykować; ganić;
znajdować błędy
croak [krouk] v. rechotać;
krakać; s. rechot; rechotanie;
krakanie
crocodile [krokedajl] s. krokodyl;
adj. krokodylowy
crook [kruk] s. hak; zagięcie;
krzywizna; kanciarz; v.
krzywić; wyginać; kraść;
kantować
crooked [krukyd] adj.
zakrzywiony; krzywy;
wypaczony; zgarbiony;
cygański; szachrajski;
oszukańczy; zgięty; wygięty
crop [krop] s. plon; biczysko;
bacik; całość; przycinanie;
krótko strzyżone włosy;
ucinek; v. strzyc; skubać;
zbierać; zasiewać; obrodzić;
wyłaniać się; uprawiać
ziemię; obradzać
cross [kros] s. krzyż;
skrzyżowanie; mieszaniec;
kant; cygaństwo; v. żegnać
się; krzyżować; przecinać

coś; iść w poprzek;
przekreślać; udaremnić; adj.
poprzeczny; skośny;
krzyżujący; przeciwny;
gniewny; opryskliwy
crossing ['krosyŋg] s.
skrzyżowanie; przejście lub
przejazd na drugą stronę
(rzeki itp.)
crow [krou] s. kruk; wrona;
pianie; wesoły pisk; v. piać;
piszczeć wesoło; krzyczeć z
radości
crowd [kraud] s. tłum; tłok;
banda; mnóstwo; v. tłoczyć;
natłoczyć; napierać;
wpychać; śpieszyć;
przepełniać
crowded ['kraudyd] adj.
zatłoczony; zapchany;
przeludniony
crucial ['kru:szel] adj.
decydujący; przełomowy;
krytyczny
crucify [kru:syfaj] v.
ukrzyżować; torturować;
znęcać się
crude [kru:d]adj. surowy;
szorstki; niepożyty; obskurny
cruel [kruel] adj. okrutny
cruise [kru:z] v. krążyć; lecieć;
podróżować; s. wycieczka
morska; przejażdżka; rejs
crumb [kram] s. okruch; (slang)
drań; v. kruszyć; drobić;
dodawać okruszyn; obtoczyć
(w bułce)
crunch [krancz] v. miażdżyć;
chrupać; s. chrupanie;
chrzęst; kłopotliwa sytuacja
crunchy [kranchy] adj.
chrupiący; chrzęszczący;
kłopotliwy
crusade [kru:'sejd] s. wyprawa
krzyżowa; iść z krucjatą
crush [krasz] v. kruszyć;
miażdżyć; miąć; s.
miażdżenie; tłok; ciżba;
zadurzenie się
crust [krast] s. skorupa; skóra;
v. zaskorupiać (się)
crutch [kracz] s. kula; podpórka;
laska; v. podpierać się

cry [kraj] s. krzyk; płacz; wrzask;
okrzyk; hasło; v. krzyczeć;
płakać; urągać; ujadać
cube [kju:b] s. sześcian; kostka;
(slang) facet; v. podnosić do
sześcianu; obliczać
kubaturę; formować w
sześciany
cucumber ['kju:kamber] s.
ogórek
cuff [kaf] s. mankiet; kajdanki; v.
bić pięścią; uderzać;
kułakować; potarmosić;
szturchać
cuff links ['kaf,lynks] pl. spinki
do mankietów
cultivate ['kaltywejt] v.
uprawiać; rozwijać;
kultywować; pielęgnować;
spulchniać
culture ['kalczer] s. kultura;
uprawa; v. uprawiać;
hodować; kształcić;
hodować bakterie
cup [kap] s. kubek; kielich;
czasza; filiżanka; v.
wgłębiać; stawiać bańki
cup board ['kaberd] s. kredens;
szafka; półka na kubki
curb [ke:rb] s. krawężnik;
łańcuszek; wędzidło; oszczep;
twarda spuchlizna; v.
okiełznać; hamować;
ograniczać
cure [kjuer] s. kuracja; lek;
lekarstwo; v. uleczyć;
wyleczyć; zaradzić;
wykurować
curiosity [,kjur'josyty] s.
ciekawość; osobliwość
curl [ke:rl] s. kędzior; lok; pukiel;
skręt; spirala; wir; v. kręcić;
skręcać; zwijać; marszczyć;
złościć; skulić się
curly ['ke:rly] adj. kędzierzawy;
kręty; falujący; kręcony
currency ['karensy] s. waluta;
obieg; potoczność;
popularność
current ['karent] adj. bieżący;
obiegowy; obiegający;
powszechnie znany; panujący
(pogląd); s. prąd; bieg; nurt;

tok; strumień; natężenie
prądu (elektrycznego, etc.)
curse [ke:rs] s. przekleństwo;
klątwa; v. przeklinać;
wyklinać; kląć; bluźnić;
złorzeczyć (komuś)
curtain ['ke:rtn] s. zasłona;
firanka; kurtyna; v. zasłaniać
curve [ke:rw] s. krzywa;
krzywizna; krzywka; wyginać
(się); wykrzywiać (się);
zakręcać
cushion ['kuszyn] s. poduszka
custody ['kastedy] s. opieka;
nadzór; areszt; przetrzymanie
custom ['kastem] s. zwyczaj;
klientela; zrobiony na
zamówienie; nawyk; stałe
zaopatrywanie się
customer ['kastemer] s. klient
customs ['kastemz] pl. cło
cut [kat] s. cięcie; przecięcie;
wycięcie; ścięcie; odrzynek;
krój; styl (krawiecki); wykop;
drzeworyt; v. ciąć; zaciąć;
skaleczyć; ranić; krajać;
kroić; przycinać; kosić;
rżnąć; rzeźbić; szlifować;
wycinać; obcinać; uciąć;
ścinać
cute [kju:t] adj. miły; ładny;
chytry; sprytny; ciekawy;
bystry
cutlery ['katlery] s. wyroby
nożownicze; sztućce
cutlet ['katlyt] s. kotlet (bity);
kotlet mielony (mięsny, rybi)
cycle [sajkl] s. cykl; okres;
obieg; rower; v. jechać na
rowerze; obiegać cyklicznie
(tam i nazad, w koło itp.)
cynic ['synyk] s. cynik
cynical ['synykel] adj. cyniczny
(pomysł, program, człowiek)

D

dad [daed] s. tato; tatuś

daddy ['daedy] s. tatuś
dagger ['daeger] s. sztylet;
odsyłacz; v. sztyletować
daily ['dejly] adj. codzienny; adv.
codziennie; s. dziennik
dainty ['dejnty] adj. wyszukany;
wyborowy; delikatny;
gustowny; miły; wybredny
dairy ['deery] s. mleczarnia
daisy [dejzy] s. stokrotka; ładny
okaz (człowieka)
dam [daem] s. tama; zapora
damage ['daemydż] s. szkoda;
uszkodzenie; odszkodowanie;
(slang) koszt; v. uszkodzić;
ponieść szkody; uwłaczać
damn [daem] v. potępiać;
przeklinać; adj. przeklęty
damp [daemp] v. zwilżyć;
skropić; stłumić; ostudzić;
amortyzować; butwieć; s.
wilgoć; czad; przygnębienie;
zwątpienie; depresja
dance [da:ns] s. taniec; zabawa
taneczna; v. tańczyć;
skakać; kazać tańczyć;
huśtać; kręcić się
danger ['dejndżer] s. łupież
niebezpieczeństwo; groźba
dangerous ['dejndżeres] adj.
niebezpieczny; groźny; niepewny (grunt, interes etc.)
dare [deer] v. śmieć; ważyć
się; wyzywać; s. wyzwanie
dark [da:rk] adj. ciemny; ponury;
s. ciemność; mrok; cień;
murzyn; tajemniczość; brak
ninformacji; niewiedza
darling ['da:rlyng] s. kochanie;
ulubieniec; adj. kochany;
ulubiony; ukochany
date [dejt] v. datować (list)
nosić datę; chodzić z kimś;
s. data; spotkanie; randka;
umówienie się; termin; palma
daktylowa; daktyl
daughter ['do:ter] s. córka
daughter-in-law ['do:ter,yn lo:] s.
synowa, (żona syna)
dawn [do:n] v. świtać;
zaświtać; dnieć; jaśnieć;
s. świt; brzask; zaranie;
zdanie sobie sprawy

day [dej] s. dzień; doba
daze [dejz] v. oszałamiać;
otumaniać; oślepiać; s.
oszołomienie; otumanienie
dazzle [daezl] v. oślepiać;
olśniewać; zamaskować; s.
oślepiający blask
dead [ded] adj. & s. zmarły;
martwy; wymarły; matowy
deadline ['dedlajn] s.
nieprzekraczalny termin; ostateczna granica (czegoś)
deaf [def] adj. głuchy
deal [di:l] v. zajmować się;
traktować o; załatwiać
(coś); przestawać z (kimś);
postępować; handlować;
rozdzielać (karty); s. ilość;
sprawa; sporo; wiele
dear [dier] adj. kochany; drogi
death [des] s. śmierć; zgon
debate [dy'bejt] v. roztrząsać;
rozważać; debatować; s.
debata; spór; rozprawa
debt [det] s. dług
decade ['dekejd] s.
dziesięcioletni okres
decay [dy'kej] v. gnić;
rozpadać się; psuć się; s.
upadek; ruina; zanik; rozkład;
gnicie; uwiąd; niszczenie
decease [dy'si:s] v. umierać; s.
zgon; śmierć; zejście
deceive [dy'si:w] v. okłamywać;
zwodzić; łudzić; zawodzić
December [dy'sember] s.
grudzień (mieśiąc)
decent ['di:sent] adj. przyzwoity;
porządny; skromny; znośny
decide [dy'sajd] v. rozstrzygać;
postanawiać; decydować się
(na coś); zadecydować;
skłaniać się (ku czemuś)
decision [dy'syżyn] s.
rozstrzygnięcie (czegoś);
postanowienie (o czymś); decyzja; zdecydowanie; stanowczość; wygrana na punkty;
ustalenie; rezolutność
deck [dek] s. pokład; pomost;
podłoga; talia; v. pokrywać
pokładem; przystrajać
declare [dy'kle:r] v. deklarować;

oświadczać; zeznawać; wy-
powiadać (wojnę); ogłaszać
(coś); uznawać (za niewin-
nego); stwierdzać; wykazać;
dawać (coś) do oclenia
decline [dy'klajn] v. uchylać
(się); pochylać (się); skłaniać
(się); iść ku schyłkowi; opadać; obniżać; podupadać;
marnieć; słabnąć; zanikać;
zamierać; przypadkować; odrzucać (propozycję etc.); s.
schyłek; utrata; spadek
decorate ['dekerejt] v. ozdabiać;
odznaczać; udekorować; odnowić; upiększać (coś)
decoration [,deke'rejszyn] s.
ozdoba; odznaczenie; medal
decrease ['dy:kri:s] v.
zmniejszać; słabnąć; ob-
niżać; s. zmniejszenie;
spadek (cen, wartości etc.)
decrepit [dy'krepyt] adj.
zgrzybiały; wyniszczony
dedicate ['dedykejt] v.
dedykować; poświęcać; in-
augurować; przeznaczyć na
deduct [dy'dakt] v. potrącać;
odciągać (kwotę etc.); odejmować; odtrącać (kogoś)
deed [di:d] s. czyn; wyczyn; akt;
v. przekazywać aktem (własność); przekazywać (ko-
muś) pieniądze etc.
deep [di:p] adj. głęboki; s.
głąbia; adv. głęboko
deer [dier] s. jeleń; sarna; łoś;
łania; daniel; renifer
defeat [dy'fi:t] v. pokonać;
pobić (przeciwnika); uni-
cestwić; udaremnić; unie-
możliwić; unieważnić prawnie; s. klęska; udaremnienie
defect [dy'fekt] s. brak; wada;
błąd; defekt; skaza; man-
kament; przywara; v. od-
paść; skłonić do odstęp-
stwa; odstąpić (od czegoś)
defend [dy'fend] v. bronić
defense [dy'fens] s. obrona
define [dy'fajn] v. określać;
definiować; zakreślać (granice); precyzować (coś)

definite ['defynyt] adj.
określony; wyraźny; pewny;
jasny; prostolinijny; określający; sprecyzowany

definition [,defy'nyszyn] s.
określenie; definicja; ostrość (konturów, obrazu etc.);
czystość; oznaczenie

definitive [dy'fynytyw] adj.
ostateczny; definitywny; stanowczy; rozstrzygający; konkluzywny; definiujący

deflate [dy'flejt] v. wypuszczać
powietrze (z dętki); zmniejszać (obieg, znaczenie etc.)

deform [dy'fo:rm] v. szpecić;
zniekształcać; oszpecać

defy [dy'faj] v. stawiać czoło;
rzucać wyzwania (by zrobić,
wykazać); przeciwstawiać

degree [dy'gri:] s. stopień (np.
naukowy, ciepła etc.)

delay [dy'lej] v. odraczać;
opóźniać; zwlekać; s. odroczenie; zwłoka; opóźnienie

deliberate [dy'lyberejt] adj.
rozmyślny; spokojny; powolny; umyślny; [dy,ly'berejt] v.
rozmyślać; rozważać (coś);
obradować; naradzać się

delicate ['delykyt] adj. delikatny;
wyśmienity; taktowny

delicatessen [,delyka'tesn] s.
sklep z delikatesami

delicious [dy'lyszes] adj.
rozkoszny; bardzo smaczny

delight [dy'lajt] s. rozkosz; v.
zachwycać się; rozkoszować
się (czymś); lubować się

deliver [dy'lywer] v. doręczać;
zdawać; wydawać; wygłaszać; zadawać; uwalniać;
ratować; wybawić; wyzwolić; podawać; oddawać

delivery [dy'lywery] s. dostawa;
wydawanie; wygłaszanie;
podanie; poród; przekazanie

demand [dy'ma:nd] s. zadanie;
popyt; v. zadać; dopytywać
się; wymagać; domagać się

democracy [dy'mokresy] s.
demokracja (równość praw)

demolish [dy'molysz] v. burzyć;

niszczyć; obalać (teorię);
demolować; zburzyć (coś)

demonstrate ['demenstrejt] v.
wykazywać; udowadniać;
demonstrować; urządzać
manifestację etc.

denial [dy'najel] s. zaprzeczenie;
odmowa; wyparcie się

denounce [dy'nauns] v.
oskarżać; donosić; wypowiadać; denuncjować

dense [dens] adj. gęsty; zwarty;
tępy (człowiek); niepojętny

dent [dent] s. wgłębienie; wrąb;
wklęśnięcie; sl. znaczenie; v.
szczerbić; wyginać

dentist ['dentyst] s. dentysta;
dentystka; stomatolog

deny [dy'naj] v. zaprzeczyć;
odrzucić; odmawiać; wypierać się; dementować; przeczyć (czemuś); odmówić

depart [dy'pa:rt] v. odjeżdżać;
odbiegać; robić dygresją;
zejść (zs swiata); odejść

department [dy'pa:rtment] s.
wydział; ministerstwo; dział

departure [dy'pa:rczer] s. odjazd;
rozstanie; odchylenie

depends [dy'pends] v. zależy

deposit [dy'pozyt] s. osad;
warstwa; kaucja; depozyt; v.
składać do depopzytu; osadzać; deponować; nawarstwiać; złożyć (jaja ...)

depress [dy'pres] v.
przygnębiać; deprymować;
spychać w dół (ceny); zniżać (cenę etc.); martwić

depressed [dy'prest] adj.
przygnębiony; przygnieciony;
zmartwiony; zatroskany; prrzypłaszczony; zahamowany

depth [deps] s. głębokość;
głębia; głębina; dno (nędzy)

deputy ['depjuty] s. zastępca;
deputowany; poseł; wicedescend

descend [dy'send] v. zejść;
spaść; zstępować z; zniżać się; pochodzić (od); opadać; zwalić się (na kogoś)

descendant [dy'sendent] s.
potomek (przodka, rodziny,

grupy, narodu, etc.)
describe [dys'krajb] v.
opisywać; określać; przerysowywać; dawać rysopis
desert ['desert] adj. pustynny; pusty; s. pustynia; pustkowie
desert [dy'ze:rt] v. porzucać; opuszczać; dezerterować; s. zasłużenie; zasługa; nagroda; zasłużona kara (opinia)
deserve [dy'ze:rw] v. zasługiwać na ...; mieć zasługi wobec (kogoś)
design [dy'zajn] s. zamiar; plan; szkic; v. pomyśleć; zamierzać; przeznaczać; projektować; zamyślać; uplanować; kreślić; szkicować
desirable [dy'zajerebl] adj. pożądany; pociągający; atrakcyjny; celowy; mile (dobrze) widziany; wskazany
desire [dy'zajer] v. pożądać; pragnąć; życzyć sobie
desk [desk] s. biuro; referat; pulpit; ambona; ławka szkolna
despair [dys'peer] s. rozpacz
desperate ['desperyt] adj. rozpaczliwy; beznadziejny; beznadziejny; zaciekły
despise [dys'pajz] v. pogardzać; gardzić; (z)lekceważyć
despite [dys'pajt] s. przekora; złość; prep. pomimo; wbrew; na przekór (komuś; czemuś)
dessert [dy'ze:rt] s. deser; legumina; ciastka
destination [desty'nejszyn] s. miejsce przeznaczenia
destiny ['destyny] s. przeznaczenie (wypadków, ludzi); (nieunikniony) los
destroy [dy'stroj] v. burzyć; niweczyć; zabijać; zgładzać
destruction [dys'trakszyn] s. zniszczenie; ruina; zguba; zagłada (powódź, środki etc.)
detach [dy'taecz] v. odczepić; odłączyć; odpiąć; odwiązać; odkomenderować; odlepiać (coś); urwać (z)
detail ['di:tejl] s. szczegół; wyszczególnienie; v. wyłusz-

czać; przydzielać do zadań
detain [dy'tejn] v. wstrzymywać; więzić (kogoś); przeszkadzać (komuś)
detect [dy'tekt] v. wykrywać; wyśledzić; przychwycić na
detergent [dy'te:rdżent] s. & adj. czyszczący (środek)
deteriorate [dy'tierjerejt] v. psuć; marnieć; tracić na wartości; pogarszać się
determine [dy'te:rmyn] v. rozstrzygać; określać; postanawiać; ustalać; zdefiniować; zadecydować (o)
detest [dy'test] v. nienawidzić; czuć wstręt; nie cierpieć
detour ['dy:tuer] s. objazd
devastate ['dewestejt] v. pustoszyć; niweczyć (coś); dewastować; zniweczyć
develop [dy'welop] v. rozwijać (się); wywoływać (zdjęcia)
development [dy'welepment] s. rozwój; rozbudowa; osiedle; wywołanie (filmu); ewolucja
device [dy'wajs] s. plan; pomysł; urządzenie; dewiza; hasło; środek (wiodący do celu)
devil ['dewl] s. czart; diabeł
devote [dy'wout] v. poświęcać; ofiarować; oddawać się; przeznaczyć (na)
dew [dju:] s. rosa; świeżość; powiew; v. rosić; zraszać
diabetes [,daje'by:ty:z] s. cukrzyca; choroba cukrowa
diagnose ['dajeg,nouz] v. rozpoznać (chorobę)
diagonal [daj'aegnl] adj. przekątny; skośny; s. przekątnia; przekątna
diagram ['dajegraem] s. wykres; schemat; diagram; plan
dial ['dajel] s. tarcza numerowa (zwł. zegarowa); v. mierzyć; nakręcać (numer telefonu)
dialect ['dajelekt] s. gwara; narzecze; dialekt
diamond ['dajemend] s. diament; romb; a. diamentowy; romboidalny; s. boisko do gry w palanta amerykańskiego

diaper ['dajeper] s. pieluszka;
wzór romboidalny; v. przewijać; ozdabiać (coś) w romby
diarrhea [daje'rye] s. biegunka
diary ['daiery] s. dziennik
dictate [dyk'tejt] s. nakaz; v.
dyktować; narzucać (wolą)
dictionary ['dykszeneeri] s.
słownik; mała encyklopedia
die [daj] v. umierać; zdechnąć;
zginąć; s. matryca; sztanca;
proszę zobaczyć: pl. dice
diet ['dajet] v. dieta; zjazd; sejm;
v. trzymać na diecie
difference ['dyferens] s. różnica;
sprzeczka; nieporozumienie
different ['dyferent] adj.
różny; odmienny; niezwykły
difficult ['dyfykelt] adj. trudny;
ciężki; niełatwy (do)
diffident ['dyfydent] adj.
(bardzo) nieśmiały; bez wiary
we własne siły; bez zaufania
do siebie samego
dig [dyg] v. kopać; ryć; ro-
umieć; ocenić; bawić się;
kuć się; grzebać się; s.
szarpnięcie; przytyk; kujon;
szturchnięcie; docinek
digest [dy'dżest] v. trawić;
przetrawiać; s. streszczenie;
skrót; przegląd; zbiór praw
dignified ['dygnyfajd] adj. dostojny; godny; (człowiek) pełen godności (dostojeństwa)
dignity ['dygnyty] s. godność;
dostojeństwo; powaga; tytuł;
zaszczyt; stanowisko; ranga
diligent ['dylydżent] adj. pilny;
przykładający się do pracy
dill [dyl] s. koper ogrodowy
dilute [daj'lju:t] v. rozpuszczać;
rozcieńczać; rozrzedzać; adj.
rozpuszczony; rozcieńczony;
rozrzedzony; rozwodniony;
wypłukany; wybladły; spło-
wiały; wyblakły; wyjałowiony
dim [dym] v. przyćmić;
zaciemnić; zamglić; adj.
przyćmiony; blady; zamazany;
niewyraźny; nikły; ciemny
dimension [dy'menszyn] s.
wymiar; rozmiar; wielkość

diminish [dy'mynysz] v.
zmniejszać; zwężać (coś);
uszczuplać; niknąć; maleć
dine [dajn] v. jeść obiad;
jeść; mieć na obiedzie
dining room ['dajnyng,ru:m] s.
jadalnia; pokój jadalny
dinner ['dyner] s. obiad
diplomat ['dyplemaet] s. dy-
plomata; człowiek taktowny
direct [dy'rekt] v. kierować;
kazać; zarządzić; dowodzić;
zaadresować; nakierować;
wymierzać; polecić; dyrygować; adj. prosty; bezpośredni; otwarty; szczery; wyraźny; adv. wprost; prosto; bezpośrednio; otwarcie
direction [dy'rekszyn] s.
kierunek; kierowanie; kierownictwo; zarząd; wskazówka;
administracja; adres
director [dy'rektor] s. dyrektor;
reżyser; celownik; kierownik;
zarządzający; nadzorca
directory [dy'rektery] s. książka
adresowa, telefoniczna (lub
przepisów); skorowidz
dirt [de:rt] s. brud; błoto;
świństwo; ziemia; język
plugawy; mówienie osz-
czerstw; plotki; śmieci
dirty [de:rty] adj. brudny;
sprośny; podły; wstrętny
disabled [dys'ejbld] s. kaleka;
inwalida wojenny
disadvantage [dysed'wa:ntydż]
s. niekorzyść; wada; strata;
szkoda; niekorzystne położenie; v. szkodzić; zaszkodzić (komuś w czymś))
disagree [dyse'gri:] v. nie
zgadzać się; różnić się; nie
służyć (jedzenie, klimat)
disappear [,dyse'pier] v. znikać;
zapodziewać się; przepaść
disappoint [dyse'point] v.
zawieść; rozczarować; nie
spełnić (oczekiwań, nadziei)
disapprove [dyse'pru:w] v.
potępiać (kogoś, coś); ganić; źle widzieć (kogoś);
disaster [dy'za:ster] s.

nieszczęście; klęska (żywiołowa etc.); katastrofa
discard [dys'ka:rd] v. wyrzucać; (coś niepotrzebnego); odrzucać; zarzucać; zaniechać
discipline ['dyscyplyn] s. dyscyplina; karność; v. karać; ćwiczyć; musztrować
discompose [,dyskem'pouz] v. zaniepokoić; niepokoić; mieszać; zmieszać (kogoś)
disconnect ['dyske'nekt] v. odłączyć; oderwać; odczepić; odhaczyć (od czegoś)
discount ['dyskaunt] s. dyskonto; rabat; odjęcie; v. potrącać; odliczać; nie dawać wiary (komuś, czemuś)
discover [dys'kawer] v. wynaleźć; odkryć; odsłaniać; (nagle) zobaczyć
discuss [dys'kas] v. dyskutować (o); roztrząsać (coś); debatować (o czymś)
discussion [dys'kaszyn] s. dyskusja; debata; debaty
disease [dy'zi:z] s. choroba
disgrace [dys'grejs] s. hańba; niełaska; v. hańbić; zniesławić; pozbawiać łaski; narobić (komuś, sobie) wstydu
disguise [dys'gajz] v. przebierać; ukrywać; maskować; zataić; s. charakteryzacja; udawanie; pozory; zamaskowanie; maska; nadanie pozorów
disgust [dys'gast] s. odraza; wstręt; obrzydzenie; v. budzić odrazę, wstręt, obrzydzenie, rozgoryczenie, oburzenie (na kogoś, na coś)
disgusting [dys'gastyng] adj. wstrętny; obrzydliwy; oburzający; odrażający (czymś)
dish [dysz] s. półmisek; naczynie; potrawa; danie; v. nakładać; podawać; drążyć; okpiwać; nakładać na półmisek
dishwasher ['dysz,łoszer] s. pomywacz; pomywaczka
disintegrate [dys'yntegrejt] v. rozpadać (się); rozkładać (się); rozdrobnić (coś)

dislike [dys'lajk] v. nie lubić; mieć odrazę; s. odraza; niechęć; awersja; wstręt
dismal ['dyzmel] adj. nieszczęsny; ponury; posępny
dismiss [dys'mys] v. odprawiać; zwalniać; odsuwać od siebie; przenieść w stan spoczynku
disorder [dys'o:rder] s. nieporządek; zamieszki; zaburzenie; nieład; zamęt
disperse [dys'pe:rs] v. rozpraszać; rozpędzać; rozjeżdżać się; rozsiewać; płoszyć; rozszczepić (światło)
display [dys'plej] v. wystawiać; popisywać się; s. wystawa; popis; pokaz (czegoś); parada
disposal [dys'pouzel] s. rozkład; zbyt; sprzedaż; przekazanie; rozporządzenie; niszczenie
dispose [dys'pouz] v. rozmieszczać; rozporządzić; pozbyć się (czegoś); sprzedać (coś); usunąć; niszczyć; nakłanić; usposabiać (do)
dispute [dys'pju:t] s. spór; kłótnia; v. sprzeczać się; kłócić się; kwestionować
disrupt [dys'rapt] v. rozrywać; rozdzierać; przerwać; obalić
dissatisfied [dys,satys'fajd] adj. niezadowolony (z czegoś)
dissolve [dy'zolw] v. rozpuszczać; rozkładać; niszczyć; rozwiązywać; zanikać; skasować (bilet)
distance ['dystens] s. odległość; odstęp; oddalenie; v. zdystansować (się) (od)
distant ['dystent] adj. daleki; odległy (od); powściągliwy; z rezerwą (wobec); nie widzący
distinct [dys'tynkt] adj. odmienny (od kogoś, czegoś); odrębny; wyraźny; dobitny
distinction [dys'tynkszyn] s. rozróżnienie; wyróżnienie się; wytworność; podział (na); individual style, character
distinguish [dys'tyngłysz] v. dostrzec; rozróżniać; klasyfikować; zauważyć; odznaczyć

distract [dys'traekt] v. odrywać;
rozproszyć; oszołomić
distress [dys'tres] s. męka;
strapienie; niedostatek;
potrzeba; niebezpieczeństwo
distribute [dys'trybju:t] v.
udzielać; rozmieszczać; roz-
dać; rozprowadzać (ludzi)
district ['dystrykt] s. okręg;
powiat; dystrykt; dzielnica;
rejon (kaju, państwa)
disturb [dys'te:rb] v.
przeszkadzać; niepokoić;
zakłócać; mącić; zaburzyć;
denerwować (kogoś)
disturbance [dys'te:rbens] s.
zakłócenie; zaburzenie; poruszenie; burda; awantura; rozruchy; wstrząs; niepokoje
ditch [dycz] s. rów; v. kopać;
drenować; utknąć w rowie;
rzucać (do morza samolot)
dive [dajw] v. nurkować;
zanurzać się; skakać z tram-
poliny do wody; s. nurkowa-
nie; zanurzenie; melina; lot
nurkowy samolotu; pikowanie
samolotem; (licha) knajpa
diverse [daj'we:rs] adj.
odmienny; rozmaity; inny;
zmienny; urozmaicony
divert [daj'we:rt] v. odwracać
(uwagą); odrywać; rozer-
wać (się); rozbawić; bawić
divide [dy'wajd] v. dzielić;
rozdzielać; oddzielać; różnić
divorce [dy'wo:rs] s. rozwód;
rozdzielenie; v. rozwodzić się;
oddzielać; a. rozwodowy
dizzy ['dyzy] adj. wirujący;
oszołomiony; zawrotny; oszo-
łomiający v. oszołomiać
do [du:] v. czynić; robić;
wykonać; zwiedzać; przyrządzać; spełniać obowiązek
dock [dok] s. dok; basen; molo;
miejsce oskarżonego; v.
umieścić w doku; cumować
przy molu (w porcie)
doctor ['dakter] s. lekarz; doktor
(medycyny, filozofii etc.)
documentary [,dokju'mentery] s.
adj. dokumentalny (film etc.)

dog [dog] s. pies; samiec;
klamra; uchwyt; sl. facet
doll [dol] s. lalka; (slang)
dziewczyna; v. wystroić się
dollar ['doler] s. dolar
dome [doum] s. kopuła;
sklepienie; v. nakrywać
sklepieniem (kopułą)
domestic [de'mestyk] adj.
domowy; krajowy; domatorski;
s. służący; służąca
dominate ['domynejt] v.
dominować; górować; prze-
wyższać; panować; mieć
zwierzchnictwo (nad)
donate [dou'nejt] v. podarować
donation [dou'nejszyn] s.
darowizna; donacja; dar
donkey ['donky] s. osioł
doom [du:m] s. zguba; zły los;
śmierć; potępienie; przeznaczenie; v. potępiać; ska-
zać na zgubę; przesądzać
door [do:r] s. drzwi; brama
dope [doup] s. maź; lakier;
narkotyk; informacja (poufna);
głupiec (slang); naiwniak; v.
narkotyzować; zaprawiać;
fałszować; sfałszować
dormitory ['do:rmytry] s. dom
studencki; sypialnia
dose [dous] s. dawka; dodatek;
dawkowanie; v. dawkować
(lekarstwo); mieszać; fałszować (wino alkoholem);
leczyć; dozować; wydzielać
dot [dot] s. kropka; punkt; v.
kropkować; rozsiewać
double ['dabl] adj. podwójny;
dwukrotny; dwojaki; fałszywy;
v. podwajać; adv. podwójnie;
w dwójnasób; dwojako
doubt [daut] s. wątpliwość;
niedowierzanie; v. wątpić;
powątpiewać; niedowierzać
dough [dou] s. ciasto; (slang)
forsa; pieniądze
dove [daw] s. gołąb(ica)
down [dałn] s. wydma; puch;
meszek; puszek; piórka
down [dałn] adv. na dół; niżej;
nisko; v. obniżać; poniżać;
przewrócić; strącić; połknąć

downstairs ['dałn'steerz] adv. na
dół; w dole; na dole; pod nami
downtown ['dałntałn] s. centrum
miasta; adv. w śródmieściu;
w centrum; adj. śródmiejski
doze [douz] s. drzemka; v.
drzemać; zdrzemnąć się
dozen ['dazn] s. tuzin
drag [draeg] v. wlec; ciągnąć;
s. pogłębiarka; pojazd; wle-
czenie (po); opór czołowy
drain [drejn] v. odwadniać; wysączać; ociekać; osuszać;
wuczerpać; s. dren; spust;
ściek; rów odwadniający
drama ['dra:ma] s. dramat
drastic ['draestyk] adj. dra-
astyczny; gwałtowny; surowy
draught [draeft] s. przeciąg;
ciąg (w kominie); haust; łyk;
dawka; zanurzenie statku;
wyporność; adj. pociągowy
draw; drew; drawn [dro:; dru:;
dro:n]
draw [dro:] v. ciągnąć; pociągać (skutki etc); wyciągać;
przyciągać (uwagę); odcią-
gnąć; czerpać (pociechą);
wdychać; ściągać (wodze);
spuszczać (wodą); napinać
(łuk); mieć wyporność;
wlec; rysować; kreślić
drawer ['dro:er] s. szuflada;
kreślarz; rysownik; bufetowy
dread [dred] s. strach; postrach;
lęk; v. bać się bardzo; lękać
się; adj. straszny; straszliwy
dreadful [dredful] adj. przera-
źliwy; okropny; straszny; sl.
bardzo zły, irytujący etc.
dream; dreamt; dreamt [dri:m;
dremt; dremt]
dream [dri:m] v. śnić; marzyć;
s. sen; marzenie; mrzonka;
urojenie; miła nadzieja
dress [dres] s. ubiór; strój; szata;
suknia; v. ubierać; stroić;
opatrywać; czyścić; cze-
sać; przywiać; wykań-
czać; wyprawiać; wygarbo-
wać; przygotować (do)
dressmaker ['dresmejker] s.
krawiec damski; krawcowa

drink; drank; drunk [drynk;
draenk; drank]
drink [drynk] v. pić; przepijać;
s. napój; woda (morze)
drip [dryp] v. kapać; ociekać;
ciec; s. kapanie; okap; piła
(sl.); nudziara; kapka; kropla
(płynu, cieczy, wody etc.)
drive; drove; driven [drajw;
drouw; drywn]
drive [drajw] v. pędzić; gnać;
wieźć; powozić; prowa-
dzić; napędzać; jechać;
wbijać; drążyć; s. przejażd-
ka; obława; napęd; droga; dojazd; energia; pościg (za)
driver [drajwer] s. kierowca
driving license ['drajwyng
,lajsens] s. prawo jazdy
drop [drop] v. kapać; ciec;
upuszczać; spadać; opadać;
s. kropla; cukierek; spadek
(temperatury, terenu etc.); łuk;
kieliszek; zniżka; kotara; upadek; uskok; obniżenie
drown [draun] v. tonąć; topić;
tłumić; głuszyć; zagłuszać
drowsy ['drauzy] adj. senny;
śpiący; ospały; na pół
śpiący; usypiający (kogoś)
drum [dram] s. bęben; v.
bębnić; zwoływać bębnie-
niem; zjednywać (poparcie)
drunk [drank] adj. pijany;
proszę zobaczyć: drink
dry [draj] adj. suchy; wytrawny
(wino); v. osuszać; suszyć;
zeschnąć; wyjaławiać; wy-
cierać; konserwować (mięso)
duck [dak] s. kaczka; unik; v.
zanurzyć; zrobić unik (przed
kimś, czymś); nurkować
due [dju:] adj. należny; płatny;
należyty; adv. w kierunku na
(wschód); s. to co się należy;
należności; opłata; składka
dull [dal] adj. tępy; głuchy;
ospały; ociężały; niemrawy;
nudny; ponury; ciemny; nie-
ostry; v. tępić; tłumić
dumb [dam] adj. niemy; milczący; głupi; v. odbierać mowę
dump [damp] s. śmietnisko;

hałda; magazyn; v. zwalać;
rzucać; zarzucać (towarem)
duplicate ['dju:plykyt] adj.
podwójny; s. duplikat; w dwu
egzemplarzach; v. podwajać;
duplikować (niepotrzebnie)
durable ['djuerebl] adj. trwały
during ['djueryng] prep. podczas;
w czasie; w ciągu; przez; za
dust [dast] s. pył; kurz; prochy;
pyłek; v. odkurzać; trzepać;
kurzyć się; posypywać
dusty ['dasty] adj. zakurzony;
pokryty kurzem; suchy; nudny; nieciekawy; niewyraźny
duty ['dju:ty] s. powinność;
obowiązek; szacunek; służba;
uległość; cło; podatek od
sprzedaży; funkcja; obowiązki
dwarf [dło:rf] s. karzeł;
krasnoludek; adj. karłowaty; v.
pomniejszać; karleć; skar-
leć; skarłowacieć; zmniejszać wzrost (wymiar)
dwell [dłel] v. mieszkać; zatrzymywać się; rozwodzić się (o
czymś); przeciągać (rozmo-
wę); zwlekać; przystanąć
dye [daj] v. barwić; farbować;
s. barwa; barwnik; farba

E

each [i:cz] pron. każdy (z dwu
lub więcej); za (sztukę)
eager ['i:ger] adj. gorliwy; ostry;
żądny; ożywiony pragnieniem;
żywy; niecierpliwy; pragnący
eagle ['i:gl] s. orzeł; a. orli
ear [ier] s. ucho; słuch; kłos
(zboża); adj. uszny; dotyczący
uszu (leczenia uszu etc.)
early ['e:rly] adj. wczesny; adv.
wcześnie; przedwcześnie
earn [e:rn] v. zarabiać (pra-
cą, etc.); zasługiwać; zapra-
cować; zdobywać (sławę)
earring ['ieryng] s. kolczyk
earth [e:rs] s. ziemia; świat;
gleba; planeta ziemska

earthquake ['e:rs,kłejk] s.
trzęsienie ziemi
ease [i:z] v. łagodzić; uspokoić
(się) odciążyć; ostrożnie ruszać; s. spokój; wygoda; bez-
troska; ulga (od); łatwość
east [i:st] s. wschód; adj.
wschodni; adv. na wschód
Easter ['i:ster] s. Wielkanoc
easy [i:zy] adj. łatwy; beztroski;
wygodny; adv. łatwo; swo-
bodnie; lekko; s. odpoczynek
eat; ate; eaten [i:t; ejt; i:tn]
eat [i:t] v. jeść (posiłek)
eccentric [ik:sentryk] adj.
dziwaczny; s. ekscentryk;
dziwak; mimośród; dziwaczka
echo ['ekou] s. echo; v. odbijać
się echem; powtarzać za
kimś (czyjeś słowa); odbijać
głos (od powierzchni)
economics [,i:ke'nomyks] pl. nauka o ekonomii (gospodarce)
economy [i'konemy] s. ekono-
omia; gospodarka; gospodaro-
wanie; zapobiegliwość
edge [edż] s. ostrze; krawędź;
kraj; v. ostrzyć; obszywać;
wyślizgać się; przysuwać
po trochu; posuwać bokiem
edible ['edybl] adj. jadalny
edit ['edyt] v. redagować;
wydawać; zarządzać gazetą
educate ['edju:kejt] v. kształcić;
wychowywać (w szkole);
płacić za szkołę
education [,edju'kejszyn] s.
wykształcenie; nauka; oświa-
ta; nauczanie (formalne);
wychowanie; tresura; wiedza
effect [i'fekt] s. skutek; wynik; wrażenie; wpływ; zancze-
nie; powodowanie; v. wykonywać; spełnić; powodować
effective [i'fektyw] adj. skuteczny; wydajny; rzeczywisty;
imponujący; wchodzący w życie; będący w mocy (w sile)
efficient [i'fyszent] adj.
skuteczny; wydajny; sprawny
effort ['efert] s. wysiłek;
usiłowanie; wyczyn; próba;
popis; wynik pracy i wysiłków

egg [eg] s. jajko; v. zachęcać;
namawiać; podbechtać; podniecać (kogoś czymś)
eight [ejt] num. osiem; s.
ósemka; ośmioro; ośmiu
(wioślarzy, sportowców)
eighteen ['ejt'i:n] num.
osiemnaście; osiemnaścioro;
osiemnastka (w drużynie etc.)
eighty ['ejty] num. osiemdziesiąt;
s. osiemdziesiątka
either ['ajdzer] pron. każdy (z
dwu); obaj; obie; oboje; jeden
lub drugi; adv. także; też
elastic [i'laestyk] adj. sprężysty;
rozciągliwy; elastyczny; s.
guma; gumka (do majtek ...)
elbow ['elboł] s. łokieć; zakręt;
kolanko; v. szturchać;
przepychać się; zakręcać
elect [i'lekt] v. wybrać;
postanawiać; decydować;
adj. wybrany (ale jeszcze nie
na stanowisku); wyborowy
election [i'lekszyn] s. wybór;
wybory (głosowaniem)
electric [i'lektryk] adj.
elektryczny; przyciągający jak
bursztyn; elektryzujący
electricity [ilek'trysyty] s.
elektryczność; prąd
elektryczny; energia
elektryczna
elegant ['elygent] adj. elegancki;
dostojny; doskonały
element ['elyment] s. żywioł;
pierwiastek; część składo-
wa; ogniwo; część podsta-
wowa; składnik; element
elementary [,ely'mentery] adj.
elementarny; zasadniczy;
niepodzielny; pierwiastkowy
elephant ['elyfent] s. słoń
elevator ['ely,wejter] s. winda;
dźwig; wyciąg; spichlerz
eleven [i'lewn] num. jedenaście;
s. jedenastka; jedenaścioro
eliminate [i'lymy,nejt] v. usuwać; wydzielać; pozbywać
się; nie brać pod uwagę;
opuszczać; wyeliminować
else [els] adv. inaczej; bo
inaczej; w przeciwnym razie;

poza tym; jeszcze; jeśli nie;
(będziesz) adj. różny; inny
embankment [im'baenkment] s.
nasyp; grobla; nabrzeże
embark [im'ba:rk] v. ładować
(się); wsiadać (na statek);
załadować (wojsko, towar);
rozpoczynać; przedsięwziąć
embarrass [im'baeres] v. za-
kłopotać; wikłać; przeszkadzać; powodować zadłuże-
nie; zażenować; skrępować
embassy ['embesy] s. ambasada
emblem ['emblem] s. godło;
wzór; symbol; emblemat
embrace [im'brejs] v. uścisnąć
się; obejmować; przystępować; imać się; korzystać z;
s. uścisk; objęcie; włączenie
(do jakiejś kategorii)
embroider [im'brojder] v. haf-
haftować; wyszywać; upiększać (ubarwiać) opowiadanie
emerge [y'me:rdż] v. wynurzać
się; wyłaniać; wyniknąć; nasunąć się (komuś coś); wy-
łonić się z wody (z morza);
wyjść na jaw; wynikać z;
nabawiać (kłopotów komuś)
emergency [y'me:rdżensy] s.
nagła potrzeba; stan wyjątkowy; stan pogotowia
emigrate ['emygrejt] v. emi-
grować; wywędrować; prze-
prowadzać się (dokądś)
emit [y'myt] v. wydawać; wysyłać (światło, fale radiowe,
ciepło, opinie); wypuszczać
(banknoty); nadawać przez
radio (audycją); emitować
emotion [y'mouszyn] s. wzruszenie; emocja; uczucie (miłości, strachu, gniewu, obu-
rzenia, współczucia etc.)
emphasize ['emfesajz] v.
podkreślać; kłaść nacisk;
uwypuklać; uwydatniać coś
empire ['empajer] s. cesarstwo;
imperium; adj. empirowy
employ [ym'ploj] v. zatrudniać;
używać; zajmować się;
poświęcać (czas); posłu-
giwać się; zastosować coś

employee [,emploj'i:] s.
pracownik; siła (robocza)
employer [em'plojer] s. szef;
pracodawca; pracodawczyni
employment [ym'plojment] s.
zatrudnienie; używanie;
zajęcie; praca (najemna)
empty ['empty] adj. pusty;
próżny; gołosłowny; bezsensowny; czczy; v. wypróżniać;
wysypywać; wylewać brudy
enable [y'nejbl] v. umożliwiać;
upoważniać; dawać moż-
ność; upoważniać (kogoś)
enclose [yn'klouz] v. ogradzać;
zamykać; dołączać; załą-
czać; zawierać (w sobie);
okrążyć (wroga); opasać
encore! [en'ko:r] s. bis! (zagrać,
zaśpiewać na bis); bisowanie
encourage [yn'ka:rydż] v. zachęcać; ośmielać; popie-
rać; dodawać odwagi; pomagać; udzielać poparcia
end [end] s. koniec; cel;
skrzydłowy w piłce nożnej; v.
kończyć (się); skończyć;
dokończyć; położyć kres
endeavor [yn'dewer] v. starać
się; usiłować; dążyć; zabiegać o; s. usiłowanie; wysiłek;
dążenie do; zabiegi o; próba
endure [yn'djuer] v. znosić (ból;
bez skargi); cierpieć; wytrzymać; przetrwać; ostać
się; trwać; ścierpieć
enemy ['enymy] s. wróg;
przeciwnik; adj. wrogi;
nieprzyjacielski; przeciwny
energetic [,ene:r'dżetyk] adj.
energiczny; z wigorem
energy ['enerdży] s. energia
engage [yn'gejdż] v. zajmować;
angażować; skłaniać; ścierać się; zaręczyć; zobowiązywać się; nawiązać (walkę)
engaged [yn'gejdżd] adj. zajęty;
zaręczony; włączony
engagement [yn'gejdżment] s.
zobowiązanie; zaręczyny
engine ['endżyn] s. silnik;
parowóz; maszyna; motor
engine-driver ['endżyn,drajwer]

s. maszynista (kolejowy)
engineer [,endży'nier] s. inżynier; v. planować; zręcznie
prowadzić: budowę, operacje
English ['ynglysz] adj. angielski
(język, mowa); angielszczyzna
engrave [yn'grejw] v. rytować;
ryć; grawerować; wyryć;
wyrytować (napis, litery,
wzór, plaskorzeźbę etc.)
enigma [y'nygme] s. zagadka
enjoy [yn'dżoj] v. cieszyć się;
rozkoszować; mieć (przyjemność, użytek); posiadać
enormous [y'no:rmes] adj.
olbrzymi; ogromny; kolosalny
enough [y'naf] adj., s. & adv.
dosyć; dość; na tyle; nie
więcej; wystarczająco
enrage [yn'rejdż] v. rozwścieczać; doprowadzać (czymś,
kogoś) do wściekłości
enrich [yn'rycz] v. wzbogacać;
użyźniać; ozdobić; popra-
wić jakość; ozdabiać
enroll(l) [yn'roul] v. zaciągać
(się); zapisywać (się)
ensure [yn'szuer] v. zabezpieczać; zapewniać; za-
gwarantować; asekurować
enter ['enter] v. wchodzić;
wpisywać; penetrować;
wkładać; wstępować;
enterprise ['enterprajz] s.
przedsięwzięcie; przedsię-
biorstwo; przedsiębiorczość;
zadanie; inicjatywa
entertain [,enter'tejn] v.
zabawiać; przyjmować; ro-
zerwać (towarzystwo); ży-
wić (podejrzenia); nosić się;
brać pod uwagę; ugościć
enthusiastic [yn'tu:zy'aestyk]
adj. entuzjastyczny; zapalony
entire [yn'tajer] adj. cały;
całkowity; nietknięty
entrance ['entrens] s. wejście;
wstęp (za opłatą); dostęp;
wjazd; pozwolenie wstępu
entrance [,en'traens] v.
przejmować; wprawiać w
trans; zachwycać (kogoś)
entry ['entry] s. wejście; wpis;

hasło (słownika); uczestnik
wyścigu; wkroczenie; wstęp
envelope ['enweloup] s. koperta;
otoczka; teczka (papierowa)
envious [enwjes] adj. zazdrosny;
zawistny; pełen zazdrości
environment [ynwajerenment] s.
otoczenie; środowisko
envy ['enwy] s. zawiść; zazdrość; przedmiot zazdrości;
niezadowolenie z powodzenia
drugiego człowieka
episode ['epysoud] s. epizod
epoch [i:'pok] s.epoka (czyjaś)
equal ['i:kłel] adj. równy; jednaki;
jednakowy; jednostajny; zrównoważony; równy (stanem); v.
równać się; dorównywać komuś; wyrównywać (coś)
equality [i'kłolyty] s. równość
equator [i'kłejter] s. równik
equipment [i'kłypment] s. wyposażenie; ekwipunek; sprzęt
era ['yere] s. era (historyczna)
erase [y'rejz] v. wycierać; wy-
mazywać; zatrzeć; zacierać;
wytrzeć; wyskrobać (coś)
erect [y'rekt] adj. prosty; wy-
prężony; sztywny; najeżony;
nastroszony; zadarty; pionowy; v. budować; stawiać
erotic [y'rotyk] adj. erotyczny;
miłosny; s. erotyk; erotoman;
wiersz erotyczny
error ['erer] s. błąd; pomyłka
erupt [y'rapt] v. wybuchać;
wyrzucać; przerzynać (się);
wysypywać się; wybuchać
lawą; mieć wysypkę skórną
escalator ['eskelejter] s. ruchome
schody; ruchoma skala płac
(wg kosztów utrzymania etc.)
escape [ys'kejp] s. ucieczka; wy
ciekanie; wychodzenie; ocale-
nie; v. wymknąć się; zbiec;
wyjść cało; uchodzić; ratować się ucieczką
escort ['esko:rt] s. eskorta;
konwój; mężczyzna towarzyszący kobiecie; kawaler; v.
eskortować; kowojować
especially [ys'peszely] adv.
szczególnie; zwłaszcza

essence ['esens] s. esencja;
istota czegoś; wyciąg;
treść; istotna treść; sedno
sprawy; olej; ekstrakt
essential [y'senszel] adj. niezbędny; istotny; zasadniczy;
zupełny; podstawowy; konieczny; eteryczny; s. cecha
istotna, nieodzowna, zasad-
nicza; rzecz podstawowa
establish [ys'taeblysz]
v. zakładać; osą-
-dzać; ustalać;
wprowadzać; udowodnić;
ufundować; ustanawiać
estate [ys'tejt] s. majątek; stan
majątkowy; położenie w życiu
estimate ['estymejt] v. oceniać;
szacować; s. szacunek;
kosztorys; ocena; opinia;
oszacowanie; obliczenie
eternal [y'ternl] adj. wieczny;
odwieczny; bez początku i
końca
eternity [y'ternyty] s.
wieczność; trwanie bez
końca i odpoczynku
ethics ['etyks] pl. etyka
evacuate [y'waekjuejt] v.
ewakuować; opróżniać;
wypróżniać; wydalać;
usuwać; wycofywać się
evade [y'wejd] v. ujść;
uniknąć; obchodzić;
wymykać się; wykręcać się;
pomijać
evaluate [y'waeljuejt] v.
obliczać; oceniać;
analizować
evaporate [y'waeperejt] v.
parować; ulatniać się;
poddawać parowaniu;
wyparować; umrzeć
even ['i:wen] adj. równy;
jednolity; parzysty; adv.
nawet; v. równać;
wyrównać; zemścić się;
wygładzać; ujednostajnić
evening ['i:wnyng] s. wieczór
event [y'went] s. wydarzenie;
możliwość; wynik; rezultat;
zawody (sportowe);
konkurencja

eventual [y'wenczuel] adj. w
końcu pewny

ever ['ewer] adv. w ogóle;
niegdyś; kiedyś; jak tylko; ile
tylko; kiedykolwiek; jeszcze
wciąż

every ['ewry] adj. każdy;
wszelki; co (dzień, noc, rano)

everybody ['ewrybody] pron.
każdy; wszyscy (ludzie)

everyday ['ewrydej] adj.
codzienny; powszedni; zwykły

everyone ['ewryłan] pron. każdy;
wszyscy; każda rzecz

everything ['ewrytyng] pron.
wszystko (co jest etc.)

evidence ['ewydens] s. znak;
dowód; świadectwo;
oczywistość; jasność; v.
świadczyć; dowodzić
(czegoś); manifestować

evident ['ewydent] adj.
oczywisty; widoczny; jawny;

evil ['i:wl] adj. zły; fatalny

evolution [,ewe'lu:szyn] s.
rozwój; ewolucja; rozwinięcie
(się); pierwiastkowanie

exact [yg'zaekt] adj. dokładny;
ścisły; v. wymagać;
ściągać; egzekwować;
wymuszać

exaggerate [yg'zaedżerejt] v.
przesadzać; wyolbrzymiać

exam [yg'zaem] s. egzamin
(slang); klasówka; egzamin w
szkole lub na uniwersytecie

examination [yg,zaemy'nejszyn]
s. egzamin; badanie; rewizja

examine [yg'zaemyn] v. badać;
sprawdzać; egzaminować;
rozpatrywać; rewidować;
przesłuchiwać;
przeprowadzać śledztwo

example [yg'za:mpl] s. przykład;
wzór; precedens

excavate ['ekskewejt] v. kopać;
odkopać; wykopać; drążyć;
pogłębiać; wybierać (ziemię)

exceed [yk'si:d] v.
przewyższać; celować;
przekraczać

excel [yk'sel] v. przewyższać;
wybijać się; celować (w

czymś)

excellent [yk'selent] adj.
doskonały; wyborny; świetny;
celujący

except [yk'sept] conj. chyba że;
żeby; oprócz; poza; wyjąwszy

except [yk'sept] v. wykluczać;
wyłączać; prep. z wyjątkiem;
pominąwszy; wyjąwszy;
chyba że

exception [yk'sepszyn] s.
wyjątek; wyłączenie; zarzut;
obiekcja

excessive [yk'sesyw] adj.
nadmierny; zbytni;
nieumiarkowany

exchange [yks'czendż] s.
wymiana; zamiana; giełda;
centrala telefoniczna; v.
wymienić; zamienić (się); a.
wymienny; walutowy

excite [yk'sajt] v. pobudzać;
podniecać; prowokować

excitement [yk'sajtment] s.
podniecenie; zdenerwowanie

exciting [yk'sajtyng] adj.
emocjonujący; pasjonujący

exclude [yks'klu:d] v.
wykluczać; wydalać;
usuwać

excursion [yks'ker:żyn] s.
wycieczka; dygresja; a.
wycieczkowy

excuse [yks'kju:z] v.
usprawiedliwiać;
przepraszać; darować;
zwalniać; s.
usprawiedliwienie; wymówka;
pretekst

execute ['eksykju:t] v. wykonać
(wyrok, plan); stracić
(skazańca); nadawać
ważność

exercise ['eksersajz] s.
ćwiczenie; wykonywanie
(zawodu); korzystanie; v.
ćwiczyć; używać;
wykonywać; spełniać;
pełnić

exhaust [yg'zo:st] v. wydychać;
wyczerpywać; wyciągać;
wypróżniać; odgazować; s.
wydech; wydmuch; rura

wydechowa; opróżnianie (z
powietrza); aspirator; rura
wydechowa (auta)
exhibition [,eksy'byszyn] s.
wystawa; wystawianie;
pokazywanie; pokaz;
widowisko; popis
exile ['eksajl] s. wygnanie;
tułaczka; emigracja;
wygnaniec; v. wygnać na
banicję
exist [yg'zyst] v. istnieć; być;
żyć; egzystować; zdarzać
się
exit ['eksyt] s. wyjście;
odejście; ujście; wylot;
swobodne wyjście; v.
wychodzić; kończyć (slang);
schodzić ze sceny
exotic [eg'zotyk] adj.
egzotyczny; s. egzotyk;
egzotyczna roślina;
egzotyczny wyraz
expand [yks'paend] v.
rozszerzać; powiększać;
wzrastać; rozprężać;
rozwijać; rozruszać;
rozpościerać; powiększać
expect [yks'pekt] v. spodziewać
się; przypuszczać; zgadywać
expedition [,ekspy'dyszyn] s.
wyprawa; ekspedycja;
sprawność; szybkość;
pośpiech; marsz do akcji
expel [yks'pel] v. wypędzać;
wydalać; usuwać; wyrzucać
expense [yks'pens] s. koszt;
wydatek; rachunek; strata;
ofiara
expensive [yks'pensyw] adj.
drogi; kosztowny; wysoko
wyceniony
experience [yks'pierjens] s.
doświadczenie; przeżycie; v.
doświadczać; doznawać;
poznać (coś); przeżywać;
przechodzić
experiment [yks'peryment] s.
próba; eksperyment;
doświadczenie; v.
eksperymentować; robić
doświadczenia
expert ['ekspe:rt] s. biegły;

ekspert; znawca; adj. biegły;
światły; mistrzowski;
wykonany przez eksperta
expire [yks'pajer] v. wygasać;
upływać; wydychać;
wyzionąć ducha; umierać;
kończyć się
explain [yks'plejn] v. wyjaśnić;
objaśnić; wytłumaczyć
explanation [,eks'plaenejszyn] s.
wyjaśnienie; wytłumaczenie
explode [yks'ploud] v.
wybuchać; eksplodować;
demaskować (fałsz); obalić
(teorię etc.)
explore [yks'plo:r] v. badać;
sondować; wybadać;
przebadać
explosion [yks'ploużyn] s.
eksplozja; wybuch (kłótni etc.)
export [yks'po:rt] v. wywozić;
eksportować; s. wywóz;
eksport; towar wywozowy;
wywożenie
expose [yks'pouz] v. wystawiać
(na wpływ); poddawać
(czemuś); odsłaniać;
demaskować; eksponować;
naświetlać; narażać
(dziecko); zrobić zdjęcie
express [yks'pres] s. ekspres;
przesyłka pośpieszna; adj.
wyraźny; umyślny;
dokładny; adv. pośpiesznie;
ekspresem
expression [yks'preszyn] s.
wyrażenie; wyraz; ekspresja;
ton; wydawanie; wytłoczenie;
zwrot; wyciśnięcie;
wyżymanie
extend [yks'tend] v. wyciągać
(się); rozciągać (się);
przeciągać (się); rozszerzać
(się); dawać i udzielać;
przedłużać; powiększać;
rozpościerać się
exterior [eks'tierjer] s.
powierzchowność; wygląd
zewnętrzny; strona
zewnętrzna; fasada
extinct [yks'tynkt] adj. wygasły;
zgasły; zanikły; wymarły
extinguish [yks'tyngłysz] v.

zgasić; zagasić; niszczyć;
unicestwić; umierać; tępić
extra ['ekstre] adj. specjalny;
dodatkowy; luksusowy;
nadzwyczajny; ponad normę;
adv. nadzwyczajnie;
dodatkowo; s. dodatek;
dopłata; rzecz szczególnie
dobra; statysta
extract ['ekstraekt] s. wyciąg;
ekstrakt; wyjątek; wypis
extract [yks'traekt] v.
wyciągać; wydobywać;
wypisywać
extreme [yks'tri:m] adj. skrajny;
krańcowy; najdalszy; ostatni;
s. kraniec; ostateczna granica;
ostateczność; skrajność
eye [aj] s. oko; wzrok; v.
patrzeć
eyebrow ['ajbrau] s. brew
eyeglasses ['ajgla:sys] pl.
okulary; lupy; monokle
eyelash ['ajlaesz] s. rzęsa

F

fable [fejbl] s. bajka
fabric ['faebryk] s. tkanina;
materiał; osnowa; szkielet;
budowa; wytwór; a. sukienny
face [fejs] s. twarz; oblicze;
mina; grymas; czelność;
śmiałość; powierzchnia lica;
prawa strona; obuch; v.
stawiać czoła; stanąć
wobec; napotykać; stać
frontem do ...; wykładać
powierzchnię; oblicować
fact [faekt] s. fakt; stan
rzeczywisty;
podstawatwierdzenia
faculty ['faekelty] s. zdolność;
władza; wydział; fakultet;
grono profesorskie; dar; zmysł
fade [fejd] v. więdnąć;
blednąć; zanikać; płowieć;
pełznąć

fail [feil] v. chybić; zawodzić;
nie udać się; brakować;
bankrutować; omieszkać;
słabnąć; załamać się;
zamierać; zepsuć się
failure ['fejljer] s. niepowodzenie;
brak; upadek; zawał (serca);
niezdara; stopień
niedostateczny; pechowiec
faint [fejnt] adj. słaby; omdlały;
bojaźliwy; s. omdlenie; v.
mdleć; słabnąć; zasłabnąć
fair [feer] adj. piękny; jasny;
uczciwy; honorowy; czysty;
pomyślny; niezły; adv. prosto;
honorowo; pomyślnie;
pięknie; v. wypogadzać się;
wygładzać; przepisywać na
czysto; s. targ; targi; jarmark;
targowisko
fairy ['feery] s. czarodziejka; adj.
zaczarowany; czarodziejski
faith [fejs] s. wiara; zaufanie;
wierność; wyznanie;
słowność
faithful ['fejsful] adj. wierny;
uczciwy; sumienny;
skrupulatny
fake [fejk] v. fałszować;
oszukiwać; podrabiać; s.
fałszerstwo; oszustwo; kant;
lipa; szwindel
falcon ['fo:lken] s. sokół
fall; fell; fallen [fo:l; fel:; fo:len]
fall [fo:l] v. padać; opadać;
wpadać; marnieć; zdarzać
się; przypadać; s. upadek;
spadek; jesień; opad; schyłek;
obniżka
false [fo:ls] adj. fałszywy;
kłamliwy; adv. zdradliwie;
fałszywie
fame [fejm] s. sława; wieść;
fama
familiar [fe'myljer] adj. zażyły;
poufały; znany; obeznany
family ['faemyly] s. rodzina; adj.
rodzinny
famine ['faemyn] s. głód; klęska
głodu; ogólne braki
wszystkiego
famous ['fejmes] adj. znany;
sławny; znakomity; świetny;

nie byle jaki
fan [faen] v. wachlować;
rozdmuchiwać; wiać;
rozpościerać; wywiewać; s.
wachlarz; wentylator; wialnia;
żagiel i śmigło (wiatraka);
entuzjasta; miłośnik; kibic; a.
wachlarzowaty
fancy ['faensy] s. urojenie;
złudzenie; fantazja; kaprys;
humor; pomysł; chętka; a.
pstry
fantastic [faen'taestyk] adj.
fantastyczny; s. fantasta
fantasy ['faentsy] s. fantazja;
wyobraźnia; kaprys
far [fa:r] adv. daleko
fare [feer] s. pasażer; bilet
pasażerski; pożywienie;
potrawa; v. być w położeniu;
mieć się; wieść się; czuć
się; odżywiać się; jadać;
podróżować
farm [fa:rm] s. ferma;
gospodarstwo rolne; kolonia
hodowlana; v. uprawiać;
dzierżawić; wydzierżawiać;
wynajmować;
poddzierżawiać; prowadzić
gospodarstwo
farmer ['fa:rmer] s. rolnik;
farmer; dzierżawca; hodowca
fascinate ['faesynejt] v.
urzekać; czarować;
fascynować; hipnotyzować
zachwycić
fashion ['faeszyn] s. moda;
fason; kształt; wzór; sposób;
v. kształtować; fasonować;
modelować; urabiać
fast [faest] adj. szybki;
przytwierdzony; mocny;
twardy; zwodniczy; adv.
mocno; pewnie; trwale; v.
pościć; s. post
fasten ['faesn] v. umocować;
zamykać; przymocować
fat [faet] s. tłuszcz; tusza; adj.
tłusty; tuczny; głupi; tępy;
urodzajny; zyskowny
fate ['fejt] s. los; przeznaczenie;
zguba; fatum; v. los rządzi ...
father ['fa:dzer] s. ojciec

father-in-law ['fa:dzerynlo:] s.
teść; ojciec męża lub żony
fatigue [fe'ti:g] s. zmęczenie
(człowieka lub materiału);
służba porządkowa; v.
trudzić; męczyć
fault ['fo:lt] s. błąd; wada; wina;
uskok; usterka; brak; defekt
favor ['fejwer] s. łaska;
uprzejmość; upominek; v.
sprzyjać; zaszczycać;
faworyzować
favorite ['fejweryt] s. ulubieniec;
faworyt; adj. ulubiony
fear [fier] s. strach; obawa; v.
bać się; obawiać się
feast [fi:st] s. święto; odpust;
biesiada; v. ucztować; sycić
się; ugaszać pragnienie
feather ['fedzer] s. pióro; v.
zdobić piórami
feature ['fi:czer] s. cecha; rys;
atrakcja; film
długometrażowy; v.
cechować; odgrywać
February ['februery] s. luty
fee [fi:] s. opłata; wpisowe;
należność; honorarium; v.
płacić honorarium; płacić
wpisowe
feed; fed; fed [fi:d; fed; fed]
feed [fi:d] v. karmić; paść;
zasilać; s. pasza; obrok;
zasilacz; posuw
feel; felt; felt [fi:l; felt; felt]
feel [fi:l] v. czuć (się);
odczuwać; macać; dotykać
feeling ['fi:lyng] s. dotyk;
uczucie; odczucie; poczucie;
takt; wrażliwość; adj.
wrażliwy; czuły;
współczujący; szczery;
wzruszony
feet [fi:t] pl. stopy; nogi
female ['fi:mejl] s. kobieta;
niewiasta; samica; adj.
żeński; kobiecy; wewnętrzny
(gwint)
feminine ['femynyn] adj. żeński;
kobiecy; zniewieściały; s.
rodzaj żeński; a. rodzaju
żeńskiego
fence [fens] s. płot; ogrodzenie;

szermierka; v. ogrodzić;
fechtować się; odpowiadać
wykrętnie
ferry ['fery] v. przeprawiać
promem; kursować; s. prom
fertile ['fe:rtajl] adj. żyzny;
płodny; zapłodniony;
obfitujący
fertilize ['fe:rtylajz] v. użyźniać
nawozić; zapładniać;
zapylać
festival ['festewel] adj.
świąteczny; odświętny; s.
święto
festive ['festyw] adj. uroczysty;
wesoły; radosny; biesiadny
fetch [fecz] v. iść po coś;
przynieść; przywieźć; s.
odległość
fever ['fy:wer] s. gorączka
few [fju:] adj. & pron. mało;
kilka; niewielu; nieliczni; kilku;
kilkoro
fiance [fi'a:nsej] s. narzeczony(a)
fiber ['fajber] s. włókno; siła
ducha; charakter; łyko;
budowa
fickle ['fykl] adj. zmienny;
niestały; płochy; wietrzny
fiction ['fykszyn] s. fikcja;
urojenie; beletrystyka; wymysł
fidelity [fy'delyty] s. wierność;
dokładność; ścisłość
field [fi:ld] s. pole; boisko;
drużyna; dziedzina; v.
ustawiać na boisku;
zatrzymać (piłkę);
poprowadzić do akcji
fierce [fiers] adj. dziki; srogi;
zażarty; wściekły; zawzięty;
nieopanowany; gwałtowny
fifteen ['fyf'ti:n] num.
piętnaście; piętnaścioro;
piętnastka
fifty ['fyfty] num. pięćdziesiąt
fight [fajt] s. walka; bitwa;
zapasy; bój; duch do walki;
mecz bokserski; v. walczyć
(przeciw lub o coś); bić się
figure ['fyger] s. kształt; postać;
wizerunek; cyfra; wzór; v.
figurować; liczyć;
rachować; oznaczać cenami;

wyobrażać; przedstawiać
file [fajl] s. rejestr; archiwum;
seria; pilnik; v. archiwować;
defilować; piłować pilnikiem;
wnosić (podanie, skargę);
iść rzędem (rzędami);
maszerować
fill [fyl] v. napełniać;
plombować ząb; osadzać; s.
wypełnienie; napicie i
najedzenie do syta; nasyp;
ładunek; porcja
filthy [fylsy] adj. brudny;
plugawy; niegodziwy;
sprośny
final ['fajnl] adj. końcowy;
ostateczny; s. finał (sport,
egzamin etc.); coś
ostatecznego
find; found; found [fajnd; faund;
faund]
find [fajnd] v. znajdować;
konstatować; dowiedzieć się
fine [fajn] adj. piękny; misterny;
czysty; przedni; wyszukany;
dokładny; adv. świetnie;
wspaniale; s. grzywna; kara;
v. ukarać grzywną
finger ['fynger] s. palec; kciuk;
v. przebierać w palcach;
wskazywać palcem; brać
palcami
finish ['fynysz] s. koniec;
wykończenie; v. kończyć;
skończyć; wykończyć;
dokończyć
fire ['fajer] s. ogień; pożar
fireman ['fajermen] s. strażak
firm [fe:rm] s. firma; adv.
mocno; adj. pewny;
stanowczy; trwały; v. ubijać;
osadzać (mocno); umacniać
się
first ['fe:rst] adj. pierwszy;
najpierw; po raz pierwszy;
początkowo; na początku
fish [fysz] s. ryba; v. łowić ryby
fist [fyst] s. pięść; v. uderzać
fit [fyt] s. atak (choroby, gniewu
etc.); krój; dopasowanie; adj.
dostosowany; odpowiedni;
nadający się; gotów; zdatny;
dobrze leżący; v. sprostać;

dobrze leżeć; przygotować
się
fitness ['fytnys] s.
stosowność; kondycja;
trafność (uwagi);
przyzwoitość
five [fajw] num. pięć; pięcioro;
piąta (godzina); piątka (numer
obuwia)
fix [fyks] v. umocować;
przyczepiać; ustalać;
utkwić; zgęszczać; tężeć;
krzepnąć; urządzić kogoś
(źle); usytuować;
zaaranżować wynik
(zapasów); s. kłopot; dylemat;
położenie nawigacyjne (statku,
samolotu etc.)
flag [flaeg] s. flaga; chorągiew;
lotka; v. wywieszać flagą;
sygnalizować
flake [flejk] s. płatek; łuska;
iskra; v. prószyć;
odpryskiwać łuszczyć;
padać płatkami
flame [flejm] s. płomień;
miłość; v. zionąć;
błyszczeć; płonąć; opalać;
migotać; być podnieconym
flash [flaesz] s. błysk; blask; adj.
błyskotliwy; fałszywy;
gwarowy; v. zabłysnąć;
sygnalizować; pędzić;
mknąć; wysyłać
(natychmiastowo
wiadomości)
flashlight ['flaeszlajt] s. latarka
(elektryczna)
flat [flaet] adj. płaski; płytki;
nudny; równy; stanowczy;
oczywisty; matowy;
bezbarwny; adv. płasko;
stanowczo; dokładnie; s.
płaszczyzna; równina;
mieszkanie; przedziurawiona
dętka; v. rozpłaszczyć;
matować
flatter ['flaeter] v. pochlebiać
flavor ['flejwer] s. smak; zapach;
v. dawać smak; mieć
posmak
flea [fli:] s. pchła
flee; fled; fled [fli:; fled; fled]

flee [fli:] v. uciekać; pierzchać
flesh [flesz] s. ciało; miąższ
flexible [fl'eksybl] adj. giętki;
gibki; układny; obrotny;
elastyczny; łatwo
przystosowujący się;
ustępliwy; poddający się
flight [flajt] s. lot; przelot;
ucieczka; kondygnacja
schodów
flip [flyp] v. prztykać; rzucać;
wyprztykiwać; s. prztyk
flirt [fle:rt] v. flirtować;
machać; s. flirciarz; flirciarka;
machnięcie (raptowne)
float [flout] v. unosić się;
pływać na powierzchni;
spławiać; puszczać w obieg;
lansować; s. pływak; tratwa;
platforma na kołach; gładzik
do tynku; niezdecydowany
ruch
flood [flad] s. powódź; wylew;
potok; v. zalewać nawadniać
floor [flo:r] s. podłoga; dno
florist ['floryst] s. kwiaciarz;
kwiaciarka; hodowca kwiatów
flour [flauer] s. mąka; v. mleć
na mąkę; dodawać mąki
(posypywać)
flourish ['flarysz] s. fanfara;
wymachiwanie; v. kwitnąć;
zdobić kwiatami;
wymachiwać
flow [flou] s. strumień; prąd;
przepływ; dopływ; v. płynąć;
lać się; zalewać; ruszać się
płynnie
flower [flauer] s. kwiat; v.
kwitnąć; być w rozkwicie
flu [flu:] s. grypa; influenca
fluent ['fluent] adj. płynny; biegły
i wymowny (mówca, pisarz)
fluid ['flu:yd] s. płyn; adj.
płynny; płynnie poruszający
się
fly [flaj] s. mucha; klapka
fly; flew; flown [flaj; flu; floun]
v. latać; lecieć; powiewać;
uciekać; przewozić
samolotem; puszczać
(latawca)
foam [foum] s. piana; v. pienić

się; a. pianowy; piankowy
focus ['foukes] s. ognisko;
ogniskowa; v. skupiać;
ogniskować; koncentrować;
ześrodkowywać
fog [fog] s. mgła; v. otumaniać
foggy ['fogy] adj. mglisty
foil [fojl] s. folia; tło; floret; trop;
ślad; v. udaremnić; zacierać
(ślad); niweczyć
fold [fould] s. fałda; zagięcie;
zagroda (owiec); v. składać;
zaginać (się); splatać;
zamykać owce (w owczarni);
fałdować
folk [fouk] s. ludzie; krewni; lud;
rasa; adj. ludowy;
folklorystyczny
folklore ['fouklo:r] s. folklor
follow ['folou] v. iść za;
następować za; śledzić;
rozumieć (kogoś); wnikać;
gonić; wynikać
fond [fond] adj. kochający;
czuły; łatwowierny; głupio
czuły
food [fu:d] s. żywność;
strawa; pokarm; jedzenie; a.
żywnościowy; odżywczy
fool [fu:l] s. głupiec; głuptas;
błazen; v. błaznować;
wyśmiewać; oszukiwać;
okpiwać; partaczyć
foot [fut] s. stopa; dół; spód;
miara (30.5 cm); piechota; v.
płacić
footstep ['fut,step] s. odgłos
kroku; ślad; długość kroku
for [fo:r] prep. dla; zamiast; z;
do; na; żeby; że; za; po; co
do; co się tyczy; jak na;
mimo; wbrew; po coś; z
powodu; conj. ponieważ;
bowiem; gdyż; albowiem;
dlatego że
forbid; forbade; forbidden
[fer'byd; fe:r'bejd; fer'bydn]
forbid [fer'byd] v. zakazywać;
zabraniać; nie dopuszczać;
uniemożliwiać; nie pozwalać
force [fo:rs] s. siła; moc; potęga;
sens; v. zmuszać; pędzić;
wpychać; forsować

forecast ['fo:r-ka:st] v.
przewidywać; s.
przewidywanie
forehead ['fo:ryd] s. czoło
foreign ['foryn] adj. obcy;
obcokrajowy; cudzoziemski
foreigner ['foryner] s.
cudzoziemiec; cudzoziemka;
obcokrajowiec
forest ['foryst] s. las; v.
zalesiać; a. leśny; w lesie
forever [fe'rewer] adv. wiecznie;
na zawsze; ustawicznie
foreword ['fo:rłe-rd] v.
przedmowa; przedsłowie;
słowo wstępne
forge ['fo:rdż] s. kuźnia; huta;
v. kuć; fałszować; posuwać
się z trudem; wykuwać sobie
przyszłość
forgery ['fo:rdżery] s.
fałszerstwo; podrobiony
dokument
forget; forgot; forgotten [fer'get;
fer'got; fer'gotn]
forget [fer'get] v. zapominać;
pomijać; przeoczyć;
zaniedbać
forgive; forgave; forgiven
[fer'gyw; fer'gejw; fer'gywn]
forgive [fer'gyw] v. przebaczać;
darować; odpuszczać
fork [fo:rk] s. widły; widelec;
widełki; v. rozwidlać (się);
brać na widły; spulchniać
(ziemię)
form [fo:rm] v. formować (się);
kształtować (się); utworzyć
(się); organizować (się);
wytworzyć; s. forma; kształt;
postać; formuła; formułka;
formularz; blankiet; styl; układ
formal ['fo:rmel] adj. formalny;
urzędowy; oficjalny; s. strój
wieczorowy
former ['fo:rmer] adj. & pron.
oprzedni; byly; miniony;
dawny; s. formierz; giser;
wzornik
fort [fo:rt] s. fort
forth [fo:rs] adv. naprzód; dalej;
wobec; na zewnątrz etc.
fortify ['fo:rtyfaj] s. wzmacniać;

fortyfikować; umacniać
fortress ['fo:rtrys] s. twierdza;
forteca; warownia
fortunate ['fo:rcznyt] adj.
szczęśliwy; pomyślny;
udany
fortunately ['fo:rcznytly] adv. na
szczęście; szczęśliwie
fortune ['fo:rczen] s. szczęście;
los; majątek; traf; ślepy los
forty ['fo:rty] num. czterdzieści;
czterdziestka; czterdzieścioro
forward ['fo:rłerd] adj. przedni;
naprzód; postępowy; śmiały;
wczesny; chętny; gotowy; v.
przyśpieszać; ekspediować;
s. napastnik (w sporcie); gracz
w ataku (forward = forwards)
foul [faul] adj. zgniły; plugawy;
wstrętny; adv. nieuczciwie;
wbrew regułom; s.
nieuczciwość; v. zawalać
(się); zabrudzić (się);
plugawić się; kalać
foundation [faun'dejszyn] s.
podstawa; założenie;
fundament; fundacja;
podwalina
fountain [fauntyn] s.
źródło; wodotrysk; pijalnia
four [fo:r] num. cztery; czwórka;
czworo (dzieci, etc.)
fourteen ['fo:rti:n] num.
czternaście; czternaścioro;
czternastka
fox [foks] s. lis; v. przechytrzyć
fragile ['fraedżajl] adj. kruchy;
łamliwy; słabowity; wątły
fragment ['fraegment] s.
fragment; urywek; odłamek;
okruch
fragrance ['frejgrens] s. zapach;
woń; aromat
frail [frejl] adj. kruchy; wątły;
lekkomyślny; s. kosz;
plecionka
frame ['frejm] s. oprawa; rama;
struktura; szkielet; v.
oprawiać; kształtować;
wrabiać
frank [fraenk] adj. szczery;
otwarty; v. wysyłać bez
opłaty

fraud [fro:d] s. oszustwo; oszust
freak [fri:k] s. kaprys; wybryk;
potwór; a. fantazyjny
freckle ['frekl] s. pieg; v.
pokrywać piegami;
powodować piegi
free [fri:] adj. wolny; bezpłatny;
nie zajęty; v. uwolnić;
wyzwolić; oswobodzić; adv.
wolno; swobodnie; bezpłatnie
freedom ['fri:dem] s. wolność;
swoboda; nieskrępowanie;
prawo do
freeze [fri:z] v. marznąć;
zamarznąć; krzepnąć;
przymarznąć; mrozić;
wyrugować (konkurenta)
frequent ['fri:kłent] adj. częsty;
rozpowszechniony; v.
uczęszczać; odwiedzać;
bywać
fresh [fresz] adj. świeży; nowy;
zuchwały; niedoświadczony;
adv. świeżo; niedawno;
dopiero co
Friday ['frajdy] s. piątek
fried [frajd] adj. smażony
friend [frend] s. znajomy;
znajoma; przyjaciel; kolega;
klient
friendly ['frendly] adj. przyjazny;
przychylny; życzliwy
friendship ['frendszyp] s.
przyjaźń osobista; dobra
znajomość; znajomość
powierzchowna; stosunki
koleżeńskie lub handlowe
frighten ['frajtn] v. straszyć
frog [frog] s. żaba; strzałka
(w kopycie konia); vulg.
Francuz
from [from] prep. od; z; przed
(zimnem); że; (ponieważ;
żeby)
frost [frost] s. mróz; przymrozek;
oziębłość; v. zmrozić;
oszronić
frown [fraun] v. marszczyć
brwi; s. zachmurzone czoło;
wyraz dezaprobaty;
niezadowolona mina
fruit [fru:t] s. owoc; v.
owocować; a. owocowy

frustrate [fra'strejt] v.
udaremnić; zniechęcić;
zawieść
fry [fraj] v. smażyć; s. narybek
frying pan [frajyn,paen] s.
patelnia
fuel [fjuel] s. paliwo; opał
fulfill [ful'fyl] v. spełnić;
wykonać; dokonać;
skończyć
full [ful] adj. pełny; pełen;
zapełniony; całkowity;
kompletny; cały; adv. w pełni;
całkowicie
fun [fan] s. uciecha; zabawa;
wesołość; śmiech; powód
do wesołości
function ['fankszyn] v. działać;
funkcjonować; s. działanie;
funkcja; praca; obowiązek;
impreza; uroczystość;
czynność
fund [fand] s. fundusz
funeral ['fju:nerel] s. pogrzeb;
adj. pogrzebowy; żałosny
funny ['fany] adj. zabawny;
śmieszny; dziwny;
humorystyczny
fur [fe:r] s. futro; v. okładać
furious ['fjuerjes] adj. wściekły;
rozjuszony; gwałtowny;
zaciekły
furnish ['fe:rnysz] v. zaopatrzyć;
dostarczyć; umeblować;
wyposażyć; uzbrajać;
meblować
furniture ['fe:rnyczer] s.
umeblowanie; urządzenie
further ['fe:rdzer] adv. dalej;
dodatkowo; adj. dalszy;
dodatkowy; v. pomagać;
ułatwiać; posuwać naprzód;
sprzyjać; popierać
fuse [fju:z] v. stopić; s.
zapalnik; bezpiecznik; korek
fuss [fas] v. niepokoić;
denerwować; krzątać się; s.
wrzawa; zamieszanie;
krzątanina
fussy ['fasy] adj. grymaśny;
hałaśliwy; nieznośny;
zrzędny
future ['fju:tczer] s. przyszłość;

adj. przyszły (czas ...)

G

gain [gejn] s. zysk; zarobek;
korzyść; v. zyskiwać;
zdobywać; pozyskiwać;
wygrywać; osiągać; mieć
korzyść; wyprzedzać
gall [go:l] s. żółć; złość;
gorycz; tupet; otarcie; v.
urazić
gallery ['gaelery] s. arkady;
galeria; krużganek; balkon;
chór
gallon ['gaelen] s. miara płynu
(ok. 4,5 litra)(am. gal.=3,78 l)
gallows ['gaelouz] s. szubienica;
kobylica; szelki; a.
szubieniczny
gamble ['gaembl] s. hazard;
ryzyko; v. uprawiać hazard;
ryzykować; igrać;
spekulować
gambler ['gaembler] s. gracz-
-hazardzista; ryzykant
game [gejm] s. gra; zabawa;
zawody; sztuczki; machinacje;
adj. dzielny; odważny;
kulawy; v. uprawiać hazard
gang [gaeng] s. banda; szajka;
grupa; v. łączyć się w bandę
gangster ['gaengster] s.
gangster; bandyta
gap [gaep] s. szpara; luka;
otwór; przerwa; odstęp;
wyrwa; przełęcz; wyłom
garage [gaera:dż] s. garaż; v.
garażować; zagarażować
garbage ['ga:rbydż] s. odpadki;
śmieci; bezwartościowe
publikacje
garden ['ga:rdn] s. ogród; v.
uprawiać ogród
gardener ['ga:rdner] s. ogrodnik
garlic ['ga:rlik] s. czosnek
gas [gaes] s. gaz; benzyna
gate [gejt] s. brama; furtka;

wrota; szlaban; ilość
publiczności; wpływy kasowe
ze wstępu
gather ['gaedzer] v. zbierać;
wnioskować; wzbierać;
narastać
gauge [gejdż] s. wskaźnik;
miara; skala; v. kalibrować;
oceniać; szacować;
oszacować
gay [gej] adj. wesoły; jaskrawy;
pstry; rozpustny; s. pederasta;
pedzio; pedał
gaze [gejz] s. spojrzenie; v.
przyglądać się;
przypatrywać się
gear [gier] v. włączyć (napęd);
s. przybory; bieg; układ
gem [dżem] s. klejnot; perła
general ['dżenerel] adj. ogólny;
powszechny; generalny;
naczelny; główny; nieścisły;
ogólnikowy; s. generał; wódz
generation ['dżenerejszyn] s.
powstawanie; pokolenie
generous ['dżeneres] adj. hojny;
wielkoduszny; suty; obfity;
bogaty; żyzny; mocny;
krzepiący
genius [dżi:njes] s. geniusz;
duch; talent; duch epoki etc.
gentle ['dżentl] adj. łagodny;
delikatny; subtelny; stopniowy
gentleman ['dżentlmen] s. pan;
człowiek honorowy;
dżentelmen
genuine ['dżenjuyn] adj.
prawdziwy; autentyczny;
szczery
germ [dże:rm] s. zarodek;
zarazek; nasienie; pączek
gesture ['dżesczer] s. gest
get [get] v. dostać; otrzymać;
nabyć; zawołać; łupać;
przynieść; zmusić; musić;
mieć; dostać się; wpływać;
wsiadać
get in [,get'yn] v. wejść;
wsiąść
get out [,get'aut] v. wysiąść;
wyjmować; wyciągać;
wynosić się
get up [,get'ap] v. wstać;

zbudzić się
ghost [goust] s. duch; cień;
widmo
giant ['dżajent] s. olbrzym
gift [gyft] s. dar; upominek;
talent; uzdolnienie; a.
darowany
gigantic [dżaj'gantyk] adj.
olbrzymi; gigantyczny;
kolosalny
giggle ['gygl] s. chichot; v.
chichotać; głupio śmiać się
ginger ['dżyndżer] s. imbir
gipsy ['dżypsy] s. cygan
girl [ge:rl] s. dziwczyna;
ukochana
girlfriend [ge:rl'frend] s.
przyjaciółka; dobra znajoma;
kochanka
give [gyw] v. dać; dawać; być
elastycznym; zawalić się;
ustąpić; s. elastyczność;
ustępstwo pod naciskiem
give in [,gyw'yn] v. ustępować;
podawać (nazwisko);
uznawać w końcu
give up [,gyw'ap] v. poddać
się; ustąpić; zaniechać; dać
za wygraną
glad [glaed] adj. rad; wesoły;
radosny; dający radość;
ochoczy
glamorous ['glaemeres] adj.
czarujący; wspaniały;
fascynujący
glance [gla:ns] v. spojrzeć;
ześliznąć się; błyszczeć;
połyskiwać; s. rzut oka;
błysk; połysk; rykoszet;
odbicie się
gland [glaend] s. gruczoł
glass [gla:s] s. szkło; szklanka;
lampka; kieliszek; szyba etc.
glasses ['gla:sys] pl. okulary;
szkła
glimpse [glymps] s. mignięcie;
przelotne spojrzenie; v. ujrzeć
w przelocie; zerknąć
glitter ['glyter] v. świecić się;
błyszczeć; s. połysk; blask;
pretensjonalność
globe [gloub] s. globus; kula
ziemska; gałka

gloomy ['glu:my] adj. ponury;
mroczny; posępny;
przygnębiony

glorious ['glo:rjes] adj. sławny;
wspaniały; przepiękny;
chlubny

glory ['glo:ry] s. chwała; sława;
v. szczycić się; chlubić się;
chwalić się; chełpić się

glossary ['glosery] s. słownik
(przy tekście); glosariusz

glow [glou] v. żarzyć się;
pałać; s. jarzenie; zapał;
żarliwość; łuna; rumieniec;
jasność

glue [glu:] s. klej; v. kleić;
zalepiać; wlepiać (oczy);
zlepić

glutton ['glatn] s. żarłok

gnome [noum] s. gnom;
chochlik; zdanie wyrażające
myśl ogólną; przysłowie;
sentencja

go; went; gone [gou; łent; gon]

go [gou] v. iść; chodzić;
jechać; stać się; być na
chodzie

go on [,gou'on] v. iść naprzód;
ciągnąć dalej; kontynuować

go out [,gou'aut] v. wychodzić
(z kimś); gasnąć; bywać (u
ludzi)

goal [goul] s. cel; meta; bramka

god [god] s. Bóg; bożek; bóstwo

gold [gould] s. złoto; adj. złoty

golden ['gouldn] adj. złoty

golf [golf] s. golf; v. grać w
golfa

good [gud] adj. dobry; s. dobro;
pożytek; zaleta; wartość;
better ['beter] lepszy; best
[best] najlepszy

good-bye [,gud'baj] s. do
widzenia; pożegnanie

goose [gu:s] s. gęś; pl. geese
[gi:s] gęsi; gęsie mięso;
dureń

gorgeous ['go:rdżes] adj.
wspaniały; okazały; suty;
ozdobny; wystawny; cudowny

gossip ['gosyp] s. plotka;
plotkarz; plotkarka; v.
plotkować; pisać popularne

artykuły

govern ['gawern] v. rządzić;
kierować; dowodzić;
trzymać w ryzach

government ['gawernment] s.
rząd; ustrój; okręg; a.
rządowy

gown [gaun] s. suknia; toga; v.
układać togę; ubierać suknię

grab [graeb] v. łapać;
zagarniać; grabić; s. łapanie;
chwyt; zagarnięcie; porwanie

grace [grejs] s. łaska; wdzięk;
przyzwoitość; v. czcić;
ozdabiać; dodawać wdzięku;
zaszczycić

grade [grejd] s. stopień; klasa;
nachylenie; v. stopniować;
dzielić na stopnie;
cieniować; równać teren;
niwelować; profilować

gradual ['graedżuel] adj.
stopniowy; po trochu

graduate ['graedżuejt] s.
absolwent; v. stopniować;
ukończyć studia; adj.
podyplomowy (kurs)

graduation [,graedżu'ejszyn] s.
ukończenie wyższych
studiów; stopniowanie;
cechowanie; podziałka

grain [grejn] s. ziarno; zboże;
odrobina; grań; włókno; słój;
v. granulować; ziarnować

grand [graend] adj. wielki;
główny; wspaniały; świetny;
okazały; (slang): 1000
dolarów; całkowity

grandchild ['graen,czajld] s.
wnuk

granddaughter ['graen,do:ter] s.
wnuczka

grandfather ['graend,fa:_dz_er] s.
dziadek

grandmother ['graen,ma_dz_er] s.
babka

grandparents ['graen,paerents]
pl. dziadkowie

grandson ['graensan] s. wnuk

grant [gra:nt] v. nadawać;
udzielać; uznawać; zgadzać
się na; przekazywać; s.
pomoc; przekazanie tytułu

własności; darowizna
grape [grejp] s. winogrona
grapefruit ['grejp-fru:t] s.
grejpfrut (owoc lub drzewo)
graph [graef] s. wykres; krzywa
grasp [gra:sp] v. łapać;
chwytać; pojmać;
pojmować; dzierżyć; s.
chwyt; uchwyt; pojęcie;
panowanie; zrozumienie;
kontrola
grass [gra:s] s. trawa; (slang):
marijuana; "pot"; haszysz
grate [grejt] s. krata; ruszt; v.
trzeć; ucierać; zgrzytać;
skrzypieć; irytować; być
irytującym
grateful ['grejtful] adj.
wdzięczny; dobrze widziany
gratify ['graetyfaj] v. dogadzać;
uprzyjemniać; zadawalać;
przekupywać; wynagradzać
gratitude ['graetytju:d] s.
wdzięczność (za pomoc etc.)
grave ['grejw] s. grób; adj.
poważny; v. wyryć; wryć;
wykopać
gravy ['grejwy] s. sos mięsny;
sok; dodatkowy zysk; osobista
korzyść
gray [grej] adj. szary; zob. grey;
v. szarzeć; s. szary kolor
grease [gri:s] s. tłuszcz; smar; v.
brudzić; smarować;
nasmarować smarem
(samochód etc.)
great [grejt] adj. wielki; duży;
świetny; znakomity;
wspaniały; zamiłowany;
doniosły
greedy [gri:dy] adj. chciwy;
zachłanny; łakomy; łapczywy;
żądny; żarłoczny; spragniony
green [gri:n] adj. zielony;
naiwny; młody;
niedoświadczony; świeży; s.
zieleń; zielenina; trawnik; v.
zielenić; naciągać
greet ['gri:t] v. kłaniać się;
pozdrawiać; ukazać się;
dojść do (uszu);
zaprezentować się
greeting ['gri:tyng] s.

pozdrowienie; powitanie;
pozdrowienia
grief [gri:f] s. zmartwienie;
zgryzota; smutek; żal
grill [gryl] s. rożen; krata;
potrawa z rusztu; v. smażyć
na rożnie; przesłuchiwać
grin [gryn] v. szczerzyć zęby;
uśmiechać się; s. uśmiech
grind; ground; ground [grajnd;
graund; graund]
grind [grajnd] v. ostrzyć;
toczyć; mleć; zgrzytać;
trzeć; harować; s. mlenie;
harówka; kujon; ciężka
rutyna; kucie się
grip [gryp] s. uchwyt; trzonek;
rękojeść; rączka; łapka;
uścisk dłoni; władza; moc;
wywieranie wrażenia;
opanowanie (tematu); v.
chwycić; złapać; mocno
trzymać w rękach;
opanować sytuację; ująć
rozumem
groceries ['grouserys] pl. towary
spożywcze
gross [grous] adj. gruby;
ordynarny; prostacki;
całkowity; hurtowy; tłusty;
niesmaczny; spasły; wybujały;
s. 12 tuzinów; v. uzyskać
brutto ...
ground [graund] s. grunt; ziemia;
podstawa; podłoże; teren; dno
(morza); osad; powód;
przyczyna; dno; v. 1. osiąść
na mieliźnie; uziemiać;
gruntować; zagruntować; 2.
zob. grind
group [gru:p] s. grupa; v.
grupować; rozsegregowywać
na grupy
grove [grouw] s. gaj
grow; grew; grown [grou; gru:;
groun]
grow [grou] v. rosnąć; stawać
się; dojrzewać; hodować;
sadzić
grown-up ['groun,ap] adj.
dorosły; s. człowiek dorosły
gruel [gruel] s. kaszka; kleik; v.
wymęczyć; zadawać bobu

(komuś)
gruesome ['gru:sem] adj.
okropny
grumble ['grambl] v. narzekać;
utyskiwać; gderać; skarżyć
się; s. narzekanie; pomruk;
szemranie
guarantee [,gaeren'ti:] v.
gwarantować; poręczać; s.
poręczyciel; poręka; rękojmia
guard [ga:rd] v. pilnować;
chronić; s. strażnik; opiekun;
obrońca; bezpiecznik
guess [ges] v. zgadywać;
przypuszczać; myśleć; s.
zgadywanie; przypuszczenie;
zgadnięcie
guest [gest] s. gość
guide [gajd] s. przewodnik;
doradca; v. wskazywać
drogę; prowadzić
guilt [gylt] s. wina; przestępstwo
guilty ['gylty] adj. winny
gum [gam] s. dziąsło; guma; v.
kleić; wydzielać żywicę
gun [gan] s. strzelba; armata;
pistolet; działo; wystrzał
armatni
gurgle ['ge:rgl] v. bulgotać;
bełkotać; s. bulgotanie;
szemranie
gush [gasz] s. ulewa; wylew; v.
tryskać; lać się; wytrysnąć
guts [gats] pl. wnętrzności
guy [gaj] s. facet; człek; cuma;
v. cumować; uwiązać
gymnasium [dżym'nejzjem] s.
sala gimnastyczna; hala
sportowa
gypsy ['dżypsy] s. cygan;
cyganka; cyganeria; język
cygański

H

habit ['haebyt] s. zwyczaj; nałóg;
usposobienie;
przyzwyczajenie; habit; v.

odziewać się
hair [heer] s. włos; włosy
hairbrush ['heerbrash] s.
szczotka do włosów
hairdresser ['heer,dreser] s.
fryzjer damski
hairy [heery] adj. włochaty
half [ha:f] s. połowa; adj. pół;
adv. na pół; po połowie
half brother ['ha:f,bradzer]
s.przyrodni brat
hall [ho:l] s. sień; sala; hala;
dwór; gmach publiczny;
westybul
ham [haem] s. szynka
hamburger ['haembe:rger] s.
siekany kotlet wołowy; bułka
z siekanym kotletem wołowym
hammer ['haemer] s. młotek; v.
bić młotkiem; walić
hamper ['haemper] v.
zawadzać; krępować; s.
kosz z wiekiem
hand [haend] s. ręka; dłoń;
pismo; v. podać; zwijać;
pomagać; a. podręczny;
przenośny
handbag ['haendbaeg] s. damska
torebka
handicap ['haendykaep] s.
przeszkoda; upośledzenie;
trudność
handle ['haendl] s. trzonek;
rękojeść; uchwyt; sposób; v.
dotykać; manipulować;
traktować; załatwiać; dać
radę; handlować; zarządzać;
kontrolować
handsome ['haensem] adj.
przystojny; szczodry; znaczny
(datek)
handy ['haendy] adj. zręczny;
wygodny; bliski; pod ręką
hang; hung; hung [haeng; hang;
hang]
hang [haeng] v. wieszać;
powiesić; rozwiesić;
wywiesić; zwisać; s.
nachylenie; pochyłość;
powiązanie; orientacja
hangar ['haenger] s. hangar
hang-glider ['haeng'glajder] s.
lotnia; skrzydło Rogali

hangover ['haeŋ,ouwer] s.
(slang) kac; przeżytek
happen ['haepen] v. zdarzać
się; trafić się; przypadkowo
być (gdzieś); mieć
(nie)szczęście
happiness ['haepynys] s.
szczęście; zadowolenie;
radość
happy ['haepy] adj. szczęśliwy;
zadowolony; właściwy
(wybór); mądra (rada);
radosny
harass ['haeres] v. niepokoić;
trapić; dręczyć; nękać
harbor ['ha:rber] s. przystań;
port; v. gościć; dawać
schronienie; zawijać do portu
hard [ha:rd] adj. twardy; surowy;
trudny; ciężki; ostry; adv.
usilnie; wytrwale; ciężko; z
trudem; siarczyście
hardly ['ha:rdly] adv. ledwie;
zaledwie; prawie; z trudem;
surowo; chyba nie; rzadko
hare [heer] s. zając; królik
harm [ha:rm] s. szkoda;
krzywda; v. szkodzić;
krzywdzić
harmful ['ha:rmful] adj.
szkodliwy; szkodzący;
zadający ból
harmless ['ha:rmlys] adj.
nieszkodliwy; niewinny
harmonious [ha:rmounjes] adj.
harmonijny; melodyjny; zgodny
harsh [ha:rsz] adj. szorstki;
żrący; ostry; cierpki; przykry;
surowy; nieprzyjemny
harvest ['ha:rwyst] s. żniwa;
zbiory; zbiór; urodzaj; plony; v.
zbierać (zboże); zbierać
(plony); sprzątać z pól
hasty ['hejsty] adj. pośpieszny;
prędki; porywczy; niecierpliwy
hat [haet] s. kapelusz
hate [hejt] s. nienawiść; v.
nienawidzieć; nie znosić
hatred ['hejtryd] s. nienawiść
haughty ['ho:ty] adj. hardy;
pyszny; zarozumiały;
wzgardliwy
haunt [ho:nt] v. nawiedzać; s.

miejsce często odwiedzane;
melina; spelunka; legowisko
have; had; had [haew; haed;
haed]
have [haew] v. mieć;
otrzymać; zawierać; nabyć;
musieć
hawk [ho:k] s. jastrząb; packa;
chrząknięcie; v. polować z
jastrzębiem; sprzedawać na
ulicy; chrząkać głośno
hay [hej] s. siano
hazardous ['haezerdes] adj.
ryzykowny; hazardowny;
niebezpieczny
hazy ['hejzy] adj. mglisty;
zamglony; nieco podchmielony
he [hi:] pron. on
head [hed] s. głowa; łeb; szef;
naczelnik; nagłówek; szczyt;
v. prowadzić; kierować (się)
headache ['hedejk] s. ból głowy
heal [hi:l] v. leczyć; łagodzić;
uspakajać; wyleczyć się
healthy [helsy] adj. zdrowy;
potężny; spowodowany
zdrowiem
hear; heard; heard [hier; he:rd;
he:rd]
hear [hier] v. słyszeć; usłyszeć;
słuchać; dowiedzieć się
heart [ha:rt] s. serce; odwaga;
otucha; sedno; symbol serca
hearty ['ha:rty] adj. serdeczny;
szczery; otwarty; pożywny;
obfity; solidny; dobry; krzepki;
rześki
heat [hi:t] s. gorąco; upał; żar;
ciepło; uniesienie; pasja;
popęd płciowy (zwierząt)
heating ['hi:tyŋ] s. ogrzewanie
heaven ['hewn] s. niebo; raj;
niebiosa
heavy ['hewy] adj. ciężki; duży;
ponury; zrozpaczony
heed [hi:d] s. troska; dbałość;
heed [hi:d] s. troska;
dbałość;uwaga; wzgląd;
ostrożność; v. uważać;
baczyć
heel [hi:l] s. pięta; obcas;
przechył; łajdak; v. dotykać
piętą; podbijać obcas;

zaopatrywać; przechylać się;
tupać obcasem

heinous ['hejnes] adj. potworny;
ohydny; nienawistny; haniebny

heir [eer] s. spadkobierca;
dziedzic; następca

hell [hel] s. piekło; psiakrew!
miejsce nędzy i okrucieństwa

hello ['he'lou] excl. halo!
cześć! czołem! dzień dobry!

helmet ['helmyt] s. hełm; kask

help [help] v. pomagać;
usługiwać; nakładać
(jedzenie); s. pomoc;
pomocnik; robotnik

hem [hem] s. brzeg; obrąbek;
chrząkanie; v. obrębiać;
otoczyć; pochrząkiwać;
wahać się

hen [hen] s. kura; kwoka; baba

her [he:r] pron. ją; jej; adj. jej;
(należący) do niej

herb [he:rb] s. zioło
(jednoroczne)

herd [he:rd] s. trzoda; stado;
pastuch; v. iść stadem;
zganiać w stado; paść;
popędzać stadem

here [hier] adv. tu; tutaj; oto

hereditary [hy'redytery] adj.
dziedziczny; odziedziczony;
tradycyjny; przekazany
dziedzicznie

heritage ['herytydż] s.
spuścizna; spadek;
dziedzictwo

hero ['hierou] s. bohater

herself [he:r'self] pron. ona
sama; ona sobie; ja sama

hesitate ['hezytejt] v. wahać
się; być niepewnym;
zatrzymać się

hi [haj] excl. hej! (pozdrowienie);
cześć! czołem!

hiccup; hiccough ['hykap] s.
czkawka; v. mieć czkawkę

hide; hid; hidden [hajd; hyd;
hydn]

hide [hajd] v. chować;
ukrywać; s. kryjówka; skóra
(zwierzęca)

high [haj] adj. wysoki; wyniosły;
silny; cienki (głos)

high-school ['haj'sku:l] s.
gimnazjum; szkoła średnia

hike [hajk] v. włóczyć się;
wędrować; wyciągać do
góry; s. wycieczka; podwyżka

hilarious [hy'leerjes] adj. wesoły;
hałaśliwie wesoły

hill [hyl] s. górka; pagórek;
kopiec; v. sypać kopiec

him [hym] pron. jego; go; jemu;
mu

himself [hym'self] pron. się;
siebie; sobie; sam; osobiście;
we własnej osobie

hint [hynt] s. aluzja; przytyk;
wskazówka; v. napomknąć;
dać do zrozumienia; zrobić
aluzję

hip [hyp] s. biodro; naroże;
dachu; chandra; adj.
biodrowy; współczesny;
stylowy

hire [hajer] s. najem; opłata za
najem; v. najmować;
wynajmować; dzierżawić;
odnajmować

his [hyz] pron. jego

history ['hystory] s. historia;
dzieje; przeszłość (znana)

hit [hyt] s. uderzenie; przytyk;
sukces; sensacja; v. uderzyć;
utrafić; natrafić; zabić

hitchhike ['hycz,hajk] v. jechać
autostopem

hive [hajw] s. ul; rojowisko; v.
umieszczać w ulu; wchodzić
do ula; zbierać do ula

hobby ['hoby] s. hobby; pasja
(np. filatelistyka)

hog [hog] s. wieprz; człowiek
zachłanny; v. łapać dla siebie;
jechać środkiem; wyginać
łukowato w środku;
zagarniać sobie

hold; held; held [hould; held;
held]

hold [hould] v. trzymać;
posiadać; zawierać;
powstrzymywać; uważać;
obchodzić; wytrzymywać;
trwać; s. chwyt; pauza;
pomieszczenie; więzienie;
twierdza; silny wpływ; uchwyt

hole [houl] s. dziura; nora; dołek;
v. dziurawić; przedziurawiać;
przekopywać (tunel)
holiday ['holedy] s. święto;
wakacje; urlop; adj. wesoły;
radosny
hollow ['holou] s. dziupla; dziura;
kotlina; dolina; adj. wklęsły;
dziurawy; fałszywy; głuchy;
pusty; czczy; głodny;
nieszczery; adv. pusto
home [houm] s. dom; ojczyzna;
kraj; schronisko; bramka; adj.
domowy; rodzinny; krajowy;
wewnętrzny; ojczysty
homeless ['houmlys] adj.
bezdomny; bez dachu nad
głową
homely ['houmly] adj. swojski;
pospolity; nieładny; prosty;
skromny; niewybredny;
niewyszukany
honest ['onyst] adj. uczciwy;
prawy; przyzwoity; szczery;
adv. naprawdę
honey ['hany] s. miód; słodycz
honeymoon ['hany,mu:n] s.
miodowy miesiąc; v. spędzić
miodowy miesiąc
honor ['oner] s. cześć;
uczciwość; cnota; tytuł
sądziego; v. czcić;
zaszczycać; honorować
hood [hud] s. kaptur; kapturek;
maska; buda; v. zaopatrywać
w kaptur; przykrywać
hoof ['hu:f] s. kopyto; v. kopać;
iść; tańczyć; iść pieszo
hook [huk] s. hak; v. zahaczyć;
zakrzywić (się); złapać
(męża)
hop [hop] s. chmiel; skok;
potańcówka; v.
podskakiwać; poderwać
(się); przeskakiwać
hope [houp] s. nadzieja; v. mieć
nadzieję; spodziewać się;
ufać; żywić nadzieję
horizon [he'rajzen] s. horyzont;
widnokrąg; warstwa
oznaczona
horn [ho:rn] s. róg; trąbka;
syrena; kula (siodła); v.

bóść; przebóść; wmieszać
się
hornet ['ho:rnyt] s. szerszeń
horoscope ['hore,skoup] s.
horoskop
horrible ['horebl] adj. straszny;
okropny; szokujący; paskudny
horror ['horer] s. groza; wstręt;
odraza; przerażenie; dreszcz
horse ['ho:rs] s. koń; konnica;
jazda; kozioł z drzewa
horseradish ['ho:rs,raedysz] s.
chrzan; adj. chrzanowy
horseshoe ['ho:rs,szu] s.
podkowa; a. w kształcie
podkowy
hose [houz] s. pończochy; wąż
do podlewania (wiedza i
praktyka)
hospital ['hospytl] s. szpital;
lecznica; a. szpitalny
hospitality [,hospy'taelyty] s.
gościnność
hostage ['hostydż] s. zakładnik;
zastaw; zakładniczka
hostel ['hostel] s. dom
studencki; bursa; zajazd
hostess ['houstys] s. gospodyni;
stewardesa; fordanserka
hostile ['hostajl] adj. wrogi;
nieprzyjemny; antagonistyczny
hot [hot] adj. gorący; palący;
pieprzny; ostry; nielegalny;
świeży; pobudliwy; adv.
gorąco
hotel [hou'tel] s. hotel
hour ['auer] s. godzina; pora
house [haus] s. dom; zajazd;
teatr; widzowie; v. gościć;
dawać pomieszczenie;
mieszkać
housewife ['haus,łajf] s.
gospodyni (nie pracująca poza
domem)
how [hau] adv. jak; jak? sposób
however [hau'ewer] adv.
jakkolwiek; jednak; niemniej
hug [hag] s. uścisk; chwyt
zapaśniczy; v. ściskać;
przyciskać; tulić (się);
uściskać
huge [hju:dż] adj. ogromny
hum [ham] v. nucić; buczeć;

mruczeć; chrząkać; s.
pomruk; chrząkanie; wahanie
się; blaga
human ['hju:men] adj. ludzki; s.
istota ludzka
humane ['hju:mejn] adj. ludzki;
humanitarny; litościwy
humble ['hambl] adj. pokorny;
uniżony; skromny; v.
upokarzać; poniżać;
poniżyć
humidity [hju'mydyty] s. wilgoć;
wilgotność (powietrza etc.)
humiliate [hju'myly,ejt] v.
upokarzać; poniżać;
martwić
humor ['hju:mer] s. humor;
nastrój; kaprys; wesołość; v.
dogadzać; zaspakajać;
zadowalać; ustępować;
dostosować się do
zachcianek etc.
humorous ['hju:meres] adj.
śmieszny; pocieszny; pełen
humoru; zabawny; komiczny
hundred ['handred] num. sto; s.
setka; niezliczona ilość
hunger ['hanger] s. głód; v.
głodować; łaknąć; głodzić
hungry ['hangry] adj. głodny;
zgłodniały; pożądliwy; ubogi;
jałowy; nieurodzajny; łaknący
hunt [hant] s. polowanie; teren
łowiecki; v. polować; gonić;
przeszukiwać; szukać
hurricane ['haryken] n. huragan;
orkan tropikalny
hurry ['hary] s. pośpiech
hurt [he:rt] v. ranić; kaleczyć;
urazić; uszkodzić; boleć;
dokuczać; s. skaleczenie;
rana; szkoda; krzywda; uraz;
uszkodzenie; ból; ujma; ranka
husband ['hazbend] s. mąż; v.
gospodarować oszczędnie;
wydawać za mąż
hut [hat] s. chata; barak;
chałupa; v. mieszkać w
chałupie
hygiene ['hajdżi:n] s. higiena
hymn [hym] s. hymn; v.
śpiewać hymn; chwalić
hymnem

hypocrite ['hypekryt] s.
hipokryta; obłudnik; obłudnica
hypocritical [,hypou'krytykel] adj.
obłudny; hipokrytyczny;
dwulicowy; udający cnotę
hysteria [hys'tyerje] s. histeria;
wybuch podniecenia
hysterical [hys'terykel] adj.
histeryczny; podlegający
histerii

I

I [aj] pron. ja; dziewiąta litera
angielskiego alfabetu
ice [ajs] s. lód; lody; v.
zamrażać; mrozić; lukrować
ice-cream ['ajskri:m] s. lody
icicle ['ajsykl] s. sopel
icon ['ajkon] s. ikona
idea [aj'die] s. idea; pojęcie;
pomysł; wyobrażenie; myśl;
plan
ideal [aj'diel] adj. idealny; s.
ideał; model doskonały
identical [aj'dentykel] adj. taki
sam; identyczny;
tożsamościowy; zupełnie
podobny
identification [ajdentyfy'kejszyn]
s. utożsamienie; identyfikacja;
stwierdzenie tożsamości
identity [aj'dentyty] s.
tożsamość; identyczność
idiom ['ydjem] s. wyrażenie
zwyczajowe; wyrażenie
idiomatyczne; dialekt; typowy
styl
idle ['ajdl] adj. niezajęty;
bezczynny; jałowy; zbyteczny;
leniwy; pusty; czczy; v.
próżnować; być na wolnym
biegu; być bez pracy; obijać
się
idol ['ajdl] s. bożyszcze; bałwan;
posąg bożka
if [yf] conj. jeżeli; jeśli; gdyby;
o ile; czy; żeby (tylko)

ignite [yg'najt] v. zapalić
ignorant ['ygnerent] adj.
nieświadomy; ciemny; bez
wykształcenia; zdradzający
ignorancją
ignore [yg'no:r] v. pomijać;
lekceważyć; odrzucać; nie
zważać
ill [yl] adj. zły; chory; słaby;
lichy; s. zło; adv. złe; nie
bardzo; kiepsko; niepomyślnie
illegal [y'li:gel] adj. bezprawny;
nielegalny; samowolny;
przeciw prawu i ustawom
illicit [y'lysyt] adj. bezprawny;
niedozwolony; niewłaściwy
illness ['ylnys] s. choroba
illusion [y'lu:żyn] s. złudzenie;
iluzja; złuda
illustrate ['yles,trejt] v.
wyjaśniać; ilustrować
image ['ymydż] s. wizerunek;
obraz; wcielenie; v.
wyobrażać; odzwierciedlać;
ucieleśniać; dawać obraz
(wyobrażenie)
imagine [y'maedżyn] v.
wyobrażać sobie;
przypuszczać; myśleć
imitate ['ymytejt] v.
naśladować; małpować;
imitować; wzorować się
imitation [,ymy'tejszyn] s.
naśladowanie; naślado-
wnictwo; imitacja; falsyfikat;
podróbka
immature [,yme'tjuer] adj.
niedojrzały; niewyrobiony;
niedorosły
immediate [y'mi:djet] adj.
bezpośredni;
natychmiastowy; pilny; nagły
immediately [y'mi:djetly] adv.
natychmiast; bezpośrednio
immense [y'mens] adj. olbrzymi;
ogromny; świetny; kapitalny
immigrant ['ymygrent] s.
imigrant; adj. imigrujący;
osadniczy
immoral [y'morel] adj.
niemoralny; nieetyczny;
rozpustny
immortal [y'mo:rtl] adj.

nieśmiertelny; wiekopomny
impact ['ympaekt] v. wgniatać;
s. zderzenie; uderzenie;
wpływ; wstrząs; kolizja;
działanie
impatient [ym'pejszent] adj.
niecierpliwy; zniecierpliwiony;
palący się do; podrażniony
imperfect [ym'pe:rfykt] adj.
niedoskonały; niedokończony;
wadliwy; niezupełny;
niedokonany
imperial [ym'pierjel] adj. cesarski;
imperialny; dostojny;
rozkazujący; majestatyczny
impersonal [ym'pe:rsenl] adj.
nieosobowy; nieosobisty
implacable [ym'plekebl] adj.
nieubłagany; nieprzejedany
implement ['ymplyment] s.
narzędzie; środek; sprzęt; v.
uzupełniać; urzeczywistniać;
wykonać; uprawomocniać;
spełniać
imply [ym'plaj] v. zawierać w
sobie; mieścić; sugerować;
zakładać; nasuwać wniosek
impolite [,ympo'lajt] adj.
nieuprzejmy; niegrzeczny
import [ym'po:rt] s. import;
treść; v. oznaczać;
importować; przywozić z
zagranicy; a. importowy
import ['ympo:rt] s. treść;
znaczenie; ważność;
doniosłość
important [ym'po:rtent] adj.
ważny; znaczący; doniosły
impossible [ym'posybl] adj.
niemożliwy (do zrobienia,
zniesienia)
impotent ['ympotent] s. bezsilny;
impotent; nieudolny
impress [ym'pres] v. odcisnąć;
wycisnąć; robić wrażenie; s.
odcisk; odbicie; piętno
impression [ym'preszyn] s.
wrażenie; druk; odbicie;
nakład
impressive [ym'presyw] adj.
robiący wrażenie; uderzający;
podniosły; wstrząsający;
frapujący

improper [ym'proper] adj.
niewłaściwy; nieprzyzwoity;
zdrożny

improve [ym'pru:w] v.
poprawić; udoskonalić;
ulepszać (jakość)

improvement [ym'pru:wment] s.
poprawa; udoskonalenie;
wykorzystanie (sposobności)

impulse ['ympals] s. impuls;
poryw; popęd; pęd; siła
napędowa; bodziec

in [yn] prep. w; we; na; za; po;
do; u; nie-

inability [,yne'bylyty] s.
niezdolność; niemożność

inaccurate [yn'aekjuryt] adj.
nieścisły; niedokładny

inactive [yn'aektyw] adj.
bezczynny; bierny; obojętny;
inertny

inappropriate [,yne'prouprjyt] adj.
niewłaściwy; niestosowny

inch [yncz] s. cal (2.54 cm); v.
posuwać cal po calu

incident ['ynsydent] s. zajście;
wydarzenie; incydent; adj.
padający; związany;
prawdopodobny

incline [yn'klajn] v. mieć
skłonność; pochylać się

include [yn'klu:d] v. zawierać;
włączać; wliczać (w cenę);
obejmować

income ['ynkam] s. dochód

incompetent [yn'kompytent] adj.
niekompetentny; nieudolny

incomplete [,ynkem'pli:t] adj.
niezupełny; nieukończony

inconvenient [,ynken'wi:njent]
adj. niewygodny; niedogodny;
kłopotliwy; uciążliwy

incorporate [yn'korperejt] v.
jednoczyć; wcielać;
zrzeszać; [yn'ko:rperyt] adj.
zrzeszony

incorrect [,ynke'rekt] adj.
niepoprawny; nieścisły;
błędny

increase [yn'kri:s] v. wzrastać;
zwiększać się; pomnażać
się; wzmagać się;
rozmnażać się; ['ynkri:s] s.

wzrost; przyrost; podwyżka;
mnożenie się

incredible [yn'kredebl] adj. nie do
wiary; niewiarygodny;
nieprawdopodobny; nie do
pomyślenia

indecent [yn'di:sent] adj.
nieprzyzwoity; obrażający
moralność

indecisive [,yndy'sajsyw] adj.
nierozstrzygnięty;
niezdecydowany; chwiejny;
nie rozstrzygający

indeed [yn'di:d] adv. naprawdę;
istotnie; rzeczywiście;
faktycznie; wprawdzie; co
prawda; właściwie

indefinite [yn'defynyt] adj.
nieokreślony; niewyraźny;
nie sprecyzowany

indent [yn'dent] v. naciąć;
wyciąć; wyrżnąć; zamówić;
zawierać umowę; tłoczyć; s.
wgłębienie; nacięcie;
karbowanie

independence [,yndy'pendens] s.
niezależność;
niepodległość;
niezależność materialna

independent [,yndy'pendent] adj.
niepodległy; niezależny
(materialnie); osobny;
oddzielny

Indian ['yndjen] adj. indiański;
hinduski

Indian Summer ['yndjen'samer]
exp.: słoneczne dni w jesieni;
babie lato

indicate ['yndykejt] v.
wskazywać; stwierdzać;
wymagać

indifferent [yn'dyfrent] adj.
obojętny; mierny; błahy;
neutralny

indignant [yn'dygnent] adj.
oburzony (na
niesprawiedliwość ...)

indirect [,yndy'rekt] adj.
pośredni; okrężny;
nieuczciwy

individual [,yndy'wydjuel] adj.
pojedynczy; odrębny; s.
jednostka; osobnik; okaz;

człowiek
indoors ['yndo:rz] adv. w domu;
pod dachem; do domu; do
mieszkania
indulge [yn'dałdż] v. pobłażać;
znosić; ulegać; dogadzać;
używać sobie; dawać upust;
zaspokajać
industry ['yndastry] s. przemysł;
pilność; pracowitość;
skrzętność; gałąź
przemysłu; właściciele i
zarządcy przemysłu
inertia [y'ne:rsja] s. inercja;
bezwład; ociężałość
inevitable [yn'ewytebl] adj.
nieunikniony; nieuchronny
infamous ['ynfemes] adj.
haniebny; niesławny;
hańbiący; podły
infant ['ynfent] s. niemowlę;
dziecko; noworodek; a.
dziecinny
infection [yn'fekszyn] s.
zakażenie; zarażenie; zaraza
inferior [yn'fierjer] adj. niższy;
podrzędny; pośledni
infinite ['ynfynyt] adj.
nieskończony; bezgraniczny;
niezliczony; ogromny;
bezkresny
inflate [yn'flejt] v. nadąć;
rozdąć; powodować inflację
inflict [yn'flykt] v. żądać;
narzucać; zsyłać (na kogoś)
influence ['ynfluens] s. wpływ;
v. wywierać wpływ;
oddziaływać
influential [,ynflu'enszel] adj.
wpływowy (polityk etc.)
inform [yn'fo:rm] v.
powiadomić; nadawać;
donosić; ożywić
informer [yn'fo:rmer] s.
donosiciel; konfident;
konfidentka
infuriate [,yn'fjuerjejt] v.
rozwścieczać; rozjuszać
ingenious [yn'dżi:njes] adj.
pomysłowy; dowcipny
(pomysł)
ingredient [yn'gri:djent] s.
składnik (mieszanki etc.)

inhale [yn'hejl] v. wdychać;
zaciągać się (dymem);
wziewać
inherit [yn'heryt] v. dziedziczyć;
być spadkobiercą
initial [y'nyszel] adj.
początkowy; v. znaczyć
własnymi inicjałami
inject [yn'dżekt] v. wstrzyknąć
injection [yn'dżekszyn] s.
zastrzyk; wstrzyknięcie; a.
wtryskowy
injure ['yndżer] v. zranić;
uszkodzić; krzywdzić;
zepsuć
injury ['yndżery] s. szkoda;
krzywda; rana; uszkodzenie
inn [yn] s. gospoda; oberża
inner ['yner] adj. wewnętrzny
innocent ['ynesynt] adj.
niewinny; naiwny;
nieszkodliwy; niemądry; s.
prostaczek; niewiniątko;
głuptas
inquire [yn'kłajer] v. pytać się;
dowiadywać się; dociekać
inquisitive [yn'kłyzytyw] adj.
badawczy; ciekawski;
wścibski
insane [yn'sejn] adj. chory
umysłowo; zwariowany; bez
sensu
insatiable [yn'sejszjebl] adj.
nienasycony; niezaspokojony;
chciwy
insect ['ynsekt] s. owad
insecure [,ynsy'kjuer] adj.
niepewny; niezabezpieczony
insert [yn'se:rt] v. wstawiać;
wkładać; s. wkładka;
wstawka
inside ['ynsajd] s. wnętrze; adj.
wewnętrzny; adv. wewnątrz
inside [yn'sajd] adv. wewnątrz
insight ['ynsajt] s. wgląd;
intuicja; wnikliwość
insist [yn'syst] v. nalegać;
nastawać; utrzymywać;
obstawać
inspect [yn'spekt] v. oglądać;
doglądać; mieć nadzór;
badać
inspection [yn'spekszyn] s.

przegląd; oglądanie; inspekcja;
doglądanie; sprawdzanie;
kontrola

instant ['ynstent] adj. nagły;
natychmiastowy; bieżący; s.
moment; chwila (szczególna)

instead [yn'sted] adv. zamiast
tego; natomiast; w miejsce

instinct ['ynstynkt] s. instynkt;
adj. tchnący (czymś); pełen

instruct [yn'strakt] v. uczyć

instrument ['ynstrument] s.
instrument; przyrząd;
dokument

insult ['ynsalt] s. zniewaga

insult [yn'salt] v. lżyć;
znieważać; uchybiać;
zelżyć

insurance [yn'szuerens] s.
ubezpieczenie; a.
ubezpieczeniowy

intact [yn'taekt] adj. nietknięty;
nieuszkodzony

intellect ['yntylekt] s. rozum;
umysł; rozsądek; wybitne
umysły

intellectual [,ynty'lekczuel] adj.
intelektualny; umysłowy; s.
intelektualista; inteligent

intelligent [yn'telydżent] adj.
inteligentny; łatwo uczący się

intend [yn'tend] v. zamierzać;
przeznaczać; mieć na myśli

intense [yn'tens] adj. napięty;
usilny; gorliwy; wytężony;
uczuciowy

intention [yn'tenszyn] s. zamiar;
cel; zamierzenie (czynu)

intentional [yn'tenszenel] adj.
umyślny; celowy; zamierzony

interest ['yntryst] s.
zainteresowanie; ciekawość;
odsetki; interes; procent; v.
zainteresować

interested ['yntrystyd] adj.
zaciekawiony; zainteresowany

interesting ['yntrystyng] adj.
ciekawy; interesujący

interfere [,ynter'fier] v. wtrącać
się; wdawać się; kolidować;
zakłócać; dokuczać

interior [yn'tierjer] adj.
wewnętrzny; środkowy; s.

wnętrze; głąb kraju; głąb
duszy (serca)

intermediate [,ynter'mi:djet] adj.
pośredni; środkowy; średni;
s. pośrednik; v.
pośredniczyć

intermission [,ynter'myszyn] s.
przerwa; pauza; antrakt

internal ['ynte:rnl] adj.
wewnętrzny; krajowy;
domowy

international [,ynter'naeszenl]
adj. międzynarodowy; s.
międzynarodówka; zawody
międzynarodowe; zawodnik
międzynarodowy

interpret [yn'ter:pryt] v.
tłumaczyć i objaśniać;
interpretować; rozumieć
(opacznie etc.)

interrogate [yn'teregejt] v.
wypytywać; przesłuchiwać

interrupt [,ynte'rapt] v.
przerywać; zasłaniać (widok)

interval ['ynterwel] s. odstęp;
przerwa; antrakt; okres
(pogody)

intervene [,ynter'wi:n] v.
wdawać się; interweniować;
zdarzyć się; zajść; być
między (dwoma etc.)

interview ['ynterwju:] s. wywiad;
rozmowa; v. mieć wywiad;
widzieć się z kimś (dla
wywiadu)

intimate ['yntymyt] adj. zażyły;
wewnętrzny; intymny; v.
zawiadamiać; dawać do
zrozumienia; s. serdeczny
przyjaciel

intimidate [yn'tymydejt] v.
zastraszyć; onieśmielić

into ['yntu:] prep. do; w; na

intolerable [yn'tolerebl] adj.
nieznośny; nie do zniesienia

intoxicate [yn'toksykejt] v. upić;
upajać; odurzać się

intricate ['yntrykyt] adj. zawiły;
trudny do zrozumienia

intrigue [yn'tri:g] s. intryga;
potajemna miłość; v.
intrygować; potajemnie
utrzymywać stosunek

miłosny; zaciekawiać
introduce [,yntre'dju:s] v.
wprowadzać (coś lub
kogoś); przedstawiać;
rozpoczynać; wsuwać;
wysuwać; wkładać;
zapoznawać
introduction [,yntre'dakszyn] s.
wstęp; wprowadzenie;
włożenie; wsunięcie;
przedstawienie (kogoś);
przedmowa; innowacja etc.
intrude [,yn'tru:d] v. wpychać
(się); wciskać (się); wedrzeć
(się); narzucać (się) (komuś)
invade [yn'wejd] v. najeżdżać;
wdzierać się; zalewać;
owładać; ogarnąć;
wtargnąć
invalid [yn'weli:d] s. chory;
inwalida; kaleka; człowiek
słaby
invalid [yn'waelyd] adj.
nieważny; nieprawomocny
invasion [yn'wejżyn] s. inwazja;
najazd; wdarcie się
invent [yn'went] v. wynaleźć;
wymyślić; zmyślić (coś na
kogoś)
invention [yn'wenszyn] s.
wynalazek; wymysł;
zmyślenie
invest [yn'west] v. inwestować;
wyposażać; oblegać;
obdarzać
investigate [yn'westygejt] v.
badać; prowadzić
dochodzenie
investigation [yn,westy'gejszyn]
s. badanie; dochodzenie;
śledztwo; rozpatrzenie;
dociekanie
invitation [,ynwy'tejszyn] s.
zaproszenie (pisemne, słowne)
invite [yn'wajt] v. zapraszać;
wywoływać; ściągać;
nęcić; zachęcać; prosić o
(radę)
involve [yn'wolw] v. gmatwać;
wikłać; mieszać;
komplikować; obejmować;
wymagać
iron ['ajern] s. żelazo; żelazko;

(pistolet; rewolwer); adj.
żelazny; v. zakuwać;
prasować
ironic(al) [aj'ronyk(el)] adj.
ironiczny; drwiący;
uszczypliwy
irony ['ajereny] s. ironia
irrational [y'raesznel] adj.
nieracjonalny; nierozumny;
niewymierny; s. liczba
niewymierna
irregular [y'regjuler] adj.
nieregularny; nierówny;
nieporządny; nielegalny;
nieprawidłowy
irrelevant [y'relywent] adj.
nieistotny; niestosowny;
oderwany; od rzeczy; nie do
rzeczy
irresponsible [,yrys'ponsybl] adj.
nieobliczalny;
nieodpowiedzialny
irritable ['yrytebl] adj. drażliwy;
wrażliwy; nerwowy;
przewrażliwiony; skory do
gniewu
irritate ['yrytejt] v. denerwować;
irytować; drażnić;
rozdrażniać; unieważniać
prawnie
is [yz] v. jest; zob. be
island ['ajlend] s. wyspa;
wysepka (na bruku)
isolated ['ajselejtyd] adj.
odosobniony; osamotniony
issue ['yszu:] s. wydanie;
przydział; zeszyt; spór;
problem; argument; wynik;
koniec; ujście; wyjście;
wypływ; potomstwo;
upuszczenie; dochód; v.
wysyłać; wypuszczać;
wydawać; dawać w wyniku;
wychodzić; pochodzić;
emitować
it [yt] pron. to; ono
itch ['ycz] s. swędzenie;
świerzb; chętka; v. czuć
swędzenie; swędzić; mieć
ochotę
item ['ajtem] s. pozycja; punkt
programu; artykuł;
wiadomość; adv. podobnie;

także; też dotyczy
itinerary [aj'tynerery] s.
marszruta; szlak; przewodnik;
adj. podróżny; drogowy
its [yts] pron. jego; jej; swój
itself [yt'self] pron. się; siebie;
sobie; sam; sama; samo
ivory ['ajwery] s. kość
słoniowa; klawisz fortepianu;
biel kremowa; adj. z kości
słoniowej; biały

J

jacket [dżaekyt] s. marynarka;
żakiet; kurtka; okładzina;
obwoluta; osłona; v.
okrywać; nakładać okła-
dzinę; wkładać do teki
jail [dżejl] s. ciupa; więzienie; v.
więzić; uwięzić (kogoś)
jam [dżaem] s. tłok; zator;
korek; zła sytuacja; v.
stłoczyć; zablokować;
zaciąć; zagłuszyć
janitor ['dżaenitor] s. portier;
dozorca; sprzątacz biurowy
January ['dżaenjuery] s.
styczeń; a. styczniowy
(dzień etc.)
jar [dża:r] s. słój; słoik; zgrzyt;
kłótnia; drganie; v. zgrzytać;
drażnić; wstrząsać; kłócić
się; trząść; razić
jaw [dżo:] s. szczęka; v.
glądzić; gadać; wstawiać
mowę
jazzy [dżazy] adj. w stylu jazz'u;
podobny do jazz'u; (slang)
żywy, ostentacyjny
jealous ['dżeles] adj. zazdrosny;
baczny (nadzór); zawistny
jelly ['dżely] s. galareta; kisiel; v.
zgalarecieć; robić galaretę
jeopardize ['dżepe,dajz] v.
narazić na
niebezpieczeństwo
jet [dżet] s. strumień; wytrysk;

płomień; dysza; rozpylacz;
odrzutowiec; v. tryskać; a.
czarny jak smoła
Jew [dżu:] s. Żyd
jewel ['dżu:el] s. klejnot; drogi
kamień; ozdabiać klejnotami;
osadzać na kamieniach
(zamontować)
Jewish ['dżu:ysz] adj. żydowski;
hebrajski; judaistyczny; w
stylu żydowskim; s. Yidysz,
język żydowski
job [dżob] s. robota; zajęcie;
zadanie; posada; v.
pracować; robić;
handlować; wynajmować
job [dżob] v. ukłuć; dźgnąć;
dziobnąć; s. dźgnięcie;
praca; dziobnięcie; zadanie;
robota; fach
jog [dżog] s. potrącenie;
poruszenie; trucht; róg;
występ; v. potrącać;
poruszać; przebiedować;
biec truchtem; telepać się
join [dżoyn] v. łączyć;
przyłączać się; przytykać się
do; spotykać się; brać udział
joint [dżoynt] v. spajać;
łączyć; ćwiartować; kantować; s. spojenie; fuga;
złącze; zestawienie; zawiasa
francuska; część; lokal;
melina; a. wspólny; połą-
czony; dzielący się z kimś
joke [dżouk] s. żart; dowcip;
figiel; v. żartować z kogoś;
dowcipkować; wyśmiać;
zadrwić
journal ['dże:rnl] s. dziennik;
czasopismo; czop; oś w
łożysku
journalism ['dże:rnlyzem] s.
dziennikarstwo
journey ['dże:rny] v.
podróżować; s. podróż;
jazda; wycieczka
joy [dżoj] s. radość; uciecha
joyful ['dżojful] adj. radosny;
wesoły; zadowolony (bardzo)
judge [dżadż] v. sądzić;
osądzać; rozsądzać; s.
sędzia; znawca; znawczyni;

człowiek biegły w ocenach
judgment ['dżadżment] s. sąd;
sądzenie; wyrok; rozsądek;
opinia; ocena; decyzja
jug [dżag] s. dzbanek; koza;
ciupa; v. gotować; wsadzać
do kozy, ciupy; dusić
(potrawkę)
juice [dżu:s] s. sok; treść;
benzyna; elektryczność; v.
wyciskać sok; doić
juicy ['dżu:sy] adj. soczysty;
jędrny; barwny; deszczowy
July [dżu:laj] s. lipiec
jump [dżamp] s. skok; sus;
podskok; wyskok; v. skakać;
podskoczyć; wskoczyć;
wyskoczyć; wyprzedzać;
podnosić cenę; wykoleić;
poderwać się; rzucać się
jumper ['dżamper] s. skoczek;
typ sukni (bez rękawów)
junction ['dżankszyn] s.
połączenie; złącze; stacja
węzłowa; wązeł;
skrzyżowanie (dróg)
June [dżu:n] s. czerwiec
jungle ['dżangl] s. dżungla;
gąszcz zarośli, lian etc.
junior ['dżu:njer] s. junior;
młodszy; student trzeciego
roku (USA); a. młodszy; z
młodszych
jury ['dżuery] s. sąd
przysięgłych; sąd konkursowy
just [dżast] adj. sprawiedliwy;
słuszny; dokładny; adv.
właśnie; po prostu; zaledwie;
przecież; dokładnie; moment
wcześniej; ściśle; równie;
tak samo
justice ['dżastys] s.
sprawiedliwość; słuszność;
sędzia (pokoju, sądu
najwyższego)
justify ['dżastyfaj] v.
usprawiedliwić;
wytłumaczyć; umotywować;
uzasadnić; dać dowody
juxtaposition [,dżakstepe'zyszyn]
s. zestawienie; bezpośrednie
sąsiedztwo (tuż obok)

K

keen [ki:n] adj. ostry; dotkliwy;
żywy; cięty; serdeczny;
gorliwy; zapalony; bystry;
przenikliwy; wrażliwy; czuły
keep [ki:p] v. dotrzymywać;
przestrzegać; dochować;
obchodzić; strzec; pilnować;
utrzymywać; prowadzić;
trzymać (się);
powstrzymywać się;
mieszkać; kontynuować; s.
utrzymanie; jedzenie; wikt;
umocnienie
keg [keg] s. beczułka; 100
funtów
kennel ['kenl] s. psiarnia; psia
buda; ściek; v. trzymać w
budzie; mieszkać w norze
kettle ['ketl] s. kocioł; czajnik;
imbryk na herbatę
key [ki:] s. klucz; klawisz; klin;
ton; rafa; wysepka; v. stroić;
zamykać kluczem lub
zwornikiem; adj. ważny;
kontrolujący
kick [kyk] s. kopniak; kopnięcie;
wierzgnięcie; wykop; strzał;
odrzut; skarga; narzekanie;
przyjemność; uciecha;
krzepa; miłe podniecenie;
opór; v. kopać; wierzgać;
skrzywić się; protestować;
opierać się
kid [kyd] s. koźlę; dzieciak;
smyk; młodzik; blaga; bujda;
v. urodzić koźlę; bujać;
nabierać; żartować;
dowcipkować
kidnap ['kydnaep] v. porywać;
uprowadzać; ukraść dziecko
kidney ['kydny] s. nerka; rodzaj;
a. w kształcie nerki
kill [kyl] v. zabijać; uśmiercać;
wybić; zatrzymać (piłkę,
motor); ścinać (piłkę); s.
upolowane zwierzę; zabicie;

mord
kin [kyn] s. rodzina; krewni; ród;
adj. spokrewniony; pokrewny
kind [kajnd] s. rodzaj; jakość;
gatunek; charakter; natura;
adj. grzeczny; uprzejmy;
życzliwy; łagodny;
wyrozumiały
king [kyng] s. król
kiss [kys] s. całus; v. całować;
pocałować; lekko dotknąć
kit [kyt] s. przybory; narzędzia;
wyposażenie; zestaw;
komplet; torba; bagaż;
cebrzyk; kubeł; komplet
(narzędzi)
kitchen ['kyczn] s. kuchnia
kite [kajt] s. latawiec; v.
szybować
kitten ['kytn] s. kotek
knee ['ni:] s. kolano; v. klękać
kneel [ni:l] v. klękać
knickknack ['niknaek] s. cacko;
fatałaszek; przysmaczek
knife [najf] s. nóż; v. krajać;
kłuć nożem; zakłuć;
zadźgać nożem
knight [najt] s. rycerz; v.
nadawać szlachectwo;
nobilitować
knit [nyt] v. robić na drutach;
dziać; marszczyć (brwi);
łączyć; ściągać;
powodować zrośnięcie
(kości); spajać (cementem)
knob [nob] s. guzik; guz; gałka;
sęk; uchwyt; pokrętło; rączka
knock [nok] s. stuk; uderzenie;
pukanie; v. stukać; pukać;
zapukać; uderzyć; zderzyć;
szturchać; zderzyć się
knot [not] s. węzeł; kokarda;
sęk; zgrubienie; dystans
morski 1853 m; v. wiązać;
zawiązywać; komplikować;
motać
know; knew; known [nou; nju:
noun]
know [nou] v. wiedzieć; umieć;
znać; móc odróżniać;
poznać
knowledge ['noulydż] s. wiedza;
nauka; znajomość; zasiąg

wiedzy

L

label ['lejbl] s. nalepka; etykieta;
naklejka; przezwisko; v.
przylepiać etykiety (na coś,
komuś); przezywać
labor ['lejber] s. praca; robota;
trud; mozół; wysiłek; klasa
robotnicza; poród; v. ciężko
pracować; mozolić się;
borykać się; łudzić się;
brnąć; opracować;
rozwodzić się; rodzić;
szczegółowo opracować
laboratory [lae'boretery] s.
laboratorium; pracownia
lace [lejs] s. sznurówka;
sznurowadło; koronka; v.
sznurować; przetykać;
koronkować; urozmaicać;
chłostać; zakrapiać (wódkę);
młócić; bić; walić
lack [laek] s. brak; niedostatek;
v. brakować; nie mieć
czegoś; być bez czegoś
lad [laed] s. chłopak; chłopiec
ladder ['laeder] s. drabina; v.
pruć; rozpruć; puszczać
oczka
ladle ['lejdl] s. warząchew;
czerpak; chochla; v. czerpać;
nalewać warząchwią
(czerpakiem)
lady ['lejdy] s. pani; dama
lag [laeg] s. zaleganie;
opóźnienie; zwłoka; v.
zalegać; wlec się z tyłu; nie
nadążać
lagoon [le'gu:n] s. laguna
lake [lejk] s. jezioro; a. jeziorny
lamb [laem] s. jagnię; baranina
lame [lejm] adj. kulawy; ułomny;
v. okulawić; okaleczyć
lamp [laemp] s. lampa; latarka;
kaganek; v. świecić;
oświetlać; gapić się;

zobaczyć; widzieć
land [laend] s. ląd; ziemia; grunt;
kraj; v. wyciągać na ląd;
wyładować; zdobyć (np.
nagrodę)
landlady ['laend,lejdy] s.
właścicielka domu, hotelu
etc.; gospodyni (pensjonatu)
landlord ['laend,lo:rd] s.
właściciel domu czynszo-
wego; gospodarz odnajmujący
pokój
landmark ['laendma:rk] s. punkt
orientacyjny; słup graniczny
landscape ['laendskejp] s.
krajobraz; v. kształtować
teren i ogród (upiększać)
lane [lejn] s. tor; uliczka; szlak;
przejście; linia ruchu
kołowego; trasa (samolotu)
language ['laengłydż] s. mowa;
język mówiony i pisany
languid ['laengłyd] s. ospały;
omdlały; słaby; ociężały;
powolny; rozmarzony; tęskny
lanky ['laenky] adj. wychudzony;
wysoki i chudy
lantern ['laentern] s. latarnia
lap [laep] s. łono; podołek; poła;
okrążenie; zanadrze; dolinka;
chlupotanie; lura; v. spowijać;
otulać; zakładać (jak
dachówki); wystawać;
chłeptać; chlupotać;
chlupać
lapel [le'pel] s. klapa (płaszcza)
dochodząca kołnierza
lapse [laeps] s. lapsus; upływ;
okres; omyłka; v. potknąć
się; odstąpić; omylić się;
upłynąć; stracić ważność;
minąć; przechodzić;
pogrążyć się w stan ...
larceny ['la:rseny] s. kradzież
lard [la:rd] s. smalec; v.
szpikować; naszpikowywać;
ozdabiać cytatami
large [la:rdż] adj. wielki; rozległy;
obfity; hojny
lark [la:rk] s. skowronek;
zabawa; uciecha; v. figlować;
żartować; przeskakiwać
lash [laesz] s. bicz; uderzenie;

nagana; rzęsa; v. chłostać;
machać; walić; pędzić;
uwiązać
lasso [lae'su:] s. lasso; v.
chwytać na lasso
last [laest] adj. ostatni; ubiegły;
ostateczny; adv. po raz
ostatni; ostatnio; wreszcie; w
końcu; v. trwać;
wytrzymać; wystarczyć;
długo służyć; s. koniec; kres;
wytrzymałość; kopyto
szewskie; ostatnie dziecko
late [lejt] adj. & s. późny;
spóźniony; były; zmarły; adv.
późno; poniewczasie;
niegdyś
lately ['lejtly] adv. ostatnio
latitude ['laetytju:d] s.
szerokość (geograficzna);
szerokość poglądów; zakres;
rozmiary; wolność; swoboda
(np. działania); tolerancja
latter ['laeter] adj. drugi;
końcowy; schyłkowy; ostatni
laugh [laef] v. śmiać się;
zaśmiać się; roześmiać się
laughter ['laefter] s. śmiech
launch [lo:ncz] v. puszczać w
ruch; spuszczać na wodę;
miotać; rzucać; zadawać;
wydawać; s. szalupa;
spuszczenie na wodę (statku,
okrętu etc.)
laundry ['lo:ndry] s. pralnia;
bielizna do prania
lavatory ['laewetery] s.
umywalnia; ustęp; umywalka
lavish ['laewysz] adj. hojny;
suty; rozrzutny; v. nie
szczędzić (pieniędzy,
miłości)
law [lo:] s. prawo; ustawa;
reguła; sądy; posłuszeństwo
prawu
lawn [lo:n] s. trawnik; murawa
lawyer ['lo:jer] s. prawnik;
adwokat; radca prawny
lay; laid; laid [lej; lejd; lejd]
lay [lej] v. kłaść; uspokajać;
układać; skręcać (się);
zaczaić się; spać z kimś; s.
położenie; układ; spanie (z

kimś); adj. świecki; laicki;
niefachowy; lay- zob. lie
layer ['lejer] s. warstwa; odkład;
kura niosąca; zakładający się;
pokład
lazy ['lejzy] adj. leniwy;
próżniaczy; ociężały
lead; led; led [li:d; led; led]
lead [li:d] v. prowadzić;
kierować; dowodzić;
naprowadzać; nasunąć;
namówić; dyrygować;
przewodzić; s. kierownictwo;
przewodnictwo; przewaga;
prym; wskazówka; przykład;
powodzenie
leader ['li:der] s. przywódca;
lider; przewodnik; prowadzący
leaf [li:f] s. liść; kartka; pl.
leaves [li:wz]
leak [li:k] s. dziura; otwór;
przeciekanie; v. cieknąć;
przeciekać; wyciekać
(sekrety); wysączać;
zaciekać
leaky ['li:ky] adj. dziurawy;
nieszczelny; cieknący;
niedyskretny; nie
dochowujący sekretu
lean; leant; leant [li:n; lent; lent]
lean [li:n] v. nachylać (się);
pochylać (się); opierać (się)
(o coś); adj. chudy; s. chude
mięso; nachylenie;
skłonność
leap; leapt; leapt [li:p; lept; lept]
leap [li:p] v. skakać;
przeskoczyć; s. skok;
podskok
leapt [lept] v. zob. leap
learn; learnt; learnt [le:rn; le:rnt; le:rnt]
learn [le:rn] v. uczyć się;
dowiadywać się; zapamiętać
lease [li:s] s. dzierżawa; v.
dzierżawić; wydzierżawić
leash [li:sz] s. smycz
least [li:st] adj. najmniejszy; adv.
najmniej; w najmniejszym
stopniu; s. najmniejsza rzecz;
drobnostka najmniej ważna
leather ['ledzer] s. skóra; adj.
skórzany; v. pokrywać skórą;

oprawiać w skórę; sprać
(rzemieniem)
leave; left; left [li:w; left; left]
leave [li:w] v. zostawiać;
opuszczać; odchodzić;
odjeżdżać; pozostawiać; s.
pożegnanie; urlop; pozwolenie
lecture ['lekczer] s. wykład;
nagana; v. wykładać;
udzielać nagany; przemawiać
do sumienia
leech [li:cz] s. pijawka
leek [li:k] s. por
left [left] adj. lewy; adv. na
lewo; s. lewa strona; zob.
leave
leg [leg] s. noga; nóżka;
podpórka; odcinek; kończyna;
udziec
legal ['li:gel] adj. prawny;
prawniczy; ustawowy; legalny
legend ['ledżend] s. legenda
legible ['ledżebl] adj. czytelny;
łatwo czytelny
legislation [,ledżys'lejszyn] s.
prawodawstwo;
ustawodawstwo
legitimate [ly'dżytymyt] adj.
ślubny; prawowity; słuszny;
uzasadniony; logiczny;
rozsądny
leisure ['li:żer] s. wolny czas;
swoboda od zajęć; wolne
chwile
lemon ['lemen] s. cytryna;
tandeta; adj. cytrynowy; z
cytryn
lend; lent; lent [lend; lent; lent]
lend [lend] v. pożyczać;
użyczać; udzielać
length [lenks] s. długość
lenient ['li:njent] adj.
wyrozumiały; łagodny
lens [lenz] s. soczewka;
obiektyw; lupa
leopard ['leperd] s. lampart
less [les] adj. mniejszy; adv.
mniej; s. coś mniejszego;
prep. bez; nie tak dużo (wiele)
lesson [lesn] s. lekcja; nauczka;
urywek z Biblii; wykład
let [let] v. zostawić;
wynajmować; dawać;

puszczać; pozwalać
lethal ['li:sel] adj. śmiertelny;
zgubny; śmiercionośny
letter ['leter] s. litera; list;
czcionka; v. drukować;
oznaczać literami;
kaligrafować
lettuce ['letys] s. sałata
(głowiasta); liście sałaty
level ['lewl] s. poziom;
płaszczyzna; równina;
poziomnica; adj. poziomy; adv.
poziomo; równo; v.
zrównywać; celować
lever ['li:wer] s. dźwignia;
lewar; v. podważać;
podnosić dźwigiem
(lewarem)
lewd [lu:d] adj. zmysłowy;
lubieżny; pożądliwy; sprośny
liable ['lajebl] adj.
odpowiedzialny; podlegający;
podatny; skłonny; narażony;
mający widoki
liaison [ly'ejzo:n] s. łączność;
związek; romans (nielegalny)
liar ['lajer] s. kłamca; łgarz
libel ['lajbel] s. paszkwil;
oszczerstwo; zniesławienie
(publiczne w piśmie, filmie
etc.); v. zniesławiać
liberal ['lyberel] s. liberał; a.
liberalny; hojny; tolerancyjny
liberate ['lyberejt] v. uwalniać;
zwalniać; wyzwalać
liberty ['lyberty] s. wolność;
swoboda; nadużywanie
wolności
librarian [laj'breerjen] s.
bibliotekarz
library ['lajbrery] s. biblioteka;
księgozbiór
lice [lajs] pl. wszy; zob. louse
license(ce) ['lajsens] s. licencja;
pozwolenie; upoważnienie;
swoboda; rozpusta; v.
upoważniać; udzielać
pozwolenia; nadużywać
wolności
lick [lyk] s. liźnięcie; odrobina;
cios; raz; wybuch; energia; v.
lizać; polizać; wylizać; bić;
smarować

lid [lyd] s. wieko; powieka;
pokrywa; nakrywka;
przykrywka
lie; 1. lay; lain [laj; lej; lejn]
lie [laj] v. leżeć; s. układ;
położenie; konfiguracja;
legowisko
lie; 2. lied; lied [laj; lajd; lajd]
life [lajf] s. życie; życiorys; zob.
pl. lives
lift [lyft] s. dźwig; winda;
przewóz; podniesienie;
wzniesienie; v. podnieść;
dźwignąć; podnosić się;
kraść; spłacić (np. dom);
kopnąć; buchnąć;
awansować
light; lit; lit [lajt; lyt; lyt]
light [lajt] s. światło;
oświetlenie; ogień; adj.
świetny; jasny; łatwy; lekki;
błahy; słaby; beztroski;
niefrasobliwy; lekkomyślny;
v. świecić; oświecać;
zapalać; ujawniać;
poświęcić; rozjaśnić;
przyświecić; wsiadać;
zsiadać; wpaść; wyjechać;
adv. lekko
lightheaded ['lajt'hedyd] adj.
lokkomyślny; majaczący;
roztargniony
lighter ['lajter] s. zapalniczka;
latarnik; lampiarz
lighthouse ['lajthaus] s. latarnia
morska
like [lajk] v. lubić; upodobać
sobie; (chcieć); mieć
zamiłowanie, ochotą; adj.
podobny; analogiczny;
typowy; adv. podobnie; w ten
sam sposób; s. drugi taki sam;
rzecz podobna; conj. jak; tak
jak; po; w ten sposób; niby
to; niczym
likely ['lajkly] adj. możliwy;
prawdopodobny; odpowiedni;
nadający się; obiecujący; adv.
pewnie; prawdopodobnie
lilac ['lajlek] s. bez; adj. lila;
liliowy; blado siny
limb [lym] s. kończyna; konar;
brzeg; krawędź; ramię; noga;

skrzydło
lime 1. [lajm] s. wapno; v.
  wapnić; adj. wapienny
lime 2. [lajm] s. lipa; cytrus
  (dzika cytryna); a. cytrusowy
limit [′lymyt] s. granica; kres; v.
  ograniczać; ustalać granice
limp [lymp] adj. wiotki; bez sił;
  osłabiony; v. kuleć; chromać
line [lajn] s. linia; kreska; bruzda;
  lina; sznur; przewód; granica;
  zajęcie; zainteresowania;
  szereg; rząd; linka; v.
  liniować; wyścielać; podbić
  podszewką; służyć za
  podszewkę
linen [′lynyn] s. płótno; bielizna;
  adj. lniany; płócienny
linger [′lynger] v. ociągać się;
  zwlekać; pozostawać w tyle;
  marudzić; tkwić; wlec życie
lingerie [′le:nżeri] s. damska
  bielizna; damskie artykuły
  bieliźniane
lining [′lajnyng] s. podszewka;
  podkład; okładzina;
  zawartość
link [lynk] s. ogniwo; więź;
  spinka; 20,1 cm; połączyć;
  zczepiać; związać; sprzęgać
lion [lajon] s. lew; a. lwi; lwie
lip [lyp] s. warga; brzeg; ostrze;
  bezczelne gadanie; v. dotykać
  wargami; mruczeć
lipstick [′lypstyk] s. kredka do
  warg; pomadka do ust
liquid [′lykłyd] s. płyn; adj.
  płynny; niestały; nieustalony
liquor [′lyker] s. napój
  alkoholowy; sok; odwar;
  bulion
lisp [lysp] v. seplenić; seplenić
  jak niemowlę; s. seplenienie
list [lyst] s. lista; spis; listwa;
  krawędź; v. wciągać na
  listę; obramowywać;
  przechylać (się); pochylać
  (się); s. pochylenie; przechył
listen [′lysen] v. słuchać;
  usłuchać; przysłuchiwać się
liter [′li:ter] s. litr
literal [′lyterel] adj. literalny;
  dosłowny; prozaiczny;

literowy; rzeczowy (umysł)
literary [′lyterery] adj. literacki;
  obeznany w literaturze
literature [′lytereczer] s.
  literatura; piśmiennictwo
litter [′liter] s. śmieci;
  podściółka; barłóg; v.
  śmiecić; podścielać;
  urodzić szczeniaki;
  pororzucać niechlujnie
little [′lytl] adj. mały; niski;
  nieduży; adv. mało; niewiele
live [lyw] v. żyć; mieszkać;
  przeżywać; przetrwać;
  ocalić
live [lajw] adj. żywy; żyjący;
  ruchliwy; energiczny
lively [′lajwly] adj. żywy;
  wesoły; ożywiony; żwawy;
  gorący; rześki; pełen życia;
  jaskrawy
liver [′lywer] s. wątroba;
  wątróbka; a. wątroby
livestock [′lajwstok] s. żywy
  inwentarz; zwierzęta domowe
livid [′lywyd] adj. siny;
  wściekły; posiniaczony
lizard [′lyzerd] s. jaszczurka
load [loud] s. ładunek; waga;
  ciężar; obciążenie; v.
  ładować; załadować;
  naładować; obciążać;
  nasycać; fałszować
loaf [louf] s. bochenek; głowa
  (cukru); pl. loaves [louwz]; v.
  wałęsać się; marnować czas
loan [loun] s. pożyczka; v.
  pożyczać
lobby [′loby] s. przedpokój;
  kuluar; v. urabiać senatora
  lub posła na czyjąś korzyść
  (przekupywać)
local [′loukel] adj. lokalny;
  miejscowy; s. oddział związku
  zawodowego
locate [′loukejt] v. umieścić;
  znaleźć; osiedlić się
location [′loukejszyn] s.
  położenie; ulokowanie;
  miejsce zamieszkania; miejsce
  zaznaczone
lock [lok] s. zamek; zamknięcie;
  śluza; lok; v. zamykać (na

klucz); przechodzić śluzą
locker ['loker] s. szafka; kabina;
skrzynia; schowek
lodge [lodż] s. chata; loża;
kryjówka; domek myśliwski;
nora; v. przenocować;
zdeponować; umieszczać;
wnosić (skargę etc.)
lodging ['lodżyng] s. mieszkanie
(tymczasowe, wynajęte etc.)
loft [loft] s. strych; poddasze;
chór; v. podbić piłkę golfową
log [log] s. kłoda; kloc; log;
dziennik operacyjny (statku,
szybu); v. wycinać drzewa;
ciąć na kłody; wciągać do
dziennika okrętowego etc.
logical ['lodżykel] adj. logiczny;
rozumujący poprawnie
lonely ['lounly] adj. samotny
long [long] adj. długi;
długotrwały; v. tęsknić;
pragnąć (czegoś); adv.
długo; dawno
longing ['longyng] s. pragnienie;
tęsknota; ochota; adj. tęskny
look [luk] s. spojrzenie; wygląd;
v. patrzeć; wyglądać
look at ['luk,et] v. patrzeć na
(kogoś, coś)
look for ['luk,fo:r] v. szukać
look forward ['luk fo:rłerd] v.
oczekiwać; cieszyć się
loop [lu:p] s. pętla; węzeł; supeł;
v. robić pętlę, kokardę;
podwiązywać; splatać (się)
loose [lu:s] adj. luźny;
rozluźniony; obluźniony;
wolny; na wolności; rzadki;
sypki; rozwiązły; s. upust; v.
luzować; obluźniać;
zwalniać
lord [lo:rd] s. pan; władca;
magnat; Bóg; v. grać pana;
nadawać tytuł lorda
lose; lost; lost [lu:z; lost; lost]
lose [lu:z] v. stracić; schudnąć;
zgubić; zabłądzić;
niedosłyszeć; spóźnić się;
przegrać; być pokonanym,
pozbawionym
loss [los] s. strata; utrata; zguba;
ubytek; szkoda; kłopot

lost [lost] adj. stracony;
zgubiony; zob. lose
lot [lot] s. doba; las; losowanie;
udział; działka; parcela; grupa;
zespół; partia; sporo; wiele; v.
parcelować; dzielić;
losować; adv. bardzo dużo
lotion ['louszyn] s. płyn
(leczniczy)
lottery ['lotery] s. loteria
loud [laud] adj. głośny;
smrodliwy; krzykliwy; adv. na
cały głos; głośno; w głośny
sposób
lounge [laundż] v. próżnować;
wylegiwać; łazić; s. lokal;
salonik; hall; włóczęga; wolny
krok; wygodna kanapa
louse [laus] s. wesz; pl. lice
lousy ['lauzy] adj. zawszony;
wstrętny; dobrze zaopatrzony
(slang)
love [law] s. kochanie; miłość;
lubienie; ukochana; ukochanie;
gra na zero; v. kochać; lubić;
być przywiązanym; pieścić;
umizgać się
lovely ['lawly] adj. śliczny;
uroczy; rozkoszny; przyjemny
(bardzo)
lovemaking ['law,mejkyng] s.
zaloty; umizgi; spółkowanie
lover ['lawer] s. kochanek;
miłośnik; amator czegoś
low [lou] s. ryk (bydła); v.
ryczeć; adj. niski; niewysoki;
słaby; przygnębiony; cichy;
podły; mały; adv. nisko;
niewysoko; słabo; skromnie;
cicho; szeptem; marnie; podle
lower ['louer] adj. niższy; dolny;
młodszy; adv. niżej; v.
obniżać; zniżać; spuszczać;
poniżyć; ściszyć;
zmniejszyć; osłabić; opadać;
spadać; ryczeć (jak bydło)
loyal [lojel] adj. lojalny; wierny
(krajowi, ideałem etc.)
lucid ['lu:syd] adj. świecący;
jasny; błyszczący; klarowny;
przezroczysty; czysty;
oczywisty
luck [lak] s. los; traf; szczęście;

szczęśliwy traf; powodzenie
luckily ['lakyly] adv. na
szczęście; szczęśliwie
lucky ['laky] adj. szczęśliwy
ludicrous ['lu:dykres] adj.
śmieszny; nonsensowny;
absurdalny; komicznie głupi
luggage ['lagydż] s. bagaż;
walizki
lumber ['lamber] s. budulec
(drewniany); rupiecie; graty; v.
zwalać; wycinać; ciężko
stąpać; poruszać się
ociężale
luminous ['lu:mynes] adj.
świetlny; jasny; świecący;
wyjaśniający; zrozumiały
lump [lamp] s. bryła; gruda;
kluska; kostka; kawałek;
masa; duża ilość; kupa;
hurt; guz; niezdara; niedołęga;
mazgaj; v. zwalać (na stos);
gromadzić; dojść do ładu;
zcierpieć; znosić; jednakowo
traktować; komasować
lunacy ['lu:nesy] s. obłąkanie;
obłęd; zwariowany pomysł
lunatic ['lu:netyk] s. wariat
(chory umysłowo); lunatyk;
adj. obłąkany; zwariowany
lunch [lancz] s. obiad
(popołudniowy); v. jeść
obiad; gościć obiadem
lung [lang] s. płuco
lure [ljuer] s. przynęta; wabik;
urok; powab; v. kusić;
nęcić; wabić; przywabiać
lurk [le:rk] v. czaić się; s. czaty;
ukrycie
luscious ['laszes] adj. słodziutki;
ckliwy; soczysty
lush [lasz] adj. bujny; soczysty;
miękki i pełen soku
lust [last] s. żądza; lubieżność;
namiętność; pożądliwość;
v. pożądać (namiętnie)
luxurious [lag'żjuerjes] adj.
zbytkowny; luksusowy;
zmysłowy
luxury ['lakszery] s. zbytek;
luksus; rozkosz; a. od zbytku

M

machine [me'szi:n] s. maszyna;
machina (polityczna); v.
obrabiać maszynowo; adj.
maszynowy
mad [maed] adj. obłąkany;
szalony; zły; wściekły; v.
doprowadzać do obłędu; być
obłąkanym
madam ['maedem] s. pani;
(panienka); (w zwrocie: proszę
pani)
made [mejd] v. zrobiony; zob.
make; (wykombinowany,
fabryczny)
madman ['maedmen] s. wariat;
szaleniec; furiat; obłąkaniec
madness ['maednys] s. obłęd;
obłąkanie; furia;
wściekłość; wścieklizna;
szał; szaleństwo
magazine [maege'zi:n] s.
czasopismo; magazynek (na
kule); skład broni dla wojska
magic ['maedżyk] s. magia; adj.
magiczny; działający jak magia
magnet ['maegnyt] s. magnes
magnificent [maeg'nyfysnt] adj.
okazały; wspaniały
magnify ['maegnyfaj] v.
powiększać; potęgować;
wyolbrzymiać
maid [mejd] s. dziewczyna;
maiden name ['mejden,nejm] s.
nazwisko panieńskie
mail [mejl] s. poczta; kolczuga;
v. wysyłać pocztą
mailman [mejlmen] s. listonosz
maim [mejm] v. okaleczyć
main [mejn] s. główny
(przewód); adj. główny;
najważniejszy
mainly ['mejnly] adv. głównie;
przeważnie; po większej
części
maintain [men'tejn] v.
utrzymywać (w dobrym
stanie); trzymać (pozycją);

podtrzymywać;
zachowywać; twierdzić;
mieć na utrzymaniu; bronić;
pomagać
maintenance ['mejntenens] s.
utrzymanie; utrzymywanie;
poparcie; wyżywienie
majestic [medżestyk] adj.
majestatyczny
major ['mejdżer] s. major;
pełnoletni; przedmiot
kierunkowy specjalizacji; adj.
większy; główny; ważniejszy;
pełnoletni; starszy; v.
specjalizować się w studiach
majority [me'dżoryty] s.
większość; a.
większościowy
make; made; made [mejk; mejd;
mejd]
make [mejk] v. robić; tworzyć;
sporządzać; powodować;
wynosić; doprowadzać;
ustanawiać; starać się;
postanowić etc.
make up ['mejkap] v. uzupełnić;
wynagrodzić; sporządzić;
zmontować;
ucharakteryzować
makeup ['mejkap] s. makijaż;
charakteryzacja; układ
(graficzny); stan (kogoś,
czegoś)
malady ['maeledy] s. choroba
male [mejl] s. mężczyzna;
samiec; adj. męski; samczy;
wewnętrzny; obejmowany
malevolent [me'lewelent] adj.
niechętny; wrogi
malice ['maelys] s. złośliwość;
zła wola; zły zamiar
malicious [me'lyszys] adj.
złośliwy; zły; powodowany
złością
malignant [me'lygnent] adj.
złośliwy; zjadliwy
malnutrition ['maelnju'tryszyn] s.
niedożywienie
mammal [me'ma:l] s. ssak; a.
ssakowy
man [maen] s. człowiek;
mężczyzna; mąż; v.
obsadzać (np. załogą); pl.

men [men]
manage ['maenydż] v.
kierować; zarządzać;
posługiwać się; obchodzić
się; opanowywać;
poskramiać; radzić sobie
management ['maenydżment] s.
zarząd; kierownictwo;
dyrekcja; posługiwanie się;
obchodzenie się; sprawne
zarządzanie
manager ['maenydżer] s.
kierownik; zarządzający;
gospodarz
mandatory ['maendetery] adj.
zawierający mandat; nakazany
przez władze; obowiązujący;
obowiązkowy
maneuver [me'nu:wer] s.
manewr; v. manewrować;
manipulować
mania ['mejnje] s. bzik; obłęd;
mania; zbytni entuzjazm; szał
manifest ['maenyfest] adj.
jawny; oczywisty; v.
manifestować; ujawniać; s.
manifest okrętowy
(szczegółowa lista ładunku)
manipulate [me'nypjulejt] v.
manipulować; umiejętnie,
zręcznie pokierować
(niesprawiedliwie)
mankind [,maen'kajnd] s.
ludzkość; rodzaj ludzki
mankind ['maenkajnd] pl.
mężczyźni; cały rodzaj męski
manner ['maener] s. sposób;
zwyczaj; zachowanie (się);
wychowanie; maniera;
procedura; rodzaj
mansion ['maenszyn] s.
rezydencja; pałac; duży dwór
manual ['maenjuel] s.
podręcznik; manuał; adj.
ręczny; ręcznie zrobiony
manufacture [,maenju'faekczer]
v. wyrabiać; s. sposób;
produkcja; produkt (zwłaszcza
masowy)
many ['meny] adj. dużo; wiele
map [maep] s. mapa; plan; v.
planować; robić mapę
maple ['mejpl] s. klon

March [ma:rcz] s. marzec
march [ma:rcz] s. marsz; v. maszerować
margin ['ma:rdżyn] s. margines; brzeg; krawędź; nadwyżka; rezerwa
marine [me'ri:n] adj. morski; s. marynarka; żołnierz piechoty desantowej (USA)
mark [ma:rk] s. marka (pieniądz); ślad; znak; oznaczenie; nota; cenzura; cel; uwaga; v. oznaczać; określać; notować; zwracać uwagę
market ['ma:rkyt] s. rynek; zbyt; targ; v. robić zakupy; sprzedawać na targu
marketing ['ma:rkytyng] s. organizowanie rynku; handlowanie
marriage ['maerydż] s. małżeństwo (skojarzenie); a. ślubny
married ['maeryd] adj. żonaty; zamężna; małżeński; ślubny
marry ['maery] v. poślubić; udzielać ślubu; ożenić (się); brać ślub; pobierać się; wychodzić za mąż
martial ['ma:rszel] adj. wojenny; wojowniczy; wojskowy
marvelous ['ma:rwyles] adj. cudowny; zdumiewający
masculine ['maeskjulyn] adj. męski; płci męskiej
mash [maesz] s. zacier; papka; mieszanka; v. warzyć; tłuc na papkę; umizgać się
mask [ma:sk] s. maska; v. zamaskować; maskować
mass [maes] s. msza; masa; rzesza; v. gromadzić; zrzeszać
massacre ['maeseker] s. masakra; v. masakrować; urządzić rzeź
massage ['maesa:ż] s. masaż; v. masować; zrobić masaż
massive ['maesywn] adj. masywny; ciężki; zwarty; bryłowaty
mast [ma:st] s. maszt
master ['ma:ster] s. mistrz;

nauczyciel; pan; gospodarz; szef; kapitan statku; panicz; v. panować; kierować; nabywać (np. wprawy); owładnąć
mat [maet] s. mata; v. plątać; adj. matowy (bez połysku)
match [maecz] s. zapałka; lont; mecz; dobór; małżeństwo; v. swatać; współzawodniczyć; dobierać; dorównywać
mate [mejt] s. kolega; małżonek; samiec; pomocnik; v. łączyć ślubem; parzyć (się); pobierać się; zadawać mata (w szachach)
material [me'tierjal] s. materiał; tworzywo; tkanka; adj. materialny; cielesny
maternity [me'te:rnyty] s. macierzyństwo; adj. położniczy
mathematics [,maety'maetyks] s. matematyka
matter ['maeter] s. rzecz; treść; materiał; substancja; sprawa; kwestia; v. znaczyć; mieć znaczenie; odgrywać rolę
mattress ['maetrys] s. materac
mature [me'tjuer] adj. dojrzały; płatny; v. dojrzewać; stawać się płatnym (np. pożyczka)
maximum ['maeksymem] s. maksimum
May [mej] s. maj
may [mej] v. być może; might [majt] mógłby
maybe ['mejbi:] adv. być może; może być; możliwe że
mayor [meer] s. burmistrz
me [mi:] pron. mi; mnie; mną; (slang) ja
meadow ['medou] s. łąka
meager ['mi:ger] adj. chudy; cienki; skromny; nie obradzający
meal [mi:l] s. posiłek; grubo mielona mąka; czas posiłku
mean; meant; meant [mi:n; ment; ment]
mean [mi:n] v. myśleć; przypuszczać; znaczyć; s.

przeciętna; średnia; środek;
adj. ubogi; nędzny; podły;
marny; skąpy; tandetny
meaning ['mi:nyŋg] s. znaczenie;
sens; treść; adj. znaczący;
mający zamiar
meaningless ['mi:nyŋglys] adj.
bez sensu; bez znaczenia
meanwhile ['mi:n,hłajl] adv.
tymczasem
measles ['mi:zlz] s. odra
measure ['meżer] s. miara;
miarka; środek; zabieg;
sposób; v. mierzyć; mieć
rozmiar; oszacować; być ...
wzrostu
measurement ['meżerment] s.
wymiar; miara; mierzenie
meat [mi:t] s. mięso; danie
mięsne; treść (książki etc.)
mechanic [my'kaenyk] s.
mechanik; rzemieślnik;
technik
mediate ['my:djejt] adj.
pośredni; v. pośredniczyć;
zapośredniczyć; doprowa-
dzić pośrednictwem do ...
medical ['medykel] adj. lekarski;
medyczny
medicine ['medysyn] s.
medycyna; lek; lekarstwo; v.
leczyć lekarstwami
medieval [,medy'i:wel] adj.
średniowieczny
mediocre ['my:djouker] adj.
mierny; średni; przeciętny
meditate ['medytejt] v.
obmyślać; rozmyślać;
medytować
medium ['mi:djem] s. środek;
średnia; przewodnik; środek
obiegowy; środowisko;
rozpuszczalnik; sposób;
środkowa droga; adj. średni;
adv. średnio
meek [mi:k] adj. potulny;
łagodny; skromny; bez wigoru
meet [mi:t] v. spotykać;
zbierać się; gromadzić; iść
na kompromis; zgadzać się;
zaspokajać; s. spotkanie;
zbiórka; miejsce spotkania;
spotkanie sportowe; zawody

(na bieżni etc.)
meeting ['mi:tyŋg] s. spotkanie;
połączenie się; posiedzenie;
zgromadzenie; wiec; zawody;
konferencja; pojedynek
melancholy ['melenkely] s.
melancholia; adj. smutny;
melancholijny; zasmucający;
ponury
mellow ['melou] adj. słodki;
miękki; soczysty; uleżały;
złagodzony (wiekiem);
łagodny; wesoły; pogodny;
podchmielony; dojrzały; miły;
świetny; przyjemny; v.
dojrzewać; zmiękczać;
uleżeć się; łagodnieć;
łagodzić
melodious [my'loudjes] adj.
melodyjny; harmonijny
melon ['melen] s. melon
melt [melt] s. stop; stopienie;
topnienie; wytop; v. topić;
topnieć; roztapiać (się);
rozpuszczać; przetapiać;
odlewać; wzruszyć;
roztkliwiać
member ['member] s. członek;
człon (odróżniający się)
membership ['memberszyp] s.
członkostwo; przynależność;
skład członkowski
memorial [my'mo:riel] s. pomnik;
memoriał; petycja; posąg (na
pamiątkę)
memorize ['memerajz] v.
zapamiętywać; uczyć się na
pamięć
memory ['memery] s. pamięć;
wspomnienie
men [men] pl. mężczyźni;
robotnicy; zob. man
mend [mend] s. naprawa;
naprawka; v. reperować;
zaszyć
menstruation [,menstru'ejszyn] s.
menstruacja; miesiączka;
period
mental ['mentl] adj. umysłowy;
pamięciowy; psychiatryczny;
s. (slang) umysłowo chory
mention ['menszyn] v.
wspominać wymieniać;

nadmieniać; wzmiankować;
s. wzmianka

menu ['menju:] s. jadłospis

merchandise ['me:rczendajz] s.
towar(y); v. handlować

merchant ['me:rczent] s. kupiec;
handlowiec; adj. handlowy;
kupiecki

merciful ['me:rsyful] adj.
miłosierny; litościwy

mercy ['me:rsy] s. miłosierdzie;
litość; łaska; rzecz
pomyślna

mere [mjer] adj. zwykły;
zwyczajny; nie więcej niż

merely ['mjerly] adv. tylko;
jedynie; zaledwie; po prostu

merge [me:rdż] v. roztapiać
(się); zlewać; łączyć (się)

merit ['meryt] s. zasługa; zaleta;
odznaczenie; v. zasługiwać

merry ['mery] adj. wesoły;
radosny; podochocony;
odświętny; podchmielony

mess [mes] s. nieporządek;
bałagan; bród; świństwo;
paskudztwo; paćka; papka;
zupa; bigos; posiłek wspólny;
stołówka; wspólny stół; v.
zababrać; zapaskudzić;
zabrudzić; zabałaganić;
pokpić; sfuszerować; obijać
się; bawić; dawać jeść
(posiłek); stołować się
(wspólnie)

message ['mesydż] v.
wiadomość; orędzie; morał;
wypowiedź; v.
komunikować; podawać;
posłać

messenger ['mesyndżer] s.
posłaniec; zwiastun

messy ['mesy] adj. kłopotliwy;
zapaskudzony; sfuszerowany;
brudny; upaćkany; niechlujny

metal [metl] s. metal; v.
pokrywać metalem; a.
metalowy

meteor ['mi:tjer] s. meteor

meter ['mi:ter] s. metr; licznik; v.
mierzyć; a. metrowy

method ['meted] s. metoda;
metodyka; metodyczność;

sposób

meticulous [my'tykjules] adj.
drobiazgowy; szczegółowy;
drobnostkowy; pedantyczny

metropolitan [,metre'polyten] adj.
wielkomiejski; metropolitalny;
s. mieszkaniec metropolii;
metropolita (duchowny)

microphone ['majkrefoun] s.
mikrofon

middle ['mydl] s. środek; kibić;
stan; adj. środkowy; v.
składać w środku; kopać na
środek

midget ['mydżyt] s. karzełek;
maleństwo; adj. miniaturowy

midnight ['mydnajt] s. północ;
adj. północny; o północy

might [majt] s. moc; potęga; v.
mógłby; zob. may

mighty ['majty] adj. potężny;
adv. bardzo; wielce

migrate ['maj,grejt] v.
wędrować; przesiedlać się

mild [majld] adj. łagodny;
powolny; potulny; słaby;
delikatny

mile [majl] s. mila; 1,609 km

military ['mylytery] adj.
wojskowy; pl. wojskowy;
wojsko

milk [mylk] s. mleko; v. doić
(krowy); wykorzystać;
eksploatować; podsłuchiwać
(telefon)

mill [myl] s. młyn; huta; fabryka;
(1/1000); walcownia;
krawędź ząbkowana; v.
mleć; frezować; pilśnić;
kręcić się

million ['myljen] num. milion

mimic ['mymyk] s. naśladowca;
imitator; v. naśladować;
małpować; adj.
naśladowniczy; udany;
mimiczny; zmyślony; fikcyjny

mince [myns] v. siekać; mówić
bez ogródek; cedzić (słowa);
drobić nogami; s. siekane
mięso; nadzienie mięsne

mind [majnd] s. umysł; pamięć;
zdanie; opinia; postanowienie;
zamierzenie; v. pamiętać;

zważać; przejmować się;
baczyć; mieć coś
przeciwko; być posłusznym
mine [majn] pron. mój; moje;
moja; s. kopalnia; podkop;
mina; bomba; v. kopać;
podkopywać; eksploatować;
minować
miner ['majner] s. górnik
mineral ['mynerel] s. mineralny;
adj. zawierający minerały
mingle ['myngl] v. mieszać się;
przyłączać się (do innych)
miniature ['mynjeczer] s.
miniatura; adj. miniaturowy
minimum ['mynymem] s.
minimum; adj. minimalny;
najmniejszy
minister ['mynyster] s.
duchowny; minister; v.
stosować; przyczyniać się;
udzielać; pomagać
ministry ['mynystry] s.
duszpasterstwo; kler;
duchowieństwo;
ministerstwo; gabinet
ministrów; służba; pomoc;
posługa
minor ['majner] adj. mniejszy;
mało ważny; młodszy;
nieletni; s. człowiek
niepełnoletni
minority [maj'noryty] s.
mniejszość;
niepełnoletniość
mint [mynt] s. mięta; mennica;
majątek; źródło; v. bić
pieniądze; wymyślać;
tworzyć; kuć
minute ['mynyt] s. minuta;
chwilka; notatka; v.
szkicować; protokołować;
[maj'nju:t] adj. szczegółowy;
bardzo mały; znikomy
miracle ['myrekl] s. cud; a.
cudowny
mirage ['myra:dż] s. miraż;
fatamorgana; złudzenie
wzrokowe
mirror ['myrer] s. zwierciadło; v.
odzwierciedlać
mischief ['mysczyf] s. szkoda;
krzywda; psota; utrapienie;

złośliwość; figiel;
figlarność; licho; szkodnik;
bieda; niezgoda
mischievous ['mysczywes] adj.
szkodliwy; niegodziwy;
niesforny; niegrzeczny; psotny
miser ['majzer] s. sknera;
chciwiec; skąpiec; kutwa
miserable ['myzerebl] adj.
nędzny; chory; marny;
żałosny
misfortune [mys'fo:rczen] s.
nieszczęście; pech; zły los
misplace [,mys'plejs] v.
zatracić; położyć nie na
miejscu
Miss [mys] s. panna; panienka
miss [mys] v. chybić; nie
trafić; nie znaleźć; nie
dostać; brakować; tęsknić;
zacinać się; s. pudło;
niepowodzenie; opuszczenie;
chybienie
missing ['mysyng] adj.
nieobecny; brakujący;
zaginiony
mission ['myszyn] s. misja;
delegacja; v. wysłać z misją;
zakładać misje; a. misyjny
mistake [mys'tejk] s. omyłka;
nieporozumienie; v. pomylić
(się) (co do faktu lub
człowieka); źle zrozumieć;
mylić się
Mister ['myster] s. pan
(używane z nazwiskiem);
skrót Mr. (bez nazwiska
niegrzecznie!)
mistress ['mystrys] s. kochanka;
nauczycielka; [myzys] s. pani;
(skrót Mrs.); zob. Mister
mistrust [mys'trast] v.
podejrzewać; nie ufać; s.
niedowierzanie; nieufność
misunderstanding ['mysande:r
'staendyng] s. nieporozumienie
mix [myks] v. mieszać;
obcować; współżyć; s.
mieszanka; mieszanina;
zamieszanie
moan [moun] s. jęk; v. jęczeć;
lamentować; mówić jęcząc
mob [mob] s. tłum; motłoch;

banda; v. napastować;
atakować tłumnie; stłoczyć
się
mobile ['moubajl] adj. ruchomy;
ruchliwy; zmienny; s. rzeźba -
kompozycja wisząca
(abstrakcyjna)
mock [mok] v. wykpić;
przedrzeźniać; zmylić;
stawiać czoło; żartować z
kogoś; s. kpiny;
przedrzeźnianie;
naśladownictwo; adj.
fałszywy; udany; pozorny
mockery ['mokery] s. kpiny;
śmiech; pośmiewisko;
pokrzywianie się
model ['modl] s. model; wzór;
modelka; manekin; v.
modelować
moderate ['moderyt] adj.
umiarkowany; średni; s.
człowiek umiarkowany (w
poglądach etc.)
moderate ['moderejt] v.
powściągać; uspokoić (się);
prowadzić (zebranie)
modern ['modern] adj.
współczesny; nowoczesny;
nowożytny
modest ['modyst] adj. skromny
modify ['modyfaj] v.
modyfikować; zmieniać
częściowo; łagodzić
moist [mojst] adj. wilgotny
moisture ['mojszczer] s. wilgoć;
wilgotność; lekkie
zamoczenie
mole [moul] s. kret; grobla;
molo; znamię; brodawka etc.
molest [mou'lest] v.
napastować; dokuczać;
molestować; naprzykrzać się
moment ['moument] s. chwila;
moment; waga; znaczenie;
motyw; powód; doniosłość;
ważność
monastery ['monestery] s.
klasztor (głównie męski);
miejsce zamieszkania mnichów
(zakonnic)
Monday ['mandy] s.
poniedziałek; a.

poniedziałkowy
money ['many] s. pieniądze
monk [mank] s. mnich
monkey [manky] s. małpa
(ogoniasta); v. dokazywać;
małpować; wygłupiać się
monopoly [me'nopely] s.
monopol
monotonous [me'notnes] adj.
monotonny; jednolity
monster ['monster] s. potwór;
adj. olbrzymi; potworny;
okrutny
month [mant] s. miesiąc
monument ['monjument] s.
pomnik
mood [mu:d] s. humor; nastrój;
(gram.) tryb; usposobienie
moon [mu:n] s. księżyc; a.
księżycowy
mop [mop] s. szmata do podłóg;
grymas; v. wycierać;
zgarniać; robić miny;
spuścić manto
moral ['morel] s. morał; pl.
moralność; adj. moralny;
obyczajny
morale [me'rael] s. nastrój; duch
(w wojsku, narodzie)
morbid ['mo:rbyd] adj.
chorobliwy; chorobowy;
niezdrowy; schorzały
more [mo:r] adv. bardziej;
więcej; adj. liczniejszy; dalszy
moreover [mo:'rouwer] adv. co
więcej; prócz tego; nadto;
poza tym
morning ['mo:rnyng] s. rano;
poranek; przedpołudnie
mortal ['mo:rtl] s. śmiertelnik;
adj. śmiertelny; straszny
mortality [mo:'rtaelyty] s.
śmiertelność; liczba ofiar
mortify ['mo:rtyfaj] v.
zamierzać; ranić (uczucia);
upokarzać; umartwiać (się);
powściągać; zgangrenować
mosquito [mes'ki:tou] s. komar;
moskit; a. moskitowy
moss [mos] s. mech; v.
pokrywać mchem
(torfowiskiem)
most [moust] adj. największy;

najliczniejszy; adv. najbardziej;
najwięcej; s. największa
ilość; maksimum
moth [mos] s. ćma; mól
mother ['ma_dz_er] s. matka; v.
matkować
mother-in-law ['ma_dz_er,yn'lo:] s.
teściowa
motion ['mouszyn] s. ruch;
wniosek; stolec; v. kierować
skinieniem, znakiem; skinąć
na kogoś znaczącym gestem
motivate ['moutywejt] v.
uzasadniać; pobudzać
kogoś; zachęcać
motive ['moutyw] s. motyw;
podnieta; adj. napędowy;
poruszający
motor ['mouter] s. motor; adj.
ruchowy; mechaniczny;
samochodowy; v. jeździć;
przewozić samochodem;
prowadzić wóz
mould [mould] s. pleśń;
ziemia; modła; forma; v.
pleśnieć; odlewać;
kształtować; urabiać
mouldy ['mouldy] adj.
spleśniały; zgniły; stęchły;
przeżyty; nudny
mountain ['mauntyn] s. góra;
sterta; adj. górski; górzysty
mourn [mo:rn] v. być w żałobie;
opłakiwać; pogrążać się w
smutku
mourning ['mo:rnyng] s. żałoba
mouse [maus] s. mysz; pl. mice
[majs]; podbite oko; v.
myszkować
moustache [mos'ta:sz] s. wąsy
mouth [mau_s_] s. usta; ujście;
wylot; v. mówić przesadnie (z
patosem)
mouth [mou_s_] v. deklamować;
brać w usta; robić złą minę
move [mu:w] s. ruch;
pociągnięcie; krok; zmiana
mieszkania; przeprowadzka; v.
ruszać się; posuwać;
przesuwać; postępować;
przeprowadzać się;
wzruszać; nakłonić;
zwracać się; wnosić; zrobić

ruch; działać
movement [mu:wment] s. ruch;
poruszenie; przemieszczenie;
mechanizm; wypróżnienie
movies ['mu:wyz] s. (slang) kino;
film niemy; film
mow [moł] v. kosić (trawę)
Mr. [myster] s. pan (używane z
nazwiskiem)
Mrs. [mysyz] s. zamężna pani
(używane z nazwiskiem)
much [macz] adj. & adv. wiele;
bardzo; dużo; sporo; niemało
mud [mad] s. błoto; brud
muddle ['madl] v. nurzać się;
mącić; bełtać; mieszać;
brnąć; wikłać się; s.
powikłanie; trudne położenie;
nieład; zamęt
muddy ['mady] adj. zabłocony;
błotnisty; mętny; v. błocić;
mącić
mug [mag] s. dzban; kubek;
gęba
multiply ['maltyplaj] s. mnożyć
(się); rozmnażać się;
pomnożyć
multitude ['maltytju:d] s.
mnóstwo; tłum; pospólstwo;
mnogość
mumble ['mambl] s. mruknięcie;
bąknięcie; v. mruknąć;
bąknąć; żuć bezzębnymi
dziąsłami; mamrotać
munch [mancz] v. chrupać;
schrupać
mural ['mjuerel] s. malowidło
ścienne; fresk; adj. ścienny
murder ['me:rder] s. mord;
morderstwo; v. mordować;
paskudzić (rolę)
murderer ['me:rderer] s.
morderca
murmur ['me:rmer] s. mruczenie;
pomruk; pomrukiwanie; szmer;
szmeranie; sarkanie; v.
mruczeć; szmerać
muscle ['masl] s. mięsień;
muskuł; v. pchać się na siłę
muse [mju:z] v. dumac
s. zaduma
museum [mju:'zjem] s. muzeum
mushroom ['maszrum] s. grzyb

pieczarka polna; dorobkiewicz;
v. zbierać grzyby; rozszerzać
się (jak grzyby po deszczu)
music ['mju:zyk] s. muzyka;
nuty; konsekwencje postąpku
(slang)
musician ['mju:zyszen] s. muzyk
(zawodowy)
Muslim ['muslym] adj.
muzułmański; s. muzułmanin
muslin ['mazlyn] s. muślin
must [mast] s. moszcz winny;
stąchlizna; szał; v. musieć;
adj. konieczny; nieodzowny
mustache ['mastasz] s. wąsy
mute [mju:t] adj. niemy; v.
tłumić
mutilate ['mju:tylejt] v.
okaleczyć; psuć; okroić
(tekst książki)
mutiny ['mju:tyny] s. bunt; v.
buntować
mutter ['mater] v. mamrotać;
mruczeć; szemrać (przeciw);
szeptać; pomrukiwać; s.
mamrot; pomruk; szemranie;
narzekanie
my [maj] pron. mój; moje; moja;
moi
myself [maj'self] pron. ja sam;
sam osobiście; siebie; sobie
mysterious [mys'tierjes] adj.
tajemniczy; niezgłębiony
mystery ['mystery] s. tajemnica;
tajemniczość; misterium
myth [mys] s. mit; postać
mityczna; bajka; mistyfikacja

N

nag [naeg] v. gderać;
dokuczać; dręczyć; s.
szkapa; kucyk; konik
nail [nejl] s. gwóźdź;
paznokieć; pazur; v.
przybijać; utkwić (wzrok);
ujawnić (kłamstwo);
przygwoździć; chwytać

naive [na:'i:w] adj. naiwny
naked ['nejkyd] adj. nagi; goły;
goła (prawda etc.); obnażony
name [nejm] s. imię; nazwa;
nazwisko; v. nazywać;
mianować; wymieniać;
naznaczyć (datę)
nap [naep] v. drzemać;
zdrzemnąć się; s. drzemka;
meszek; puch; włos;
stroszenie meszku
narrate [nae'rejt] v. opowiadać
(coś); opowiedzieć
narrative ['naeretyw] adj.
narracyjny; s. opowiadanie
narrow ['naerou] adj. wąski;
ciasny; ograniczony; s.
przesmyk; cieśninia; v.
zwężać; ścieśniać;
kurczyć się; zmniejszać się;
redukować do ...
nasty ['na:sty] adj. obrzydliwy;
wstrętny; nieznośny;
groźny; brudny;
nieprzyzwoity
nation ['nejszyn] s. naród; kraj;
państwo
national ['naeszenl] adj.
narodowy; państwowy; s.
członek narodu; obywatel;
ziomek
nationality [,naesze'naelyty] s.
narodowość; obywatelstwo
native ['nejtyw] adj. rodzinny;
krajowy; miejscowy;
wrodzony; naturalny; prosty;
s. tubylec; autochton;
człowiek miejscowy
natural ['naeczrel] adj. naturalny;
przyrodniczy; przyrodzony;
doczesny; fizyczny; przyrodni;
pierwotny; nieślubny; dziki; s.
biały klawisz (pianina);
kasownik (muzyczny)
naturally ['naeczrely] adv.
naturalnie; z przyrodzenia;
oczywiście
nature ['nejczer] s. natura;
przyroda; usposobienie; rodzaj
naughty ['no:ty] adj.
niegrzeczny; nieposłuszny;
nieprzyzwoity
nausea ['no:sje] s. nudność;

mdłość; choroba morska;
obrzydzenie; wstręt; chęć
wymiotowania
naval ['nejwel] adj. morski
navel ['nejwel] s. pępek
(ośrodek)
navigate ['naewygejt] s.
żeglować; kierować (np.
balonem)
navy [nejwy] s. marynarka
wojenna; granatowy kolor
near [nier] adj. bliski; dokładny;
v. zbliżać się; adv. blisko;
prawie; oszczędnie
nearby ['nier'baj] adj. pobliski;
sąsiedni; adv. w pobliżu
nearly ['nierly] adv. prawie;
blisko; oszczędnie; nie całkiem
neat [ni:t] adj. schludny;
zgrabny; proporcjonalny
necessary ['nesysery] adj.
konieczny; potrzebny;
wynikający
necessity [ny'sesyty] s.
potrzeba; konieczność; artykuł pierwszej potrzeby; niedostatek; los; zrządzenie losu
neck [nek] s. szyja; kark; szyjka;
przesmyk; v. pieścić się
necklace ['neklys] s. naszyjnik
neck-tie ['nektaj] s. krawat
need [ni:d] s. potrzeba;
trudność; bieda; v.
potrzebować; musieć;
cierpieć biedę
needle ['ni:dl] s. igła; v. kłuć
negative ['negetyw] adj.
przeczący; negatywny;
odmowny; ujemny; s.
zaprzeczenie; odmowa; forma
przecząca; wartość ujemna;
negatyw; v. sprzeciwić się;
odrzucać (np. plan)
neglect [ny'glekt] v.
zaniedbywać; nie zrobić; s.
zaniedbanie; pominięcie;
lekceważenie
negligent ['neglydżent] adj.
niedbały; opieszały;
nieuważny
negotiate [ny'gouszjejt] v.
pertraktować; omawiać;
załatwiać; przezwyciężać;

przebić się przez; uporać
się; przekazać lub sprzedać
neighbor ['nejber] s. sąsiad
neither ['ni:dzer] pron. & adj.
żaden (z dwóch); ani jeden ani
drugi; ani ten ani tamten; conj.
też nie; jeszcze nie
nephew ['nefju:] s. siostrzeniec;
bratanek
nerve [ne:rw] s. nerw; siła;
energia; odwaga; opanowanie;
zuchwalstwo; tupet;
czelność; v. dodawać sił,
odwagi
nervous ['ne:rwes] adj. nerwowy
nest [nest] s. gniazdo; wyląg; v.
budować; gnieździć się
net [net] adj. czysty; netto; s.
siatka; sieć; v. łowić siecią;
trafić w siatkę; zarobić na
czysto (na sprzedaży etc.)
neutral ['nju:trel] adj. bezstronny;
neutralny; obojętny; pośredni;
nieokreślony; bezpłciowy; s.
państwo neutralne
never ['newer] adv. nigdy; chyba
nie; wcale; ani nawet
nevertheless [,newerty'les] adv.
niemniej; jednak; pomimo tego
new [nju:] adj. nowy; świeży;
nowoczesny; adv. znowu; na
nowo
news [nju:z] s. nowiny;
wiadomości; aktualności;
zdarzenia
newspaper ['nju:s,pejper] s.
dziennik (gazeta); tygodnik
next [nekst] adj. następny;
najbliższy; sąsiedni; adv.
następnie; potem; z kolei; tuż
obok; prep. obok; najbliżej
nice [najs] adj. miły;
sympatyczny; przyjemny;
uprzejmy; ładny; wybredny;
dokładny
niece [ni:s] s. siostrzenica;
bratanica
night [najt] s. noc; wieczór
nightgown ['najtgałn] s. damska
koszula nocna; nocny ubiór
nightmare ['najtmeer] s.
koszmar; przerażające
doświadczenie

nil [nyl] s. nic; zero

nimble ['nymbl] adj. zwinny; zgrabny; bystry; żywy; żwawy

nine [najn] num. dziewięć; s. dziewiątka; dziewięcioro

nineteen ['najn'ti:n] num. dziewiętnaście; dziewiętnastka

ninety ['najnty] num. dziewięćdziesiąt; dziewięćdziesiątka

no [nou] adj. nie; żaden; adv. nie; bynajmniej; nic; wcale nie; s. odmowa; sprzeciw

noble [noubl] adj. szlachetny; szlachecki; wspaniały; wielkoduszny; s. szlachcic

nobody ['noubedy] s. nikt; człowiek bez znaczenia

nod [nod] v. skinąć głową; ukłonić się; drzemać przyzwalać skinieniem; być nachylonym

noise ['nojz] s. hałas; zgiełk; wrzawa; szum; odgłos; szmer; v. rozgłaszać coś; rozgłosić

noisy ['nojzy] adj. hałaśliwy; krzykliwy; wrzaskliwy

nominate ['nomynejt] v. mianować; wyznaczać; obierać

none [non] pron. nikt; żaden; nic; adv. wcale nie; bynajmniej nie

nonfiction [,non-'fykszyn] s. reportaże; opowieść prawdziwa; opisy faktów (w dziennikach etc.)

nonsense ['nonsens] s. niedorzeczność; nonsens; głupstwo

noodle ['nu:dl] s. makaron; kluska; cymbał;pała; głupek; łeb

noon [nu:n] s. południe

nor [no:r] conj. też nie

normal ['no:rmel] adj. normalny; prostopadły; prawidłowy; s. stan normalny; prostopadła

north [no:rs] adv. na północ; s. północ; adj. północny

nose [nouz] s. nos; węch; wylot; dziób; v. wąszyć; pocierać nosem; wtykać nos

nosy ['nouzy] adj. wścibski; śmierdzący; aromatyczny; stęchły; cuchnący; s. nosacz wielki

not [not] adv. nie; ani (jeden)

notable ['noutebl] adj. znakomity; sławny; wybitny; s. dostojnik; wybitny człowiek

note [nout] s. nuta; znak; znamię; uwaga; notatka; banknot; v. zapisywać; zauważać

notebook ['noutbuk] s. zeszyt; notatnik; notes; notesik

nothing ['nasyng] s. nic; drobiazg; adv. nic; nie; w żaden sposób; bynajmniej nie; wcale nie

notice ['noutys] v. zauważyć; spostrzec; traktować grzecznie; powiadamiać; s. zawiadomienie; uwaga; recenzja; spostrzeżenie

notion ['nouszyn] s. pojęcie; wyobrażenie; zamiar; wrażenie

notorious ['nou'to:rjes] adj. notoryczny; osławiony; jawny

nourish ['narysz] v. żywić; karmić; utrzymywać

novel ['nowel] s. powieść; opowieść; nowela; adj. nowy; nowatorski; osobliwy; oryginalny

novelty ['nowelty] s. nowość; innowacja; oryginalność

novice ['nowys] s. nowicjusz; neofita; początkujący

now [nał] adv. teraz; obecnie; dopiero co; otóż; a więc; s. teraźniejszość; chwila obecna; chwila dzisiejsza

nowhere ['nouhłer] adv. nigdzie; s. niepowodzenie etc.

nude [nju:d] adj. nagi; goły; nie ważny (prawnie); s. człowiek nagi; nagość; akt

nuisance ['nju:sns] s. zawada; naruszenie porządku publicznego; osoba sprawiająca zawadę

numb [nam] adj. ścierpły;
zdrętwiały; odrętwiały; v.
drętwieć; odurzać;
paraliżować; zdrętwieć
number ['namber] s. liczba;
numer; ilość; v. liczyć;
numerować; wyliczać;
zaliczać
number plate ['namber'plejt] s.
nun [nan] s. zakonnica; mniszka
nurse [ne:rs] s. pielęgniarka;
pielęgniarz; mamka; osłona; v.
pielęgnować; leczyć;
opiekować się; żywić;
podsycać; szanować;
obejmować; karmić; pić
powoli; (piersią) niańczyć
nut [nat] s. orzech; bzik; dziwak;
nakrętka; zakrętka; v. szukać
i zbierać orzechy
nutritious [nju'tryszes] adj.
pożywny; odżywczy

O

o [ou] piętnasta litera
angielskiego alfabetu; zero
oak [ouk] s. dąb; a. dębowy
oar [o:r] s. wiosło; v. wiosłować
oat [out] s. owies
oath [ous] s. przysięga;
przekleństwo;
świętokradztwo etc.
obedient [e'bi:djent] adj.
posłuszny
obey [e'bej] v. słuchać; być
posłusznym (rozsądkowi etc.)
object ['obdżykt] s. przedmiot;
rzecz; cel; śmieszny człowiek;
dopełnienie; v. zarzucać coś;
być przeciwnym; sprzeciwiać
się
objection [eb'dżekszyn] s.
zarzut; sprzeciw; przeszkoda;
trudność; wada; niechęć
objective [eb'dżektyw] s. cel;
obiektyw; adj. przedmiotowy;
obiektywny; rzeczywisty

obligation [obly'gejszyn] s.
zobowiązanie; obowiązek;
obligacja; dług (wdzięczności)
oblivion [e'blywjen] s.
zapomnienie; niepamięć
obscene [ob'si:n] adj. sprośny;
nieprzyzwoity; niemoralny
obscure [eb'skjuer] adj. ciemny;
skromny; niejasny; ukryty;
nieznany; v. zaciemniać;
przyciemniać; zaćmiewać
observe [eb'ze:rw] v.
obserwować; przestrzegać;
obchodzić; zauważać;
wypowiedzieć uwagę;
zbadać
obsess [eb'ses] v. opętać;
prześladować; nie dawać
spokoju; nawiedzać
obstacle ['obstekl] s. przeszkoda;
zawada
obstinate ['obstynyt] adj. uparty;
uporczywy; zawzięty;
wytrwały
obstruct [eb'strakt] v. tamować;
zagradzać; zasłaniać;
wstrzymywać; wywoływać
zator; zawadzać
obtain [eb'tejn] v. uzyskać;
trwać; panować;
obowiązywać
obvious ['obwjes] adj.
oczywisty; rzucający się w
oczy
occasion [e'kejżyn] s.
sposobność; okazja; powód
occasional [e'kejżenl] adj.
przypadkowy; okazyjny;
okolicznościowy; rzadki
occupation [,okju'pejszyn] s.
okupacja; zawód; zajęcie;
zajmowanie; zamieszkiwanie
occur [e'ke:r] v. zdarzać się;
przychodzić na myśl;
pojawiać się; dziać się;
trafić się
ocean ['ouszen] s. ocean; a.
oceaniczny
October [ok'touber] s.
październik; a.
październikowy
odd [od] adj. nieparzysty;
dziwny; dziwaczny;

zbywający; pozostały;
dodatkowy; od pary

odor ['ouder] s. odór; woń;
ślad; reputacja; sława;
posmak

of [ow] prep. od; z; o; w

off [of] adv. od; z; na boku;
precz; z dala; przy; prep. z
dala

offend [e'fend] v. obrażać;
razić; występować przeciw
(np. prawu); zawinić;
wykroczyć

offensive [e'fensyw] adj.
obraźliwy; drażniący;
przykry; cuchnący; zaczepny;
s. ofensywa; postawa
zaczepna

offer ['ofer] s. oferta; propozycja
(np. ślubu); v. ofiarować
(się); oświadczyć (się);
oferować; nastręczyć się;
nadarzyć się; występować z
propozycją

office ['ofys] s. biuro; urząd;
obowiązek; służba
urzędowania; posada; funkcja;
stanowisko; gabinet

officer ['ofyser] s. urzędnik;
oficer; policjant; v. obsadzać
kadrą; dowodzić; kierować

official [e'fyszel] s. urzędnik; adj.
urzędowy; oficjalny

often ['o:fn] adv. często

oil [ojl] s. oliwa; olej; ropa; nafta;
farba olejna; v. oliwić
smarować; przetapiać;
pochlebiać

ointment ['oyntment] s. maść

O.K., okay ['ou'kej] adv. w
porządku; tak; adj. b. dobry;
s. zgoda; v. zaaprobować
(coś)

old [ould] adj. stary;
staroświecki; doświadczony;
były; s. dawne czasy; dawno
temu

old-fashioned ['ould'faeszend]
adj. staromodny; staroświecki

omen ['oumen] s. omen;
wróżba; znak; v. być
wróżbą; być znakiem

omit [ou'myt] v. opuszczać;

pomijać; zaniedbywać

on [on] prep. na; ku; przy; nad;
u; po; adv. dalej; przed siebie;
naprzód; przy sobie

once [łans] adv. raz; nagle;
naraz; zaraz; kiedyś;
niegdyś; dawniej; s. raz; conj.
raz; gdy; skoro; od razu;
zarazem etc.

one [łan] num; jeden; adj.
pierwszy; pojedynczy; jedyny;
pewien; s. dowcip; kieliszek;
jedynka; pron. ten; który;
ktoś; niejaki

oneself [łan'self] pron. się;
siebie; sobie; sam; osobiście;
samodzielnie; samotnie

onion ['anjen] s. cebula

only ['ounly] adj. jedyny;
jedynak; adv. tylko; jedynie;
ledwo; dopiero; conj. tylko że;
cóż z tego, kiedy ...

open ['oupen] adj. otwarty;
rozwarty; dostępny;
wystawiony; jawny;
odsłonięty; wakujący; wolny;
v. otworzyć; zwierzyć się;
umożliwić; rozpoczynać;
rozchylić; udostępnić

opening ['oupnyng] s. otwór;
wylot; otwarcie; początek;
zbyt; adj. początkowy;
wstępny

opera ['opere] s. opera

operate ['operejt] v. działać;
zadziałać; oddziałać;
pracować; operować (kimś,
kogoś); wywoływać;
prowadzić; kierować;
obsługiwać; spekulować

opinion [e'pynjen] s. pogląd;
opinia; zdanie; zapatrywanie

opportunity [,oper'tju:nyty] s.
sposobność; okazja

opposite ['epezyt] adj.
przeciwny; przeciwległy;
odmienny; adv. naprzeciwko;
naprzeciw; s. przeciwieństwo;
odwrotność

oppress [e'pres] v. przygniatać;
uciskać; ciemiężyć; gnębić;
nużyć; męczyć

opt [opt] v. wybierać z dwu

alternatyw; optować na rzecz
czegoś
optical ['optykel] adj. optyczny;
wzrokowy; pomocny w
widzeniu
option ['opszyn] s. możność
wyboru; opcja; wybór; v.
wybrać alternatywę
or [o:r] conj. lub; albo; czy; ani;
inaczej; czyli; s. złoto; adj.
złoty
oral ['o:rel] adj. ustny; doustny;
s. egzamin ustny
orange ['oryndż] s. pomarańcza;
adj. pomarańczowy
orchard ['o:rczerd] s. sad
orchestra ['o:rkystra] s. orkiestra
ordeal [o:r'di:l] s. ciężka próba;
ciężkie doświadczenie
order ['o:rder] s. rozkaz;
zlecenie; zarządzenie;
przekaz;porządek; szyk; układ;
stan; zakon; order; obrzęd;
zamówienie; zadanie; v.
rozkazywać; zamawiać;
komenderować; zarządzać;
wyświęcać; porządkować
ordinary ['o:rdnry] adj.
zwyczajny; zwykły;
przeciętny; pospolity; typowy;
s. rzecz zwykła, codzienna,
przeciętna
organ ['o:rgen] s. narząd; organ;
organy; czasopismo
organize ['o:rgenajz] v.
organizować; zrzeszyć;
nadawać ustrój
origin ['orydżyn] s. pochodzenie;
początek; źródło; geneza
original [e'rydżynel] adj.
oryginalny; początkowy; s.
oryginał; dziwak
ornament ['o:rnament] s.
ozdoba; v. ozdabiać;
upiększać
orphan ['o:rfen] s. sierota; adj.
sierocy; osierocony
other ['adzer] pron. inny; drugi;
adv. inaczej; odmiennie
otherwise ['adzerłajz] adv.
inaczej; poza tym; skądinąd
ought [o:t] v. powinien; trzeba
żeby; należy; zobowiązany

our ['aur] adj. nasz
ourselves [auer'selwz] pl. pron.
my; my sami; (dla) nas etc.
out [aut] adv. na zewnątrz;
precz; poza; na dworze; poza
domem; nieobecnym (być)
outcast ['autka:st] s. wyrzutek;
wygnaniec; adj. wygnany
outcome ['autkam] s. wynik;
rezultat; konsekwencje
outdoors ['aut'do:rz] adj. na
wolnym powietrzu; s. wolna
przestrzeń; adv. zewnątrz
(domu)
outer ['auter] adj. zewnętrzny
outfit ['autfyt] s. wyposażenie;
drużyna; zespół; towarzystwo;
zestaw narzędzi; v.
wyposażyć; zaopatrywać;
wyekwipować
outlaw ['aut-lo:] v. zakazywać;
wyjmować spod prawa; s.
przestępca; banita; notoryczny
kryminalista
outlet ['autlet] s. wylot; rynek
zbytu; wyjście; ujście
outline ['autlajn] s. zarys; szkic;
v. konturować; szkicować;
przedstawiać (plany etc.)
outlook ['autluk] s. widok;
pogląd; obserwacja; widoki
(na przyszłość); czaty
outrageous [aut'rejdżes] adj.
wołający o pomstę; bezecny;
gwałtowny; skandaliczny;
obrażający
outside ['aut'sajd] s. okładka;
fasada; strona zewnętrzna; na
dworze; adj. zewnętrzny; inny
niż; adv. zewnątrz; oprócz; z
wyjątkiem; poza (czymś)
outskirts ['aut,ske:rts] s. krańce;
kraj; peryferie
outspoken [aut'spouken] adj.
szczery; otwarcie
wypowiedziany, bez ogródek,
prosto w oczy
outstanding ['autstaendyng] adj.
wybitny; wyróżniający się;
otwarty; niezałatwiony;
zaległy; wystający; sterczący
oval ['ouwel] s. owal; adj.
owalny; owalnego kształtu

oven ['own] s. piekarnik; piec
over ['ouwer] prep. na; po; w;
przez; ponad; nad; powyżej;
adv. na drugą stronę; po
powierzchni; całkowicie; od
początku; zbytnio; znowu; raz
jeszcze (odrabiać zadanie
etc.)
overcome [,ouwer'kam] v.
pokonać
overdo [,ouwerdu:] v.
przeciążać; przesadzać;
przegotowywać; niszczyć
przesadą; robić za dużo
overlook [,ouwer'luk] v.
przeoczyć; puszczać płazem;
mieć widok z góry;
nadzorować; wybaczyć; s.
widok z góry; nadzór
overseas ['ouwer'si:z] adv. za
morzem; do krajów
zamorskich; adj. zamorski
oversleep ['ouwer'sli:p] v.
zaspać; przespać
overture ['ouwer,tjuer] s.
rozpoczęcie rokowań;
propozycja; uwertura; v.
proponować
overwhelm [,ouwer'hłelm] v.
przygniatać przywalać;
zalewać; rujnować; ogarniać
owe [oł] v. być winnym;
zawdzięczać
owl [aul] s. sowa
own [ołn] v. mieć; posiadać;
przyznawać (się); adj.
własny; rodzony
owner ['ołner] s. właściciel
ox [oks] s. wół; pl. oxen
oxygen [oksydżen] s. tlen

P

p [pi:] szesnasta litera
angielskiego alfabetu
pa [pa:] s. tato
pace [pejs] s. krok; chód; v.
kroczyć; mierzyć krokami;
ustalać rytm kroku; ćwiczyć
krok (np. konia); przebywać
(drogę); chodzić (tam i z
powrotem)
pack [paek] s. pakunek; tłumok;
tobół; stek; sfora; okład; kupa;
v. pakować; opakować;
owijać; stłoczyć; napychać;
objuczyć; zbierać w stado
package ['paekydż] s. pakunek;
paczka
packet ['paekyt] s. pakiet; v.
zawijać
pact [paekt] s. pakt; układ
pad [paed] s. wyściółka; notes;
blok (papieru); bibularz; łapa;
podkładka; v. wyściełać;
wywoływać; rozdymać
paddle ['paedl] s. wiosełko
kajakowe; v. wiosłować
page [pejdż] s. stronica; karta;
paź; goniec
pain [pejn] s. ból; cierpienie;
trud; starania; v. zadawać
ból; boleć; dolegać
painful ['pejnful] adj. bolesny;
przykry
paint [pejnt] s. farba; szminka; v.
malować
painting ['pejntyng] s.
malarstwo; obraz
pair [peer] s. para; parka; stadło;
v. dobierać do pary;
stanowić parę
pajamas [pe'dża:mez] pl. piżama
palace ['paelys] s. pałac
pale [pejl] s. pal; granica; adj.
blady; v. otaczać palami;
blednąć; spowodować
blednięcie
palm [pa:m] s. palma; dłoń;
piędź; v. ukrywać w dłoni;
dotykać dłonią
pamphlet ['paemflyt] s. broszura
natury polemicznej na tematy
bieżące, kontrowersyjne etc.
pan [paen] s. patelnia; rondel;
rynka; szalka; panewka; gęba;
kra; v. gotować na patelni;
udawać się; krytykować
pancake ['paen,kejk] s.
naleśnik; adj. płaski
panic ['paenyk] s. panika;

popłoch; v. wpaść w panikę;
wywoływać panikę; poddać
się panice
pants [paents] pl. spodnie;
kalesony
paper ['pejper] s. papier; gazeta;
tapeta; rozprawa naukowa;
papierowe pieniądze; adj.
papierowy; rzekomy; v.
zawinąć w papier;
tapetować
parade [pe'rejd] s. parada;
pochód; rewia; defilada; v.
popisywać się; obnosić się
(z czymś)
paradise ['paere,dajs] s. raj; adj.
rajski
paralyze ['paere,lajz] v.
paraliżować; porażać
parasite ['paere,sajt] s. pasożyt
parcel ['pa:rsl] s. paczka; działka;
v. dzielić; pakować w paczki
pardon ['pa:rdn] s. ułaskawienie;
przebaczenie; v. przebaczać;
darować; ułaskawiać
parent ['peerent] s. ojciec;
matka; rodziciel; rodzicielka
park [pa:rk] s. park; postój
samochodów; v. parkować
parliament ['pa:rlyment] s.
parlament
parrot ['paeret] s. papuga; v.
powtarzać jak papuga
parsley ['pa:rsly] s. pietruszka; a.
pietruszkowy
part [pa:rt] s. część; ustęp;
udział; rola; strona; przedział
(włosów); v. rozchodzić (się);
rozdzielać; dzielić; pękać;
robić (przedział); wyjeżdżać;
adj. mniejszy niż całość
partial ['pa:rszel] adj. stronniczy;
częściowy; mający słabość
do ...; niepełny
participate [pa:r'tysypejt] v.
brać udział
particular ['per'tykjuler] adj.
szczególny; szczegółowy;
specjalny; prywatny;
grymaśny; dokładny;
uważny; dziwny;
niezwyczajny; ostrożny; s.
szczegół; fakt

partner ['pa:rtner] s. wspólnik
party ['pa:rty] s. partia; przyjęcie
towarzyskie; towarzystwo;
grupa; strona; uczestnik;
osobnik
pass [pa:s] s. przełęcz; odnoga
rzeki; przepustka; wypad;
bilet; umizg; sztuczka; v.
przechodzić; mijać; pomijać;
zdać; przekazać; wymijać;
wyprzedzać; przeprowadzić;
przewyższać; spędzać;
puszczać w obieg; podawać;
odchodzić; umierać; dziać
się; krążyć
passage ['paesydż] s. przejście;
przejazd; przeprawa; przelot;
upływ; korytarz; urywek
tekstu
passenger ['paesyndżer] s.
pasażer; pasażerka
passion ['paeszyn] s.
namiętność; pasja; Męka
Pańska; stan bierny
passport ['pa:s,po:rt] s. paszport
past [pa:st] adj. przeszły;
miniony; ubiegły; prep. za;
obok; po; przed; adv. obok; s.
przeszłość; czas przeszły
paste [pejst] s. pasta; ciasto; klej
mączny; klajster; masa;
makaron; uderzenie (slang); v.
przylecieć; oblepiać; obić
(kogoś)
pastry ['pejstry] s. wyroby
cukiernicze; ciastka
pat [paet] s. głaskanie; klepanie;
krążek (np. masła); v.
pogłaskać; poklepać;
pochwalić (kogoś); adv.
trafnie; w sam raz; adj. trafny;
biegły; na czasie; zupełnie
właściwy
patch [paecz] s. łata; plama;
skrawek; półko; zagon;
grządka; klapka (na oko);
przepaska; v. łatać; załatać;
szyć z łat; sztukować;
naprawić; skleić; załagodzić
path [pa:s] s. ścieżka; tor;
droga ruchu; zob. paths
pathetic [pe'tetyk] adj. żałosny;
smutny; uczuciowy;

wzruszający; rozrzewniający
patient ['pejszent] adj. cierpliwy;
wytrwały; s. pacjent;
pacjentka; chory; chora
patriot ['pejtryet] s. patriota
patrol [pe'troul] v. patrolować;
s. patrolowanie; patrol
patron ['pejtren] s. klient;
opiekun; patron
pattern ['paetern] s. próbka;
wzór; układ; materiał na
suknię lub ubranie (USA);
zespół; cechy
charakterystyczne; ślady kul
(na tarczy); v. wzorować;
modelować; ozdabiać
wzorami
pause [po:z] s. przerwa; pauza;
v. robić przerwę; wahać się
pavement ['pejwment] s. bruk;
posadzka; materiał do
brukowania
paw [po:] s. łapa; (slang) tatuś;
v. uderzać łapą lub kopytem;
miętosić w łapach; macać
(poufale)
pawn [po:n] s. zastaw; fant;
pionek; v. zastawiać; dawać
w zastaw
pay; paid; paid [pej; peid; peid]
pay [pej] v. płacić; zapłacić;
wynagradzać; udzielać
(uwagi); dawać (dochód);
opłacać (się); s. płaca;
zapłata; pobory;
wynagrodzenie; adj. płatny
(np. automat telefoniczny);
opłacalny
payment ['pejment] s.
płatność; wypłata; zapłata
pea [pi:] s. groch; ziarnko grochu
peace [pi:s] s. pokój; pojednanie;
spokój
peaceful ['pi:sful] adj. spokojny;
pokojowy
peach [pi:cz] s. brzoskwinia;
wspaniała rzecz, dziewczyna,
człowiek; v. (slang) sypać;
donosić (na kogoś)
peacock ['pi:,kok] s. paw; v.
pysznić się jak paw; chodzić
jak paw; paradować
peak [pi:k] s. (ostry) szczyt;

wierzchołek; daszek (u
czapki); szpic; garb (krzywej)
peal [pi:l] s. huk; łoskot; bicie w
dzwony; huczny śmiech;
zespół dzwonów; v. huczeć;
bić w dzwony; grać (coś)
hucznie
peanut ['pi:nat] s. orzeszek
ziemny; drobnostka; a.
drobny; prowincjonalny
pear [peer] s. gruszka
pearl [pe:rl] s. perła
peasant ['pezent] s. chłop;
wieśniak; adj. chłopski
peck [pek] v. dziobać; wcinać
(jedzenie); dziobnąć;
cmoknąć (męża); stukać;
wydziobać; dłubać;
odziobać; s. dziobnięcie;
cmok; ślad dziobania
peculiar [py'kju:ljer] adj.
szczególny; dziwny; osobliwy;
charakterystyczny; dziwaczny
pedal ['pedl] s. pedał; nuta
pedałowa; v. pedałować;
naciskać pedał; ['pi:dl] adj.
pedałowy; nożny
pedestal ['pedystl] s. piedestał;
podstawa; v. stawiać na
piedestał
pedestrian [py'destrjen] adj.
pieszy; przyziemny;
prozaiczny; s. piechur; pieszy
człowiek
peek ['pi:k] v. podglądać
peel [pi:l] s. skóra; skórka; łupa;
v. obierać; zdzierać;
łuszczyć się; (slang)
rozbierać (się)
peg [peg] s. czop; kołek;
zatyczka; szpunt; v.
zakołkować; przymocować
kołkami
pelvis ['pelwys] s. miednica; a.
miedniczny
pen [pen] s. pióro; kojec;
ogrodzenie; schron; (slang)
więzienie; v. pisać; układać
list; zamykać w ogrodzeniu
penalty ['penlty] s. kara
pencil ['pensl] s. ołówek; v.
rysować; pisać
penetrate ['peny,trejt] v.

przenikać; przepajać;
przedostawać się przez;
wtargnąć; zanurzyć
penguin ['pengłyn] s. pingwin
penitent ['penytent] s. żałujący
grzesznik; pokutnik; adj.
żałujący; skruszony
pension ['penszyn] s. renta;
emerytura; pensjonat; v.
wyznaczać pensję;
pensjonować
pensive ['pensyw] adj.
zamyślony
people ['pi:pl] s. ludzie;
ludność; lud; v. zaludniać
pepper ['peper] s. pieprz;
papryka; v. pieprzyć; kropić;
zasypywać kulami; dać lanie
per [pe:r] prep. przez; za; na;
według; co do; za
pośrednictwem
perceive [per'si:w] v.
uświadamiać sobie; odczuć;
dostrzegać; spostrzegać
percent [per'sent] s. odsetek; od
sta
perception [per'sepszyn] s.
spostrzeganie; percepcja
perch [pe:rcz] s. okoń; grzęda;
żerdź; pręt; v. siedzieć na
grzędzie; sadzać na grzędzie
perfect ['pe:rfykt] adj.
doskonały; zupełny; v.
udoskonalić; wykończyć
perform [per'fo:rm] v.
wykonywać; odgrywać;
spełniać; występować
performance [per'fo:rmens] s.
przedstawienie; wyczyn;
wykonanie; spełnienie
perfume ['pe:rfju:m] s. perfuma;
zapach; [pe'rfju:m] v.
perfumować
perhaps [per'haeps, praeps] adv.
może; przypadkiem
period ['pieried] s. okres; period;
menstruacja; kropka; kres;
pauza; miesiączka; a. stylowy
perish ['perysz] v. zgiąć;
niszczyć; nękać; trapić;
gnębić; ginąć (przedwczesną
śmiercią)
perishable ['peryszebl] adj.

zniszczalny; s. łatwo psujący
się towar
perm [pe:rm] s. trwała ondulacja
permanent ['pe:rmenent] adj.
trwały; permanentny
permission [per'myszyn] s.
pozwolenie; zezwolenie
permit [per'myt] s. pisemne
zezwolenie; pozwolenie; v.
pozwalać; zezwalać;
dopuszczać
pernicious [pe:rnyszes] adj.
szkodliwy; zgubny
perpendicular [,pe:rpen'dykjuler]
adj. prostopadły; s.
prostopadła; pion
perpetual [per'petjuel] adj.
wieczny; wieczysty; trwały;
dożywotni
persecute ['pe:rsy,kju:t] v.
prześladować
persist [pe'rsyst] v. obstawać;
wytrwać; upierać się
person ['pe:rson] s. osoba;
człowiek
personal ['pe:rsenel] adj.
osobisty; robiący osobiste
uwagi; s. wiadomość
osobista
personality [,pe:se'naelyty] s.
osobowość;
powierzchowność; postawa;
indywidualność; pl.
wycieczki (uwagi) osobiste
personnel [,pe:rse'nel] s.
personel
perspire [,pe:r'spajer] v. pocić
się; wypacać się
persuade [pe:r'słejd] v.
przekonywać; namawiać
pessimism ['pesy,myzem] s.
pesymizm; spodziewanie się
najgorszego
pest [pest] s. plaga; zaraza
pet [pet] s. faworyt; ulubieniec
(np. pies); adj. ulubiony; v.
(slang) pieścić; być w złym
nastroju; gniewać się;
migdalić; wypieścić
petal ['petl] s. płatek
petition [py'tyszyn] s. petycja;
prośba; podanie; v. prosić;
wnosić podanie

petroleum [py'trouljem] s. ropa
naftowa; olej skalny
petty ['pety] adj. drobny
pharmacy ['fa:rmesy] s. apteka;
farmacja
phase [fejz] s. faza (np.
rozwojowa); aspekt
pheasant ['feznt] s. bażant
philosopher [fy'losefer] s. filozof
philosophy [fy'losefy] s. filozofia
phone [foun] s. telefon (slang)
photograph ['foute,gra:f] s.
fotografia; zdjęcie; v.
fotografować
phrase [frejz] s. wyrażenie;
zwrot; v. wyrażać;
wypowiadać wyrażeniami lub
słowami
physical ['fyzykel] adj. fizyczny;
cielesny
physician ['fyzyszyn] s. lekarz
piano [py'aenou] s. fortepian;
pianino
pick [pyk] v. wybierać;
dorabiać; kopać;
krytykować; dłubać;
obierać; zbierać; usuwać;
oskubać; wydziobać;
kraść; okraść; s. kilof;
dłuto; wybór; czółenko; nitka
picture ['pykczer] s. obraz; film;
rysunek; rycina; portret;
widok; v. odmalowywać;
przedstawiać; opisywać;
wyobrażać sobie; dawać
obraz czegoś
pie [paj] s. placek; szarlotka;
pasztet; pasztecik; (ptak)
sroka
piece [pi:s] s. kawałek; część;
sztuka; moneta; utwór; v.
łączyć; zeszyć; łatać;
naprawiać
pierce [piers] v. przewiercać;
wnikać; przedziurawiać;
przebijać; przedostawać się
pig [pyg] s. wieprz;
świnia;prosię; v. prosić się
pigeon ['pydżyn] s. gołąb; v.
oszukiwać
pile [pail] s. stos; sterta; kupa;
pal; słup; puszek; meszek;
włos; v. układać w stos;

gromadzić na kupę; stawiać
w kozły
pilgrim ['pylgrym] s. pielgrzym
pill [pyl] s. pigułka; tabletka
pillar ['pyler] s. filar; słup;
podpora
pillow ['pylou] s. zagłówek;
jasiek; poduszka; podkładka;
v. spoczywać; opierać (np.
głowę)
pillowcase ['pylou,kejs] s.
poszewka
pimple ['pympl] s. pryszcz;
wągier
pin [pyn] s. szpilka; sztyft;
sworzeń; kołek; krągiel; v.
przyszpilić; przymocować
pinch [pyncz] v. szczypać;
gnieść; cisnąć; przycisnąć;
przyskrzynić; krępować;
dokuczać; doskwierać;
podważać łomem; s.
uszczypnięcie; szczypta; łom;
(slang) aresztowanie; obława;
kradzież
pine [pajn] s. sosna; ananas; v.
usychać
pineapple ['pajnaepl] s. ananas
pink [pynk] s. różowy kolor;
radykał (komunizujący);
goździk; v. urazić do
żywego; przekłuwać
pint [pajnt] s. półkwarcie; 0.47
litra; 1/8 galona
pious [pajes] adj. pobożny
pipe [pajp] s. rura; rurka;
przewód; piszczałka; (slang)
łatwizna; drobiazg; v.
doprowadzać rurami;
włączyć; połączyć;
prowadzić dźwiękiem fujarki;
grać na fujarce; grać na
kobzie; gwizdać; piszczeć
pit [pyt] s. dół; jama; kopalnia;
pestka; v. puszczać do walki;
robić dołki; wkładać do dołu;
wyjmować pestki
pitcher ['pyczer] s. dzban;
rzucający piłką
pitiful ['pytyful] adj. litościwy;
żałosny; nędzny
pity ['pyty] s. litość;
współczucie; szkoda; v.

litować się; współczuć;
żałować kogoś
place [plejs] s. miejsce;
miejscowość; plac; ulica;
dom; mieszkanie; zakład;
krzesło; posada; v.
umieszczać; położyć;
ulokować; dać stanowisko;
pokładać; powierzyć;
określać
placid ['plaesyd] adj. łagodny;
spokojny
plague [plejg] s. plaga; dżuma;
zaraza; v. dręczyć
plain [plejn] adj. wyraźny;
prosty; gładki; szczery; płaski;
równy; adv. jasno; szczerze;
s. równina
plaintiff ['plejntyf] s. powód
(zaskarżający); powódka
plan [plaen] s. plan; v.
planować; zamierzać
plane [plejn] s. płaszczyzna;
równina; poziom; samolot; płat
(skrzydła); strug; wiórnik;
gładzik; platan (owoc); v.
ślizgać; ześlizgiwać się;
heblować
planet ['plaenyt] s. planeta
plank ['plaenk] s. deska; tarcica;
punkt programu (politycznego
w USA); v. pokrywać
deskami
plant ['pla:nt] s. roślina;
fabryka; zakład; wtyczka;
(slang) oszustwo; włamanie;
kant; v. zasadzać; zakładać;
umieszczać; pozorować;
ukrywać; wtykać; sadzić
(rośliny)
plaster ['pla:ster] s. tynk;
wyprawa wapienna;
przylepiec; v. tynkować;
wyprawiać; powlekać;
zalepiać; oblepiać
plastic ['plaestyk] s. plastyk;
sztuczne tworzywo; adj.
plastyczny; giątki
plate [plejt] s. talerz; danie;
płyta; taca; tafla; v.
platerować; opancerzać
platform ['plaet,fo:rm] s.
platforma; podium; trybuna;

rampa; program polityczny
play [plej] s. gra; zabawa;
sztuka; v. grać; bawić się;
zagrać; udawać
plea [pli:] s. usprawiedliwienie;
wywód; apel; prośba
pleasant ['plesnt] s. przyjemny;
miły; wesoły
please [pli:z] v. podobać się;
zadowalać
pleasure ['pleżer] s.
przyjemność; adj.
rozrywkowy
pledge [pledż] v. zobowiązywać
(się); zastawiać; s. zastaw;
gwarancja; przyrzeczenie
plenty ['plenty] s. obfitość;
mnóstwo; adv. zupełnie; aż
nadto; adj. obfity; liczny;
obszerny
plot [plot] s. osnowa; fabuła;
spisek; działka; wykres; mapa;
v. knuć; spiskować; nanosić
na mapę; planować; dzielić
plough [plau] s. pług; v. orać
plug [plag] s. czop; zatyczka;
kurek; reklama; świeca
(silnika); v. zatykać
plum [plam] s. śliwka; rodzynka;
gratka; adv. pionowo
plumber ['plamer] s. hydraulik
plump [plamp] adj. pulchny; tęgi;
stanowczy; otwarty; v.
tuczyć; tyć; wypełniać (się);
ciężko upaść; upuścić;
rzucić; popierać w wyborach
masowym głosowaniem; adv.
prosto; nagle; ciężko; s.
upadek
plunge [plandż] v. pogrążać
(się); zanurzać (się);
wpadać; spadać; s. skok do
wody; pływalnia
plus [plas] prep. plus; więcej;
adj. dodatni; dodatkowy; s.
znak plus; dodatek
pocket ['pokyt] s. kieszeń;
dziura (powietrzna); v.
wkładać do kieszeni
pod [pod] s. strączek; kokon;
stadko; obsada; v. rodzić
strączki; łuszczyć; spędzać
razem

poem [pouim] s. wiersz; poemat
poetry ['pouytry] s. poezja
point [point] s. punkt; ostry
koniec; szpiczaste narzędzie;
przylądek; kropka; pointa;
cecha; sedno; sens; v.
zaostrzać; celować;
wskazywać; punktować;
kropkować; dowodzić;
dążyć; pokazywać
poise [pojz] s. równowaga;
postawa; swoboda; stan
zawieszenia; stan
niepewności; v.
równoważyć; ważyć w
rękach; zawisnąć w
powietrzu; być
przygotowanym do ataku
poison ['pojzn] s. trucizna; v.
truć; zatruć; zakazić
pole [poul] s. biegun; słup;
żerdź; dyszel; maszt
police [pe'li:s] s. policja; v.
rządzić; pilnować;
utrzymywać porządek
policeman [pe'li:smen] s.
policjant
policy ['polysy] s. polityka
rządzenia; polityka postę-
powania; mądrość polityczna; polisa ubezpieczeniowa
Polish ['poulysz] adj. polski
(język, obywatel etc.)
polish ['polysz] v. polerować;
gładzić; pochlebiać;
nabierać połysku; s. pasta (do
butów); połysk; politura; polor
polite [pe'lajt] adj. grzeczny;
uprzejmy; kulturalny
political [pe'lytykel] adj.
polityczny
politics ['polytyks] s. polityka
pollute [pe'lju:t] v.
zanieczyszczać; skazić
pollution [pe'lju:szyn] s.
skażenie; zanieczyszczenie
pond [pond] s. staw
pool [pu:l] s. kałuża; sadzawka;
pływalnia; v. składać się
razem; zbierać się w grupę
poor [puer] adj. biedny; ubogi;
lichy; marny; słaby; kiepski;
nędzny; skromny

pope [poup] s. papież
poppy ['popy] s. mak
popular ['popjuler] adj. ludowy;
rozpowszechniony; popularny
(tani)
population ['popjulejszyn] s.
ludność
porridge ['porydż] s. owsianka
port [po:rt] s. port; przystań;
otwór; otwór ładunkowy;
postawa; trzymanie się;
prezentowanie (broni); wino
porto; lewa burta; sterowanie
w lewo
portable ['po:rtebl] adj.
przenośny; polowy
porter ['po:rter] s. tragarz;
kolejarz od sypialnego wagonu
portion ['po:rszyn] s. część;
porcja; udział; posag; los; v.
dzielić; przydzielać
portrait ['po:rtryt] s. portret
posh [posz] adj. elegancki;
szykowny; v. wyelegantować
się
position [pe'zyszyn] s. położenie;
stanowisko; postawa;
twierdzenie; umieszczenie; v.
umieszczać; ulokować
positive ['pozetyw] adj.
pozytywny; stanowczy;
ustanowiony; zupełny;
dodatni; pozytywistyczny; s.
znak dodatni; wartość
dodatnia; pozytyw
possess [pe'zes] v. posiadać;
opanować; opętać;
przepajać
possession [pe'zeszyn] s.
posiadanie; posiadłość;
własność; dobytek;
opanowanie
possibility [pose'bylyty] s.
możliwość; możność;
ewentualność
possible ['posebl] adj. możliwy;
ewentualny
post [poust] s. słup; posada;
posterunek; poczta; v.
ogłaszać; wywieszać;
zalepiać plakatami
postage ['poustydż] s. opłata
pocztowa

postcard ['poust,ka:rd] s.
pocztówka
poster ['pouster] s. plakat
postman ['poustmen] s. listonosz
post office ['poust,ofys] s.
poczta
postpone [poust'poun] v.
odłożyć; odroczyć;
odwlekać
pot [pot] s. garnek; imbryk;
czajnik; nocnik; doniczka;
wazonik; rondel; dzban; kocioł;
kufel; słój; puchar; więcierz;
łuza; szklanka; haszysz; v.
wsadzać do garnka;
polować; strzelać
potato [po'tejtou] s. ziemniak
potion ['pouszyn] s. dawka;
napój
poultry ['poultry] s. drób
pound [paund] s. funt (pieniądz,
waga); stuk; tupot; uderzenie;
tłuczenie; walnięcie;
ogrodzenie; magazyn; areszt;
v. tłuc; walić; tupać;
biegać; wiązić; zamykać
pour [po:r] v. wysypać;
posypać; lać; polać; wylać;
rozlać; nalać
poverty ['powerty] s. bieda;
ubóstwo
powder ['pałder] s. proch; pył;
puder; proszek; v.
posypywać; pudrować;
proszkować
power ['pałer] s. potęga; moc;
energia; siła; własność;
władza; mocarstwo; v.
napędzać; wspomagać;
dostarczać energii
powerful ['pałerful] adj. potężny;
mocny
power station ['pałer,stejszyn] s.
elektrownia
practical ['praektykel] adj.
praktyczny
practice ['praektys] s. praktyka;
ćwiczenie; v. praktykować;
uprawiać; ćwiczyć
praise [prejz] s. pochwała; v.
chwalić; sławić
pray [prej] v. modlić się;
prosić; błagać

prayer ['prejer] s. modlitwa;
prośba
preach [pri:cz] v. głosić; kazać;
wygłaszać
precarious [pry'keeries] adj.
niepewny; nieubezpieczony;
dowolny
precaution [pry'ko:szyn] s.
przezorność; środek
ostrożności
precede [pry:'si:d] v.
poprzedzać; mieć
pierwszeństwo
precious ['preszes] adj. drogi;
cenny; afektowany;
wyszukany; wspaniały; adv.
bardzo; niezwykle
precise [pry'sais] adj. dokładny;
wyraźny; v.precyzować;
wyszczególniać
precision [pry'syżyn] s. precyzja;
dokładność
precocious [pry'kouszes] adj.
przedwczesny; przedwcześnie
rozwinięty; kwitnący
predatory ['predetery] adj.
łupieżczy; grabieżczy;
drapieżny
predict [pry'dykt] v.
przepowiadać
predominant [pry'domynent] adj.
przeważający; panujący;
górujący
prefer [pry'fe:r] v. woleć;
przedkładać; dawać awans
preferable ['preferebl] adj. lepszy
preference ['preferens] s.
pierwszeństwo;
uprzywilejowanie; możność
wyboru; rzecz bardziej lubiana,
upodobana
pregnant ['pregnent] adj.
brzemienny; doniosły;
sugestywny; płodny; ciężarna
(kobieta)
prejudice ['predżudys] s.
uprzedzenie; szkoda; v.
uprzedzać się do kogoś;
szkodzić (komuś);
rozpowszechniać uprzedzenie
prepare [pry'peer] v.
przygotowywać (się);
szykować (się); przyrządzać

prescribe [prys'krajb] v.
przepisać; nakazać;
zaordynować

prescription [prys'krypszyn] s.
nakaz; przepis; recepta

presence ['presens] v.
obecność

present ['preznt] s. upominek;
prezent; teraźniejszość; adj.
obecny; niniejszy;
teraźniejszy; v. stawiać się;
nadarzyć się

preserve [pry'ze:rw] v.
zachowywać; chronić;
przechowywać;
konserwować; ochraniać; s.
konserwa; rezerwat

preside [pry'zajd] v.
przewodniczyć

president ['prezydent] s.
prezydent

press [pres] s. prasa; dzienniki;
tłocznia; druk; drukarnia;
nacisk; tłok; ścisk; pośpiech;
v. cisnąć; ściskać;
przyciskać; ciążyć;
pracować; naglić; narzucać;
wciskać; tłoczyć

pressure ['preszer] s. ciśnienie;
napór; parcie

prestige [pres'ty:dż] s. prestiż
(szacunek i uznanie)

presume [pry'zju:m] v.
przypuszczać;
wykorzystywać (kogoś);
ośmielać się

pretend [pry'tend] v. udawać;
pretendować

pretty ['pryty] adj. ładny; adv.
dość; dosyć

prevail [pry'wejl] v. przeważać;
brać górę; przekonać;
panować (np. zwyczaj)

prevent [pry'went] v. zapobiec;
powstrzymywać

previous ['pry:wjes] adj.
poprzedni; wcześniejszy od
...; przedwczesny; nagły;
pochopny

prey [prej] s. zdobycz; łup;
ofiara; v. grabić; trawić

price [prajs] s. cena; koszt; v.
wyceniać

pride [prajd] s. duma; pycha;
ambicja; chluba; v. być
dumnym z czegoś; chełpić
się; pysznić się

priest [pri:st] s. kapłan;
duchowny

prime ['prajm] adj. pierwszy;
najważniejszy; główny; v.
przygotować

primitive ['prymytyw] adj.
prymitywny; pierwotny

prince ['pryns] s. książę

princess [pryn'ses] s. księżna;
księżniczka

principal ['prynsepel] adj.
główny; s. kierownik;
zleceniodawca; kapitał;
sprawca

principle ['prynsepl] s. zasada;
reguła; podstawa; źródło;
składnik

print [prynt] s. ślad; odcisk;
druk; pismo; fotka; v.
wycisnąć; wytłoczyć;
wydrukować; być w druku;
drukować się; odbić

prior ['prajer] adj. wcześniejszy;
ważniejszy; s. przeor

priority ['praj'oryty] s.
pierwszeństwo;
starszeństwo; priorytet

prison ['pryzn] s. więzienie

prisoner ['pryzner] s. więzień

privacy ['prajwesy] s.
odosobnienie; samotność;
utrzymanie w dyskrecji
(tajemnicy); życie prywatne,
intymne, osobiste

private ['prajwyt] adj. prywatny;
tajny; ukryty; s. szeregowiec;
(private parts = genitalia)

privilege ['prywylydż] s.
przywilej; prawdziwa
satysfakcja

prize [prajz] v. podważyć;
zajmować; cenić; s. nagroda;
premia; wygrana; łup; a.
kapitalny

probable ['probebl] adj.
prawdopodobny; wiarygodny;
mający szanse

problem ['problem] s. problem;
zadanie; zagadnienie; a.

problemowy
proceed [pre'si:d] v. iść dalej;
postępować; kontynuować;
zaskarżać
process ['prouses] s. przebieg;
proces; postęp; v. obrabiać;
przerabiać; załatwiać;
procesować; poddawać
procesowi; mleć
proclaim [pre'klejm] v.
proklamować; ogłaszać;
zakazywać; wskazywać;
wprowadzać ograniczenia
procrastinate [pre'kraesty,nejt] v.
zwlekać; odkładać na
później
procure [pre'kjuer] v. postarać
się; stręczyć do nierządu
produce ['produ:s] s. produkty;
plony; wynik; produkcja;
wydajność; wydobycie;
produkty rolne
produce [pre'dju:s] v.
wytwarzać; produkować;
dostarczać; wydobywać;
wystawiać; okazywać
product ['predakt] s. produkt;
wynik; iloczyn; wytwór
(natury etc.)
profession [pre'feszyn] s. zawód;
wyznanie; zapewnienie;
oświadczenie; śluby zakonne
professional [pre'feszenl] s.
zawodowiec; adj. zawodowy;
fachowy; należący do
wolnego zawodu
professor [pre'feser] s. profesor;
wyznawca; nauczyciel (tańca)
proficient [pre'fyszent] adj.
biegły; sprawny; s. mistrz;
biegły; znający (obcy język);
fachowiec
profile ['proufajl] s. profil; szkic
biograficzny; v. przedstawiać
z profilu; profilować
profit ['profyt] s. zysk; dochód;
korzyść; pożytek; v.
korzystać; być korzystnym;
przydawać się; mieć zyski
profitable ['profytebl] adj.
korzystny; intratny; zyskowny
profound [pro'faund] adj.
głęboki; gruntowny; s.

otchłań
prognosis [prog'nousys] s.
prognoza; rokowanie
program ['prougraem] s.
program; plan; audycja;
przedstawienie; v. planować
progress ['prougres] s. postęp;
bieg; rozwój; kolejne etapy
etc.
progress [pre'gres] v. robić
postępy; iść naprzód; być
w toku
prohibit [pro'hybyt] v.
zakazywać; zabraniać
project ['prodżekt] s. projekt;
plan; przedsięwzięcie;
schemat
project [pro'dżekt] v.
projektować; miotać;
rzutować; sterczeć;
wystawać; wyświetlać (na
ekranie)
prolong [prou'long] v.
przedłużać; wydłużać;
prolongować (spłaty)
prominent ['promynent] adj.
wydatny; wybitny; sterczący;
wystający; wyróżniający się;
sławny
promiscuous [pre'myskjues] adj.
mieszany; różnorodny;
niewybredny w stosunkach
płciowych
promise ['promys] s. obietnica;
przyrzeczenie; v. obiecywać;
przyrzekać; zaręczać;
zapewniać; robić obietnice;
zapowiadać się
promote [pre'mout] s. popierać;
promować; awansować;
(slang) oszukiwać;
kombinować
promotion [pre'mouszyn] s.
popieranie; ułatwienie; awans;
promowanie; lansowanie
prompt [prompt] adj. szybki;
natychmiastowy; v.
nakłaniać; pobudzać;
podpowiadać; suflerować;
adv. punktualnie; co do
minuty
prong [prong] s. ząb (wideł); róg;
v. kłuć; przebijać;

zaopatrywać w zęby

pronounce [pre'nauns] v.
oświadczać; wymawiać;
mieć wymowę; wypowiadać
się

pronunciation [pra,nansy'ejszyn]
s. wymowa; zapis fonetyczny

proof [pru:f] s. dowód; próba
(np. złota); sprawdzian;
wypróbowanie; korekta;
próbna odbitka; adj. odporny;
wypróbowany; sprawdzony;
nieprzemakalny

propagate ['prope,gejt] v.
rozmnażać (się); rozszerzać;
propagować; przekazywać

propel [pre'pel] v. napędzać;
poruszać; pędzić

proper ['proper] adj. właściwy;
własny; przyzwoity

properly ['properly] adv.
właściwie; słusznie;
przyzwoicie

property ['property] s.
własność; właściwość;
cecha; nieruchomość

prophet ['profyt] s. prorok;
apostoł

proportion [pre'po:rszyn] s.
proporcja; stosunek; rozmiar;
część; v. dostosowywać;
rozdzielać; dawkować;
dozować

proposal [pre'pouzel] s.
propozycja; projekt;
oświadczyny

propose [pre'pouz] v.
proponować; przedkładać;
zamierzać

proprietor [pre'prajeter] s.
właściciel; posiadacz;
gospodarz

prose [prouz] s. proza; v. nudzić

prosecute ['prosy,kju:t] v.
ścigać prawnie; prowadzić
(np. studia); nie zaniedbywać;
pilnować

prospect ['prospekt] s. widok;
perspektywa; ewentualny
klient; potencjalne złoża; v.
przeszukiwać (okolice);
próbnie eksploatować
kopalnię; szukać złota etc.;

badać (teren etc.)

prospective [pres'pektyw] adj.
przyszły; ewentualny

prosper ['prosper] v.
prosperować; sprzyjać
powodzeniu

prosperity [pros'peryty] s.
dobrobyt; powodzenie;
koniunktura; pomyślność

prostitute ['prosty,tu:t] s.
prostytutka; v. prostytuować
(się); adj. wszeteczny;
rozpustny

protect [pre'tekt] v. chronić;
bronić; ochraniać;
zabezpieczać

protection [pre'tekszyn] s.
ochrona; opieka; protekcja; list
żelazny; wymuszanie
pieniędzy przez grożenie
gwałtem

protest [pro'test] v.
protestować; zapewniać;
oponować

protrude [pre'tru:d] v.
wystawać; wysuwać;
sterczeć

proud [praud] adj. dumny;
napawający dumą; piękny;
szczęśliwy

prove [pru:w] v. udowadniać;
wykazać (się);
uprawomocnić; poddawać
próbie; okazywać się

proverb ['prowe:rb] s.
przysłowie; przypowieść

provide [pre'wajd] v.
zaopatrywać;
przygotowywać; postarać
się; sprzyjać; postanowić;
zaplanować

provision [pro'wyżyn] s.
klauzula; dostawa;
przygotowanie się; (pl.)
prowianty; v. prowiantować;
zaopatrywać w żywność;
zaprowiantować

provoke [pre'wouk] v.
prowokować podniecać;
pobudzać; wywoływać;
podżegać; jątrzyć

prude [pru:d] s. świętoszka

prune [pru:n] s. śliwka

(suszona); v. obcinać (np. gałązki); oczyszczać (z czegoś)

psalm [sa:m] s. psalm

pseudonym ['sju:de,nym] s. pseudonim; fikcyjne nazwisko

psychiatrist [saj'kajetryst] s. psychiatra

psychiatry [saj'kajetry] s. psychiatria

pub [pab] s. Br. knajpa

puberty ['pju:berty] s. dojrzałość płciowa

public ['pablyk] s. publiczność; adj. publiczny; obywatelski

publish ['pablysz] v. publikować; wydawać; ogłaszać; rozgłaszać; wydawać drukiem

pull [pul] v. pociągnąć; szarpnąć; wyrwać; wyciągać; przeciągać; wiosłować; ściągnąć

pulpit ['pulpyt] s. ambona; kazalnica; kaznodzieja; kazanie

pulse [pals] s. tętno; puls; v. tętnić; pulsować

pump [pamp] v. pompa; lakierek; v. pompować; pytać uporczywie

pumpkin ['pampkyn] s. dynia

pun [pan] s. gra słów (dwuznacznych); v. robić kalambury

punch [pancz] s. uderzenie (pięścią); poncz; przebijak; krzepa; siła; sztanca; kułak; rozmach; v. dziurkować; tłoczyć; walić; szturchać

punctual ['panktjuel] adj. punktualny; punktowy

puncture ['pankczer] s. przebicie; punkcja; v. przekłuwać; przedziurawiać; przebić

pungent ['pandżent] adj. kłujący; ostry; cierpki; zjadliwy; gryzący; sarkastyczny; pikantny

punish ['panysz] v. karać; dać bobu

pupil ['pju:pl] s. źrenica; uczeń; wychowanek; małoletni; niepełnoletni

puppet ['papyt] s. kukiełka; marionetka; a. kukiełkowy; marionetkowy

puppy ['papy] s. szczenię; szczeniak; piesek; zarozumialec

pure [pjuer] adj. czysty; zupełny; szczery; niewinny; nie zepsuty; zwykły; czystej krwi

purge [pe:rdż] v. przeczyszczać; oczyścić; usuwać; dawać na przeczyszczenie; oczyszczenie; czystka; środek przeczyszczający; rafinowanie; klarowanie

purple ['pe:rpl] s. purpura; adj. purpurowy; v. robić purpurowym; robić szkarłatnym

purpose ['pe:rpes] s. cel; zamiar; skutek; decyzja; wola; v. zamierzać; mieć na celu; planować

purse [pe:rs] s. sakiewka; torebka damska; kiesa; nagroda; v. ściągać (się); marszczyć (czoło)

pursue [per'sju:] v. ścigać; tropić; iść dalej; uprawiać (np. zawód); działać wg planu; prześladować; kontynuować; towarzyszyć; spełniać (obowiązek)

pursuit [per'sju:t] s. pościg; pogoń; zawód; zajęcie; rozrywka

pus [pas] s. ropa

push [pusz] s. pchnięcie; suw; nacisk; wypad; wysiłek; energia; dryg; bieda; kryzys; zdecydowanie; v. pchać; posunąć; szturchnąć; nakłonić; dopingować; odpychać; spychać; pomiatać; robić karierę; ponaglać

put; put; put [put; put; put]

put [put] v. kłaść; stawiać; umieszczać; wsadzać; pouczać; przedkładać; ujmować; wystawiać; dodawać; wlewać; szacować; nakładać;

opierać; składać; narażać;
wypychać (np. kule); zanosić
(np. prośby); s. rzut; adj.
nieruchomy (pozostający na
miejscu)

putrid ['pju:tryd] adj. zgniły;
zepsuty; cuchnący;
śmierdzący; wstrętny;
obrzydliwy

puzzle ['pazl] s. zagadka;
łamigłówka; zakłopotanie; v.
intrygować; wprawiać w
zakłopotanie; odgadnąć;
wymyślić

pyramid ['pyremyd] s. piramida;
ostrosłup; v. zarabiać na
spekulacji; wznosić (się)
piramidalnie; budować jak
piramidę

Q

quack [kłaek] s. znachor;
szarlatan; kwakanie; v.
uprawiać znachorstwo;
gadać jak szarlatan; kwakać

quadrangle [kło'draengl] s.
czworokąt

quaint [kłejnt] adj. malowniczy;
trochę dziwaczny

qualified ['kłolyfajd] adj.
wykwalifikowany;
uwarunkowany; kwalifikujący
się

quality ['kłolyty] s. jakość;
gatunek; właściwość; zaleta

qualm [kło:m] s. mdłości;
nudności; obawa; wyrzuty;
skrupuły

quantity ['kłontyty] s. dylemat
wielkość; hurt; obfitość

quarrel ['kło:rel] s. kłótnia;
zerwanie; spór; sprzeczka; v.
kłócić się; sprzeczać się;
zerwać z sobą; robić
wyrzuty

quart [kło:rt] s. jedna czwarta
galonu (0.946 l.); kwarta piwa

quarter ['kło:ter] v.
ćwiartować; kwaterować;
rozpłatać; stacjonować; s.
ćwierć; ćwiartka; kwadrans;
kwartał; kwatera; 25 centów
(moneta); kwadra (księżyca);
dzielnica; mieszkanie; strona
świata; czynniki wpływowe;
(pl.) sfery (rządzące); kwartał

queasy ['kłi:zy] adj. przeczulony;
mdlejący; grymaśny;
wrażliwy

queen [kłi:n] s. królowa;
królówka

queer [kłir] adj. dziwny;
dziwaczny; nieswój;
podejrzany; fałszywy; s.
pederasta; v. zepsuć;
wpakować w złą sytuację;
mdlić

quench ['kłencz] v. gasić;
tłumić; nagle oziębiać
(metal)

quest [kłest] s. poszukiwanie;
śledztwo; v. szukać

question ['kłeszczyn] s. pytanie;
zagadnienie; kwestia;
wątpliwości; v. wypytywać;
przesłuchiwać; badać;
kwestionować; pytać się;
przeegzaminować

questionnaire [,kłejstje'neer] s.
kwestionariusz

quick [kłyk] adj. prędki; szybki;
bystry; pomysłowy; żywy;
lotny; rudonośny; adv.
szybko; chyżo; v.
przyspieszać; ożywiać (się);
zwiększać szybkość

quicken ['kłyken] v.
przyspieszać;
pobudzać; ożywiać się;
wrócić do życia

quiet ['kłajet] adj. spokojny;
cichy; s. spokój; cisza; v.
uspokoić (się); uciszyć (się);
uspokajać; ściszyć;
ucichnąć

quilt [kłylt] s. pikowana kołdra;
pikowana narzuta; v.
pikować; watować; robić
kołdry; zszywać; sprawić
lanie

quit [kłyt] v. przestać; odejść;
odjechać; zabrać się;
wyprowadzać się;
opuszczać; porzucać;
rezygnować; adj. wolny;
uwolniony

quite [kłajt] adv. całkowicie;
zupełnie; raczej; wcale

quiz [kłyz] s. klasówka; egzamin;
badanie; przesłuchiwanie;
kawał; v. egzaminować;
badać; przesłuchiwać;
przeglądać; kpić

quotation [kłou'tejszyn] s.
cytata; cytowanie; notowanie;
przytaczanie (bieżącej ceny)

R

rabbit ['raebyt] s. królik

raccoon [ra'ku:n] s. pracz
pospolity

race [rejs] s. rasa; plemię;
szczep; ród; rodzaj; bieg;
gonitwa; wyścigi; prąd;
kanał; v. ścigać (się); gonić
(się); pędzić; iść w zawody

racist ['rejsyst] s. rasista

rack [raek] s. ruina; zagłada;
zniszczenie; koło tortur;
wieszak; drabina stajenna;
półka; stojak; zębatka; szybki
kłus; v. niszczeć; łamać
kołem; torturować; cedzić;
szarpać; męczyć; dręczyć

racket ['raekyt] s. rakieta; rak;
zabawa; hulanka; awantura;
hałas; afera; granda;
nieuczciwe interesy; kant; v.
hałasować; hulać;
bumblować; zabawiać się;
awanturować się

radiate ['rajdyejt] v.
promieniować (ciepłem,
światłem etc.)

radiator ['rejdy'ejter] s. grzejnik;
kaloryfer; chłodnica
(samochodowa); radiowa

antena nadawcza;
radioaktywna substancja
wydzielająca promienie

radical ['raedykel] s. pierwiastek;
radykał; adj. zasadniczy;
radykalny; podstawowy;
pierwiastkowy; korzeniowy

radio ['rejdjou] s. radio; adj.
radiowy; v. nadawać przez
radio; wysyłać drogą radiową

radish ['raedysz] s. rzodkiewka

rag [raeg] s. szmata; łachman;
łupek; dachówka; v. (slang)
besztać; dokuczać

rage [rejdż] v. szaleć;
wściekać się; s. szał;
wściekłość; namiętność

ragged [raegyd] adj. szmatławy;
obdarty; podarty; poszarpany;
kosmaty; zapuszczony;
zaniedbany; wadliwy;
chropowaty

raid [rejd] s. obława; nalot;
najazd; v. urządzać obławę;
najeżdżać; dokonywać
napadu

rail [rejl] s. poręcz; szyna; kolej;
listwa; erekcja (slang); v.
ogradzać poręczami; kłaść
szyny; przewozić koleją;
drwić; gorzko narzekać;
pomstować

railroad ['rejlroud] s. kolej; v.
przewozić koleją; przepychać
pospiesznie (np. ustawę);
(slang) wpakować niesłusznie
do więzienia

rain [rejn] s. deszcz; v. pada
deszcz; spadać deszczem

rainbow ['rejn,boł] s. tęcza

raincoat ['rejnkout] s. płaszcz
nieprzemakalny

raise [rejz] v. podnosić;
wskrzeszać; wznosić;
wynosić; hodować;
wychowywać; wysuwać;
wytaczać; wzniecać;
zrywać; wywoływać;
budzić; zbierać (np.
fundusze); wydobywać;
przerywać (np. oblężenie);
znosić (zakaz); s. podwyżka
(płac); podwyższenie

raisin ['rejzyn] s. rodzynek
rake [rejk] v. grabić;
przegrzebać; grzebać;
ostrzeliwać (wzdłuż);
obrzucać wzrokiem;
nachylać do tyłu; uganiać
się za zwierzyną; s. grabie;
grabki; rozpustnik
ram [raem] s. tryk; baran; taran;
tłok; dźwig hydrauliczny;
bijak; v. uderzyć; zderzyć
się; ubijać; wtłaczać; bić
taranem; upychać; ugniatać;
najechać; zanudzać
ramp [raemp] s. rampa; v.
rzucać się; stawać na
tylnych łapach; opadać
pochyło; szaleć
random ['raendem] adj. na chybił
trafił; przypadkowy; pierwszy
lepszy; nieplanowany
range [rejndż] s. skala; zasięg;
rozpiętość; nośność;
strzelnica; pasmo; obszar;
wędrówka; pastwisko; piec
kuchenny; v. ustawiać;
układać; klasyfikować;
wędrować; nastawiać
teleskop; mieć zasięg;
wstrzeliwać się; ciągnąć
się; zaliczać się; rozciągać
się; sięgać; nieść
rank [raenk] s. ranga; stan;
stanowisko; v. ustawiać
rzędem; układać;
klasyfikować; zaszeregować;
przewyższać rangą; mieć
rangę; adj. wybujały; zjełczały;
śmierdzący; zupełny;
jaskrawy; obrzydliwy;
sprośny; wierutny
ransom ['raensem] s. okup;
zwolnienie za okupem; v.
wykupić; zwalniać za
okupem
rape [rejp] s. zgwałcenie
(kobiety); zniewolenie;
splądrowanie; uprowadzenie;
v. gwałcić (kobietę);
uprowadzać; plądrować;
pogwałcić neutralność
rapid ['raepyd] adj. prędki;
szybki; bystry; stromy

rare [reer] adj. rzadki;
niedopieczony (np. kotlet); na
pół surowy; niedosmażony;
adv. rzadko
rascal ['raeskal] s. hultaj; łobuz;
adj. hulatajski
rash [raesz] s. wysypka skórna;
ulewa; powódź; adj.
pochopny; popędliwy;
nieprzemyślany
raspberry [ra:zbery] s. malina
rat [raet] s. szczur; łamistrajk;
donosiciel; v. polować na
szczury; zdradzać; donosić;
zaprzedawać
rate [rejt] s. stopa; stosunek;
proporcja; wysokość;
poziom; szybkość; cena;
stawka; opłata; podatek;
stopień; klasa; v. szacować;
oceniać; ustalać; zaliczać;
opodatkować; zasługiwać;
besztać; wymyślać
rather ['raedzer] adv. raczej;
chętniej; dość; nieco; do
pewnego stopnia; poniekąd;
zamiast
ration ['raeszyn] s. przydział;
porcja; racja; v. racjonować;
sprzedawać na kartki
rational ['raeszynl] adj. rozumny;
rozsądny; racjonalny;
wymierny; sensowny
rattle ['raetl] v. grzechotać
szczękać; brzęczać; stukać;
trzaskać; terkotać; paplać
wiersze; s. grzechotanie;
terkot; stuk; paplanina; gaduła
rave [rejw] v. bredzić;
majaczyć; szaleć;
wściekać; się; wyć;
zachwycać się; s. wrzask;
wycie; zaślepienie; przesadna
pochwała (entuzjastyczna)
raven ['rejwn] s. kruk; adj.
kruczy; ['raewen] s. grabież;
łup; v. pożerać; szukać łupu;
mieć szalony apetyt
raw [ro:] adj. surowy; otwarty
(np. rana); wrażliwy;
nieokrzesany; brutalny;
nieprzyzwoity; s. gołe ciało;
surówka; v. ocierać (skórę)

ray [rej] s. promień; promyk;
(ryba) płaszczka; v.
promieniować; naświetlać;
prześwietlać; wysyłać
promienie (światła etc.)
razor ['rejzer] s. brzytwa
reach [ri:cz] v. osiągać;
wyciągnąć (np. rękę);
dosięgnąć; dotrzeć;
docierać; sięgnąć; s.
sięgnięcie; zasięg; połać;
przestrzeń; pobliże; granice
react [ri:'aekt] v. reagować;
oddziaływać; przeciwdziałać
read; read; read [ri:d; red; red]
read [ri:d] v. czytać;
tłumaczyć; interpretować
ready ['redy] adj. gotów;
gotowy; przygotowany; adv.
w przygotowaniu; gotowy; v.
przygotowywać
real [ryel] adj. rzeczywisty;
realny; istotny; prawdziwy;
autentyczny; faktyczny
realistic ['ryelystyk] s. adj.
realistyczny
reality [ry'aelyty] s.
rzeczywistość; realizm;
prawdziwość
realize ['ry:e,lajz] v.
urzeczywistnić; realizować;
uprzytamniać; zdawać sobie
sprawę; uzyskiwać;
zdobywać (majątek)
really ['ryely] adv. rzeczywiście;
naprawdę; doprawdy;
faktycznie; istotnie
realm [relm] s. królestwo;
dziedzina; sfera; zakres
rear [rier] s. tył; tyły; ustęp; v.
stawać dęba; hodować;
wychowywać; wznosić (się);
wybudować; wystawiać
reason ['ri:zn] s. rozum; powód;
uzasadnienie; motyw;
przesłanka; rozsądek; v.
rozumować; rozważać;
wnioskować; rozprawiać;
przekonywać; dowodzić
reasonable ['ri:znabl] adj.
rozumny; rozsądny;
umiarkowany; słuszny;
racjonalny

rebel ['rebel] s. buntownik; v.
buntować się; adj.
zbuntowany; buntowniczy
recall [ry'ko:l] v. odwoływać;
przypominać (sobie);
wycofywać; cofać
(obietnicą); s. nakaz powrotu
receipt [ry'si:t] s. pokwitowanie;
odbiór; recepta
receive [ry'si:w] v. otrzymywać;
dostawać; odbierać;
przyjmować (np. gości)
recent ['ri:snt] adj. niedawny;
świeży; nowy
reception [ry'sepszyn] s.
przyjęcie; odbiór; recepcja
recess [ry'ses] s. przerwa
(między lekcjami); ferie;
wgłębienie; nisza; wnęka; v.
odraczać; wkładać do wnęki;
robić wnękę; rozjeżdżać się
na ferie
recipe ['rysypy] s. przepis;
recepta
reckless ['reklys] adj.
(niebezpiecznie) lekkomyślny;
nie uważający; na oślep;
wariacki; brawurowy;
szaleńczy; zuchowaty
reckon ['reken] v. liczyć;
sądzić; myśleć że; polegać
na
recline [ry'klajn] v. kłaść się;
wyciągać się; złożyć (np.
głowę); spoczywać na pół
leżąc
recognize ['rekeg,najz] v.
rozpoznawać; pozdrowić;
uznawać; przyznawać;
udzielać (głosu)
recollect [reke'lekt] v.
wspominać; przypominać
sobie; zbierać na nowo;
przypominać sobie z trudem
recommend [reke'mend] v.
polecać; zalecać; dobrze
świadczyć
recommendation
[,rekemen'dejszyn] s.
polecenie; zlecenie
reconcile ['rekensajl] v. godzić
(sprzeczności); zażegnać
(spór); pojednać; pogodzić

record ['ryko:rd] v. zapisywać; notować; rejestrować; zaznaczać; nagrywać; s. zapiska; archiwum; rejestracja; dokument; przeszłość (czyjaś); pamięć o kimś; nagranie; rekord

recover [ry'kawer] v. odzyskać; nadrabiać; powetować sobie; uzyskać przywracać; wyzdrowieć; ochłonąć; przyjść do siebie

recreation [,rekry'ejszyn] s. rozrywka; zabawa; odtworzenie

rectangle ['rektaengl] s. prostokąt; a. prostokątny

rectify ['rektyfy] v. prostować (np. błąd); poprawiać (np. plan); usuwać (np. nadużycia)

recycle [,ry'sajkl] v. puścić w obieg drugi raz; używać wielokrotnie

red [red] adj. czerwony; s. czerwień; lewicowiec; komunista; radykał (skrajny); forsa (sl.)

reduce [ry'dju:s] v. zmniejszać (się); chudnąć; redukować; ograniczać; obniżać; dostosowywać; sprowadzać; doprowadzać; rozcieńczać; osłabiać; odtleniać; wytapiać

reed [ri:d] s. trzcina; słoma; fujarka; strzała; płocha tkacka; stroik (muzyczny)

reek [ri:k] s. odór; para; dym; v. śmierdzieć; parować; dymić; wędzić; ociekać (krwią)

reel [ri:l] s. szpula; cewka; rolka; chwianie się; kręcenie się; v. nawijać; odwijać; rozwijać; recytować; chwiać się; zataczać się; kręcić się; dostawać zawrotu głowy; dawać zawrót głowy; zachwiać się na nogach

refer [ry'fe:r] v. odsyłać; powiązywać; skierować; odwoływać; cytować;

odnosić się; dotyczyć; powoływać się

reference ['refrens] s. odsyłacz; odnośnik; odwoływanie się; aluzja; informacja; referencja; stosunek; związek; wgląd; przelotna wzmianka

refine [ry'fajn] v. oczyszczać; rafinować; wysubtelniać; rozprawiać subtelnie

reflect [ry'flekt] v. odbijać; odzwierciedlać; rozmyślać; zastanawiać się; krytykować; przynosić (zaszczyt, ujmę)

reflex ['ry:fleks] s. odruch; refleks; odbicie; odzwierciedlenie; adj. refleksyjny; odbity; wygięty; v. poddawać refleksom; wyginać wstecz

reform [ry'fo:rm] v. reformować; poprawiać; usuwać; ulegać reformie; s. reforma; poprawa

refrain [ry'frejn] v. powstrzymywać się; s. refren

refresh [ry'fresz] v. odświeżyć; wzmacniać; pokrzepiać

refreshment [ry'freszment] s. odpoczynek; wytchnienie; odświeżenie; zakąska

refrigerator [ry'frydże,rejter] s. lodówka; chłodnia

refugee [,refju'dżi:] s. zbieg; uchodźca; uciekinier

refund [ry'fand] s. zwrot; spłata; v. zwracać pieniądze

refuse [ry'fju:z] v. odmawiać; odrzucać; adj. odpadowy; s. odpadki; rupiecie

regard [ry'ga:rd] v. spoglądać; zważać; uważać; dotyczyć; s. wzgląd; spojrzenie; szacunek; uwaga; pozdrowienia; ukłony

regime [ry'żi:m] s. ustrój; reżym; tryb życia; system; rządy

region ['ri:dżen] s. okolica; sfera; rejon; obszar; dzielnica

register ['redżyster] v. rejestrować; zapamiętywać; wysyłać polecony list;

prowadzić rejestr; wstrzeliwać się; wyrażać minami
regret [ry'gret] s. ubolewanie; żal; v. żałować czegoś
regular ['regjuler] adj. regularny; stały; zawodowy; poprawny; przepisowy; s. regularny (żołnierz, ksiądz etc.); stały gość; wierny partyjniak
regulation [,regju'lejszyn] s. przepis; regulowanie; adj. przepisowy; zwykły
rehearse [ry'he:rs] v. odbywać próbę; powtarzać
reign [rejn] v. panować; władać; s. władza; panowanie
reject [ry'dżekt] v. odrzucić; odpalić; zwracać; ['rydżekt] s. wybrakowany towar; niezdatny do wojska; coś odrzuconego
rejoice [ry'dżojs] v. radować; cieszyć się; weselić się
relation [ry'lejszyn] s. sprawozdanie; opowiadanie; stosunek; związek; pokrewieństwo; powinowactwo; krewny
relationship [ry'lejszynszyp] s. stosunek; pokrewieństwo; powinowactwo; zależność
relative ['reletyw] adj. względny; stosunkowy; podrzędny; zależny; dotyczący; adv. odnośnie; w sprawie; s. krewny; zaimek względny
relax [ry'laeks] v. odprężać (się); osłabnąć; rozluźniać się; łagodnieć; odpoczywać
release [ry'li:z] v. wypuszczać; uwalniać; zwalniać; s. zwolnienie; uwolnienie; puszczenie (do druku); spust; wyzwalacz; wypuszczenie (filmu)
relevant ['relewent] adj. istotny; trafny; na miejscu; należący do rzeczy
reliable [ry'lajebl] adj. pewny; solidny; rzetelny
reliance [ry'lajens] s. zaufanie; otucha

reliant [ry'lajent] adj. ufny w siebie; liczący na kogoś; zależny od czegoś
relic ['relyk] n. zabytek; relikwie; pozostałość; resztka
relief [ry'li:f] n. odprężenie; ulga; urozmaicenie; zapomoga; pomoc; zmiana (np. warty); płaskorzeźba; uwypuklenie
relieve [ry'li:w] v. nieść pomoc, ulgą; ulżyć (sobie); oddać mocz; ożywić; zmieniać wartę; zluzować; uwypuklić (na tle czegoś); uwydatnić
religion [ry'lydżyn] s. religia; obrządek; wyznanie; zakon
religious [ry'lydżes] adj. pobożny; religijny; zakonny; s. zakonnik; zakonnica
reluctant [ry'laktent] adj. niechętny; oporny
rely on [ry'laj,on] v. polegać na czymś lub kimś; liczyć na
remain [ry'mejn] v. pozostawać
remark [ry'ma:rk] v. zauważyć; zrobić uwagę; s. uwaga
remarkable [ry'ma:rkebl] adj. wybitny; godny uwagi
remedy ['remydy] s. lekarstwo; środek; rada; v. leczyć; zaradzać; naprawiać
remember [ry'member] v. pamiętać; przypominać; pozdrawiać; modlić się za kogoś; mieć w pamięci
remind [ry'majnd] v. przypominać coś komuś; przypomnieć
remnant ['remnent] s. resztka; pozostałość; ślad czegoś
remorse [ri'mo:rs] s. wyrzuty sumienia; skrupuły
remote [ry'mout] adj. odległy; zdalny; mało prawdopodobny; obcy
remove [ry'mu:w] v. usuwać; przewozić; zdejmować; przeprowadzać się; opuszczać; s. przeprowadzka; odległość; stopień; oddalenie
rend; rent; rent [rend; rent; rent]
rend [rend] v. drzeć; targać;

wydzierać; urągać;
rozdzierać
renew [ry'nu:] v. odnawiać;
ponawiać; wznawiać;
odświeżać; prolongować
rent 1. [rent] v. zob. rend
rent 2. [rent] s. komorne;
czynsz; renta; najem;
rozdarcie; szczelina; rozłam;
parów; v. wynajmować;
dzierżawić; pobierać czynsz;
być wynajmowanym
repair [ry'peer] v. pójść;
uczęszczać; naprawiać;
reperować; remontować;
powetować; wynagrodzić; s.
naprawa; remont; stan
repeat [ry:'pi:t] v. powtarzać
(się); repetować; odbijać się;
robić powtórką; robić
ponownie; odtwarzać; s.
powtórka; powtórzenie;
powtórne zamówienie; a.
powtórny; wielokrotny
repent [ry'pent] v. żałować
repetition [,repy'tyszyn] s.
powtórzenie; powtórka
replace [ry'plejs] v. zastępować;
zwracać oddawać;
umieszczać z powrotem;
przywrócić; wymienić
reply [ry'plaj] v. odpowiadać; s.
odpowiedź
report [ry'po:rt] v. opowiadać;
meldować; dawać
sprawozdanie; zdawać
sprawą; pisać sprawozdanie;
referować; s. raport;
sprawozdanie; komunikat;
opinia; huk; wybuch; pogłoska
represent [,repry'zent] v.
przedstawiać;
reprezentować; wyobrażać;
grać (kogoś)
representative [,repry'zentetyw]
adj. przedstawiający;
reprezentujący; wyobrażający;
s. przedstawiciel; reprezentant
(poseł na sejm)
reproach [ry'proucz] v. robić
wyrzuty; wymawiać; s.
wyrzut; zarzut; wymówka
reptile ['reptajl] s. gad; płaz;

gadzina; adj. pełzający;
gadzinowy
republic [ry'pablyk] s. republika;
rzeczpospolita
repugnant [ry'pagnent] adj.
odrażający; oporny;
sprzeczny; niezgodny
repulsive [ry'palsyw] adj.
odrażający; wstrętny;
odpychający; budzący odrazę
reputation [,repju'tejszyn] s.
reputacja; sława; dobre imię
request [ry'kłest] s. prośba;
życzenie; żądanie;
zapotrzebowanie; v. prosić o
pozwolenie; upraszać;
poprosić o przysługę
require [ry'kłajer] v. żądać;
nakazywać; wymagać; być
wymaganym
rescue ['reskju:] v. ratować;
wybawiać; odbijać z
więzienia; s. ratunek; odbicie
z więzienia; odebranie
przemocą
research [ry'se:rcz] s.
poszukiwanie; badanie
resemble [ry'zembl] v. być
podobnym (z wyglądu)
resent [ry'zent] v. czuć urazę
reservation [,rezer'wejszyn] s.
zastrzeżenie; zarezerwowanie;
miejsce zarezerwowane;
rezerwat (np. indiański);
rezerwa; zapas; ograniczenie
reserve [ry'ze:rw] v. odkładać;
zastrzegać; rezerwować; s.
rezerwa; zapas; rezerwat;
zastrzeżenie; warunek
reservoir ['reserwła:r] s. zbiornik;
zbiór; pokład kopalniany; v.
składać w zbiorniku
residence ['rezydens] s. miejsce
zamieszkania; pobyt (stały)
residue ['rezydju:] s. reszta;
pozostałość; reszta
spadkowa
resign [ry'zajn] v. zrzekać się;
wyrzekać się; godzić się z
losem
resist [ry'zyst] v. opierać się;
stawiać opór; być opornym;
powstrzymywać się

resolute ['rezelu:t] adj. rezolutny;
śmiały; zdecydowany
resolve [ry'zolw] s.
postanowienie; decyzja;
stanowczość; v. rozkładać;
rozwiązywać; uchwalać;
decydować; postanawiać;
usuwać; przemieniać;
skłaniać
resort [ry'zo:rt] v. uciekać się;
uczęszczać; s. uzdrowisko;
uczęszczanie; ucieczka;
uciekanie się; ratunek;
wyjście
resource [ry'so:rs] s. zasoby;
środki; bogactwa;
zaradność; pomysłowość;
zasoby naturalne
respect [rys'pekt] v. szanować;
dotyczyć; zważać; s.
wzgląd; szacunek; poważanie;
związek; łączność;
pozdrowienia
respectable [rys'pektebl] adj.
chwalebny; godny szacunku;
poważny; pokaźny
respective [rys'pektyw] adj.
odpowiedni; poszczególny
respond [rys'pond] v.
odpowiadać; reagować; być
czułym
rest [rest] s. odpoczynek;
spokój; przerwa; przystanek;
podpórka; pomieszczenie;
schronienie; reszta; v.
spoczywać; odpoczywać;
dawać odpoczynek;
uspokoić; być spokojnym;
podpierać się; polegać
restaurant ['resterent] s.
restauracja; jadłodajnia
restless ['restlys] adj.
niespokojny; bezsenny;
niesforny
restore [rys'to:r] v. przywracać;
uleczyć; odnawiać;
restaurować; restytuować;
zwracać; rekonstruować;
odtwarzać
restrict [rys'trykt] v. ograniczać
do; zamykać (w granicach)
rest room ['rest,rum] s. ustęp;
toaleta

result [ry'zalt] s. rezultat; wynik;
v. wynikać; dawać w
wyniku; wypływać;
pochodzić
resume [ry'zju:m] v. wznawiać;
ponownie podejmować;
obejmować; zajmować;
odzyskiwać; ciągnąć dalej;
streszczać; odzyskać
retain [ry'tejn] v. zatrzymywać;
zapamiętywać; zgodzić (do
pracy); zachowywać
(tradycje)
retire [ry'tajer] v. wycofywać
(się); iść na spoczynek;
pensjonować; s. sygnał
odwrotu
retreat [ry'tri:t] v. cofać się; s.
odwrót; wycofanie się w
zacisze; kryjówka;
odosobnienie; przytułek;
ustronie
retrieve [ry'tri:w] v. odzyskać;
powetować; odszukać;
uratować; uprzytomnić
sobie; aportować; s.
odzyskanie; odszukanie;
powetowanie; uratowanie;
ruch wsteczny (powrotny)
retrospect ['retrespekt] s.
spojrzenie wstecz; rozważanie
przeszłości; v. rzucać okiem
wstecz; nawiązywać do
(przeszłości); patrzeć w
przeszłość
return [ry'te:rn] v. wracać;
przynosić dochód; złożyć
(zeznanie); obracać w ...;
oddawać; odwzajemnić;
odpowiedzieć; wybrać; s.
powrót; nawrót; dochód; zysk;
zwrot; rewanż; sprawozdanie
(np. podatkowe)
reveal [ry'wi:l] v. ujawniać;
objawiać; odsłaniać; s. rama
okna w karoserii
revenge [ry'wendż] s. zemsta;
mściwość; v. pomścić;
zemścić się (za zniewagę,
krzywdę etc.)
reverse [ry'we:rs] s.
odwrotność; rewers; tył;
niepowodzenie; wsteczny

bieg; adj. odwrotny;
przeciwny; wsteczny; v.
odwracać; zmieniać
kierunek; obalać (np. przepis)

review [ry'wju:] v. przeglądać;
pisać recenzje; przeglądać w
myśli; dokonywać przeglądu;
s. recenzja; przegląd; rewia;
ponowny przegląd

revise [ry'wajz] v. przejrzeć;
zrewidować; przerabiać

revival [ry'wajwel] s. ożywienie;
odżywanie; powrót do życia;
powrót do stanu
użyteczności

revolt [ry'woult] s. bunt;
powstanie; v. buntować się;
wzdrygać się; mieć odrazę;
budzić odrazę

revolution [,rewe'lu:szyn] s.
obrót; rewolucja

reward [ry'ło:rd] s. nagroda;
wynagrodzenie; v.
wynagradzać

rhyme [rajm] s. rym; v.
rymować się

rib [ryb] s. żebro; żeberko;
wręga; v. żeberkować;
nabierać; wyśmiewać;
droczyć się; płytko orać

ribbon [ryben] s. taśma; pasek;
strzęp; wstążka; v. drzeć na
strzępy, paski; ozdabiać
wstążką; wić się wstęgą

rice [rajs] s. ryż

rich [rycz] adj. bogaty;
kosztowny; suty; obfity;
tuczący; pożywny; soczysty;
mocny (zapach); pełny; tłusty
(np. pokarm); pocieszny
(zdarzenie)

rid; rid; ridded [ryd; ryd; 'rydyd]
rid [ryd] v. uwalniać się od ...;
oczyszczać się; pozbywać
się

riddle ['rydl] s. zagadka; v.
zadawać zagadki; mówić
zagadkami; rozwiązywać
zagadki

ride; rode; ridden [rajd; roud;
'rydn]

ride [rajd] v. pojechać; jechać
(też statkiem); jeździć;

tyranizować; wozić; nosić;
dokuczać; s. przejażdżka;
jazda; nabieranie (kogoś);
droga

ridiculous [ry'dykju:les] adj.
śmieszny; bezsensowny

rifle [rajfl] s. karabin; gwintówka;
gwint; strzelec; v. gwintować
(lufę); strzelać; ograbić;
okraść; pokrzyżować

right [rajt] adj. prawa; prawy;
poprawny; prawoskrętny;
prosty (też kąt); właściwy;
słuszny; dobry; odpowiedni;
prawidłowy; w porządku;
zdrowy; adv. w prawo; na
prawo; prosto; bezpośrednio;
bezzwłocznie; dokładnie;
słusznie; dobrze; s. prawa
strona; prawo; dobro;
słuszność; sprawiedliwość;
pierwszeństwo; v.
naprostować; naprawić;
sprostować; odpłacać;
mścić; usprawiedliwiać

rigid ['rydżyd] adj. sztywny;
nieugięty; surowy;
nieustępliwy

rigorous ['rygeres] adj. surowy;
rygorystyczny

rim [rym] s. brzeg; krawędź;
obręcz; powierzchnia wody
(przy żeglowaniu); v. robić
krawędź; posuwać wzdłuż
krawędzi; dawać oprawę (do
okularów)

rind [rajnd] s. kora; łupina;
skórka (owocu, sera, etc.); v.
zdzierać (korę, jarzynę)

ring [ryng] s. pierścień;
obrączka; kółko; koło; zmowa;
szajka; słój; arena; ring
(bokserski); v. otaczać;
kołować; krajać w kółko

ring; rang; rung [ryng; raeng;
rang]

ring [ryng] v. dzwonić;
dźwięczeć; brzmieć;
rozbrzmiewać; wydzwaniać;
telefonować; wybijać czas
na zegarze kontrolnym;
sprawdzać monetę
dźwiękiem; s. dzwonek;

dzwony; dźwięk; brzęk;
telefonowanie
rink [rynk] s. ślizgawka; tor
jazdy na wrotkach; boisko do
gry w kule
rinse [ryns] s. płukać s.
wypłukanie
riot ['rajot] s. zgiełk; zamęt;
rozruchy; bunty; rozpusta;
hulanka; rozprężenie; orgia; v.
buntować się; robić
rozruchy, zamieszki; hulać;
używać sobie; uprawiać
rozpustę
rip [ryp] v. odrywać; zrywać;
łupać; rozpruwać; piłować
wzdłuż; pękać; pędzić; s.
rozprucie; rozpustnik; hulaka;
szkapa; rzecz nie warta nic;
wir; wzburzona powierzchnia
wody
ripe [rajp] adj. dojrzały
rise; rose; risen [rajz; rouz; 'ryzn]
rise [rajz] v. podnieść się;
stanąć; wstawać; powstać;
buntować się; wzbierać;
wzbijać się; wzmagać się;
sprostać; s. wschód;
wznoszenie się; podwyżka;
wzrost; powodzenie;
początek; stopień
risk [rysk] s. ryzyko;
niebezpieczeństwo; v.
narażać się; ryzykować;
ponosić ryzyko
risky ['rysky] adj. niebezpieczny;
ryzykowny; pikantny;
drastyczny
rival ['rajwel] s. rywal;
współzawodnik; v.
rywalizować
river ['rywer] s. rzeka
road [roud] s. droga; kolej; reda;
v. topić
roam [roum] v. włóczyć się; s.
włóczęga; wędrówka
roar [ro:r] v. ryczeć; huczeć; s.
ryk; huk (armat); ryk
(śmiechu)
roast [roust] v. piec; opiekać;
przypiekać; wypalać;
ośmieszać; krytykować
ostro; s. pieczeń; pieczenie;

kpiny; krytyka ostra; adj.
pieczony
rob [rob] v. grabić; rabować;
ograbić; pozbawiać (czegoś)
robber ['rober] s. rabuś
robe [roub] s. podomka; suknia;
szata; płaszcz kąpielowy;
toga; v. przyodziewać;
przyoblekać
robot ['roubot] s. robot
robust ['roubast] adj. krzepki;
trzeźwy; szorstki; hałaśliwy;
ciężki; silny; mocny
rock [rok] s. kamień; skała;
farba; kołysanie; taniec (rock
and roll); pl. kostki lodu w
napoju; v. kołysać się; bujać
się; huśtać się; wstrząsać;
wypłukiwać piasek; płukać
(się); a. kamienny; skalisty
rocket ['rokyt] s. rakieta; v.
wznosić się
rod [rod] s. pręt; drąg; wędka;
(pręt = 5.029m)
roll [roul] s. rolka; zwój; zwitek;
rulon; bułka; rożek; spis;
wykaz; rejestr; lista; wokanda;
wałek; walec; wałek;
kołysanie (się); werbel; huk; v.
toczyć; wałkować; tarzać;
grzmieć; dudnić; rozlegać
się; zataczać beczkę; toczyć
koło; wręcić; obracać;
wymawiać "r";
rozwałkowywać; wałkować
roll up ['roul,ap] v. zwinąć
(rękawy); kłębić się;
podjeżdżać; skumulować (się)
roller ['rouler] s.wałek; rolka;
narzędzie do wałkowania
roller coaster ['rouler'kouster] s.
kolejka wysokogórska; wesołe
miasteczko
rolling [roulyn] s. kołysanie
statku; walcowanie; adj.
toczący się; kołyszący się;
wzburzony; falisty; dudniący
romance [rou'maens] s. romans
średniowieczny; powieść
miłosna; sprawa miłosna; adj.
romański; v. romansować;
popuszczać wodze fantazji;
wymyślać; fantazjować;

koloryzować; przesadzać;
pisać romanse
romantic [rou'maentyk] adj.
romantyczny; s. romantyk
roof [ru:f] s. dach; v. pokrywać
dachem
room [rum] s. pokój; miejsce;
mieszkanie; izba; wolna
przestrzeń; sposobność;
powód; v. dzielić pokój lub
mieszkanie; mieszkać lub
odnajmować pokój
room-mate ['rum,mejt] s.
współmieszkaniec;
współlokator
root [ru:t] s. korzeń; nasada;
podstawa; istota; źródło;
sedno; pierwiastek; v.
posadzić; zakorzenić; ryć;
szperać; wygrzebywać;
popierać; dopingować
rope [roup] s. sznur; powróz;
lina; stryczek; v. związać;
przywiązać; łapać na lasso;
ogradzać sznurami; ciągnąć
na linie; przyciągać;
zdobywać; obśliznąć
rose [rous] s. róża; kolor
różowy; rozetka; v.
zaróżowić; zob. rise
rot [rot] s. zgnilizna; rozkład;
zepsucie; głupstwa; brednie;
motylica; v. gnić; butwieć;
rozkładać się
rotate ['routejt] v. obracać (się);
kolejno zmieniać (się);
wirować; adj. kółkowy
rotten ['rotn] adj. zgniły;
zepsuty; zdemoralizowany;
lichy; kiepski; marny; chory na
motylicę; do niczego; do
chrzanu
rough [raf] adj. szorstki;
chropowaty; ostry; nierówny;
wyboisty; nieokrzesany;
brutalny; drastyczny; cierpki;
nieprzyjemny; nieociosany;
surowy; gruby; burzliwy;
gwałtowny; hałaśliwy; ciężki;
pobieżny; przybliżony;
prymitywny; wstępny;
szkicowy; adv. ostro;
szorstko; grubiańsko; z

grubsza; s. nierówny teren;
stan naturalny - nieobrobiony;
hacel; chuligan; v. być
szorstkim; szorstko
postępować; hartować (się);
jeżyć (się); burzyć (się);
szlifować z grubsza;
pasować z grubsza; obrabiać
z grubsza; szkicować;
przebiedować; ujeżdżać
(konia); robić coś z grubsza;
podkuwać hacelami
round [raund] adj. okrągły;
zaokrąglony; kolisty; okrężny;
tam i nazad; kulisty;
sferyczny; adv. wkoło; kołem;
dookoła; prep. dookoła; s.
koło; obwód; kula; obrót;
krąg; bieg; cykl; ciąg; zasięg;
seria; objazd; obchód; runda;
zaokrąglenie; pasmo (np.
trudności); przechadzka; v.
zaokrąglać; wygładzać; okrążyć; obchodzić; opływać
route [ru:t] s. droga; trasa;
marsz; szlak
routine [ru:'ti:n] s. rutyna; tok
zajęć
row [roł] s. szereg; rząd; jazda
łodzią; v. wiosłować
row [rał] s. zgiełk; hałas; kłótnia;
bójka; burda; nagana; bura; v.
besztać; pokłócić się
royal ['rojel] adj. królewski
royalty ['rojelty] s.
królewskość; honorarium
autorskie
rub [rab] v. trzeć; potrzeć;
wytrzeć; wycierać; głaskać;
nacierać; s. tarcie; nacieranie
rubber ['raber] s. guma;
masażysta; pl. kalosze; v.
pokrywać gumą; odwracać
(głowę)
rubbish ['rabysz] s. śmieć;
gruz; tandeta; nonsens;
brednie; głupstwa; bzdury
rucksack ['ruksaek] s. plecak
rude [ru:d] adj. szorstki;
niegrzeczny; ostry; surowy;
prosty; pierwotny; nagły;
gwałtowny; krzepki
rug [rag] s. pled; kilim; dywan

ruin [,ruyn] s. ruina; v. rujnować
(się); zniszczyć (się)
rule [ru:l] s. przepis; prawo;
reguła; zasada; rządy;
panowanie; postanowienie;
miarka; linijka; v. rządzić;
panować; kierować;
orzekać; postanawiać;
liniować
ruler ['ru:ler] s. władca; liniał;
linijka
rumor ['ru:mer] s. pogłoska;
słuchy; v. puszczać pogłoski
run; ran; ran [ran; raen; raen]
run [ran] v. biec; biegać;
pędzić; spieszyć się;
jechać; płynąć; kursować;
obracać się; działać;
funkcjonować; pracować;
uciekać; zbiec; prowadzić;
toczyć się; wynosić (sumę);
rozpływać się; łzawić;
głosić; spotykać; narzucać
się; molestować; zderzyć
się; sprzeciwiać się; wpaść
etc.; s. bieg; przebieg;
bieganie; rozbieg; rozpęd;
przebieg; passa; sekwens;
okres; seria; ciąg; dostęp;
wybieg; pastwisko; zjazd; tor
rural ['ruerel] adj. wiejski
rush [rasz] v. pędzić; poganiać;
ponaglać; rzucać się na
coś; przeskakiwać; wysyłać
pospiesznie; zdobywać
szturmem; zdzierać
(pieniądze); słać sitowiem; s.
pęd; ruch; pośpiech; napływ;
atak; intensywny popyt;
sitowie
Russia [rasz'e] s. Rosja
rust [rast] s. rdza (zbożowa); v.
rdzewieć; niszczyć sięrustic
['rastik] adj. wiejski;
prostacki; s. wieśniak;
prostak
ruthless ['ru:tlys] adj. bezlitosny;
bezwzględny; niemiłosierny
rye [raj] s. żyto; żytniówka

S

sack [saek] s. worek; torebka;
sak; luźny płaszcz;
plądrowanie; v. pakować do
worków; zwalniać z pracy;
plądrować
sacred ['sejkryd] adj.
poświęcony; nienaruszalny
sacrifice ['saekryfajs] s. ofiara;
wyrzeczenie (się); v.
ofiarowywać; poświęcać;
wyrzekać się w zamian za
coś innego
sad [saed] adj. smutny; bolesny;
posępny; ponury; okropny
saddle ['saedl] s. siodło; v.
siodłać; obarczać; wkładać
ciężar (komuś) (na kogoś)
safe [sejf] adj. pewny;
bezpieczny; s. schowek
bankowy; kasa pancerna;
spiżarnia wietrzna; (slang):
kondon
safety ['sejfty] s.
bezpieczeństwo;
zabezpieczenie; bezpiecznik;
adj. dający bezpieczeństwo
safety pin ['sejfty,pyn] s. agrafka
sag [saeg] v. obwisać; zwisać;
wyginać (się); przechylać
się; spadać w cenie; s. zwis;
wygięcie; spadek (ceny)
sail [sejl] s. żagiel; podróż
morska; v. żeglować;
kroczyć okazale; sterować
okrętem; bawić się modelem
statku
sailor ['sejlor] s. żeglarz;
marynarz
saint [sejnt] s. & adj. święty
salad ['saeled] s. sałatka
salary ['saelery] s. pensja;
pobory; wynagrodzenie
sale [sejl] s. sprzedaż;
wyprzedaż
salesman ['sejlsmen] s.
sprzedawca
saliva [se'lajwa] s. ślina
salmon ['saemen] s. łosoś; adj.

łososiowy; łososiowego koloru
salt [so:lt] s. sól; adj. słony; v.
solić
salute [se'lu:t] s. pozdrowienie;
salutowanie; honory
wojskowe; salwa (powitalna);
v. pozdrowić; powitać;
salutować; odbierać
defiladę; przejść przed
kompanią honorową
same [sejm] adj. ten sam; taki
sam; jednostajny; monotonny;
adv. tak samo; identycznie;
bez zmiany; pron. to samo
sample ['sa:mpl] s. próbka;
wzór; v. próbować; dawać
próbki
sanctify ['saenkty,faj] v.
uświęcać; poświęcać
sanction ['saenkszyn] v.
usankcjonować; s. sankcja
sanctuary ['saenkczuery] s.
przybytek; azyl
sand [saend] s. piasek; v.
posypywać piaskiem;
obrabiać papierem ściernym
sandal ['saendl] s. sandał;
rzemyk; v. wkładać sandały;
przywiązywać rzemykiem
sandwich ['saendłycz] s.
kanapka; sandwicz; v.
wkładać (między)
sane [sejn] adj. zdrowy na
umyśle; rozsądny; normalny
sanitary ['saenytery] adj.
higieniczny; zdrowy
sarcasm ['sa:rkaezem] s.
sarkazm
sardine [sa:r'di:n] s. sardynka
satire ['saetajer] s. satyra
satisfaction [,saetys'faekszyn] s.
zadowolenie; satysfakcja;
spłacenie długu; zaspokojenie
satisfactory [,saetys'faektery]
adj. zadowalający; odpowiedni
satisfy ['saetys,faj] v.
zaspokoić; uiścić; spełnić;
zadowalać; odpowiadać;
przekonywać
Saturday ['saeterdy] s. sobota
sauce [so:s] s. sos; kompot; v.
przyprawiać jedzenie;
nagadać komuś; stawiać

się
saucepan ['so:spen] s. patelnia;
rondel
saucer ['so:ser] s. spodek
sausage ['sosydż] s. kiełbasa
save [sejw] v. ratować;
oszczędzać; zachowywać
pozory; zbawiać; uniknąć;
zyskiwać (czas); prep.
oprócz; wyjąwszy; poza;
pominąwszy; conj. że; poza
tym; chyba że; z wyjątkiem
savior ['sejwjer] s. zbawca;
zbawiciel
savor ['sejwer] s. smak; aromat;
powab; v. mieć smak;
pachnieć; smakować;
nadawać smak
saw [so:] v. zob. see; piłować;
s. piła
say [sej] v. mówić; powiedzieć;
odprawiać; twierdzić
scab [skaeb] s. strup; parch;
świerzb; łamistrajk
scale [skejl] s. skala; podziałka;
układ; drabina; szalka; łuska;
kamień nazębny; v. wyłazić;
wdzierać się; mierzyć
(podziałką); ważyć;
łuszczyć; łuskać; złuszczać
się
scandal ['skaendl] s. skandal;
zgorszenie; oszczerstwo; plotki
scar [ska:r] s. blizna; szrama;
wyrwa; urwisko; v.
pokiereszować (się);
zabliźniać się
scarce [skeers] adj. rzadki;
niewystarczający
scare [skeer] s. popłoch; panika;
strach; v. nastraszyć;
przestraszyć; siać popłoch
scarf [ska:rf] s. szalik; chustka
na szyję; szarfa
scatter ['skaeter] v. rozpraszać
(się); rozsypywać; rozrzucać;
rozwiewać; posypywać;
rozpierzchnąć (się)
scene [si:n] s. scena; miejsce
zdarzeń; widowisko; widok;
obraz; awantura publiczna
sceptic ['skeptyk] s. sceptyk;
adj. sceptyczny;

powątpiewający
sceptical ['skeptykel] adj.
sceptyczny; powątpiewający
we wszystko
schedule ['skedżul] s. rozkład
jazdy; wykaz; zestawienie;
tabela; taryfa; harmonogram;
lista; plan; v. planować;
wciągać na listę; naznaczać
wg planu
scholar ['skoler] s. uczony;
stypendysta; uczeń; student
school [sku:l] s. szkoła; katedra;
nauka; ławica; adj. szkolny; v.
szkolić; kształcić; nauczać;
wyćwiczyć; tworzyć ławi-
cę; karcić; sprawdzać naukę
science ['sajens] s. wiedza;
nauka; umiejętność
scissors ['syzez] s. nożyce;
nożyczki
scoop [sku:p] v. zaczerpnąć;
wygarnąć; wybrać; s.
czerpak; szufelka; chochla;
kubeł; sensacyjna
wiadomość
scope [skoup] s. zasięg; zakres;
dziedzina; meta;
sposobność; możliwość
score [sko:r] v. zdobyć (punkt);
podkreślić; zanotować;
zapisać; wygrać; osiągnąć;
strzelić bramkę; s. ilość
(zdobytych punktów lub
bramek); zacięcie; rysa; znak;
dwadzieścia
scorn [sko:rn] s. lekceważenie;
wzgarda; v. lekceważyć;
gardzić; odrzucać z pogardą
scoundrel ['skaundrel] s. kanalia;
łotr
scramble ['skraembl] s. ubijanie
się; gramolenie się; dobijanie
się; robienie jajecznicy; v.
ubijać się; gramolić się;
dobijać się; robić jajecznicę
scrap [skraep] s. szmelc;
odpadki; skrawki; wycinki;
bójka; v. wyrzucać na
szmelc; odrzucać; wycofać;
bić się
scrape [skrejp] s. skrobanie;
tarapaty; szurnięcie; ciułanie;

draśnięcie; v. skrobać;
drasnąć; ciułać; szurnąć
scratch [skraecz] s. draśnięcie;
zadrapanie; rozdarcie;
skrobanie; linia startu; adj. do
pisania (np. brulion);
brulionowy; v. drapać (się);
zadrasnąć; gryzmolić;
wydrapać; wykreślić
scream [skri:m] s. krzyk; pisk;
gwizd; kawał; v. krzyczeć
przenikliwie; śmiać się
hałaśliwie i histerycznie
screen [skri:n] s. zasłona; osłona;
siatka na komary; ekran; sito;
siewnik; filtr (światła); v.
zasłaniać; osłaniać;
zabezpieczać; wyświetlać;
przesiewać; sortować;
badać; przesłuchiwać;
filmować; izolować
screw [skru:] s. śruba; propeler;
śmigło; zwitek; wyzyskiwacz;
dusigrosz; (slang): stosunek
płciowy; v. przyśrubować;
wyduszać; naciskać;
wykrzywiać; zabałaganić;
obracać się; (slang):
spółkować; wkopać
(kogoś); oszukać
screwdriver ['skru:,drajwer] s.
śrubokręt; wódka z sokiem
pomarańczowym
scribble ['skrybl] s. gryzmoły;
bazgranina; v. gryzmolić;
bazgrać; pisać naprędce
scrub [skrab] s. zarośla; zagaj-
nik; karłowate drzewo; pętak;
niepozorny człowiek;
szorowanie; v. szorować;
oczyszczać; adj. lichy; marny;
mławy
scrupulous ['skru,pjules] adj.
sumienny; dokładny;
skrupulatny; pedantyczny
scrutinize ['skru:tynajz] v. badać
szczegółowo
sculpture ['skalpczer] s. rzeźba;
v. rzeźbić
sea [si:] s. morze; fala
seafood ['si:fu:d] s. potrawy
morskie (ryby, skorupiaki)
seal [si:l] s. foka; futro foki;

uszczelka; zagadka; plomba;
pieczątka; piętno; znak; v.
polować na foki;
uszczelniać; plombować;
pieczętować; zalakować

seam [si:m] s. szew; rąbek;
poklad; blizna; szpara;
szczelina; v. łączyć szwami;
pękać; pokiereszować

seamstress ['semstrys] s.
szwaczka

search [se:rcz] s. poszukiwanie;
badanie; szperanie; rewizja; v.
badać; dociekać; szukać;
przetrząsać; rewidować

seaside ['si:'sajd] s. wybrzeże
morskie

season ['si:zn] s. pora roku;
pora; sezon; v. zaprawiać;
przyprawiać; okrasić

seasoning ['si:znyng] s.
przyprawa

seat [si:t] s. siedzenie; ławka;
krzesło; miejsce siedzące;
siedlisko; siedziba; gniazdo; v.
posadzić; usadowić;
wybierać (do sejmu); siąść;
osadzić

secluded [sy'klu:dyd] adj.
odosobniony

second ['sekend] adj. drugi;
wtórny; powtórny; ponowny;
zastępczy; zapasowy;
drugorzędny; v. poprzeć;
sekundować; s. sekunda;
moment; chwila; drugi;
sekundant; delegat; zastępca

secondhand ['sekend,haend] adj.
z drugiej ręki; używany

secret ['si:kryt] adj. tajny;
tajemny; sekretny; skryty;
ustronny; dyskretny; s.
tajemnica; sekret; pl.
wstydliwe części ciała

secretary ['sekretry] s. sekretarz;
sekretarka; sekretarzyk

section ['sekszyn] s. część;
wycinek; etap; oddział; grupa;
dział; ustęp; paragraf; sekcja;
przekrój; żelazo profilowe;
przedział; drużyna robocza; v.
dzielić na części; robić
przekrój

secular ['sekjuler] adj. świecki;
wiekowy; stuletni; s. ksiądz
świecki

secure [sy'kjuer] v.
zabezpieczać (się);
umacniać; uzyskiwać;
zapewniać sobie; adj.
spokojny; bezpieczny; pewny

security [sy'kjueryty] s.
bezpieczeństwo;
zabezpieczenie; pewność;
zastaw; papier wartościowy;
zbytnia ufność

sediment ['sydyment] s. osad;
nanos; skała osadowa

seduce [sy'du:s] v. uwodzić

see; saw; seen [si:; so:; si:n]

see [si:] v. zobaczyć; widzieć;
ujrzeć; zauważyć;
spostrzegać; doprowadzić;
odprowadzić; zwiedzać;
zrozumieć; odwiedzać;
przeżywać; dożyć;
uważać; zastanawiać się;
dopilnować

seed [si:d] v. obsiewać;
obsypywać się; zasiewać;
wybierać; s. nasienie;
zarodek; plemię

seek; sought; sought [si:k; so:t;
so:t]

seek [si:k] v. szukać; starać
się; chcieć; zadać;
nastawać; usiłować;
próbować; przetrząsać;
dążyć

seem [si:m] v. zdawać się;
robić wrażenie; okazywać
się; mieć wrażenie

seep [si:p] v. sączyć się;
wyciekać

segment ['segment] s. odcinek;
segment; v. podzielić na
części

segregate ['segry'gejt] v.
oddzielać; segregować

seize [si:z] v. uchwycić;
złapać; zrozumieć;
owładnąć; skorzystać;
zaciąć się; zatrzeć się;
zablokować się

seldom ['seldem] adv. rzadko; z
rzadka

select [sy'lekt] v. wybierać; wyselekcjonować; adj. wybrany; doborowy; ekskluzywny

selection [sy'lekszyn] s. wybór; dobór; selekcja

self [self] prefix samo; automatycznie; s. jaźń; osobowość; własne dobro; pl. selves [selwz]

selfish ['selfysz] adj. samolubny; egoistyczny

self-service ['self'se:rwys] s. samo-obsługa

sell; sold; sold [sel; sould; sould]

sell [sel] v. sprzedawać; zaprzedawać; sprzeniewierzyć; wykiwać; mieć zbyt; być na sprzedaż; wyprzedawać

sender ['sender] s. nadawca; nadajnik (np. radiowy)

senior ['si:njer] adj. starszy (np. rangą); s. starszy człowiek; senior; student ostatniego roku

sensation [sen'sejszyn] s. wrażenie; doznanie; uczucie; sensacja

sense [sens] s. zmysł; poczucie; uczucie (np. zimna); świadomość (czegoś); rozsądek; znaczenie; sens; v. wyczuwać; czuć; rozumieć

sensible ['sensybl] adj. rozsądny; świadomy; przytomny; wrażliwy; odczuwalny; poznawalny; sensowny

sensitive ['sensytyw] adj. wrażliwy; delikatny

sentence ['sentens] s. zdanie; powiedzenie; wyrok; sentencja; v. wydawać wyrok; skazywać

sentiment ['sentyment] s. sentyment; uczucie; opinia; zdanie; życzenie; sentymentalność

sentimental [,senty'mentl] adj. uczuciowy; sentymentalny

separate ['seperejt] v. rozłączyć; rozdzielić; oddzielić; oderwać; odseparować (się); odgrodzić; rozszczepić

separate ['sepryt] adj. odrębny; oddzielny; osobny; indywidualny; poszczególny

September [sep'tember] s. wrzesień

sequence ['si:kłens] s. następstwo; kolejność; porządek; progresja

serene [sy'ri:n] adj. pogodny; spokojny; s. spokojne morze; pogodne niebo etc.; v. rozpogodzić

series ['sieri:z] s. seria; szereg; rząd

serious ['sierjes] adj. poważny

servant ['se:rwent] s. służący; sługa; służąca; urzędnik (państwowy)

serve [se:rw] v. służyć; odbywać służbę (też kadencją, praktykę etc.); nadawać się; obsłużyć; podawać; sprzedawać; dostarczyć; wręczyć; potraktować; postąpować; spełniać funkcje; sprawować urząd; odbywać karę (więzienia); zaserwować

service ['se:rwys] s. służba; obsługa; praca; urząd; zaopatrzenie; instalacja; uprzejmość; grzeczność; przysługa; pomoc; użyteczność; nabożeństwo; serw; serwis (stołowy); wręczenie; v. doglądać; naprawić; kryć (samice)

session ['seszyn] s. posiedzenie; siedzenie; półrocze

set; set; set [set; set; set]

set [set] v. stawiać; ustawiać; wstawić; urządzić; umieszczać; przykładać; nastawiać; osadzać; wbijać; wyznaczać; ustalać; sądzić; nakrywać; składać; wysadzać (czymś); ścinać się; okrzepnąć; adj. zastygły; nieruchomy; zdecydowany; stały; ustalony; s. seria; garnitur; skład; komplet;

zespół; grupa; szczepek;
zachód; ustawienie; układ;
twardnienie; gęstość;
rozstęp; oszalowanie

setting ['setyng] s. otoczenie;
oprawa; ułożenie; układ;
inscenizacja

settle [setl] v. osiedlić (się);
umieścić (się); uregulować;
osadzić (się); ustalić;
rozstrzygnąć; zapłacić (dług);
zamieszkać; usadowić (się);
uspokoić (się); zawierać
(umowę); układać (się)

seven ['sewn] num. siedem; s.
siódemka

seventeen ['sewn'ti:n] num.
siedemnaście; s.
siedemnastka

seventy ['sewnty] num.
siedemdziesiąt; s.
siedemdziesiątka

several ['sewrel] adj. kilku; kilka;
kilkoro

severe [sy'wier] adj. surowy;
srogi; ostry; dotkliwy; bolesny;
zacięty

sew; sewed; sewn [sou; soud;
soun]

sew [sou] v. szyć; uszyć

sewer ['souer] s. osoba szyjąca

sex [seks] s. płeć

sexual ['seksjuel] adj.
seksualny; płciowy

shack [szaek] s. buda; szałas;
dom

shade [szejd] s. cień; odcień;
abażur; stora; pl. ustronie;
piwnica na wino; v.
zasłaniać; zamroczyć;
cieniować

shadow ['szaedou] s. cień
(czyjś); v. pokrywać cieniem;
śledzić kogoś

shake; shook; shaken [szejk;
szuk; szejken]

shake [szejk] potrząsać;
uścisnąć dłoń; grozić
(palcem); wstrząsać; drżeć;
dygotać; s. dygotanie;
dreszcze; drżenie; potrząsanie

shall [szael] v. będą; będziemy;
musisz; musi; muszą (zrobić)

shallow ['szaelou] s. mielizna;
adj. płytki; powierzchniowy; v.
spłycać; płycieć; obniżać
poziom (wody)

shame [szejm] s. wstyd; v.
wstydzić się

shampoo [szaem'pu:] s.
szampon; mycie głowy
szamponem; v. myć
szamponem

shape [szejp] v. kształtować;
rzeźbić; modelować;
formułować; wyobrazić; s.
kształt; kondycja; postać;
zjawa; widmo; model

share [szeer] s. udział; należna
część; lemiesz; v.
rozdzielić; dzielić (się);
podzielać; brać udział

shark [sza:rk] s. rekin

sharp [sza:rp] adj. ostry; bystry;
pilny; wyraźny; chytry;
dominujący; inteligentny; adv.
punktualnie; szybko; biegiem

shave; shaved; shaven [szejw;
szejwd; szejwn]

shave [szejw] v. golić (się);
oskrobać; strugać; s.
golenie; muśnięcie

she [szi:] pron. ona

sheep [szi:p] pl. owce

sheer [szier] v. schodzić z
kursu; skręcać nagle; adj.
zwykły; jawny; czysty;
zwyczajny; stromy;
prostopadły; pionowy;
przejrzysty; przewiewny; lekki;
adv. zupełnie; pionowo;
stromo

sheet [szi:t] s. arkusz;
prześcieradło; gazeta; tafla;
obszar; warstwa; v.
pokrywać prześcieradłem;
okrywać brezentem

shelf [szelf] s. półka; rafa;
mielizna; pl. shelves [szelwz]

shell [szel] s. łupina; skorupa;
powłoka; osłona; pancerz;
muszla; szkielet; łuska; pocisk;
granat; gilza; v. ostrzeliwać z
armat; wyłuskiwać

shelter ['szelter] s. schronienie;
ochrona; osłona; v. chronić;

osłaniać; udzielać
schronienia; zabezpieczać
shield [szi:ld] s. tarcza; osłona;
v. osłaniać; ochraniać
shift [szyft] v. zmieniać (np.
biegi); przesuwać;
przełączyć; zwalić; s.
przesunięcie; zmiana; szychta;
wykręt; wybieg
shine; shone; shone [szajn; szon;
szon]
shine [szajn] v. zabłyszczeć;
zajaśnieć; oczyścić na
połysk; s. jasność; blask;
(slang): granda; awantura;
sympatia
shiny ['szajny] adj. błyszczący;
wypolerowany
ship [szyp] s. okręt; statek;
samolot; v. załadować;
zaokrętować; posyłać
shirt [sze:rt] s. koszula
shit [szyt] v. wulg.: srać; s.
gówno
shiver ['szywer] v. drżeć;
trząść się; rozbijać się w
kawałki; s. dreszcz; kawałek
shock [szok] s. wstrząs; cios;
uderzenie; starcie; porażenie;
czupryna; kopka; v.
wstrząsać; gorszyć;
oburzać; porazić
shoe [szu:] s. but; półbucik;
trzewik; okucie; podkowa;
nakładka (hamulca); obręcz;
nasada; v. obuwać;
podkuwać
shoelace ['szu:,lejs] s.
sznurowadło
shoot; shot; shot [szu:t; szot;
szot]
shoot [szu:t] v. strzelić;
wystrzelić; zastrzelić;
rozstrzelać; zrobić zdjęcie;
nakręcić film; mknąć;
przemknąć; spłynąć; rwać;
kiełkować; s. pęd; kiełek;
polowanie; progi; plac zwozu
śmieci
shop [szop] s. sklep; pracownia;
warsztat; zakład; v. robić
zakupy
shore [szo:r] s. brzeg; wybrzeże;

podpora; v. podpierać;
podstemplować
short [szo:rt] adj. krótki; niski;
zwięzły; oschły; niecały;
niewystarczający; adv. krótko;
nagle; za krótko; s. skrót;
zwarcie; pl. szorty
shortage ['szo:rtydż] s. brak;
niedobór; deficyt
shorts ['szo:rts] pl. szorty;
kalesony (krótkie)
short-sighted ['szo:rt'sajtyd] adj.
krótkowzroczny;
nieprzewidujący
should [szud] v. tryb warunkowy
od shall
shoulder ['szoulder] s. ramię;
plecy; łopatka; pobocze; v.
brać na ramię; rozpychać się
shout [szałt] s. krzyk; okrzyk;
wrzask; v. krzyczeć;
wykrzykiwać
shove [szaw] v. popychać;
posuwać (coś); s. pchnięcie
shovel ['szawl] s. łopata; szufla;
v. przerzucać łopatą lub
szuflą
show; showed; shown [szou;
szoud; szoun]
show [szou] v. pokazywać;
wskazywać; s. wystawa;
przedstawienie; pokaz
shower ['szałer] s. tusz;
prysznic; przelotny deszcz;
grad; stek; v. przelotnie
kropić; obsypywać;
oblewać
shrewd [szru:d] adj. przenikliwy
(np. obserwator)
shriek [szri:k] v. wrzeszczeć;
piszczeć; rechotać; s.
wrzask; pisk; gwizd (ostry)
shrimp [szrymp] s. krewetka;
karzełek; v. łowić krewetki
shrink; shrank; shrunk [szrynk;
szraenk; szrank]
shrink [szrynk] v. kurczyć (się);
wzbraniać (się); wzdrygać
się; s. kurczenie się; (slang):
psychiatra
shrub [szrab] s. krzew; krzak
shrug [szrag] s. wzruszenie
ramion; v. wzruszyć

ramionami

shun [szan] v. unikać;
wystrzegać się; s.
baczność; uwaga

shut; shut; shut [szat; szat; szat]

shut [szat] v. zamykać (się);
przytrzasnąć; adj. zamknięty

shy [szaj] adj. płochliwy;
wstydliwy; nieśmiały;
nieufny; ostrożny; skąpy;
szczupły; v. płoszyć się;
stronić; rzucać; s. rzut (w
coś)

sick [syk] adj. chory; znudzony;
chorowity; skażony zarazkami;
chorobowy

sickness ['syknys] s. choroba;
wymioty; nudności

side [sajd] s. strona; adj.
uboczny; v. stać po czyjejś
stronie

sidewalk ['sajd-ło:k] s. chodnik;
trotuar

siege [si:dż] s. oblężenie

sieve [syw] s. sito; rzeszoto;
przetak; v. przesiewać

sift [syft] v. przesiewać;
przebierać; oddzielać;
prószyć; posypywać

sigh [saj] s. westchnienie; v.
wzdychać

sight [sajt] s. wzrok; widok;
celownik; przeziernik

sign [sajn] s. znak; omen; godło;
napis; wywieszka; szyld;
skinienie; oznaka; objaw;
ślad; znak drogowy; hasło;
odzew; v. znaczyć;
naznaczyć; podpisać;
skinąć

signal ['sygnl] s. sygnał; znak; v.
sygnalizować; zapowiadać;
dawać znak

signature ['sygnyczer] s. podpis;
sygnatura; klucz

significance [syg'nyfykens] s.
wyraz; ważność; znaczenie

silence ['sajlens] s. milczenie;
cisza; v. nakazywać
milczenie; cicho!

silent ['sajlent] adj. milczący;
cichy; małomówny

silk [sylk] s. jedwab; adj.

jedwabny

silly ['syly] s. głupiec; adj. głupi;
ogłupiały

silver ['sylwer] s. srebro; v.
posrebrzać; adj. srebrny;
srebrzysty

similar ['symyler] adj. podobny

simmer ['symer] v. wolno
gotować (się); burzyć się
wewnątrz; s. gotowanie na
wolnym ogniu

simple ['sympl] adj. prosty;
zwykły; naturalny; szczery;
naiwny; głupkowaty;
zwyczajny

simplify ['symplyfaj] v.
uprościć; ułatwić

sin [syn] s. grzech; v. grzeszyć

since [syns] adv. odtąd; potem;
conj. skoro; ponieważ; od
czasu jak

sincere [syn'sier] adj. szczery

sing; sang; sung [syng; saeng;
sang]

sing [syng] v. śpiewać; wyć;
zawodzić; bzykać; świstać;
opiewać; s. śpiew; świst

single ['syngl] adj. pojedynczy;
jeden; samotny; szczery;
uczciwy; s. bilet w jedną
stronę; gra pojedyncza; v.
wybierać; wyróżniać

sinister ['synyster] adj.
zbrodniczy; złowieszczy; lewy

sink; sank; sunk [synk; saenk;
sank]

sink [synk] v. zatonąć; zatopić;
zagłębić (się); opuścić;
obniżyć; pogrążyć; zanikać;
zmaleć; wykopywać;
ukrywać; wyryć;
zainwestować;
amortyzować; s. zlew; ściek;
bagno zepsucia

sip [syp] s. łyk; popijanie; v.
popijać

sir [se:r] s. pan; v. nazywać
panem; exp.: proszę pana!

sister ['syster] s. siostra

sister-in-law ['syster yn,lo:] s.
szwagierka

sit; sat; sat [syt; saet; saet]

sit [syt] v. siedzieć;

przesiadywać; usiąść;
zasiadać; obradować; leżeć;
pozować
site [sajt] s. miejsce; plac (np.
budowy); położenie; v.
umieszczać
sitting-room ['sytyng,ru:m] s.
bawialnia; salon
situation [,sytu'ejszyn] s.
położenie; posada; sytuacja
six [syks] num. sześć; s.
szóstka
sixteen ['syks'ti:n] num.
szesnaście; s. szesnastka
size [sajz] s. wielkość; numer;
format; klajster; krochmal;
rzadki klej; v. sortować wg
wielkości; oceniać
wielkość; nadawać się;
krochmalić; usztywnić klejem
skate [skejt] s. łyżwa; wrotka;
płaszczka; szkapa; pętak;
patałach; v. ślizgać się;
jeździć na wrotkach
skeleton ['skelytn] s. szkielet
skeptic ['skeptyk] adj.
sceptyczny; s. sceptyk
ski [ski:] s. narta; wyrzutnik
bomb; v. jeździć na nartach
skill ['skyl] s. zręczność;
wprawa
skim [skym] v. zbierać
(śmietankę); szumować;
przebiegać wzrokiem;
puszczać po powierzchni;
szybować; s. zbieranie; mleko
zbierane; adj. zbierany
skin [skyn] s. skóra; skórka;
cera; szawłok; (slang): oszust;
v. zdzierać skórę; pokrywać
naskórkiem; ściągać z siebie
skinny ['skyny] adj. chudy; skóra
i kości
skip [skyp] v. skakać;
przeskakiwać; odskakiwać;
pomijać; (slang): uciekać; s.
skok; przeskok; kapitan
sportowy
skirt ['ske:rt] s. spódnica; poła;
wulg.: kobietka; przepona;
brzeg; v. jechać brzegiem;
obchodzić; leżeć na skraju
skull [skal] s. czaszka

sky [skaj] s. niebo; klimat
skylark ['skajla:rk] s. skowronek;
v. dokazywać; swawolić
skyscraper ['skaj,skrejper] s.
drapacz chmur
slab [slaeb] s. płytka; v. krajać
na płytki (kromki)
slacks [slaeks] pl. (luźne)
spodnie
slam [slaem] v. zatrzasnąć (się);
(slang): krytykować ostro;
pobić; s. trzaśnięcie; ostra
krytyka; ciupa
slang [slaeng] s. gwara; żargon;
slang; adj. gwarowy;
żargonowy; v. nawymyślać
komuś
slant [sla:nt] s. pochyłość;
skos; tendencja; punkt
widzenia; spojrzenie; adj.
ukośny; v. iść skośnie;
pochylać (się); odchylać
(się); być nachylonym
slap [slaep] s. klaps; plaśnięcie;
v. plasnąć; dać klapsa;
uderzyć; narzucić; adv.
nagle; prościutko; regularnie
slaughter ['slo:ter] v. rżnąć;
zabijać; wymordować; s.
ubój; rzeź; masakra
Slav [sla:w] adj. słowiański
slave [slejw] adj. niewolniczy; s.
niewolnik; v. harować
sled [sled] s. sanie; v. wozić
saniami
sleep; slept; slept [sli:p; slept;
slept]
sleep [sli:p] v. spać;
spoczywać; dawać nocleg;
s. sen; spanie; drzemka
sleepy ['sli:py] adj. śpiący
sleeve [sli:w] s. rękaw; tuleja;
łuska; nasadka; tuba; zanadrze
slender ['slender] adj. wysmukły;
szczupły; wiotki; nikły;
skromny; niewielki; słaby
slice [slajs] s. kromka; płatek;
plasterek; kawałek; łopatka
kuchenna; v. krajać na
kromki,
kawałki etc.; przecinać;
wiosłować; wyjmować
łopatką

slick [slyk] adj. gładki; tłusty; oślizgły; miły; pociągający; pierwszorzędny; adv. gładko; prościutko; s. tłusta plama (na morzu); szerokie dłuto

slid [slyd] v. zob. slide

slide; slid; slid [slajd; slyd; slyd]

slight [slajt] adj. wątły; niewielki; drobny; skromny; nieznaczny; v. lekceważyć; s. lekceważenie

slim [slym] adj. szczupły; wysmukły; słaby; (slang): chytry; v. wyszczuplać; odchudzać (się)

slimy ['slajmy] adj. mulisty; zamulony; obleśny; oślizgły (slang): mający ruchy

slip [slyp] v. poślizgnąć (się); wyśliznąć (się); ześliznąć (się); popełnić nietakt; zrobić błąd; przepuścić (np. okazję); wymknąć się; zerwać się; zapomnieć; spuszczać (np. ze smyczy); s. poślizg; potknięcie; pomyłka; błąd; przemówienie się; zsuw; halka; świstek (papieru); pochylnia

slipper ['slyper] s. pantofel

slippery ['slypery] adj. śliski; niebezpieczny; ryzykowny; nieuczciwy; nieczysty; drażliwy; delikatny; wykrętny; chytry

slit [slyt] v. rozszczepić; rozedrzeć wzdłuż; s. szpara; szczelina; rozcięcie

slogan ['slougen] s. slogan; hasło; powiedzonko (np. reklamowe)

slope [sloup] s. pochyłość; spadek; nachylenie; spadzistość; stok; skarpa; zbocze; pochylnia; v. być pochyłonym; mieć nachylenie; nachylać; pochylać; wałęsać się; łazikować

slot [slot] s. szczelina; rozcięcie; trop; ślad; v. rozciąć; naciąć; wyżłobić

slovenly ['slawnly] adj. niechlujny; partacki

slow [sloł] adj. powolny; niegorliwy; nieskory; opieszały; leniwy; tępy; nudny; adv. wolno; powoli

slumber ['slamber] v. spać lekko; drzemać; s. sen; drzemka; spokój; bezczynność

sly [slaj] adj. szczwany; chytry; filuterny

small [smo:l] adj. mały; drobny; niewielki; skromny; ciasny; nieliczny; nieznaczny; małostkowy; adv. drobno; na małą skalę; cicho; s. drobna rzecz; mała część

smart [sma:rt] adj. dotkliwy; cięty; zręczny; żwawy; dowcipny; szykowny; zgrabny; elegancki; v. piec; palić (np. w oczy); cierpieć; szczypać; parzyć; odczuwać boleśnie; pokutować

smash [smaesz] v. rozbić; rozwalić; roztrzaskać; zmiażdżyć; potłuc; palnąć; rozgromić; upadać; zbankrutować; ścinać piłkę

smear [smier] v. osmarować; zasmarować; wlepić komuś smary; s. plama; smar

smell; smelt; smelled [smel; smelt; smeld]

smell [smel] s. węch; woń; zapach; odór; smród; v. pachnieć; trącić; mieć zapach; śmierdzieć; mieć powonienie; obwąchiwać; czuć zapach; zwietrzyć; zwąchać; poczuć

smile [smajl] v. uśmiechać się; s. uśmiech

smog [smog] s. mgła zanieczyszczona dymem (Londyn, Los Angeles)

smoke [smouk] s. dym; palenie; papieros; v. dymić; kopcić; wykurzać; wyjawiać; wykadzać; okadzać; okopcić; uwędzić; przypalać; palić (tytoń)

smoker ['smouker] s. palący; palacz

smooth [smu:s̲] adj. gładki;
spokojny; łagodny; v. gładzić;
łagodzić; adv. gładko; s.
wygładzenie
smother ['smad̲z̲er] v. stłumić;
stłamsić; obcałowywać;
zatuszować; okrywać
smudge [smadż] v. poplamić;
zabrudzić; s. plama; kleks;
brud
smuggle ['smagl] v. przemycać
snack [snaek] s. zakąska
snail [snejl] s. ślimak
snake [snejk] s. wąż; v. wić
się; wlec (za sobą); pełzać
jak wąż; przybierać kształt
węża
snap [snaep] v. łapać zębami;
warczeć; błysnąć; urwać;
złamać; chwytać; zapalić
się do; przerwać szorstko;
poprawić się; mieć się na
baczności; zatrzasnąć (się);
strzelać z bicza; pstryknąć;
sfotografować; śpiesznie
załatwiać; machnąć ręką
lekceważąco; s. ugryzienie;
warknięcie; trzask; zatrzask;
dociskacz; zdjęcie; rzecz
łatwa; adj. prosty; łatwy;
doraźny; nagły
snare [sneer] v. usidłać; łapać
w sidła; s. sidła; pułapka
snatch [snaecz] v. złapać;
wyrwać; s. złapanie; urywek;
strzęp; mig
sneak [sni:k] v. chyłkiem
zakradać się; przemykać się;
zerkać; zwiać; s. podły
tchórz
sneakers ['sni:kers] pl. trzewiki;
trampki
sneeze [sni:z] v. kichać; s.
kichnięcie
sniff [snyf] v. prychać;
pociągać nosem; krzywić się
na coś; powąchać;
obwąchać; zwąchać;
wyczuć; s. prychnięcie;
pociągnięcie nosem
snob [snob] s. człowiek
wywyższający się
snore [sno:r] v. chrapać; s.
chrapanie
snout [snaut] s. ryj; pysk;
morda; wylot
snow [snou] s. śnieg; (slang):
kokaina; heroina; v.
ośnieżyć; śnieg pada;
zasypać śniegiem; pobić na
głowę; omamiać
so [sou] adv. tak; a więc; w
takim razie; a zatem; też; tak
samo; bardzo to; także; excl.:
to tak! no, no!
soak [souk] v. moczyć (się);
nasycać (się); przenikać;
namoknąć; (slang):
wyciągać (od kogoś)
pieniądze; mocno uderzyć; s.
moczenie (się); woda do
moczenia; popijawa; zastaw
soap [soup] s. mydło;
pochlebstwo; wazelinowanie
się (komuś); v. mydlić (się);
pochlebiać; adj. mydlany;
mydlarski
soar [so:r] v. wznosić się;
osiągać wyżyny; iść w
górę (np. ceny)
sober ['souber] adj. trzeźwy;
wstrzemięźliwy; stateczny;
zrównoważony; rzeczowy;
poważny; spokojny; v.
trzeźwieć; wytrzeźwieć;
wytrzeźwiać; otrzeźwieć;
opanować się
soccer ['soker] s. piłka nożna
sociable ['souszebl] adj.
towarzyski; przyjacielski;
gromadny; stadny
social ['souszel] adj. społeczny;
socjalny; s. zebranie
towarzyskie
socialism ['souszelyzem] s.
socjalizm
society [so'sajety] s.
towarzystwo; społeczeństwo;
społeczność; spółka (np.
akcyjna)
sock [sok] s. skarpetka; cios;
szturchaniec; v. cisnąć w
kogoś; uderzyć; walnąć;
adv. prosto (np. w nos)
sofa ['soufe] s. kanapa; sofa
soft [soft] adj. miękki; delikatny;

przyciszony; łagodny; słaby;
głupi; wygodny
soft drink ['soft,drynk] s. napój
bezalkoholowy
soil [sojl] s. gleba; rola; ziemia;
brud; plama; v. zabrudzić;
powalać; poplamić;
wysmarować
soldier ['souldżer] s. żołnierz
najemnik; adj. żołnierski; v.
służyć w wojsku
sole [soul] s. podeszwa;
podwalina; zelówka; stopa;
spodek; sola; adj. jedyny;
wyłączny
solemn ['solem] adj. solenny;
uroczysty; poważny
solid ['solyd] adj. stały;
masywny; lity; trwały; mocny;
rzetelny; solidny; s. ciało stałe;
bryła
solitary ['solytery] adj. samotny;
odosobniony; odludny;
pojedynczy; wyjątkowy; s.
pustelnik; odludek; samotnik
solitude ['solytju:d] s.
samotność; osamotnienie;
odludne miejsce
solo ['soulou] adv. w pojedynkę;
adj. jednoosobowy; s. solo
solve [solw] v. rozwiązywać
(np. problemy)
some [sam] adj. jakiś; pewien;
niejaki; nieco; trochę; kilku;
kilka; kilkoro; niektórzy;
niektóre; sporo; niemało; nie
byle jaki; adv. niemało; mniej
więcej; jakieś; pron.
niektórzy; niektóre; kilku; kilka
somebody ['sambedy] pron.
ktoś; s. ktoś ważny
someday ['samdej] adv. kiedyś
somehow ['samhał] adv. jakoś;
w jakiś sposób
someone ['samłan] pron. ktoś;
s. ktoś
something ['samsyng] s. coś;
coś niecoś; ważna osoba;
adv. trochę; nieco; (slang): co
się zowie
sometimes ['samtajmz] adv.
niekiedy; czasem; czasami
somewhere ['samhłe:r] adv.

gdzieś
son [san] s. syn
song [song] s. pieśń; śpiew
son-in-law ['san,ynlo:] s. zięć
soon [su:n] adv. wnet;
niebawem; wkrótce; zaraz;
niedługo
soothing ['su:zyng] adj. kojący;
uspokajający; uśmierzający
sophisticated [se'fystykejtyd]
adj. wyszukany;
wyrafinowany; wymyślny;
doświadczony
sore [so:r] adj. bolesny;
drażliwy; wrażliwy; dotkliwy;
dotknięty; złoszczący się;
zmartwiony; adv. srodze;
bardzo; okrutnie
sorrow ['sorou] s. zmartwienie;
żal; smutek; narzekanie; v.
martwić się; boleć za ...
sorry ['so:ry] adj. żałujący;
zmartwiony; przygnębiony;
nędzny; marny
sort [so:rt] s. rodzaj; gatunek;
sorta; v. sortować
soul [soul] s. dusza
sound [saund] s. dźwięk; ton;
szmer; cieśnina wodna;
pęcherz pławny; sonda; v.
dźwięczeć; brzmieć; grać
(na trąbce); bić na alarm;
głosić; opukiwać;
wymawiać; zabierać głos;
chwalić się; sondować;
zanurzać się do dna
soup [su:p] s. zupa
sour ['sauer] adj. kwaśny;
skwaszony; cierpki; v.
kisnąć; kwasić się;
zniechęcać się
source [so:rs] s. źródło
south [saus] adj. południowy; s.
południe; adv. na południe
sovereignty ['sawrenty] s.
suwerenność;
zwierzchnictwo; najwyższa
władza
sow; sowed; sown [sou; soud;
soun]
sow [sou] v. siać; zasiewać;
posiać
space [spejs] s. przestrzeń;

miejsce; obszar; odstęp;
okres; przeciąg (czasu);
chwila; v. robić odstępy;
rozstawiać
spacious ['spejszes] adj.
przestronny; obszerny
spade [spejd] s. łopata; v.
kopać łopatą
spare [speer] v. oszczędzać;
zaoszczędzić; odstępować;
obywać się; zachować;
przeznaczać; szanować
(uczucia); szczędzić; adj.
zapasowy; oszczędny;
skromny; drobny; szczupły;
wolny (np. czas); s. część
zapasowa; koło zapasowe
spark [spa:rk] s. iskra; zapłon;
wesołek; zalotnik; v. iskrzyć
się; sypać iskrami; zapalać
się; dawać początek;
zalecać się; grać galanta
sparrow ['spaerou] s. wróbel
spasm ['spaezem] s. skurcz;
spazm; napad (kaszlu)
speak; spoke; spoken [spi:k;
spou:k; 'spouken]
speak [spi:k] v. mówić;
przemawiać; szczekać na
rozkaz; grać; sygnalizować
do ataku
speaker ['spi:ker] s. mówca;
głośnik; marszałek sejmu;
przewodniczący
special ['speszel] adj. specjalny;
wyjątkowy; osobliwy;
dodatkowy; nadzwyczajny; s.
dodatkowy autobus;
nadzwyczajne wydanie;
reklamowa dzienna zniżka
ceny w sklepie
specialist ['speszelyst] s.
specjalista; specjalistka
specialize ['speszelajz] v.
wyspecjalizować (się); wyszczególniać; ograniczać;
precyzować; różniczkować
(się); ograniczać (się)
specialty [,speszy'aelyty] s. 1.
specjalność; specjalna cecha
specialty ['speszelty] s. 2.
fach; specjalizacja; umowa
specific [spy'syfyk] adj.

(ściśle) określony; wyraźny; gatunkowy; właściwy;
charakterystyczny; swoisty;
specyficzny; szczególny
specimen ['spesymyn] s. okaz;
przykład; wzór; typ; próba;
numer okazowy
spectacles ['spektekls] pl.
okulary
spectator ['spektejter] s. widz
speech [spi:cz] s. mowa;
przemówienie; język;
wymowa; przemowa
speed; sped; sped [spi:d; sped;
sped]
speed [spi:d] v. pośpieszyć;
popędzić; pędzić; odprawić;
kierować śpiesznie;
popierać (np. sprawę); s.
szybkość; prędkość; bieg
spell [spel] v. przeliterować
(poprawnie); napisać
ortograficznie; znaczyć;
mozolnie odczytywać;
sylabizować; zaczarować;
urzec; dać (wytchnienie);
odpoczywać; zaczarować;
pracować na zmiany; s.
chwila pracy; chwila; okres;
pewien czas; zaklęcie; czar
spend; spent; spent [spend;
spent; spent]
spend [spend] v. wydawać (np.
pieniądze); spędzać (czas);
zużywać (się);
wyczerpywać; tracić (np.
siły); składać ikrę
sphere [sfier] s. kula; globus;
ciało niebieskie; sfera (np.
działalności)
spice [spajs] s. wonne korzenie;
pikanteria; v. przyprawiać
korzeniami; dodawać
pikanterii
spicy ['spajsy] adj. korzenny;
zaprawiony korzeniami;
aromatyczny; pikantny; nieco
nieprzyzwoity; elegancki;
żywy; ostry
spider [spajder] s. pająk
spill; spilled; spilt [spyl; spyld;
spylt]
spill [spyl] v. rozlewać (się);

rozsypywać (się); uchylać
żagiel z wiatru; wyśpiewać;
wygadać (się); powiedzieć
wszystko; popsuć sprawę; s.
rozlanie; rozsypanie; ilość
rozlana; ilość rozsypana;
odłamek; zatyczka; upadek;
fidybus do zapalania świec
spin; spun; spun [spyn; span;
span]
spin [spyn] v. snuć; prząść;
kręcić (się); puszczać bąka;
toczyć na tokarni; łowić ryby
na błyszczkę; zawirować; s.
kręcenie (się); zawirowanie;
ruch wirowy; przejażdżka;
korkociąg (w locie)
spinach ['spynycz] s. szpinak
spine [spajn] s. kręgosłup;
grzbiet; cierń
spirit ['spyryt] s. duch; intelekt;
umysł; zjawa; odwaga;
nastawienie; nastrój; v.
zachęcać; ożywiać;
rozweselać; zabierać
(potajemnie)
spiritual ['spyryczuel] adj.
duchowy; duchowny;
natchniony; s. murzyńska
pieśń religijna
spit; spat; spat [spyt; spaet;
spaet]
spit [spyt] v. pluć; zionąć;
splunąć; wypluć;
lekceważyć; fuknąć;
parsknąć; mżyć; kropić;
pryskać; nadziewać na
rożen; s. plucie; ślina;
parskanie; mżenie; jaja
owadów; rożen; językowaty
półwysep; głębokość łopaty
spiteful ['spajtful] adj. złośliwy;
mściwy
splash [splaesz] v. chlapać;
pryskać; plusnąć;
rozpryskać; upstrzyć; s.
rozprysk; plusk; zakropienie;
plamka; sensacja
splendid ['splendyd] adj.
wspaniały; świetny;
doskonały
splinter ['splynter] s. drzazga;
odłamek

split; split; split [splyt; splyt;
splyt]
split [splyt] v. łupać; pękać;
rozszczepiać (się); dzielić;
oddzielać (się); odchodzić; s.
pęknięcie; rozszczepienie;
rozdwojenie; odejście
spoil; spoilt; spoiled [spojl; spojlt;
spojld]
spoil [spojl] v. psuć (się);
zepsuć (się); (slang): kraść;
sprzątnąć; przetrącić
sponge [spandż] s. gąbka;
wycior; tampon; pieczeniarz;
pasożyt; v. myć gąbką;
chłonąć; łowić gąbki;
wyłudzać; wsysać;
pasożytować
sponsor ['sponser] s. patron;
organizator; gwarant; ojciec
chrzestny; v. wprowadzać;
być gwarantem; popierać;
opłacać (np. program
telewizyjny)
spontaneous [spon'tejnjes] adj.
spontaniczny; samorzutny;
naturalny; odruchowy
spool [spu:l] s. cewka; rolka;
szpulka; v. nawijać (na rolkę
etc.)
spoon [spu:n] s. łyżka; v.
czerpać (łyżką); durzyć się
w kimś
sporadic [spe'raedyk] adj.
sporadyczny; rzadki; rzadko
zdarzający się
sport [spo:rt] s. sport; zawody;
zabawa; rozrywka;
sportowiec; (slang): człowiek
dobry, elegancki, lubiący
zakładać się; v. bawić się;
uprawiać sport; obnosić się
z czymś; popisywać się;
wyśmiewać się
spot [spot] s. plama; skaza;
kropka; cętka; plamka;
miejsce; lokal; odrobina;
punkt; dolar; krótkie
ogłoszenie; v. plamić (się);
umiejscowić (np. zepsucie);
poznawać; wyróżniać;
rozmieszczać; adj. gotowy;
gotówkowy; dorywczy

spouse [spauz] s. małżonek;
małżonka
spout [spaut] s. wylot; rynna;
wylew; dziobek; strumień;
pochyłe koryto; v. wyrzucać
z siebie płyn; tryskać;
chlusnąć; recytować
sprain [sprejn] s. bolesne
wykręcenie (nie zwichnięcie);
v. wykręcić
spray [sprej] s. rozpylony płyn;
krople z rozpylacza; płyn do
rozpryskiwania; spryskiwacz;
grad (kul); gałązka; v.
opryskiwać; rozpryskiwać
(się)
spread [spred] v. rozpościerać
(się); rozszerzać (się);
posiać; rozsmarowywać;
rozkładać; pokrywać;
nakrywać; rozklepywać; s.
rozpostarcie; rozpiętość;
zasiąg; szerokość; pasta;
narzuta; (slang): smarowidło
na chleb
spring; sprang; sprung [spryng;
spraeng; sprang]
spring [spryng] v. skakać;
sprężynować; wypłynąć;
puścić pędy (pąki);
zaskoczyć; spowodować
wybuch; paczyć się;
puszczać oczko; pękać; s.
wiosna; skok; sprężyna;
źródło; zdrój; prężność; adj.
wiosenny; sprężynowy;
źródlany
sprinkle ['sprynkl] v. posypać;
pokropić; s. deszczyk
sprint [sprynt] s. krótki bieg;
krótki zrywny wysiłek; v. biec
na krótki dystans
spruce [spru:s] s. świerk;
smrek; adj. elegancki;
schludny; v. stroić się
spy [spaj] s. szpieg; tajniak;
szpiegowanie; v. szpiegować;
wybadać; czatować;
wypatrzyć
squander ['sklonder] s.
marnotrawstwo; v. trwonić;
marnotrawić
square [skleer] s. kwadrat;

czworobok (budynków); plac;
kątownik; węgielnica; adj.
kwadratowy; prostokątny;
prostopadły; uporządkowany;
zupełny; uczciwy; v. robić
kwadratowym, prostym;
podnosić do kwadratu;
płacić (dług); adv. w sedno;
rzetelnie; wprost
squeak [skli:k] v. piszczeć;
skrzypieć; mówić piskliwie;
(slang): zdradzać (sekrety);
sypać; przepychać się z
trudnością; s. pisk; trudne
osiągnięcie czegoś
squeal [skli:l] v. piszczeć;
kwiczeć; (slang):
awanturować się; sypać;
wydawać (kogoś); s. pisk;
kwik; sypanie (kogoś,
czegoś)
squeeze [skli:z] v. ściskać;
wyciskać; wygniatać;
wciskać; odciskać;
ścieśnić; s. ucisk; nacisk;
odcisk; tłok; ściśnięcie
squirrel ['skle:rel] s. wiewiórka
squirt [skle:rt] v. strzykać;
tryskać; s. strzykawka;
struga; pętak
stab [staeb] v. dźgnąć;
pchnąć; ugodzić; ranić; s.
pchnięcie; dźgnięcie; rana
kłuta
stability [ste'bylyty] s. stałość;
stateczność; stabilność;
równowaga
stable ['stejbl] s. stajnia;
stadnina; v. trzymać konie w
stajni; adj. stały; stanowczy;
trwały
stack [staek] s. stóg; stos;
sterta; komin; kupa; v.
układać w stogi; ustawiać w
kozły; układać podstępnie
przeciwko komuś
stadium ['stejdjem] s. stadion;
faza; stadium (czegoś)
staff [staef] s. laska; drzewce;
sztab; personel; adj.
sztabowy; v. obsadzać
personelem
stage [stejdż] s. scena; stadium;

etap; rusztowanie; pomost;
postój; v. wystawiać;
odegrać (sztukę); urządzać;
inscenizować; adj. teatralny;
sceniczny

stagnant ['staegnent] adj.
zastały; stojący; będący w
zastoju

stain [stejn] v. plamić (się);
brudzić; szargać; barwić;
kolorować; farbować;
drukować tapety; s. plama;
barwnik; bejca do drewna

stair [steer] s. stopień; pl.
schody

staircase ['steer,kejs] s. klatka
schodowa

stake [stejk] s. słup; słupek;
kołek; palik; stawka;
kowadełko blacharskie; v.
przytwierdzać kołkami;
wytaczać; przywiązywać do
słupa; stawiać na coś

stale [stejl] adj. stęchły;
nieświeży; zwietrzały;
czerstwy; przestarzały; v.
czuć nieświeżym

stall [sto:l] v. działać
opóźniająco; zwlekać;
przewlekać; kręcić;
zwodzić; przetrzymywać;
dławić motor; utykać;
grzęznąć; trzymać bydło w
oborze; zaopatrywać w
przegrody; s. stajnia; obora;
stragan; kiosk; przegroda;
komora (w kopalni); (slang):
trik; kruczek

stand; stood; stood [staend;
stud; stud]

stand [staend] v. stać; stanąć;
wytrzymać; znosić;
przetrzymać; zostać;
utrzymywać się; stawiać
opór; znajdować się; być;
postawić; (slang): płacić; s.
stanie; stanowisko; stojak;
trybuna; postój; łan; ława dla
świadków; unieruchomienie;
umywalka

standard ['staenderd] s.
sztandar; norma; miernik;
wzorzec; wskaźnik; stopa

(życiowa); próba; słup;
podpórka; adj.
znormalizowany; normalny;
typowy; przeciętny;
wzorcowy; klasyczny; literacki
(język)

star [sta:r] s. gwiazda; gwiazdor;
gwiazdka; v. ozdabiać
gwiazdkami; być gwiazdorem;
adj. gwiezdny; występujący w
głównej roli

starch [sta:rcz] s. skrobia;
sztywność; krochmal; v.
nakrochmalić; (slang): siła

stare [steer] v. patrzeć; gapić
się; wpatrywać się; zwracać
uwagę; s. nieruchomy wzrok;
wytrzeszczone oczy;
zagapione spojrzenie

start [sta:rt] v. zacząć; ruszyć;
startować; zerwać się;
podskoczyć; wyruszyć;
zabierać się; uruchamiać;
obsuwać; rozpoczynać;
wszczynać; s. początek;
start; wymarsz; poderwanie
się; obsunięcie się;
zdobywanie przewagi

starve [sta:rw] v. głodować;
zagłodzić; przymierać z
głodu, zimna; łaknąć;
zmuszać (głodem, brakiem)

state [stejt] s. państwo; stan;
zajęcie; parada; pompa;
ceremoniał; stan prac; adj.
państwowy; stanowy;
uroczysty; paradny; formalny;
v. stwierdzać; wyrażać (też
symbolami); określać

statement ['stejtment] s.
wyrażenie; twierdzenie;
sprawozdanie; wyciąg;
oświadczenie; deklaracja;
zeznanie

station ['stejszyn] s. stacja;
stanowisko; stan; pozycja
życiowa; godność; punkt;
stacja telewizyjna, radiowa
etc.

stationary ['stejszznery] adj.
niezmienny; stały; nieruchomy;
pozycyjny

stationery ['stejszzn,ery] s. pl.

materiały piśmienne; papier
listowy
statue ['staeczu:] s. posąg
stay [stej] s. pobyt; zwłoka;
odroczenie; opóźnienie;
zawieszenie; podpora; wanta;
zatrzymanie; przerwa;
wytrzymałość; v. zostać;
przebywać; wytrzymać;
odraczać; kłaść kres;
zaspokajać (głód)
steady ['stedy] adj. mocny; silny;
pewny; stały; rzetelny; równy;
stateczny; excl.: powoli!
prosto! naprzód! stój!; v.
dawać równowagą;
odzyskiwać równowagą; s.
podpora; (slang): ukochany
steak [stejk] s. stek; befsztyk;
płat (np. miąsa)
steal; stole; stolen [sti:l; stoul;
stoulen]
steal [sti:l] v. kraść; wykraść;
wejść ukradkiem; zakradać
sią; skradać sią; s. kradzież;
rzecz ukradziona; rzecz
kupiona prawie, że za darmo;
darmocha (slang)
steam [sti:m] s. para; v.
parować; dymić; płynąć
pod parą; gotować w parze;
umieszczać pod parą
steamer ['sti:mer] s. parowiec
steel [sti:l] s. stal; prąt stalowy;
adj. stalowy; ze stali; v.
pokrywać stalą; hartować
steep [sti:p] v. moczyć sią;
rozmiąkczać; impregnować;
pogrążyć sią; rozpijać sią;
adj. stromy;
nieprawdopodobny;
wygórowany; przesadny
steer [stier] v. sterować;
kierować; prowadzić; s.
wskazówka; młody wół na
miąso
steering wheel ['stieryng,hłi:l] s.
kierownica; koło sterowe
stem [stem] s. pień; łodyga;
szpulka; trzon; trzonek; nóżka;
v. pochodzić; tamować;
powstrzymywać; iść pod
prąd; zwalczać

step [step] s. krok; stopień;
takt; szczebel; schodek; v.
stąpać; kroczyć; iść;
tańczyć; podnosić;
wzmagać; przyciskać nogą;
mierzyć (krokami)
stepfather ['step,fa:dzer] s.
ojczym
stepmother ['step,madzer] s.
macocha
sterile ['sterajl] adj. wyjałowiony;
jałowy; sterylny; bezpłodny
stew [stu:] v. gotować; dusić
(sią); martwić sią; wkuwać
sią; s. potrawa duszona;
kłopot; staw na ryby
stick; stuck; stuck [styk; stak;
stak]
stick [styk] v. wtykać;
przekłuwać; kłuć; wbijać;
zarzynać; przyklejać;
naklejać; utkwić; utknąć;
ugrzęznąć; przyczepiać (sią);
trzymać sią (tematu);
oszukiwać; s. pałka; patyk;
laska; kij; tyczka; żerdź
sticky ['styky] adj. lepki; kleisty;
grząski; parny; (slang): marny;
nieprzyjemny
stiff [styf] adj. sztywny; twardy;
kategoryczny; zdrętwiały;
"słony"; wygórowany; trudny;
ciężki; silny; s. (slang): trup;
umrzyk; niedojda; włóczęga;
facet; pedant
still [styl] adj. spokojny; cichy;
nieruchomy; martwy
(przedmiot); milczący; adv.
jeszcze; jednak; wciąż; dotąd;
niemniej; mimo to; v.
uspokoić (sią); uciszyć;
destylować; s. destylarnia
(też wódki)
stimulate ['stymjulejt] v.
pobudzać; zachęcać
sting [styng] v. kłuć; parzyć;
kąsać; szczypać; palić;
rwać; gryźć; s. żądło;
ukłucie; poparzenie; piekący
ból; uszczypliwość;
zjadliwość
stingy ['styndży] adj. skąpy
stink; stank; stunk [stynk;

staenk; stank]
stink [stynk] v. cuchnąć;
śmierdzieć; zasmradzać;
wyganiać smrodem; (slang):
poczuć smród; s. smród
stir [ste:r] v. ruszać; poruszać;
grzebać; mieszać; wzniecać;
podniecać; s. poruszenie;
podniecenie; ruch; (slang):
więzienie
stitch [stycz] s. szew; ścieg;
oczko; kłucie; v. szyć;
zaszyć; zeszywać
stock [stok] s. zapas; zasób;
bydło; pień; trzon; kłoda;
łożysko; ród; rasa; surowiec;
kapitał udziałowy; akcje
giełdowe; obligacje; wywar; v.
zaopatrywać;
zagospodarować; zarybiać;
mieć na składzie; adj.
typowy; seryjny; w stałym
zapasie; repertuarowy
stocking ['stokyng] s.
pończocha
stomach ['stamek] s. żołądek;
brzuch; apetyt; ochota; v.
jeść; przełykać (obelgę);
znosić
stone [stoun] s. kamień; głaz;
skała; pestka; adj. kamienny;
v. ukamienować; obkładać
(mur) kamieniem; wyjmować
pestki; upijać (się) na umór
stool [stu:l] s. stołek; sedes;
taboret; stolec; klęcznik;
podnóżek; pniak puszczający
pędy; wabik; v. puszczać
pędy
stop [stop] v. zatrzymywać;
powstrzymywać;
wstrzymywać; zatykać;
zaplombować; zagrodzić;
zablokować; zamknąć;
zaprzestawać; nie dopuścić;
stanąć; przestać; exp.:
przestań! stój! dosyć tego!;
s. zatrzymanie (się); stop;
postój; przystanek; zatkanie;
zator; zatyczka; zderzak;
ogranicznik
store ['sto:r] s. zapas; sklep;
skład; mnóstwo; składnica; v.

magazynować; mieścić w
sobie; zaopatrywać;
wyposażać
storm [sto:rm] s. burza; wichura;
sztorm; zawierucha; szturm; v.
szaleć (burza etc.); wpaść
do pokoju; wypaść z pokoju
(jak burza); rzucać gromy;
szturmować; brać szturmem
story ['sto:ry] s. opowiadanie;
opowieść; powiastka;
historia; bajka; anegdota;
gawęda; zmyślanie; nowela;
piętro
stove [stouw] s. piec (też
kuchenny); cieplarnia; v. zob.
stave; hodować w cieplarni
straight [strejt] adj. prosty;
bezpośredni; celny; szczery;
otwarty; rzetelny; zwykły; s.
prosta linia; prosty odcinek
(toru); adv. prosto; wprost; na
przełaj; po prostu; pod rząd;
należycie; nieprzerwanie;
ciągiem
strain [strejn] v. prężyć;
naprężać; naciągać;
wytężać; odkształcać;
nadużywać; nadwerężać;
przeciążać; robić gwałtowne
wysiłki; cedzić; przecedzać;
s. naprężenie; napięcie;
obciążenie; przemęczenie;
zwichnięcie; nadwerężenie;
wysiłek; odkształcenie; rasa;
odmiana; rys
strand [straend] s. skręt; zwitek;
pasmo; nitka; warkocz; sznur;
rys; kosmyk; brzeg; plaża; v.
splatać; osadzać na
mieliźnie; osiąść na
mieliźnie
strange [strejndż] adj. obcy;
dziwny; niezwykły; nieznany;
niewprawny
stranger ['strejndżer] s. obcy;
nieznajomy; człowiek
nieobeznany; exp. panie tego!
strangle ['straengl] v. dusić;
trzymać za gardło; zadusić
strap [straep] s. rzemień; pasek;
rzemyk; taśma; uchwyt;
rączka; chłosta; bicie; v. na

pasku umocowywać;
ostrzyć; bić paskiem;
zalepiać plastrem
strategy ['straetydży] s.
strategia; taktyka
straw [stro:] s. słoma
strawberry ['stro:bery] s.
truskawka
stray [strej] v. zabłądzić;
zabłąkać się; schodzić na
manowce; s. zbłąkane
zwierzę; dziecko bez opieki;
adj. zabłąkany
streak [stri:k] s. smuga; pasek;
pasmo; prążek; rys;
pierwiastek; passa; v.
rysować paski, prążki;
błyskawicznie poruszać się;
wpadać nagle dokądś
stream [stri:m] s. strumień;
potok; rzeka; struga; prąd; v.
płynąć (strumieniami);
ociekać; tryskać; powiewać
street [stri:t] s. ulica
strength [strenks] s. moc; siła;
stężenie; natężenie; ilość;
skład (ludzi)
stress [stres] s. nacisk; akcent;
napór; wysiłek; v. kłaść
nacisk; podkreślać; naciskać
stretch [strecz] v. naciągać
(się); naprężać; napinać;
nadużywać; przeciągać;
rozciągać (się); ciągnąć się;
sięgać; powiesić (kogoś); s.
napięcie; rozciąganie;
przeciąganie się; nadużycie;
połać; okres służby; przeciąg
czasu; prosty odcinek toru;
(slang): pobyt w więzieniu
stretcher ['streczer] s. nosze
strike; struck; stricken [strajk;
strak; strykn]
strike [strajk] v. uderzać; bić
(monetę); walić; kuć;
wykrzesać; zapalić (zapałkę);
natrafić; zastrajkować;
porzucać robotę; chwytać
(przynętą); s. strajk;
strychulec; wybicie monety;
natrafienie (żyły, np.
złotodajnej); chwycenie
przynęty; nieudane uderzenie

palantem; zwalenie wszystkich
kręgli naraz
string [stryng] v. zawiązać;
przywiązać; zaopatrzyć w
struny; stroić; napinać;
podniecać; powiesić kogoś;
ciągnąć się (klej);
obwieszać; s. sznurek;
szpagat; powróz;
sznurowadło; tasiemka;
cięciwa; struna; żyła; włókno;
rząd; stek (głupstw)
strip [stryp] v. obdzierać;
ogołacać; obnażać;
zdzierać; rozbierać (się);
wydobyć do końca; ścierać
(gwint); ciąć na paski; s.
pasek; skrawek; seria
komiksów
striped ['strajpt] adj. pasiasty; w
pasy
strive; strove; striven ['strajw;
strouw; strywn]
stroke [strouk] s. uderzenie;
cios; cięcie; raz; porażenie;
ciąg; pociągnięcie (pióra); rys;
kreska; ruch (wiosła); wysiłek;
suw; skok (tłoka); takt;
głaskanie; v. znaczyć;
przekreślać; nadawać
tempo; głaskać; ugłaskać
stroll [stroul] v. przechadzać
się; spacerować; wędrować;
s. przechadzka
strong [strong] adj. mocny; silny;
będący w liczbie ...;
mocarstwowy; potężny;
trwały; solidny; wyskokowy;
przekonywający; ordynarny
structure ['strakczer] s. budowa;
struktura; budowla; wiązanie;
splot; v. nadawać kształt
struggle ['stragl] v. szarpać się;
szamotać się; walczyć;
usiłować; s. walka; borykanie
stubborn ['stabern] adj. uparty
student ['stu:dent] s. student;
badający coś; znawca
czegoś
studious ['stu:djes] adj. pilny;
staranny; dbały; wyszukany
study ['stady] s. pracownia;
gabinet; nauka; przedmiot

nauki, starań, troski, zadumy,
marzenia; v. badać; studiować; dociekać; uczyć się;
pilnie się przypatrywać

stuff [staf] v. napychać;
opychać (się); tuczyć (się);
faszerować; wpychać;
wkuwać; s. materia; materiał;
glina; rzecz; rupiecie (brednie)

stumble ['stambl] v. potykać
(się); utykać; natknać się;
zawahać (kogoś); mieć
skupuły; czuć się dotkniętym;
s. potknięcie się

stun [stan] v. ogłuszać;
oszołomić; s. oszołomienie
(uderzenie hukiem)

stupid ['stu:pyd] adj. głupi;
odurzony; nudny; s. głupiec

stupidity ['stu:pydyty] s. głupota;
głupstwo

sturdy ['ste:rdy] adj. krzepki;
dzielny; solidny; s. motylica

style [stajl] s. styl; maniera;
sposób; fason; wzór; kształt;
rylec; szyjka; tytuł; nazwa;
format; wskazówka; v.
formować stylowo; określać
mianem

subdue [seb'du:] s. ujarzmiać;
poskramiać; przyciszać;
tłumić; łagodzić; podbijać

subject ['sabdżykt] s. podmiot;
przedmiot; temat; treść;
tworzywo; [sab'dżekt] motyw;
poddany; osobnik; v.
podporządkować; ujarzmić;
podbić; narazić; poddać
czemuś; adj. poddany; uległy;
podległy; narażony; podatny;
podlegający; ujarzmiony; adv.
pod warunkiem; z
zastrzeżeniem; z
uwzględnieniem czegoś

submarine [sabme'ri:n] s. łódź
podwodna

submit [seb'myt] v. poddawać
(się); przedkładać

subscribe [seb'skrajb] b.
zaprenumerować;
podpisywać (np. obraz);
pisać się na coś; dawać na
cel

subsidiary [seb'sydjery] adj.
pomocniczy; subsydiowany
(zależny); s. pomocnik

subsidize ['sabsydajz] v.
zasiłkować; zasilać;
opłacać; przekupywać

substance ['sabstens] s. istota;
treść; sens; sedno;
substancja; znaczenie;
rzeczywistość; majątek

substantial [sab'staenszel] adj.
materialny; rzeczywisty;
solidny; zasadniczy; ważny;
bogaty; wpływowy;
konkretny; treściwy

substitute ['sabstytut] s.
namiastka; zastępca

subtle ['satl] adj. subtelny;
delikatny; cienki; rzadki;
chytry; bystry

subtract [sab'traekt] v.
odejmować

suburb ['sabe:rb] s.
przedmieście

subway ['sabłej] s. kolejka
podziemna

succeed [sek'si:d] v. mieć
powodzenie; udawać się;
następować po kimś

success [sek'ses] s. powodzenie;
sukces; rzecz udana; człowiek
mający sukces

successful [sek'sesful] adj.
udały; mający powodzenie

such [sacz] adj. taki; tego
rodzaju; pron. taki; tym
podobny

suck [sak] v. ssać; korzystać;
wyzyskiwać; wchłaniać;
wciągać; (slang): nabierać;
dać się nabrać; podlizywać
się komuś; s. ssanie;
wciąganie; (slang): łyk

sudden ['sadn] adj. nagły

suddenly ['sadnly] adv. nagle;
raptownie; nieoczekiwanie

sue [su:] v. skarżyć;
zaskarżać; pozywać;
upraszać; ubiegać się

suffer ['safer] v. cierpieć;
ucierpieć; ścierpieć; doznać
(czegoś); zostać straconym

sufficient [se'fyszent] adj.

dostateczny; wystarczający
suffocate ['safokejt] v. udusić;
zadusić
sugar ['szuger] s. cukier; słodkie
dziecko; (slang): forsa; v.
słodzić
suggest [se'dżest] v.
sugerować; proponować;
nasuwać; podsuwać;
poddawać (myśl)
suggestion [se'dżesczyn] s.
sugestia; wskazówka; myśl;
poddawanie; podsuwanie;
ślad (czegoś)
suicide [,su:y'sajd] s.
samobójstwo; samobójca; v.
popełnić samobójstwo
suit [su:t] v. dostosować;
odpowiadać; służyć;
wybrać; być odpowiednim;
zadowalać; pasować; s.
garnitur; ubranie; komplet;
skarga; proces; prośba;
zaloty; staranie się; zestaw
suitable ['su:tebl] adj. właściwy;
stosowny; odpowiedni
suitcase ['su:tkejs] s. walizka
sum [sam] s. suma; w sumie;
rachunek; v. dodawać;
zbierać; podsumowywać
summary ['samery] s.
streszczenie; skrót; adj.
pobieżny; doraźny; krótki
summer ['samer] s. lato; v.
spędzać lato
summer resort ['samer ry'so:rt]
s. letnisko
summer school ['samer,sku:l] s.
szkoła w lecie, w czasie
wakacji
summon ['samen] v. wzywać
(oficjalnie); zdobywać się (na
odwagę)
sun [san] s. słońce; v.
nasłoneczniać (się)
Sunday ['sandy] s. niedziela
sunny ['sany] adj. słoneczny
sunrise ['san-rajz] s. wschód
słońca
sunset ['sanset] s. zachód
słońca
sunshine ['sanszajn] s. blask
słońca; pogoda; wesołość

superb [se'pe:rb] adj. wspaniały
superficial [,su:per'fyszel] adj.
powierzchowny;
powierzchniowy
superior [su:'pierjer] adj. wyższy;
nieprzeciętny; pierwszorzędny;
przewyższający; lepszy;
nadęty; wyniosły; s.
zwierzchnik; przełożony;
starszy rangą
superstition [su:per'styszyn] s.
zabobon; przesądy
supervise ['su:perwajz] v.
nadzorować; doglądać
supper ['saper] s. wieczerza;
kolacja
supple ['sapl] adj. giętki; gibki;
v. stawać się gibkim
supply [se'plaj] s. zapas;
aprowizacja; zaopatrzenie;
dostarczenie; dostawy;
kredyty; podaż; dopływ;
zasilanie; v. dostarczać;
zaopatrywać; zaradzić;
zastępować
support [se'po:rt] s. utrzymanie;
podtrzymanie; podpora;
poparcie; pomoc; wspornik;
dźwigar; rama; łożysko;
podłoże; ostoja; v.
podtrzymywać; utrzymywać;
podpierać; popierać;
wytrzymywać; znosić;
tolerować
suppose [se'pouz] v.
przypuszczać; zakładać;
sądzić
suppress [se'pres] v. tłumić;
zgniatać; znosić;
zatrzymywać (krwawienie);
usuwać; taić
supreme [se'pri:m] adj.
najwyższy; doskonały;
ostateczny
sure [szuer] adj. pewny;
niezawodny; niemylny;
bezpieczny; exp.: na pewno!;
zgadza się!; adv. z
pewnością; pewnie; na
pewno; niezawodnie;
niechybnie
surf [se:rf] s. (łamiące się) fale
przybrzeżne

surface ['se:rfys] s.
powierzchnia; v. wypływać
na powierzchnię; wykańczać
powierzchnię

surgery ['se:rdżery] s. chirurgia;
operacja; sala operacyjna

surname ['se:rnejm] s. nazwisko;
przydomek; [se:r'nejm] v.
przezywać; nadawać
przydomek

surpass [se:r'paes] v.
przewyższać; przechodzić
(oczekiwania)

surplus ['se:rplas] s. nadwyżka;
nadmiar; superata; nadwyżka
produkcyjna; wartość
dodatkowa; adj. stanowiący
nadwyżkę; nadwyżkowy;
zbywający

surprise [ser'prajz] s.
niespodzianka; zaskoczenie;
zdziwienie; v. zaskoczyć;
zdziwić; zmuszać; złapać na
gorącym uczynku; adj.
nieoczekiwany;
niespodziewany

surrender [se'render] s. poddanie
się; wyrzeczenie się; v.
poddawać się; oddawać się;
wyrzekać się czegoś

surround [se'raund] v. otaczać;
okrążać

surroundings [se'raundyngs] pl.
otoczenie

survive [ser'wajw] v. przeżyć;
dalej żyć

suspect [ses'pekt] v.
podejrzewać kogoś; s. adj.
['saspekt] podejrzany

suspense [ses'pens] s.
niepewność; zawieszenie;
nierozstrzygnięcie

suspicion [ses'pyszyn] s.
podejrzenie; v. podejrzewać

suspicious [ses'pyszes] adj.
podejrzany; nieufny

sustain [ses'tejn] v.
podtrzymywać; dźwigać;
cierpieć; doznawać;
ponosić; potwierdzać;
utrzymywać; uznawać
(słuszność)

swallow ['słolou] v. połykać (np.

zniewagą); przełykać; dać
się nabrać; odwołać (słowa);
s. przełykanie; łyk; kęs;
przełyk; jaskółka

swamp ['słomp] s. bagno; v.
zalewać; pochłaniać;
przysłaniać; grzęznąć

swampy ['słompy] adj. bagnisty;
błotnisty

swan [słon] s. łabędź

swap [słop] v. zamieniać (się);
wymieniać (się); s. zamiana;
wymiana

swarm [sło:rm] s. mrowie;
mnóstwo; rój; v. roić (się);
wyroić; obfitować (w coś);
wspinać się; wdrapywać się

swarthy ['sło:rty] adj. śniady;
smagły

swathe [słejz] v. spowijać; s.
zawinięcie; bandaż

sway [słej] v. kołysać (się);
chwiać (się); zachwiać (się);
rządzić czymś; władać; s.
chwianie się; władza

swear; swore; sworn [słeer;
sło:r; sło:rn]

swear [słeer] v. przysięgać;
poprzysiąc

sweat [słet] s. poty; pot;
harówka; v. pocić się;
pracować ciężko; (slang):
harować; szwejsować;
fermentować;
wyświechtywać monety;
wydzielać (żywicą)

sweep; swept; swept [sli:p;
słept; słept]

sweep [sli:p] v. zamiatać;
wymiatać; zmiatać;
oczyszczać; wygrywać (np.
wszystkie medale); porywać
(słuchaczy); przewalić się
przez coś (burza, wichura,
powódź); ogarniać;
obejmować; rozciągać się;
sunąć uroczyście; ślizgać
się; śmigać; zwalać (kogoś
z nóg); ostrzeliwać; etc.; s.
zamiatanie; zdobycie;
zagarnięcie; ogołocenie;
smieci; śmignięcie;
machnięcie; zasięg; robienie

zakrętu; etc.

sweet ['sli:t] adj. słodki;
przyjemny; miły; rozkoszny;
dobrze osłodzony; deserowy;
melodyjny; świeży; łagodny;
zakochany

sweetheart ['sli:t-ha:rt] s.
ukochana; ukochany

swell; swelled; swollen [stel;
steld; 'słoulen]

swell [stel] v. puchnąć;
wzdymać (się); nadymać
(się); wydymać (się);
rozdymać; wzbierać;
wzrastać; potęgować się; s.
wydęcie; zgrubienie;
nabrzmienie; wzbieranie;
wzburzona fala (morze);
(slang): wytworniak; gruba
ryba

swift [styft] adj. prędki; rączy;
chyży; żywy; s. nawijak
prządzy; traszka; jaszczurka;
jerzyk

swim; swam; swum [słym;
słaem; słam]

swim [słym] v. płynąć;
przepłynąć; pływać (w
wyścigach); pławić; ociekać
czymś; unosić się na
powierzchni; iść z prądem;
kręcić się (w głowie); s.
pływanie; nurt (życia); woda
(do pływania); głębia; pęcherz
pławny

swimming pool ['słymyng,pu:l] s.
pływalnia

swimming suit ['słymyng,sju:t] s.
kostium kąpielowy

swine [słajn] s. świnia

swing; swung; swung [słyng;
słang; słang]

swing [słyng] v. huśtać (się);
kołysać (się); wahać (się);
bujać (się); machać;
wywijać; przerzucać (się) na
coś; porywać (za sobą);
pociągać (za sobą); s.
huśtanie (się); kołysanie (się);
ruch wahadłowy; zmiana
pracy; objazd (terenu); rytm;
przerzucanie się; kołyszący
chód; taniec (swing)

switch [słycz] s. prąt; zwrotnica;
przekładnia; wyłącznik;
przełącznik; kontakt;
śmignięcie; v. bić prętem;
machać; wyrywać;
zmieniać; przełączać;
włączać (np. światło);
rozłączać (się); wyłączać
(się)

swop [słop] v. zamieniać;
wymieniać; s. zamiana;
wymiana

sword [so:rd] s. pałasz; szpada;
miecz; szabla; bagnet (slang)

symbol ['symbel] s. symbol; v.
symbolizować

sympathy ['sympety] s.
współczucie; solidarność;
sympatia

symptom ['symptem] s.
symptom; objaw

synagogue ['synegog] s.
bożnica; bóżnica; synagoga

synonym ['synenym] s. synonim

synthetic [syn'tetyk] adj.
sztuczny; syntetyczny

system ['systym] s. system;
układ; metoda; sieć
(kolejowa); organizm
(człowieka); formacja; ustrój

systematic [,systy'maetyk] adj.
systematyczny

T

table ['tejbl] s. stół; stolik;
tablica; tabela; tabliczka (np.
mnożenia); płyta; płaskowyż;
blat; v. kłaść na stole;
odraczać (na długo);
wciągać na agendę; adj.
stołowy

tablecloth ['tejbl,klos] s. obrus

tablespoon ['tejbl-spu:n] s. łyżka
stołowa (do zupy)

tablet ['taeblyt] s. tabletka;
tabliczka (do pisania)

tackle ['taekl] s. zestaw
przyborów (do łowienia,

golenia); wielokrążek;
takielunek; złapanie i
trzymanie; v. zewrzeć się;
borykać (się); złapać i
trzymać; zmagać (się); brać
się do czegoś (ostro);
umocowywać; porać (się)

tactful ['taektful] adj. taktowny

tag [taeg] s. skuwka; etykieta;
kartka; strzęp; przywieszka;
znaczek tożsamości; marka;
mandat karny (pisany); ucho;
igliczka; wieszadło (przyszyte);
błyszczka; dodatek; morał;
frazes; banał; cytat; refren;
ogon; zabawa w gonionego; v.
przyczepiać: skuwkę, kartkę,
znaczek, markę, ucho,
wieszadło, igliczkę, ogon;
dawać: mandat karny, morał;
bawić się w gonionego;
tańczyć odbijanego;
wymierzać wyrok;
przeznaczać; włóczyć się za
kimś; dołączyć do czegoś

tail [tejl] s. ogon; tył; koniec;
tren; poła; pośladki;
buńczuk; warkocz; świta;
cień (chodzący za kimś); v.
dodawać ogon; obrywać
ogonki; śledzić (krok w
krok); zamykać pochód

tailor ['tejler] s. krawiec; v. szyć
odzież

take; took; taken [tejk; tuk;
'tejkn]

take [tejk] s. brać; wziąć;
łapać;chwytać; zdobywać
(twierdzą); zajmować
(miejsce); rezerwować;
zażywać; pić; jeść;
odczuwać; rozumieć;
pojechać; notować; zrobić
(zdjęcie); zadać sobie (trud);
dostawać (napadu);
przyjmować (radę, karę etc.);
mierzyć swoją temperaturę;
godzić się (na traktowanie);
nabierać (połysku); iść (za
przykładem); s. połów;
zdjęcie; wpływy (do kasy)

tale [tejl] s. opowiadanie; plotka;
wymysł

talent ['taelent] s. talent (do
czegoś); dar; uzdolnienie

talk [to:k] v. mówić;
rozmawiać; plotkować;
namawiać; s. rozmowa;
dyskusja; pogadanka; plotka;
gadanie; mowa

tame ['tejm] v. oswajać;
poskramiać; ujarzmić;
okiełznać; łagodzić;
przytłumić; upokorzyć

tan [taen] s. opalenizna; kolor
(brązowy) brunatny; kora
garbarska; v. garbować;
opalać się (na słońcu);
brązowieć; wyłoić komuś
skórę

tangerine [taendże'ri:n] s.
mandarynka

tangle ['taengl] s. plątanina; v.
plątać (się); wikłać (się);
(slang): pobić się z kimś

tank [taenk] s. tank; zbiornik;
cysterna; czołg; (slang):
więzienie; v. nabierać do
zbiornika; (slang): popić sobie

tap [taep] v. stukać;
odszpuntować; napoczynać;
robić punkcje; naciąć;
ciągnąć sok;
wykorzystywać; gwintować;
podsłuchiwać (telefon); s.
czop; szpunt; kurek; zawór;
gwintownik; zaczep; odczep

tape [tejp] s. taśma; tasiemka;
tasiemiec; (slang): wódka; v.
wiązać taśmą (przylepcem);
mierzyć; (slang): oceniać
kogoś

tape recorder ['tejp-ry,ko:rder] s.
magnetofon

tapestry ['taepystry] s. gobelin;
arras; v. zdobić gobelinami

target ['ta:rgyt] s. cel; obiekt;
tarcza strzelnicza; v.
kierować do celu; celować;
ustalać cel

tarnish ['ta:rnysz] v. matowieć;
przyćmiewać; brudzić (się);
brukać (się); tracić połysk; s.
matowienie; skaza

tart ['ta:rt] adj. cierpki;
zgryźliwy; s. ciastko

owocowe; (slang): kurewka
task ['taesk] s. zadanie
(specjalne); lekcja zadana;
przedsięwzięcie; v.
wyznaczać zadanie;
wystawiać na próbę; rugać
taste [tejst] s. smak; gust;
posmak; zamiłowanie; v.
smakować; kosztować;
czuć smak; mieć smak;
doznawać (czegoś)
tasty ['tejsty] adj. smakowity;
smaczny
tax [taeks] s. podatek; wysiłek;
ciężar; obciążenie; v.
opodatkować; obarczać;
obciążać; nadwerężać;
sprawdzać; wymagać
wysiłku; zarzucać coś
taxi ['taeksy] s. taksówka; v.
jechać taksówką; wieźć
taksówką
tea [ti:] s. herbata; herbatka;
podwieczorek; v. pić i
częstować herbatą
teach; taught; taught [ti:cz; to:t;
to:t]
teach [ti:cz] v. uczyć; nauczać;
wykładać
teacher ['ti:czer] s. nauczyciel
teapot ['ti:pot] s. mały czajnik
tear; tore; torn [teer; to:r; to:rn]
tear [teer] v. drzeć; targać;
rwać; kaleczyć; wydrzeć
(ranę); pędzić; s. dziura;
rozdarcie; wybuch pasji;
kropla; łza; (slang): hulanka
tease [ti:z] v. drażnić; nudzić;
s. dokuczanie; nudziarstwo
technique [tek'ni:k] s. technika
malowania, rzeźby etc.
tedious ['ti:dies] adj. nudny
teenager ['ti:,nejdżer] s.
nastolatek; nastolatka
telephone ['telyfoun] s. telefon;
v. telefonować
television ['telywyżyn] s.
telewizja
tell; told; told [tel; tould; tould]
tell [tel] v. (o kimś; o czymś):
mówić; opowiadać;
powiedzieć; wskazywać;
pokazywać; kazać; poznać;

sprawdzić; policzyć;
poznawać; wiedzieć;
donieść; oskarżyć;
skarżyć; mieć znaczenie;
odbijać się na kimś;
odróżniać
temper ['temper] s.
usposobienie; humor; gniew;
złość; domieszka;
mieszanka; stan;
hartowność; v. łagodzić;
hartować
temperature ['tempereczer] s.
temperatura; ciepłota
temple ['templ] s. świątynia;
skroń; ucho od okularów;
rozciągacz tkacki
temporary ['temperery] adj.
chwilowy; tymczasowy
tempt [tempt] v. kusić; nęcić
temptation [temp'tejszyn] s.
pokusa; kuszenie
tempting ['temptyng] adj.
ponętny; nęcący; kuszący
ten [ten] num. dziesięć; s.
dziesiątka
tenant ['tenent] s. lokator;
dzierżawca; v. zamieszkiwać;
dzierżawić
tend [tend] v. skłaniać się;
zmierzać; służyć; doglądać;
obsługiwać
tendency ['tendensy] s.
skłonność; tendencja
tender ['tender] adj. delikatny;
miękki; kruchy; wrażliwy;
czuły; niedojrzały; młody;
młodociany; uważający;
dbały; łamliwy; drażliwy;
wywrotny; v. oferować;
przedłożyć; założyć; s.
oferta; środek płatniczy;
dozorca; tender; statek
pomocniczy-zaopatrzeniowy
tennis ['tenys] s. tenis
tense [tens] s. czas (np.
przyszły); adj. naprężony;
napięty
tension ['tenszyn] s. naprężenie;
napięcie; prężność
tent [tent] s. namiot
term [te:rm] s. okres; czas
trwania; przeciąg; semestr;

kadencja; termin; wyrażenie;
określenie; kres; v.
określać; nazywać
terminal ['te:rmynel] adj.
końcowy; terminowy;
ostateczny; s. zakończenie;
końcówka; uchwyt;
końcowa stacja
terminate ['te:rmynejt] v.
skończyć; zakończyć;
kończyć (się); ograniczać;
upływać; rozwiązywać
(umowę); ustawać;
wygasać; wymawiać pracę
terrible ['terybl] adj. straszliwy;
straszny; okropny
terrific [te'ryfyk] adj.
przerażający; (slang):
fantastyczny; pierwszej klasy
terrify ['teryfaj] v. przerażać
territory ['teryto:ry] s. obszar;
rejon; terytorium bez praw
stanu (np. w USA)
terror ['terer] s. terror;
przerażenie; postrach
test [test] s. próba; sprawdzian;
test; egzamin; odczynnik;
skorupa; v. sprawdzać;
poddawać próbie;
oczyszczać (metal)
testify ['testyfaj] v. świadczyć;
dawać świadectwo;
zaświadczać; poświadczać
testimony ['testymouny] s.
świadectwo
texture ['tekszer] s. budowa;
tkanina; struktura; tkanie
than [dzaen] conj. aniżeli; niż;
od
thank [taenk] v. dziękować; s.
podziękowanie; dzięki
thank you ['taenkju:] exp.:
dziękuję
thank you very much
['taenkju:'wery,macz] exp.:
bardzo dziękuję
that [daet] adj. & pron. pl. those
[dzous]; tamten; tamta;
tamto; ten; ta; to; ów; owa;
owo; pl. tamci; tamte; ci; te;
owi; owe; adv. tylu; tyle; conj.
że; żeby; aby; skoro
thaw [to:] s. odwilż;

rozkrochmalenie się; v. tajać;
odtajać; taje; jest odwilż
the [przed samogłoską dy; przed
spółgłoską de:; z naciskiem
dy:] przyimek określony
rzadko kiedy tłumaczony; ten;
ta; to; pl. ci; te; ten właśnie
etc.; adv. tym; im ... tym
theater ['tieter] s. teatr; kino;
widownia; amfiteatr
theft [teft] s. kradzież
their [dzeer] zaimek: ich
theme [ti:m] s. temat; zadanie;
wypracowanie
then [dzen] adv. wtedy;
wówczas; po czym; potem;
następnie; później; zatem;
zaraz; poza tym; ponadto;
conj. a więc; no to; wobec
tego; ale przecież; adj.
ówczesny; s. przedtem;
uprzednio; dotąd; odtąd
there [dzeer] adv. tam; w tym;
co
do tego; oto; właśnie; potem;
tędy; dlatego; z tego; na to; s.
ta miejscowość; to miasto;
to miejsce
therefore ['dzeer,fo:r] adv.
dlatego; zatem więc
thermometer [ter'momyter] s.
termometr
these [di:z] pl. od this
they [dzej] pl. pron. oni; one (ci;
którzy)
thick [tyk] adj. gruby; gęsty;
zbity; rzęsisty; stłumiony;
niewyraźny; mętny; ponury;
tępy; ochrypły; (slang): blatny;
spoufalony; s. gruba część;
dureń; głuptas; adv. gęsto;
grubo; ochryple; tępo
thickness ['tyknys] s. grubość;
warstwa; gęstość
thief [ti:f] s. złodziej; pl. thieves
[ti:ws]
thigh [taj] s. udo
thin [tyn] adj. cienki (sos, głos
etc.); rzadki; szczupły; słaby
(kolor etc.); (slang): paskudny;
v. rozcieńczać; szczupleć;
przerzedzać (się)
thing [tyng] s. rzecz; przedmiot;

uczynek; coś; krzyk mody;
warunek; urojenia;
przywidzenia; pl. zwierzęta;
rzeczy; odzież; ubrania;
ruchomości; sytuacja;
koniunktura; wszystko;
nieruchomości; głupstwa
think; thought; thought [tynk;
'to:t; 'to:t]
think [tynk] v. myśleć;
pomyśleć; zastanawiać się;
rozważać; rozmyślać (się);
wymyślić; wyobrażać
sobie; uważać za; mieć
zdanie; mieć za; zapomnieć
(rozmyślnie); mieć na myśli;
rozwiązywać; etc.
third [te:rd] adj. trzeci
thirsty ['te:rsty] adj.
spragniony;
żądny; suchy; wyschnięty;
(slang): ciężki
this [tys] adj. & pron. pl. these
[ti:z] ten; ta; to; tak; w ten
sposób; tyle; obecny; bieżący;
adv. tak; tak daleko; tyle; tak
dużo
thorn ['to:rn] s. kolec; cierń;
krzak cierniowy; v. kłuć;
drażnić
thorough ['terou] adj. dokładny;
zupełny; całkowity; sumienny;
adv. na wskroś; na wylot
those [douz] pl. od that
thought [to:t] v. zob. think; s.
myśl; namysł; zastanowienie
się; pomysł; oczekiwanie;
rozwaga; zamiar; pl. zdanie;
pogląd; odrobina; troszkę
thoughtful ['to:tful] adj.
zamyślony; zadumany;
rozważny; uważający; dbały;
uprzejmy; (oryginalnie)
myślący
thousand ['tauzend] num. tysiąc
thousandth ['tauzendt] adj.
tysięczny
thrash [traesz] s. młócić; walić;
bić; prać; dyskutować; s.
młócenie; walenie
thread [tred] s. nić; nitka;
przędza; sznurek; wątek;
żyłka; krok (śruby); zwojnik
(nici); gwint; v. nawlekać

(igłą); przetykać; nacinać
gwint (zwojnik); przepychać
się
threat [tret] s. groźba; pogróżka
threaten ['tretn] v. grozić;
zagrażać; odgrażać się
three [tri:] num. trzy; s. trójka
threshold ['treszould] s. próg
thrifty ['tryfty] adj. oszczędny;
rozrastający się; kwitnący
thrill [tryl] v. przejmować (się);
drgać; s. dreszcz; dreszczyk;
drganie; powieść
sensacyjna; szmer (serca)
thrilling ['trylyng] adj.
podniecający; przejmujący;
sensacyjny
throat [trout] s. gardło; szyja;
wlot; gardziel; wąskie
przejście; v. żłobić;
żłobkować; mówić gardłowo
throne [troun] s. tron; v.
tronować; wprowadzać na
tron
through [tru:] prep. przez;
poprzez; po; wskroś; na
wylot; ze; z; skutkiem; na
skutek; za; dzięki; z powodu;
adv. na wskroś; na wylot;
adj. przelotowy; bezpośredni;
skończony (np. życiowo)
throw; threw; thrown [trou; tru:;
troun]
throw [trou] v. rzucać; ciskać;
zarzucać; zrzucać; skręcać;
powalić; narzucać;
modelować na kole;
odrzucać; marnować; s. rzut;
ryzyko; szal; narzuta; uskok
thrust; thrust; thrust [trast; trast;
trast]
thrust [trast] v. wpychać;
wsadzać; wtykać; wrazić;
pchać (się); przepychać się;
wysuwać (się); szturchać;
przebijać; wepchnąć;
narzucać (się); wtrącać
(się); zadawać pchnięcie;
pchnąć; s. pchnięcie;
dźgnięcie; wypad;
wypchnięcie; nacisk; siła:
napędu, ciągu, pędu; zrzut;
parcie; uwaga; przytyk

thumb [tam] s. kciuk; duży
palec; władza (domowa);
talent ogrodniczy; zasada
(praktyczna); v. kartkować;
brudzić palcami; niszczyć;
walać; grać niezgrabnie;
prosić o podwiezienie;
wyprosić (gestem)

thunder ['tander] s. grzmot;
burza; grom; piorun; v.
grzmieć; rzucać gromy;
piorunować; miotać
(groźby)

thunderstorm ['tander-sto:rm] s.
burza z piorunami

Thursday ['te:r-zdej] s. czwartek

thus [tas] adv. tak; w ten
sposób; tak więc; a zatem

tick [tyk] s. kleszcz; tykanie;
moment; wsyp; kredyt;
sprawne działanie; v. tykać;
kupować na kredyt;
sprzedawać na kredyt;
(slang): ustalać sprawne
działanie

ticket ['tykyt] s. bilet; kwit;
znaczek; wywieszka; lista
kandydatów (USA); v.
zaopatrywać w bilet,
etykietkę; umieszczać na
liście kandydatów

tickle ['tykl] v. łaskotać;
łechtać; swędzić;
rozśmieszać; bawić;
cieszyć; s. łaskotanie;
łechtanie; swędzenie

tide [tajd] s. przypływ i odpływ
morza; fala; okres; v.
przypływać falą; płynąć z
falą; wybrnąć

tidy ['tajdy] adj. schludny;
czysty; niemały; spory; s.
zbiornik na odpadki; pokrowiec
na mebel; v. oporządzić;
sporządzać; oporządzać
(się); porządkować

tie [taj] v. wiązać; zawiązać;
przywiązać; łączyć;
sznurować; remisować;
zawrzeć ślub; unieruchomić;
s. węzeł; krawat; podkład
kolejowy; próg; remis; sznur;
rozgrywka; półbucik

tiger ['tajger] s. tygrys; jaguar;
kuguar; zawadiaka; pracujący
zapamiętale

tight [tajt] adj. zaciśnięty;
mocny; zwarty; szczelny;
spoisty; obcisły; wąski;
nabity; wstawiony; zalany;
skąpy; niewystarczający;
silny; mocny; uparty; adv.
zwarcie; ciasno; szczelnie;
obciśle; mocno; silnie

tights [tajts] pl. trykot baletnicy,
akrobaty etc.; w Anglii
rajstopy

tile [tajl] s. dachówka; kafelek;
dren; (slang): cylinder; v.
pokrywać dachówkami;
wykładać kaflami (płytami)

till [tyl] prep. aż do; dopiero;
dotychczas; aż; dopóki nie;
dotąd; v. uprawiać (ziemią);
s. szufladka na pieniądze;
kasa podręczna

tilt [tylt] s. przechylenie;
przechył; nachylenie; natarcie
kopią; plandeka; daszek; v.
przechylać (się); nachylać
(się); nacierać kopią;
(pełnym) pędem lecieć;
zaopatrywać w daszek

timber ['tymber] s. drzewo;
budulec; drewno; belka;
wręga; las; charakter; v.
zaopatrywać w budulec;
podpierać belką

time [tajm] s. czas; pora; raz;
takt; v. obliczać czas zużyty;
ustalać czas; wybierać czas;
robić we właściwym czasie;
nastawiać (przyrząd);
regulować (zegar);
synchronizować;
harmonizować; trzymać takt;
excl.: czas! (zamykać lokal
etc.)

timid ['tymyd] adj. nieśmiały;
bojaźliwy

tin [tyn] s. cyna; blacha; puszka
blaszana; blaszanka; folia
cynowa; pieniądze; adj.
cynowany; blaszany;
dziadowski (kubek); v.
cynować

tint [tynt] s. odcień; zabarwienie; v. zabarwiać

tiny ['tajny] adj. drobny; malusieńki; malutki

tip [typ] s. koniec (np. palca); koniuszek; szczyt; zakończenie; skuwka; okucie; napiwek; poufna informacja; wiadomość; rada; wskazówka; trącenie; przechylenie; skład śmieci; v. wykańczać koniec; okuwać; przechylać (się); ważyć; przewracać (się); dać napiwek; informować (poufnie); trącać lekko; dotykać; uderzać ukosem (piłką); przeważać

tipsy ['typsy] adj. podchmielony; pijany; chwiejny; niepewny

tire ['tajer] v. męczyć (się); nudzić (się); nakładać obręcz, oponę; przystroić; s. obręcz; opona; strój

tired ['tajerd] adj. zmęczony; znużony; znudzony

tissue ['tyszu:] s. tkanka; tkanina; siatka; bibułka

title ['tajtl] s. tytuł; nagłówek; napis; tytuł rodowy; tytuł prawny; prawo; czystość złota w karatach

to [tu:; tu] prep. do; aż do; ku; przy; w stosunku do; w porównaniu z; w stosunku jak; stosownie do; dla; wobec; względem; za (zależnie od ustaleń zwyczajowych)

toad [toud] s. ropucha

toast [toust] s. grzanka; toast; v. robić grzanki; wznosić toast

today [te'dej] adv. dzisiaj; dziś; s. dzień dzisiejszy

toe [tou] s. palec u nogi; nosek; szpic; stopa wału (tamy); występ z przodu; przednia część kopyta; hacel; dno odwiertu; v. kopnąć; cerować palec u pończochy; podporządkować się; stawać na starcie; stosować się do linii (też partyjnej); ukośnie wbijać gwoździe;

krzywo chodzić (palcami zbyt do wewnątrz lub na zewnątrz)

together [te'gedzer] adv. razem; wspólnie; naraz; równocześnie

toilet ['tojlyt] s. ustąp; toaleta; ubranie; adj. toaletowy

token ['toukn] s. znak; dowód autentyczności; symbol; pamiątka; żeton; bon; adj. symboliczny; niewiążący

tolerant ['tolerent] adj. tolerancyjny; wyrozumiały

tolerate ['tolerejt] v. znosić; tolerować; cierpieć

toll [toul] s. opłata (np. telefoniczna); myto: mostowe, drogowe; miejski podatek; trybut; danina; dzwonienie; v. uiszczać opłatę; wydzwaniać; dzwonić jednostajnie; wabić (zwierzynę)

tomato [te'mejtou] s. pomidor

tomb [tu:m] s. grób; grobowiec; pochowanie

tomorrow [te'mo:rou] s. & adv. jutro

ton [tan] s. tona (2000 funtów); (slang): mnóstwo

tone [toun] s. ton; normalny stan (np. ciała, organizmu); brzmienie; v. stonować się; stroić; harmonizować

tongue [tan] s. język; mowa; ozór; v. dotykać językiem; łajać; mleć językiem

tonight [te'najt] s. dziś wieczór; dzisiejsza noc; adv. dziś wieczorem; gwara; ubiegłej nocy; wczoraj wieczór

too [tu:] adv. tak; także; ponadto; do tego; zbytnio; zanadto; zbyt; za; na dodatek; też

tool [tu:l] s. narzędzie; obrabiarka; v. obrabiać; oporządzać

tooth [tu:s] s. ząb; pl. teeth [ti:s] v. uzębiać; wcinać zęby; ząbkować; sczepiać zębami trybów

toothbrush ['tu:s,brasz] s.

szczotka do zębów
toothpaste ['tu:spejst] s. pasta
do zębów
top [top] s. wierzchołek; czubek;
szczyt; wierzch; powierzchnia;
góra; bocianie gniazdo;
przykrywka; bąk; fryga; adj.
wierzchni; zewnętrzny; górny;
wyższy; najwyższy;
szczytowy; maksymalny; v.
nakrywać; wieńczyć;
uwieńczać; przewyższać;
stanowić wierzch; osiągnąć
szczyt; ścinać szczyt;
przeskoczyć (przez coś);
położyć kres; mierzyć
wysokość; wznosić się
torch [to:rcz] s. pochodnia
torment ['to:rment] s. męka;
udręka; [to:r'ment] v.
męczyć;dręczyć
torture ['to:rczer] s. tortura;
męka; v. torturować;
męczyć; dręczyć;
wykręcać; przekręcać
toss [to:s] v. rzucać się;
podrzucać; zarzucać;
podnosić; niepokoić;
kłopotać; przewracać się (w
łóżku); podbijać (piłkę);
wypaść z pokoju; kołysać
się na boki; s. rzut; losowanie;
upadek (z konia)
total ['toutel] adj. ogólny;
zupełny; całkowity; totalny;
kompletny; v. zliczać;
wynosić ogółem; (slang):
niszczyć całkowicie (np.
samochód w wypadku)
touch [tacz] v. dotykać; stykać
(się); wzruszać (się);
poruszać (coś); brać;
wydobywać; zabarwiać;
lekko uszkadzać; cechować;
mierzyć; retuszować;
rąbnąć kogoś na pieniądze
(slang); s. dotyk; dotknięcie;
pociągnięcie; odrobina;
kontakt; lekka choroba; rys;
nuta (np. złości);
obmacywanie; cecha; probierz;
naciąganie na pieniądze
(slang)

touchy ['taczy] adj. drażliwy;
obraźliwy; przewrażliwiony
tough [taf] adj. twardy; trudny;
ciężki; łobuzerski; adv. trudno;
s. człowiek: trudny, twardy;
łobuz; chuligan
tour [tuer] s. objazd; wycieczka;
tura; przechadzka; służba
(wojskowa); v. objeżdżać;
obwozić
tourist ['tueryst] s. turysta; klasa
turystyczna
tow [tou] v. holować; ciągnąć;
s. holowanie; lina holownicza;
przedmiot holowany; włókna
lniane; paździory
towards [to:rdz; 'tołerdz] prep.
ku; w kierunku; dla; w celu;
na (coś)
towel ['tauel] s. ręcznik; v.
wycierać ręcznikiem
tower ['tauer] s. wieża; v.
wznosić (się); sterczeć;
wzbijać się
town [tałn] s. miasto
toy [toj] s. zabawka; cacko; v.
bawić się; cackać się; robić
niedbale; flirtować (też np. z
pomysłem)
toxic ['toksyk] adj. trujący;
jadowity
trace [trejs] s. ślad; postronek;
drążek przekaźnikowy; v.
iść śladami; kopiować
rysunek; przypisywać
czemuś; wytyczać;
nakreślać; kreślić
track [traek] s. tor; koleina;
ślad; trop; bieżnia; rozstaw
kół; v. śledzić; tropić;
zostawiać ślady; zabłocić;
zawalać; zakładać tor; mieć
rozstęp kół; ciągnąć liną z
brzegu
trade [trejd] s. zawód; zajęcie;
rzemiosło; handel; wymiana;
klientela; branża; kupiectwo;
v. handlować; wymieniać;
frymarczyć; przewozić
towary; kupczyć;
przehandlować
tradition [tre'dyszyn] s. tradycja
traditional [tre'dyszynel] adj.

tradycyjny
traffic ['traefyk] s. ruch (kołowy, pasażerski, towarowy, telegraficzny, telefoniczny, drogowy etc.); handel czymś; v. frymarczyć; kupczyć
tragedy ['traedżydy] s. tragedia
tragic ['traedżyk] adj. tragiczny
trail [trejl] v. pociągnąć (się); powlec (się); holować; wlec (się); pozostawać w tyle; iść za tropem; ścigać; wydeptywać (ścieżką); nosić (karabin poziomo przy boku); s. szlak; ścieżka; trop; ogon; smuga; struga; bruzda; koleina
training ['trejnyng] s. zaprawa; trening; ćwiczenie; szkolenie
traitor ['trejtor] s. zdrajca
tram [traem] s. tramwaj
tranquil ['traenkłyl] adj. spokojny
tranquility [traen'kłylyty] s. spokój
transaction [traen'saekszyn] s. transakcja; przeprowadzenie sprawy; pl. sprawozdania naukowe; rozprawy
transcend [traen'send] v. przewyższać; prześcignąć; górować
transfer [traens'fe:r] v. przemieścić; przenieść (się); przewozić; przekazać; s. ['traensfe:r] przeniesienie; przewóz; przedruk; przekaz; przelew; odstąpienie
transform [traens'fo:rm] v. przekształcić; zmienić postać
translate [traens'lejt] v. przetłumaczyć; przełożyć
translation [traens'lejszyn] s. tłumaczenie; przekład
transparent [traens'peerent] adj. przeźroczysty
transportation [,traenspo:r'tejszyn] s. przewóz; transport; deportacja; zesłanie
trap [traep] s. pułapka; potrzask; sidła; zasadzka; podstęp; syfon; skała wylewna; (slang):

jadaczka; pl. manatki; v. złapać w pułapkę; zaopatrywać w pułapkę; zatrzymywać (w czymś); przykrywać czaprakiem; puszczać rzutki
trash [traesz] s. śmieci; rupieci; tandeta; odpadki; bzdury; hołota; v. obdzierać (z liści, gałązek)
travel ['traewl] v. podróżować (też za interesem); poruszać się (części maszyny); przesuwać się; biec (w terenie); przechodzić (oczami po czymś); poruszać się żwawo; błądzić; s. (daleka) podróż; ruch (pojazdów); suw (maszynowy); przesunięcie
traveler ['traewler] s. podróżnik; wodzik nitkowy; komiwojażer
tray [trej] s. taca; szufladka (też wkładowa)
treacherous ['treczeres] adj. zdradziecki; niebezpieczny; zdradliwy; zawodny; perfidny
treason ['tri:zn] s. zdrada
treasure ['treżer] s. skarb; v. zaskarbiać; cenić; strzec skarbu
treat [tri:t] v. traktować; potraktować; obchodzić się z kimś; uważać kogoś za; brać coś (za żart); leczyć coś; poddawać działaniu; pertraktować; fundować (komuś); s. przyjęcie; uczta; majówka; poczęstunek; zabawa; przyjemność; rozkosz
treaty ['tri:ty] s. traktat; układ; umowa
tree [tri:] s. drzewo; forma; kopyto; rama siodła; belka; nadproże; krokiew; szubienica; v. zapędzić (na drzewo); wsadzić (na kopyto)
tremble ['trembl] v. trząść się; drżeć; dygotać; s. drżenie; drżączka
tremendous [try'mendes] adj. straszny; olbrzymi
trend [trend] s. dążność

trespass ['trespas] v. wdzierać
się w cudze; nadużywać;
naruszać; wykraczać;
grzeszyć; v. przekroczenie;
wykroczenie; grzech; szkoda
wyrządzona na cudzym
terenie
trial ['trajel] s. próba; proces
sądowy; zmartwienie; zawody
eliminacyjne; adj. próbny;
doświadczalny
triangle ['trajaengl] s. trójkąt
tribe [trajb] s. plemię; szczep
trick [tryk] s. podstęp; chwyt;
sztuczka; sposób; nawyk;
maniera; psota; fortel; (slang):
dziecko; dziewczynka; v.
oszukać; okpić; wyłudzić;
płatać figla; zawodzić;
zaskakiwać
trickle ['trykl] v. sączyć (się);
przeciekać; przesączyć;
puszczać ciurkiem, kroplami;
s. struga (mała)
tricky ['tryky] adj. podstępny;
chytry; sprytny; trudny;
zawiły; zręczny
trifle ['trajfl] s. drobiazg;
drobnostka; błahostka;
bagatela; odrobina;
głupstewko; byle co; stop
cyny i ołowiu; biszkopt z
kremem; v. nie brać
poważnie; poflirtować;
baraszkować; paplać;
bagatelizować
trigger ['tryger] s. spust; cyngiel;
zapadka; v. pociągać za
spust; wywoływać; dawać
początek; zaczynać (akcję)
trim [trym] v. oporządzać;
usuwać niepotrzebne
(gałęzie, tłuszcz etc.);
przybierać (listwą, taśmą
etc.); rozkładać poprawnie
ładunek; poprawiać (opinię);
być oportunistą; zmyć
komuś głowę; dać komuś
lanie; wyprowadzić w pole;
besztać; rugać; s. stan;
forma; nastrój; gotowość;
porządek; strój; ozdoby;
listwy; taśmy; wstążki do

poprawienia wyglądu;
dekoracja wystawy;
oporządzenie; obcięcie;
równowaga lotu; wyposażenie
wnętrza (np. samochodu,
domu etc.); adj. schludny;
porządny; uporządkowany;
wysprzątany
trip [tryp] s. podróż; wycieczka;
jazda; trans narkomana;
potknięcie; podstawienie nogi;
zgrabny krok; wyzwalanie
zapadkowe lub wychwytowe;
błąd; pomyłka; v. potknąć
się; iść lekkim krokiem;
drobić nóżkami; tańczyć
(lekko); pomylić się;
podstawiać nogę; złapać na
błędzie; wyzwalać;
odczepiać kotwicę;
przesuwać wychwytem
kotwicowym; obracać reje;
spuszczać nagle część
maszyny
triple [trypl] adj. potrójny; s.
potrójna ilość; trójka; v.
potrajać (się)
triumph ['trajemf] s. triumf; v.
triumfować
troop [tru:p] s. grupa; gromada;
trupa teatralna; rota; pół
szwadronu; s. iść gromadą;
gromadzić się; formować w
roty (pułk)
trouble ['trabl] s. kłopot;
zmartwienie; zaburzenie;
niepokój; trud; dolegliwość;
fatyga; bieda; awaria;
uszkodzenie; defekt; v.
martwić (się); dręczyć (się);
dokuczać; niepokoić (się);
kłopotać (się)
trousers ['trauzez] pl. spodnie
trout [traut] s. pstrąg; v. łowić
pstrągi
truce [tru:s] s. rozejm;
zawieszenie broni
truck [trak] s. ciężarówka;
taczki; wózek; podwozie na
kołach; lora; drobne towary;
warzywa; wymiana; interes;
śmieci; brednie; stosunki z
kimś; v. przewozić wozem;

ładować na wóz; wymieniać
się z kimś; obnosić towar;
utrzymywać stosunki z kimś
true [tru:] adj. prawdziwy;
wierny; ścisły; dokładny;
prawdomówny; czysty;
faktyczny; szczery; lojalny;
dobrze dopasowany; s.
prawda; właściwe położenie;
v. regulować; wyregulować;
adv. prawdziwie; dokładnie;
exp.: to jest prawda!
trumpet ['trampyt] s. trąbka;
dźwięk; trębacz; v. grać na
trąbie; trąbić; roztrąbić
trunk [trank] s. pień; trzon;
tułów; tors; kadłub; główny
kanał; główna linia; trąba
słoniowa; kufer; bagażnik; pl.
spodnie (krótkie)
trust [trast] s. pewność;
zaufanie; wiara; nadzieja;
kredyt; opieka; powiernictwo;
trust; v. zaufać; mieć
zaufanie; ufać; wierzyć;
polegać (na pamięci swojej
etc.); powierzać; kredytować
truth [tru:s] s. prawda;
prawdziwość; rzetelność
try [traj] v. próbować;
wypróbować; sądzić;
sprawdzić; kosztować;
doświadczyć; starać się;
męczyć; s. próba; usiłowanie;
wysiłek
tub [tab] s. balia; ceber; kadź;
wanna; kąpiel; łódź
treningowa (wiosłowa);
oszalowanie; v. wsadzać do
wanny; prać; szalować
tube [tju:b] s. rura; wąż; dętka;
tubka; tunel (kolei
podziemnej); v. zamykać w
rurze; zaopatrywać w rury;
nadawać kształt rury
Tuesday ['tju:zdy] s. wtorek
tumble ['tambl] v. upaść;
zwalić (się);potknąć się;
zataczać się; kołysać się;
huśtać się; wywalić się;
gramolić się; rzucać się;
biegać na oślep; cisnąć;
zwichrzyć; (slang): kapować;

iść do łóżka; s. zwalenie;
pobicie rekordu; upadek;
sztuka akrobatyczna; bałagan
tune [tu:n] s. melodia; nastrój;
harmonia; v. stroić; dostroić;
harmonizować; nucić
tunnel ['tanl] s. tunel; nora; v.
przekopywać tunel, korytarz,
norę; przekopywać się
turbulent ['te:rbjulent] adj.
wzburzony; burzliwy;
gwałtowny; buntowniczy
turkey ['te:rky] s. indyk; v.
mówić bez ogródek
turn [te:rn] v. odwrócić (się);
odkręcić (się); przekręcać
(się); skręcać (się); zwracać
(się); odwracać (się);
odpierać (atak); napadać;
zmieniać się; nawracać (się);
popełniać (zdradę); stawać
się (np. katolikiem);
wyświadczać; obracać;
kierować; robić skręt;
wyprawiać; odprawiać;
toczyć (na kole); puścić w
ruch; okazać się; zdarzać
się; zwolnić; wyganiać;
wyrzucać etc.; s. obrót; kolej;
z kolei; po kolei; tura; zakręt;
zwrot; skręt; punkt zwrotny;
przełom; kształt; forma;
przechadzka; transakcja;
wstrząs; atak; przysługa;
numer (popisowy);
kolejność; postępowanie
wobec kogoś
turn off ['te:rn,of] v. zakręcić
(kurek); skręcić; wyłączać
(wodą); włączać (światło);
odprawić
turn on ['te:rn,on] v. puszczać
(wodą); włączać (światło);
odkręcać (kurek)
turtle ['te:rtl] s. żółw (morski)
tweezers ['tli:zez] s. szczypczyki
(kosmetyczne itp.)
twelve [tlelw] num. dwanaście;
s. dwunastka
twenty ['tlenty] num.
dwadzieścia; s. dwudziestka
twin [tlyn] s. bliźniak; adj.
bliźniaczy; v. rodzić się jako

bliźnięta; łączyć (się)
ściśle ze sobą

twist [tłyst] v. skręcać (się);
zwijać (się); zwichnąć (się);
zawirować; wykrzywiać
(twarz); przekręcać; pokręcić
(się); wić (się); powikłać
(się); tańczyć (twista);
wykręcać; przewijać się
(przez tłum); s. skręt; szpagat;
przędza; lina (skręcona); splot;
obrót; przekręcenie
(znaczenia); zwichnięcie;
skłonność; strucla

two [tu:] num. dwa; s. dwójka

type [tajp] s. typ; wzór;
przykład; symbol; klasa; okaz;
czcionka; kaszta (drukarska);
v. pisać na maszynie;
ustalać typ; symbolizować;
wyznaczać role

typewriter ['tajp,rajter] s.
maszyna do pisania

typical ['typykel] adj. typowy;
charakterystyczny

typist ['tajpyst] s. maszynistka

tyrant ['tajrent] s. tyran

U

ugly ['agly] adj. brzydki;
paskudny

ulcer ['alser] s. wrzód

ultimate ['altymyt] adj.
ostateczny; ostatni; końcowy;
podstawowy; s. ostateczny
wynik; podstawowy fakt

umbrella [am'brela] s. parasol

unable ['an'ejbl] adj. niezdolny;
nieudolny

unanimous [ju'naenymes] adj.
jednogłośny

unarmed ['an'a:rmd] adj.
bezbronny; nie uzbrojony

unbearable [an'beerebl] adj.
nieznośny; nie do
wytrzymania

unbelievable [,anby'li:webl] adj.

niewiarygodny;
nieprawdopodobny

unbutton ['an'batn] v. odpiąć;
rozpiąć (się)

uncanny [an'kaeny] adj.
niesamowity

uncle ['ankl] s. wujek; stryjek

uncommon ['an'komen] adj.
niezwykły; rzadki; adv.
niezwykle; nadzwyczaj

uncover [an'kawer] v. odkryć;
demaskować

under ['ander] prep. pod;
poniżej; w; w trakcie;
zgodnie z; z; adv. podrzędni;
podwładny

underdeveloped
[,anderdy'welept] adj.
zacofany; nie wywołany
poprawnie; niedorozwinięty

underdog ['ander'dog] s.
człowiek upośledzony,
przegrywający

underestimate ['ander'estymejt]
v. niedoceniać; za nisko
oszacować

undergraduate [,ander'graedjuit]
s. student bez stopnia
bachelor

underground ['ander,graund] adj.
podziemny; zaskórny; tajny; s.
kolej podziemna; ruch oporu;
adv. [,ander'graund] pod
ziemią; skrycie; tajnie

underline ['anderlajn] v.
podkreślać; s. podkreślenie;
podpis pod ilustracją;
zawiadomienie (u spodu afisza
teatralnego) o następnej
sztuce

undermine [,ander'majn] v.
podkopywać (zdrowie etc.);
podmywać (brzegi etc.)

underneath [,ander'ni:s] adv. pod
spodem; poniżej; na dole; pod
spód

underpants ['ander,paents] s.
kalesony

underprivileged
['ander'prywylydżd] adj.
upośledzony

undershirt ['andersze:rt] s.
podkoszulek

understand; understood;
understood [,ander'staend;
,ander'stud; ,ander'stud]
understatement
[,ander'stejtment] s. zbyt
skromne wyrażanie się;
niedomówienie
underwear ['ander,łeer] s.
bielizna
undesirable [andy'zajerebl] adj.
niepożądany; niedogodny; s.
człowiek niepożądany
undisciplined [an'dysyplind] adj.
niezdyscyplinowany; niekarny
undo; undid; undone ['an'du:;
'an'dyd; an'dan]
undo ['an'du:] v. robić
niebyłym; unieważniać;
usuwać; niszczyć; rujnować;
rozpakować; rozwiązać;
otwierać; rozpinać;
przekreślać
undress [an'dres] v. rozbierać
(się); odbandażowywać; s.
negliż; zwykłe ubranie
uneasy [an'i:zy] adj. niespokojny;
niepokojący; nieswój;
zażenowany; nieprzyjemny;
krępujący; budzący niepokój
unemployed [,anem'plojd] adj.
bez pracy; bezrobotny;
niewykorzystany; nie
zużytkowany
unemployment [an'emplojment]
s. bezrobocie
uneven ['an'i:wen] adj.
nieparzysty; niejednolity;
nierówny
unexpected ['anyks'pektyd] adj.
niespodziewany;
nieoczekiwany
unfair [an'feer] adj.
niesprawiedliwy; krzywdzący;
nieuczciwy; nieprzepisowy
unfaithful [an'fejsful] adj.
niewierny; wiarołomny;
nieścisły
unfamiliar ['anfe'myljer] adj.
nieznany; nie obznajomiony;
obcy; słabo zorientowany
unfit ['an'fyt] adj. nie nadający
się; niezdatny; niezdolny;
nieodpowiedni; v. czynić

niezdolnym do czegoś
unfold ['an'fould] v. ujawniać
(się); rozwijać (się);
otwierać; odsłonić
unfortunate [an'fo:rcznyt] adj.
niefortunny; pechowy;
niepomyślny; nieszczęśliwy
unfriendly [an'frendly] adj.
nieprzyjazny; nieprzychylny
unfurnished [an'fe:rnyszt] adj.
nieumeblowany
unhealthy [an'helsy] adj.
niezdrowy
uniform ['ju:nyfo:rm] adj.
jednolity; równomierny;
jednostajny; s. mundur;
uniform
union ['ju:njen] s. połączenie;
złącze; łączność; związek;
zjednoczenie; klub;
małżeństwo; zgoda; łącznik;
złączka; godło
unique [ju:'ni:k] adj. wyjątkowy;
jedyny; niezrównany; s. unikat
unit ['ju:nyt] s. jednostka; zespół
unite [ju:'najt] v. łączyć;
jednoczyć; zjednoczyć
universe ['ju:nywers] s.
wszechświat; świat;
ludzkość; kosmos
university [,ju:ny'wersyty] s.
uniwersytet; wszechnica;
uczelnia
unjust ['an'dżast] adj.
niesprawiedliwy
unknown ['an'noun] adj.
nieznany; niewiadomy
unless [an'les] conj. jeżeli nie;
chyba że
unlike ['an'lajk] adj. niepodobny;
odmienny; prep. odmiennie;
inaczej; w przeciwieństwie
unlikely [an'lajkly] adj.
nieprawdopodobny;
nieoczekiwany; nie rokujący
unload ['an'loud] v.
rozładowywać; zrzucać
ciężar
unlock ['an'lok] v. otwierać
zamek; otworzyć
unnatural [an'naeczrel] adj.
sztuczny; nienaturalny; wbrew
naturze; nienormalny

unpack ['an'paek] v.
rozpakowywać (się)
unpleasant [an'plezent] adj.
nieprzyjemny; przykry; niemiły
unprepared ['anpry'peerd] adj.
nieprzygotowany;
nieprzyrządzony
unreal ['an'ryel] adj. nierealny;
zmyślony; iluzoryczny;
wyimaginowany
unreliable ['anry'lajebl] adj.
niepewny; niesolidny
unrest ['an'rest] s. niepokój;
zamieszki; niepokoje
unruly [an'ru:ly] adj. niesforny
unsanitary ['an'saenytery] adj.
niehigieniczny; szkodliwy;
niezdrowy
unstable [an'stejbl] adj.
niepewny; chwiejny;
niezrównoważony
untidy [an'tajdy] adj. niechlujny;
niestaranny; rozczochrany;
zaniedbany; nie posprzątany
until [an'tył] prep. & conj. do;
dotychczas; dopiero; aż
unusual [an'ju:żuel] adj.
niezwykły; wyjątkowy
up [ap] adv. do góry; w górę;
wzwyż; w górze; wyżej; na;
tam (gdzie); na górze;
wysoko; aż (do); aż (po); na
(piętro); pod (górę); v.
podnosić; zrywać się;
podbijać (cenę); zaczynać
upbringing ['ap,bryngyng] s.
wychowanie; wychowywanie
upon [e'pon] prep. = on; na; po
upper ['aper] adj. wyższy; górny;
wierzchni; s. przyszwa
upright ['ap'rajt] adj.
wyprostowany; prosty;
uczciwy; prawy; adv.
pionowo; s. pionowy słup;
podpora; pianino; pozycja
pionowa
uprising [ap'rajzyng] s.
powstanie; wstawanie
upset [ap'set] v. zob. set;
przewracać (się);
pokonywać; wzburzać;
rozstrajać; rozkuwać;
pogrubiać; skręcać;

rozklepywać; s. ['ap,set]
wywrócenie (się); porażka;
podniecenie; zaburzenie;
rozstrój; niepokój; bałagan;
sztanca do kucia
upside-down ['apsajd'dałn] adv.
do góry nogami; do góry
dnem; adj. odwrócony do góry
nogami
upstairs ['ap'steerz] adv. na
górę; na górze
up-to-date ['ap-tu-'dejt] adj.
bieżący; nowoczesny
urge [e:rdż] v. poganiać;
popędzać; ponaglać;
przyśpieszać; nalegać;
pilić; namawiać; s.
pragnienie; impuls; tęsknota;
pociąg; bodziec
urgent ['e:rdżent] adj. pilny;
naglący; gwałtowny;
natarczywy; nalegający
urine ['jueryn] s. mocz; uryna
use [ju:s] s. użytek; używanie;
użycie; posługiwanie;
zastosowanie; pożytek;
korzyść; zwyczaj; praktyka;
obrządek; przyzwyczajenie; v.
używać; korzystać;
wykorzystać; zużywać;
zużyć; wyczerpać;
traktować; obejść się;
mieć zwyczaj
useful ['ju:sful] adj. użyteczny;
pożyteczny; dogodny;
wygodny; (slang): doskonały;
sprawny; biegły; zdolny
useless ['ju:zlys] adj.
niepotrzebny; bezużyteczny;
zbyteczny; bezcelowy;
nieużyteczny; do niczego
usher ['aszer] s. odźwierny;
woźny; bileter;
rozprowadzający na miejsca
(w kinie, w kościele etc.); v.
wprowadzać;
zapoczątkować
usual ['ju:żuel] adj. zwykły;
zwyczajny; normalny;
zwyczajowy; utarty
usually ['ju:żuely] adv. zwykle;
zazwyczaj
utmost ['atmoust] adj.

najwyższy; ostateczny;
skrajny; największy; najdalszy;
ostatni
utter ['ater] adj. całkowity;
zupełny; kompletny;
skończony; skrajny; ostatni;
v. wydawać (głos);
powiedzieć; wypowiedzieć
(hasło itp.); wyrażać;
wystawiać (czeki); podrabiać
(np. dokumenty); puszczać
(w obieg)

V

vacancy ['wejkensy] s. wolne
mieszkanie; wolne pokoje
motelowe; wakans; próżnia;
pustka; bezczynność
vacant ['wejkent] adj. pusty;
próżny; wolny; wakujący;
bezczynny; bezmyślny;
obojętny
vacation [we'kejszyn] s. ferie;
wakacje; opróżnienie;
zwolnienie (mieszkania);
ewakuacja
vaccinate ['waeksynejt] v.
szczepić
vacuum cleaner
['waekjuem'kli:ner] s.
odkurzacz
vague [wejg] adj. niejasny;
niewyraźny; nieokreślony;
nieuchwytny; wymijający;
niezdecydowany
vain [wejn] adj. próżny;
zarozumiały; czczy; pusty;
gołosłowny; daremny;
bezcelowy
valiant ['waeljent] adj. dzielny; s.
zuch
valid ['waelyd] adj. słuszny;
ważny; uzasadniony
valley ['waely] s. dolina; koryto
fali; wewnętrzny kąt
płaszczyzn dachu
valuable ['waeljuebl] adj.

wartościowy; cenny;
kosztowny; s. (pl.)
kosztowności; biżuteria
value ['waelju:] s. wartość;
cena; stopień jasności barwy
(w obrazie); v. szacować;
cenić; oceniać
valve [waelw] s. zawór; wentyl;
klapa; zastawka
van [waen] s. kryty wóz
(ciężarowy); czoło armii; v.
przewozić krytym wozem;
badać rudę pukaniem
vanilla [we'nyle] s. wanilia
vanish ['waenysz] v. znikać;
zanikać
vanity ['waenyty] s. próżność;
pycha; marność; czczość;
toaleta; źródło próżności;
rzecz bez wartości
variable ['weerjebl] adj. zmienny;
niestały; s. zmienny wiatr
variation [,weery'ejszyn] s.
zmiana; odmiana; wariant;
wariacja
variety [we'rajety]
s.rozmaitość; urozmaicenie;
różnorodność;
wielostronność; teatr
rozmaitości; kabaret; szereg;
odmiana
various ['weerjes] adj. różny;
rozmaity; urozmaicony; wiele;
kilka; kilkakrotnie
varnish ['wa:rnysz] s. pokost;
politura; werniks; polewa; v.
pokostować; werniksować
vary ['weery] v. zmieniać (się);
urozmaicać; różnić się; nie
podzielać zdania
vase [wejz] s. waza; wazon
veal [wi:l] s. cielęcina
vegetable ['wedżytebl] s. jarzyna
vehicle ['wi:ykl] s. pojazd;
środek; narzędzie;
przymieszka do farby
veil [wejl] s. welon; woalka;
wstąpienie do klasztoru;
zasłona (maska); chrypka; v.
zasłaniać; ukrywać
vein [wejn] s. żyła (też złota);
usposobienie; natura; nastrój;
wena; v. żyłkować

velvet ['welwyt] s. aksamit;
delikatna skórka; (slang):
zarobek; forsa; adj. aksamitny
venereal [wy'njerjel] adj.
weneryczny; chory
wenerycznie;
przeciwweneryczny; płciowy
vengeance ['wendżens] s.
zemsta; pomsta
venison ['wenzn] s. dziczyzna
vent [went] s. odwietrznik;
wentyl; otwór wentylacyjny;
rozcięcie w tyle marynarki;
ujście; upust; v. dawać
upust czemuś;
wyładowywać (złość);
rozgłaszać; wietrzyć;
wiercić otwór wentylacyjny
venture ['wenczer] s. ryzyko;
stawka; spekulacja; impreza;
interes; próba; v. odważać
się; ośmielać się;
ryzykować; śmieć; narazić
się
verb [we:rb] s. czasownik; słowo
verbal ['we:rbel] adj. ustny;
słowny; werbalny;
czasownikowy
verdict ['we:rdykt] s. wyrok;
werdykt; osąd; orzeczenie
verge ['we:rdż] s. skraj; brzeg;
krawędź; v. graniczyć;
zbliżać się; chylić się;
skłaniać się
verify ['weryfaj] v. sprawdzać;
potwierdzać; udowadniać
versatile ['we:rsetail] adj.
wszechstronny
vertical ['we:rtykel] adj.
pionowy; szczytowy; s.
pionowa płaszczyzna; linia
very ['wery] adv. bardzo;
absolutnie; zaraz; właśnie;
adj. prawdziwy; sam;
skończony (drań)
vest [west] s. kamizelka; v.
nadawać; przekazać;
przysługiwać komuś;
przypadać komuś; odziewać
w szaty; przykrywać ołtarz
veto ['wi:tou] s. weto; v.
zakładać weto
vex [weks] v. złościć;

drączyć; dokuczać
via ['waje] prep. przez; via
vibrate [waj'brejt] v. zadrgać;
zadrżeć; oscylować;
wprawiać w drganie lub ruch
wahadłowy
vice [wajs] s. imadło; zacisk;
rozpusta; występek; nałóg;
narów; wada; zastępca; v.
zaciskać w imadle
vicious ['wy'szes] adj. błędny;
występny; złośliwy; wadliwy;
zepsuty; dokuczliwy;
narowisty; rozpustny
victim ['wyktym] s. ofiara
victory ['wyktery] s. zwycięstwo
view [wju:] v. oglądać;
rozpatrywać; zbadać;
zapatrywać się; s. obejrzenie;
spojrzenie; wizja; zasięg
wzroku; widok; przegląd
umysłowy; pogląd;
zapatrywanie; intencja; zamiar;
cel; ocena
vigorous ['wygeres] adj. krzepki;
mocny; jędrny; energiczny
village ['wylydż] s. wieś
villain ['wylen] s. łajdak; łotr;
nikczemnik; łobuziak
vine [wajn] s. winna latorośl;
winorośl
vinegar ['wynyger] s. ocet; v.
kwasić
violate ['wajelejt] v. gwałcić;
zgwałcić (kobietą)
violence ['wajelens] s.
gwałtowność; gwałt;
przemoc
violent ['wajelent] adj.
gwałtowny; niepohamowany;
wściekły
violet ['wajelyt] s. fiołek; adj.
fioletowy (np. promień)
violin [,waje'lyn] s. skrzypce
virgin ['we:rdżyn] s. dziewica
virile ['wyrajl] adj. męski
virtue ['we:rczju:] s. cnota;
prawość; czystość;
skuteczność; siła; moc
visa ['wi:za] s. wiza; v.
wizować
visibility [wyzy'byłyty] s.
widoczność

vision ['wyżyn] s. widzenie; wzrok; wizja; dar przewidywania; v. okazywać wizję; mieć wizję

visit ['wyzyt] v. odwiedzać; wizytować; zwiedzać; nawiedzać; karać; udzielać się; gawędzić; s. wizyta; odwiedziny; pobyt

visitor ['wyzyter] s. gość; przyjezdny; zwiedzający; inspektor

vital ['wajtl] adj. witalny; życiowy; żywotny; zasadniczy; śmiertelny

vitamin ['wajtemyn] s. witamina

vivid ['wywyd] adj. żywy

vocabulary [wou'kaebjulery] s. słownik (specjalny); słownictwo

vocal ['woukel] s. samogłoska; adj. głosowy; wokalny; głośny; natarczywy

vogue [woug] s. moda; popularność

voice [wois] s. głos; dźwięk samogłoskowy; strona (czasownika); v. wymawiać; wyrażać; dawać wyraz czemuś; wymawiać dźwięcznie; udźwięczniać; pisać partie głosowe do muzyki; stroić

void [woid] s. próżnia; pustka; adj. próżny; pusty; pozbawiony czegoś; wolny od czegoś; wakujący; nieważny; v. unieważniać; wydalać; wypróżniać (się); oddawać (mocz)

volcano [wol'kejnou] s. wulkan

volume ['wolju:m] s. tom; objętość; masa; ilość; pojemność; rozmiar; siła

voluntary ['wolentery] adj. ochotniczy; dobrowolny; wolą kontrolowany; spontaniczny; samorzutny; s. specjalny wyczyn z wyboru sportowca; gra solo na organie

vomit ['womyt] v. wymiotować; wyrzucać; pobudzać do wymiotów; s. wymioty;

środek wymiotny

vote [wout] s. głos; głosy; głosowanie; prawo głosowania; uchwała; wotum (zaufania); v. głosować; uchwalać; orzekać; uznawać powszechnie za coś

vow [wau] s. ślub (też zakonny); przymierze; v. przysiągać; ślubować; składać śluby

voyage ['wojydż] s. podróż (statkiem)

vulgar ['walger] adj. ordynarny; wulgarny; prostacki; gminny; pospolity; powszechny

vulnerable ['walnerebl] adj. czuły; wrażliwy; mający słabe miejsce; narażony na cios; podatny na zranienie; niezabezpieczony

vulture ['walczer] s. sęp; (slang): szakal

W

wade [łejd] v. brodzić, brnąć, przechodzić w bród, torować sobie drogę

waffle ['łofl] s. wafel z ciasta naleśnikowego

wage [łejdż] s. płaca; zarobek; zapłata; v. prowadzić (np. wojnę)

wagon ['łaegen] s. ciężki wóz (kryty); lora; wóz policyjny; furgon

wail [łejl] v. zawodzić; lamentować; opłakiwać; v. zawodzenie; lament; płacz

waist [łejst] s. talia; stan; pas; kibić; stanik; śródokręcie; zwężenie

wait [łejt] v. czekać; oczekiwać; czyhać; czatować; czaić się; obsłużyć; obsługiwać kogoś; s. czekanie; oczekiwanie; zasadzka; czaty

waiter ['łejter] s. kelner
waitress [łejtryss] s. kelnerka
wake; woke; woken [łejk; łouk; łoukn]
wake [łejk] v. obudzić (się); nie spać; pobudzić; rozbudzić; wzbudzić; wskrzesić; czuwać przy (zwłokach); s. niespanie; czuwanie przy zwłokach; kilwater; fala w ślad za statkiem (motorówką); ślad (po kimś, po czymś)
walk [ło:k] v. iść; przechadzać się; chodzić; kroczyć; iść stąpa; jechać stąpa; wejść; zejść; s. chód; krok; przechadzka; spacer; marsz; deptak; aleja; odległość przebyta
wall [ło:l] s. ściana; mur; przepierzenie; wał; v. obmurować
wallet ['łolyt] s. portfel
wallow ['łolou] v. tarzać się; kłębić się; kołysać się; s. tarzanie się
walnut ['ło:lnat] s. orzech włoski
wander ['łonder] v. wędrować; błądzić; błąkać się
want [ło:nt] s. brak; potrzeba; niedostatek; niedopatrzenie; bieda; nędza; v. pragnąć; chcieć; brakować; potrzebować; pożądać
war [łor] s. wojna; v. wojować; zawojować
warden ['ło:rdn] s. dyrektor więzienia; dozorca; nadzorca; gatunek twardej gruszki
wardrobe ['ło:droub] s. garderoba; szafa na ubranie
warehouse ['łeerhaus] s. magazyn; składnica; dom składowy; v. magazynować; składować
warm [ło:rm] adj. ciepły; świeży (trop); bliski znalezienia; zadomowiony (na posadzie); zamożny
warn [ło:rn] v. ostrzegać; przypominać; wzywać; zapowiadać; uprzedzać

warning ['ło:rnyng] adj. ostrzegawczy; s. ostrzeżenie; przestroga; znak ostrzegawczy; wypowiedzenie (posady)
warp ['ło:rp] v. wypaczyć (się); zwichrować (się); wykrzywić (się); spaczyć (się); przyholowywać do miejsca utwierdzenia liny lub łańcucha; użyźniać (przez zalewanie osadem); s. spaczenie; wypaczenie; osnowa; szew skośny; lina holownicza; osad
warrant ['łorent] v. usprawiedliwiać; uzasadniać; gwarantować; s. upoważnienie; gwarancja; nakaz prawny (aresztu, rewizji etc.); pełnomocnictwo dla adwokatów; patent starszego podoficera (USA)
warrior ['ło:rjor] s. wojownik; żołnierz; adj. wojowniczy
wash [ło:sz] v. myć (się); prać (się); oczyszczać; zraszać; lekko barwić; lawować; umyć się; sunąć; płynąć z pluskiem; płukać (rudę); s. mycie; pranie; płyn (czyszczący); fale; plusk; pomyje; lura; wypłukane miejsce w ziemi; ględzenie; zaburzenie wody za statkiem; zaburzenie powietrza za samolotem; ziemia na tacy zawierająca złoto; podmywanie przez fale; mielizna; kanał wyżłobiony przez wodę; mielizna naniesiona wodą; lawowanie; cienka warstwa metalu; kilwater; ślad wodny
washing machine ['ło:szyng,me'szi:n] s. pralka; maszyna do prania
wasp [łosp] s. osa; (slang): biały -anglosaksonin-protestant
waste [łejst] adj. pustynny; pusty; nieużyty (ziemia); opustoszały; wyludniony; leżący odłogiem; zużyty;

niepotrzebny; zbyteczny;
odpadowy; v. pustoszyć;
psuć; niszczyć (się); stracić
(też zabić); zmarnować;
ginąć; zużywać (się);
zapuścić; zaniedbać; s.
pustynia; marnowanie;
trwonienie; zniszczenie;
ubytek; zużycie; odpady;
bezmiar (np. wody);
zaniedbanie; marnotrawstwo
wasteful ['łejstful] adj. rozrzutny;
marnotrawny
watch [ło:cz] s. czuwanie;
pilnowanie; czaty; czujność;
wachta; zegarek; oczekiwanie
na coś; wyglądanie czegoś;
v. czuwać; oczekiwać;
czatować; pilnować;
opiekować się; uważać;
mieć na oku; mieć się na
baczności; wyglądać
czegoś; obserwować;
szpiegować; przyglądać się;
patrzyć; oczekiwać
sposobności; śledzić
water [ło:ter] s. woda; wysięk;
przypływ; odpływ; pl. zdrój;
wody lecznicze; ocean; morze;
jezioro; rzeka; v. polewać;
podlewać; pokropić; poić;
iść do wodopoju;
nawadniać; rozwadniać;
rozcieńczać; skrapiać;
łzawić się; ślinić się
watermelon ['ło:ter,melen] s.
arbuz; kawon
wave [łejw] s. fala; falistość;
ondulacja; pokiwanie ręką;
gest ręką; v. falować;
ondulować; machać do
kogoś
wavy ['łejwy] adj. falisty;
sfalowany; drżący; migocący;
karbowany
wax [łaeks] s. wosk; adj.
woskowy; v. woskować;
stawać się
way [łej] s. droga; szlak; trakt;
przejście; wolna droga;
odległość; kierunek; strona;
sposób; zwyczaj; bieg; tok;
sens; stan; położenie

we [łi:] pron. my
weak [łi:k] adj. słaby
weaken ['łi:kn] v. osłabiać;
słabnąć; rozcieńczać
weakness [łi:knys] s. słabość;
słabostka
wealth [łels] s. bogactwo;
dobrobyt
wealthy ['łelsy] adj. bogaty
weapon ['łepon] s. broń
wear; wore; worn [łeer; ło:r;
ło:rn]
wear [łeer] v. nosić; chodzić w
czymś; ścierać się;
wycierać się; żłobić;
zacierać się; przechodzić;
mijać; zdzierać; nużyć;
męczyć; wyczerpywać;
długo trwać; długo służyć;
s. noszenie; rzeczy noszone;
moda; zużycie;
wytrzymałość
weary ['łiery] adj. zmęczony;
znużony; znudzony; męczący;
nużący; nudny; v. męczyć;
nudzić; naprzykrzać się;
uprzykrzać sobie
weather ['łedzer] s. pogoda; adj.
atmosferyczny; odwietrzny;
pogodny; v. zwietrzać;
okrywać się patyną
(śniedzią)
weave; wove; woven [łi:w;
łouw; łouwn]
weave [łi:w] v. tkać (tkaninę);
knuć (spisek); układać
(intrygę, opowiadanie);
spleść; splatać; zajmować
się tkactwem
web [łeb] s. tkanina; sztuka
(materiału); stek (kłamstw);
pajęczyna; błona (nietoperza);
tkanka łączna; usztywnienie
wedding ['łedyng] s. ślub;
wesele; adj. ślubny; weselny
Wednesday ['łenzdy] s. środa
weed [łi:d] s. chwast; zielsko;
cygaro; (slang): chuchro;
cherlak; mizerak; szkapa; v.
pielić; odchwaszczać
week [łi:k] s. tydzień
weekend ['łi:kend] s. niedziela
oraz części wolne soboty i

poniedziałku; v. spędzać
weekend

weep; wept; wept [ɫi:p; ɫept;
ɫept]

weep [ɫi:p] v. płakać;
opłakiwać; zapłakać;
lamentować; cieknąć;
wyciekać; ociekać; s. płacz;
cieknięcie

weigh [ɫej] v. ważyć (się);
rozważać; mierzyć;
równoważyć; podnosić
(kotwicą); s. ważenie

weight [ɫejt] s. ciężar; waga;
obciążenie; ciężarek;
odważnik; przycisk; grubość
(odzieży); znaczenie;
doniosłość;
odpowiedzialność; v.
obciążać; pogrubiać
sztucznie tkaninę

weird [ɫierd] adj. niesamowity;
tajemniczy; nadprzyrodzony;
dziwny; dziwaczny; s. los

welcome ['ɫekem] exp.: witaj!
witajcie! s. powitanie; adj.
mile widziany; mający
pozwolenie; mogący
korzystać; v. powitać;
witać (z radością)

well; better; best [ɫel; beter;
best] adv. dobrze; lepiej;
najlepiej

well [ɫel] s. studnia; otwór
wiertniczy; odwiert; źródło;
klatka (schodowa); adv.
dobrze; należycie; porządnie;
mocno; solidnie; szczęśliwie;
całkiem; wyraźnie; łatwo;
lekko; słusznie; adj. dobry;
zdrowy; zadowalający;
pomyślny; w porządku; exp.:
dobrze! a więc?

well-off ['ɫel'o:f] adj. dobrze
sytuowany; zamożny

west [ɫest] s. zachód; adj.
zachodni; adv. na zachód; ku
zachodowi

wet [ɫet] adj. mokry; wilgotny;
zmoczony; przemoczony;
słotny; deszczowy; dżdżysty;
(slang): w błędzie; s. wilgoć;
wilgotność; trunek; v.

moczyć (się); zwilżać;
zraszać

whale [hɫejl] s. wieloryb; rzecz
wspaniała; v. polować na
wieloryby; (slang): bić

what [hɫot] adj. jaki; jaki tylko;
ten; który; ten ... co; taki ...
jaki; tyle ... ile; pron. co; to
co; coś; excl.: co? czego? jak
to!

whatever ['hɫot'ewer] adj.
jakikolwiek; pron. cokolwiek;
wszystko co; co tylko; bez
względu; obojętnie co

wheat [hɫi:t] s. pszenica

wheel ['hɫi:l] s. koło; kółko; ster;
kierownica; v. obracać (się);
wrócić (się); prowadzić
taczki (rower); wozić
taczkami etc.

when [hɫen] adv. kiedy; kiedyż;
wtedy; kiedy to; gdy; przy;
podczas gdy; s. czas
(zdarzenia)

whenever ['hɫenewer] adv. kiedy
tylko; skoro tylko

whether ['hɫedzer] conj. czy-czy;
czy tak, czy owak

which [hɫycz] pron. który; co;
którędy; dokąd; w jaki
(sposób)

while [hɫajl] s. chwila; pewien
czas; po chwili; niebawem;
wkrótce; conj. podczas gdy;
jak długo; dopóki; póki;
natychmiast; chociaż co
prawda

whip [hɫyp] s. bat; bicz;
pomocnik; woźnica;
naganiacz; uderzenie biczem;
bita śmietana; v. chłostać;
zacinać (batem); ubijać
(śmietanę); smagać;
przyrządzać naprędce;
zwyciężyć; zakasować
(kogoś); owijać; windować;
śmigać; zbierać; wyjechać
(pośpiesznie)

whirl [hɫe:rl] v. kręcić (się);
wirować; zawirować;
porywać w wir; s. wirowanie;
ruch wirowy; wir; (slang):
próba (czegoś)

whisk [hłysk] s. wiecheć;
śmignięcie; trzepaczka (do
jajek etc.); miotełka; v.
otrzepać; odpędzać;
porywać; szybko odwozić;
przywozić; czmychać;
wymachiwać; śmigać
whiskers ['hłyskers] pl. baki;
bokobrody; wąsy
white [hłajt] adj. biały;
bezbarwny; blady; czysty;
niepokalany; uczciwy;
rzetelny; niewinny; s. biel;
biały (człowiek); białko; białe
wino
who [hu:] pron. kto; który
whoever [hu:'ewer] pron.
ktokolwiek
whole [houl] adj. cały;
pełnowartościowy; zdrowy; s.
całość
whom [hu:m] pron. kogo? zob.
who
whose [hu:z] pron. & adj. czyj;
czyja; czyje; którego
why [hłaj] adv. dlaczego; czemu;
czemuż; dlatego; właśnie; s.
przyczyna; powód; exp.: jak
to! właśnie! patrzcie; no
wiesz!; no to co!
wicked ['łykyd] adj. niegodziwy;
niedobry; frywolny; paskudny;
złośliwy; zły; nikczemny
wide [łajd] adj. szeroki; rozległy;
szeroko otwarty; obszerny;
wielki; pokaźny; znaczny;
duży; daleki; adv. szeroko; z
dala (od czegoś)
widow ['łydou] s. wdowa; v.
wdowieć
widower ['łydouer] s. wdowiec
wife [łajf] s. żona; pl. wives
[łajwz]
wig [łyg] s. peruka; v.
zaopatrywać w perukę
wild [łajld] adj. dziki; dziko
rosnący; gwałtowny;
wściekły; szalony; burzliwy;
rozwichrzony; pustynny;
zdziczały; rozwydrzony;
fantastyczny; nierealny;
podniecony; s. pustynia; dziki
teren; adv. na chybił trafił

will [łyl] s. wola; testament; siła
woli; v. postanowić;
zarządzać; zapisywać (w
testamencie); zmuszać;
chcieć
willing [,łylyng] adj. skłonny
(coś zrobić); chętny; pełen
dobrej woli
willow ['łylou] s. wierzba
win; won; won [łyn; łon; łon]
win [łyn] v. wygrywać;
zwyciężać; zdobywać;
zarabiać; osiągać;
pozyskać; przedostać się;
przezwyciężać; s. wygrana;
zwycięstwo
wind; wound; wound [łajnd;
łaund; łaund]
wind [łajnd] v. nawijać; zwijać;
zwinąć; owinąć (się); wić
(się); zakończyć; [łynd] s.
wiatr; podmuch; oddech;
dech; zapach; puste słowa;
gadanie; v. trąbić; dąć w
róg; przewietrzyć; zwietrzyć;
poczuć; zmęczyć; dać
wytchnąć
window ['łyndou] s. okno;
okienko
windy ['łyndy] adj. wystawiony
na wiatr; wietrzny; gadatliwy
wine ['łajn] s. wino
wing [łyng] s. skrzydło; ramię;
kulisa; dywizjon; lot; v.
uskrzydlać; przewozić na
skrzydłach; przelecieć (przez
coś); lecieć; szybować
winner ['łyner] s. zdobywca
nagrody; człowiek
wygrywający; laureat
winter ['łynter] s. zima; adj.
zimowy; v. zimować
wipe [łajp] v. wycierać;
ocierać; ścierać; wymazać;
zamachnąć się; s. starcie;
wytarcie; bicie
wire [łajer] s. drut; przewód;
telegram; kabel; struna
metalowa; sidła; v. drutować;
zadrutować; złapać (w sidła);
założyć przewody (w domu);
zatelegrafować; ciągnąć za
sznurki zakulisowe

wisdom ['łyzdem] s. mądrość
wise [łajz] s. sposób; adj. mądry;
roztropny
wish [łysz] v. życzyć (sobie);
pragnąć; chcieć; s.
pragnienie; życzenie; chęć;
powinszowanie; ochota; rzecz
upragniona
wit [łyt] s. umysł; rozum;
dowcip; człowiek dowcipny;
inteligencja; olej w głowie
witch [łycz] s. czarownica;
czarodziejka; v. zaczarować;
oczarować
with [łys] prep. z (kimś,
czymś); u (kogoś); przy
(kimś); za pomocą;
(stosownie) do; (cierpliwość)
dla
withdraw [łys'dro:] v. zob. draw;
cofać (się); wycofywać
(się); odwołać (coś);
odebrać (ze szkoły);
odsuwać (zasłoną)
wither ['łydzer] v. powodować
więdnięcie, usychanie;
zabijać (spojrzeniem);
usychać; usuwać się (w
cień itp.)
within [łys'yn] adv. wewnątrz; w
domu; u siebie; w (czymś); w
duchu; do wnętrza; w
obrębie; w odległości (np.
mili); w ciągu (np. dnia); w
zasięgu (wzroku); s. wnętrze
without [łysaut] prep. bez; poza;
na zewnątrz; adv. na
zewnątrz; poza domem; s.
strona zewnętrzna
witness ['łytnys] s. świadek;
widz; świadectwo; v. być
świadkiem; świadczyć (też
podpisem)
witty [łyty] adj. dowcipny
wives [łajwz] pl. żony; zob. wife
wizard ['łyzerd] s. czarownik;
czarodziej; adj. czarodziejski;
(slang): wspaniały
woe [łou] s. nieszczęście
wolf [łulf] s. pl. wolves [łulwz];
wilk; (slang): kobieciarz; v.
żreć; pożerać; połykać jak
wilk; polować na wilki

woman ['łumen] s. pl. women
['łymyn]; kobieta; baba; żona;
v. mówić per "kobieta";
umieszczać między kobietami
wonder ['łander] s. zdumienie;
cud; v. dziwić się; być
ciekaw; zastanawiać się
wonderful ['łanderful] adj.
cudowny
wood [łud] s. drzewo; drewno;
lasek; pl. lasy; puszcza; v.
obsadzać drzewami;
dostarczać drzewo
wooden ['łudn] adj. drewniany;
tępy
wool [łul] s. wełna (czesana,
strzyżona, zgrzebna);
czupryna; włosy (wełniste);
owcze runo; wełniane rzeczy
woolen ['łuln] adj. wełniany; s.
wyrób wełniany
word [łe:rd] s. słowo; wyraz;
słówko; komplement;
przechwałka; obelga; mowa;
wieść; rozkaz; adv. ustnie;
słownie; adj. słowami
wyrażony; v. wyrazić;
redagować; sformułować;
ubierać w szatę słowną;
przybierać w słowa
work [łe:rk] s. praca; robota;
zajęcie; energia; zadanie;
dzieło; utwór; uczynek; pl.
fabryka; huta; fortyfikacje;
ozdoby; v. pracować;
działać; funkcjonować;
skutkować; oddziaływać;
wywoływać; sprawiać;
wykonywać; kazać robić;
prowadzić; obsługiwać;
poruszać (motor); posuwać
(się); przesuwać (się);
wprawiać w (pasję);
nadawać kształt;
przeprowadzać przez coś;
obrabiać; urabiać (się);
wyszywać; robić robótkę;
(slang): wykorzystywać
(znajomości); drgać; burzyć;
falować; fermentować;
trzeszczeć (statek); źle
działać (maszyna);
wyczerpać się; odrabiać;

wypracować; wytwarzać;
uzyskiwać z trudem;
podniecać (się) stopniowo;
zaznajamiać się z czymś;
mieszać w całość;
dokazywać (cudów);
wywierać (wpływ); urabiać;
fasonować; eksploatować
(kopalnie itp.)
worker ['łe:rker] s. pracownik;
robotnik
world [łe:rld] s. świat; ziemia;
kula ziemska; sfery; masa;
mnóstwo; zatrzęsienie
czegoś; bezmiar; wielka
ilość; adj. światowy
worm [łe:rm] s. robak; robaczek;
glista; dżdżownica; gwint;
zwojnik; śruba (nie ostra);
wężownica; v. wkradać się;
wykradać; czołgać się;
wyciągać (tajemnicę z
kogoś); czyścić (zwierzę) z
robaków; czyścić (grządką)
z robaków
worry [łe:ry] v. dręczyć (się);
martwić (się); trapić (się);
zadręczać; zamartwiać;
naprzykrzać (się); narzucać
(się); napastować; kąsać;
szarpać zębami; s.
zmartwienie; troska; kłopot;
kąsanie (zdobyczy przez psa)
worse [łe:rs] adj. gorszy (niż:
bad; evil; ill); podniszczony;
słabszy; bardziej chory; s.
coś gorszego; to co
najgorsze; najgorszy stan;
najgorszy wypadek; v.
pogarszać się; adv. gorzej;
bardziej (się)
worship ['łe:rszyp] s. cześć;
kult; uwielbienie;
nabożeństwo;
bałwochwalstwo; v. czcić;
wielbić; uwielbiać; brać
udział w nabożeństwie
worst [łe:rst] adj. najgorszy; s.
coś najgorszego; najgorszy
wypadek; adv. najgorzej;
najbardziej; (slang): bardzo; v.
pokonać; wziąć nad kimś
górą; zadać klęskę; pobić

worth [łe:rs] s. wartość; cena;
adj. wart; opłacający się
worthless ['łe:rslys] adj.
bezwartościowy
worthy ['łe:rsy] adj. godny;
wartościowy; poczciwy; s.
godny człowiek; wybitny
człowiek (też żartem)
would [łud] v. zob. will (forma
warunkowa)
wound [łu:nd] s. rana; v. ranić;
zob. v. wind
wrap; wrapt; wrapt [raep; raept;
raept]
wrap [raep] v. zawijać; owijać;
zapakowywać; spowijać;
otulać się; okrywać (się);
zachodzić na siebie; s. szal;
chusta; okrycie
wreath [ri:s] s. wieniec
wreck [rek] s. ruina; wrak;
rozbicie się (np. statku);
katastrofa; szczątki (np. na
wodzie); zniszczenie; rozbitek
życiowy; kaleka; wypadek; v.
rozbić (pojazd); zniweczyć
(nadzieje); burzyć; być
rozbitym; spowodować
rozbicie; zrujnować; mieć
wypadek
wrestle ['resl] v. mocować się;
zmagać się; borykać się;
walczyć; s. zapasy; walka
wring; wrung; wrung [ryng;
rang; rang]
wring [ryng] v. wyżymać;
wykręcać; ukręcić (łeb);
przekręcać (słowa); ściskać
(serce); uściskać (rękę);
wymóc (coś na kimś);
zniekształcić; s. wyżymanie;
uścisk; ściskanie; wyżęcie;
wyciśnięcie
wrinkle ['rynkl] s. zmarszczka;
fałda; zmarszczenie; (slang):
ciekawy pomysł; rada; v.
marszczyć (się); być
pomarszczonym; zmiąć (się)
wrist [ryst] s. przegub; ruch ręki
w przegubie
write; wrote; written [rajt; rout;
rytn]
write [rajt] v. pisać; napisać;

zapisać; wypisać;
komponować; wystawiać
(czek); spisywać; sławić
(piórem)

writer ['rajter] s. pisarz; niżej
podpisany; powieściopisarz

writing ['rajtyng] s. pismo;
utwór; artykuł; pisanie;
piśmiennictwo; sztuka
pisania; praca literacka;
napisana rzecz

wrong [ro:ng] adj. zły;
niewłaściwy; błędny; nie w
porządku; mylny;
niekorzystny; niesprawiedliwy;
s. zło; wykroczenie; krzywda;
wina; pomyłka; grzech; strata;
niesprawiedliwość; v.
skrzywdzić; niesłusznie
posądzać; być
niesprawiedliwym; adv.
mylnie; niewłaściwie; błędnie;
źle; zdrożnie; niekorzystnie

wry [raj] adj. krzywy; skrzywiony

X

Xmas ['krysmes] = Christmas

x-ray ['eks'rej] adj.
rentgenowski; v.
prześwietlać; robić zdjęcie
rentgenowskie

xylophone ['zylefoun] s. ksylofon

Y

yacht [jot] s. jacht; v. płynąć
jachtem; urządzać wyścigi
jachtowe; brać (wziąć) udział
w regatach

yachting [jotyng] v. jachting;
sport żeglarski

yah [ja:] excl.: fe!

yak [jaek] s. jak (byk
tybetański); (slang):

gadanie; śmiech; v. gadać;
śmiać się

yam [jaem] s. słodki ziemniak
(amerykański)

yap [jaep] v. wrzaskliwie
szczekać; trajlować;
trajkotać

yard [ja:rd] s. jard (91.44 cm);
podwórze; dziedziniec; v.
umieszczać w ogrodzeniu

yarn [ja:rn] s. włókno; przędza;
historyjka; v. opowiadać
historyjki

yawn [jo:n] v. ziewać; ziąć;
zionąć; s. ziewnięcie;
ziewanie

year [je:r] s. rok

yearn [je:rn] v. tęsknić,
zatęsknić

yeast [ji:st] s. drożdże; ferment;
piana; v. fermentować;
pienić (się)

yell [jel] v. wrzeszczeć; s.
wrzask; dopingowanie

yellow ['jelou] adj. żółty; (slang):
tchórzliwy; zawistny; żółty z
zazdrości; n. żółty kolor;
żółtko; v. żółknąć;
powodować żółknięcie

yes [jes] adv. tak; v. potakiwać

yesterday ['jesterdy] adv. & s.
wczoraj

yet [jet] adv. & conj. dotąd;
jeszcze do tej pory; na razie;
jak dotąd; jednak; ani też;
mimo to

yield [ji:ld] v. wydawać;
dawać; rodzić; przynosić;
oddawać (się); porzucać;
ustępować; s. plon; zysk;
wydajność

yolk [jouk] s. żółtko; rodzaj łoju

you [ju:] pron. ty; wy; pan; pani;
panowie; panie

young [jang] adj. młody;
młodzieńczy; młodociany

your [ju:r] adj. twój; wasz;
pański

yourself [,juer'self] pron. ty sam

youth [ju:s] s. młodość,
młodzieniec

youthful ['ju:sful] adj. młody;
młodzieńczy

Z

zany ['zejny] adj. pocieszny;
błazeński; s. błazen; głupek
zealous ['zeles] adj. gorliwy
zebra ['zi:bre] s. zebra; (slang):
mulat; adj. pręgowany
zenith ['senit] s. zenit; szczyt
(sławy)
zero ['zierou] s. zero; v.
ustawiać na zero; brać na
cel
zest [zest] s. smak; pikanteria;
rozkosz; zamiłowanie; v.
dodawać pikanterii
zip [zyp] s. świst; wigor; v.
śmigać; gnać; zapinać
zamek błyskawiczny
zipper ['zyper] s. zamek
błyskawiczny
zone [zoun] s. strefa; zona; v.
opasywać; dzielić na zony
zoo [zu:] s. ogród zoologiczny

Pogonowski
Phonetic Notation

PRONUNCIATION AS IN COMMON, EVERYDAY SPEECH

Complete Phonetics
for
English and Polish Speakers

POGONOWSKI PHONETIC NOTATION
POLISH PRONUNCIATION
FOR ENGLISH SPEAKERS

Pronunciation related to familiar English sounds
Pronunciation explained with speech organ diagrams

GUIDE TO PRONUNCIATION
AS IN COMMON, EVERYDAY SPEECH

The phonetic transcription follows all
entries. It is subdivided into syllables.

In multi-syllable words the stressed syllables
are printed in bold letters.

Polish vowels are pure and consist of one
sound only.

Polish vowels are never drawled as happens
often in English.

Schematic Ellipse of the
Tip of the Tongue Positions
Of Six Basic Polish Vowels

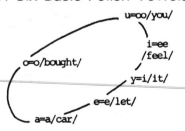

Polish nasalized vowels "ą" and "ę" are dis-
cussed on the next page.

Polish vowels:

A, a   as in: father, car;
in the phonetic guide: a

E, e, as in: let, met, get;   -"-   : e

I, i, as in: feel, keel;   -"-   : ee

O, o, as in: bought, not;   -"-   : o

U, u, as in: hook, too;   -"-   : oo

Y, y, as in: it, big, bib;   -"-   : i

The two *Polish nasalized vowels* can not be exactly described by English sounds.

The two Polish nasalized vowels:

Ą, ą, shown in the phonetic guide as: <u>own</u> =
French sound of "on."
it is a single nasalized sound composed of:
a clear "o" as in "bought" followed by "w"
and the ending with a trace of "n"

Ę, ę, shown in the phonetic guide as: <u>an</u> =
French sound of "un."
it is a single nasalized sound composed of:
a clear "e" as in "pen" and the ending with
a trace of "n"

POLISH CONSONANTS

Most Polish consonants are to be read as in English. However, voiced consonants become unvoiced at the end of any Polish word and immediately in front or behind of any unvoiced cosonat.

There are *no silent* Polish letters, except "c" in "ch" pronounced as [kh].

UNVOICED CONSONANTS:
(without sounding the vocal cords)

VOICED CONSONANTS:
(with sounding the vocal cords)

UNVOICED	VOICED
p = p	b = b
t = t	d = d
k = k	g = g
k in kie = k̲	g in gie = g̲
f = f	w = v
s = s	z = z
ś = śh	ź = źh
sz = sh	ż = zh
(sz = sh	rz = zh)
c = ts	dz = dz
ć = ćh	dź = dźh
cz = ch	dż = dzh
h & ch = kh	
l = l	

GLIDES:
r = r
j = y
ł = w

NASALS:
m = m
n = n
ń & ni = ń

PRONUNCIATION OF POLISH CONSONANTS
SPELLED OR VOICED DIFFERENTLY
THAN IN ENGLISH

cz = ch in the phonetic guide - it is pronounced exactly like "ch" in English.

sz = sh in the phonetic guide - it is pronounced exactly like "sh" in English.

szcz = shch pronounced exactly like in "fresh cheese" in English.

h & ch = kh pronounced like in Scottish "loch."

ń & ni = n with an apostrophe - a nasal consonant as in "onion," or Spanish "n" as in "manana". It also occurs in Polish when "n" is followed by the vowel "i."

ni = ń when the "i" is followed by a vowel

ni = ń + "ee" when the "i" is followed by a consonant.

j = y - a gliding consonant - pronounced exactly like "y" in the English word "yes."

ł = w - a gliding consonant - pronounced like "w" in English.

r = r - a gliding consonant - it is trilled with the tip of the tongue.

g = g - in Polish it is always pronounced as in the English word "good."

gie = g underlined indicates a trace of an "e" sound after "g" and before the sound of "e" as in "let."

kie = k underlined indicates a trace of an "ee" sound after "k" and before the "e" sound, as in "pet."

PRONUNCIATION OF POLISH PALATAL CONSONANTS

Polish palatal consonants are pronounced by touching the upper palate with the tongue. They are:

ć = ch with an apostrophe over the "c"

ci = ć when the "i" is followed by a vowel

ci = ć + "ee" when the "i" is followed by a consonant

ć is pronounced like "t" in nature.

dź = dźh with an apostrophe over the "z" - pronounced like "dz" while touching the tooth ridge.

dż = dzh - pronounced like "dzh" while touching the upper palate.

ś = śh with an apostrophe over the "s" - pronounced like "sh" while touching the tooth ridge.

si = ś when the "i" is followed by a vowel

si = ś + "ee" when the "i" is followed by a consonant

ź = źh with an apostrophe over the "z" - pronounced like "zh" while touching the upper palate.

zi = ź when the "i" is followed by a vowel

zi = ź + "ee" when the "i" is followed by a consonant

(ż = rz) = zh (note: a dot over the "z"). It is pronounced like the "s" in measure.

ść = śhćh with apostrophes over "s" and "c" - two consonants produced by touching the ridge of the teeth ridge with the tongue while pronouncing each consonant separately.

SPEECH ORGAN DIAGRAM
for Polish palatal consonants
not used in the English language.

Explosives: air compressed behind lips and teeth, then
suddenly released: dź, dzi, [dźh]
and ć, ci, [ćh]
Fricatives: air flow with a continuous friction:
ź, zi, [źh], and ś, si, [śh].
The tip of the tongue is at the tooth ridge.

POLISH SOUND "R"
is fluttered and may be pronounced
like the Scottish "r"

Mouth is slightly open; tip of the tongue is raised;
it vibrates on the exhaling impulse and strikes the
tooth-ridge; sides of the tongue touch back teeth.
The tongue does not glide as far back as is needed
in the English "r."

ZAPIS FONETYCZNY POGONOWSKIEGO
WYMOWA ANGIELSKA DLA POLAKÓW
ENGLISH PRONUNCIATION FOR POLES

**Pronunciation related to familiar Polish sounds
Pronunciation explained with speech organ diagrams**

**Uproszczona wymowa wyrażona zapisem polskim
i wytłumaczona przekrojami narządów mowy.**

Nie ulega wątpliwości, że zapoznanie się z językiem angielskim w dużej mierze polega na zapoznaniu się z angielskimi dzwiękami, których wiele różni się od wymowy polskiej.

Akcent, rytm i intonacja mają zasadnicze znaczenie w porozumiewaniu się.

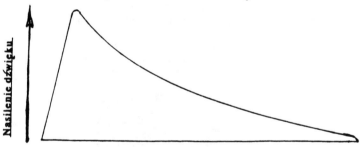

Często angielskie wyrazy można graficznie przedstawić powyższym wykresem dzwięku, intonacji, oraz akcentu (nacisku). Często początek słowa jest wymawiany w silniejszy sposób a następnie dźwięk *zamiera* ku końcowi słowa. Jednocześnie wymowa słów musi być jak najbardziej *swobodna*.

Należy unikać wszelkiego zmuszania się do mówienia w sposób sztuczny i nienaturalny.

Szkice narzadów mowy są pomocne w nauce wymowy słów angielskich. Ilustrują one różnice w używaniu narządów mowy przez mówiących po polsku i po angielsku. Ważne jest żeby pamiętać że przecinek u góry oznacza akcent na następującą po nim zgłoskę. Przecinek u dołu oznacza akcent słabszy, drugorzędny. Litery polskiego alfabetu są zastosowane jako podstawa znaków fonetycznych. Dwukropek zwiększa długość samogłoski.

Przy szkicach narządów mowy pokazane są angielskie samogłoski na obwodzie schematycznej elipsy ilustrującej pozycje języka. Oprocz dwunastu angielskich samogłosek, trzy postawowe dwugłoski angielskie zaznaczone są wewnątrz elipsy między początkową i końcową samogłoską dwugłoski. Początkowa część dwugłoski jest silniejsza niż końcowa. Cechą samogłosek angielskich, w przeciwieństwie do polskich, jest ich skłonność do przybierania dźwięków przejściowych i stawania się dwugłoskami. Trzeba pamiętać że w języku angielskim oznakowanie fonetyczne samogłosek może być tylko przybliżone. Zwłaszcza "e" fonetyczne jest mniej wyraźne niż po polsku. Samogłoska w końcówce, jak np. "nal" lub "bel" jest w fonetycznej wersji pominięta tak, że wymowa tych końcówek wymaga użycia dźwięku naturalnego zbliżonego do polskiego "y".

SPÓŁGŁOSKI ANGIELSKIE

Lista spółgłosek angielskich jest uzupełniona szkicami narządów mowy w układach odpowiadających dźwiękom, których się nie używa w języku polskim. Spółgłoski "seplenione" oznaczone literami "th" są jednymi z trudniejszych dźwięków angielskich. Jest ich pięć. Są one oznaczone podkreśleniem: <u>s</u>, <u>t</u>, <u>d</u>, <u>dz</u>, <u>z</u>. Wymowa ich jest wytłumaczona przy pomocy szkiców narządów mowy.

Angielskie "r" przypomina słabe rzężenie i jest inaczej a zarazem dużo słabiej wymawiane niż polskie "r". Angielskie "r" nie może być wymówione samodzielnie, jedynie przed lub po samogłosce.

Zmiękczone angielskie "n" [<u>n</u>] jak w "sing" [sy<u>n</u>] różni się od polskiego "ń", które jest bliższe dźwiękowi w angielskim słowie "new" [ńju]. Zapis fonetyczny [<u>n</u>] zawiera w sobie ślad następującego dźwięku "g" lub "k."

Angielskie "h" jest prawie nieme w porównaniu do polskiego "h". Język i usta są w pozycji do następnego dźwięku i tylko lekkie tchnienie zaznacza dźwięk angielski "h."

Angielska przejściowa spółgłoska "w" [ł] jest niemożliwa do wypowiedzenia samodzielnie. Usta zaokrąglone w pozycji jak do "u," przejściowy dzwięk bliski jest polskiemu "ł." Usta i język szybko przechodzą do układu dla następującej samogłoski. W zapisie fonetycznym "ou" wymawia się jak

"oł" a dźwięk "au" jak "ał."
Poza omówionymi powyżej, spółgłoski angielskie i polskie nie różnią się.
Większość angielskich współgłosek czyta się tak samo jak w języku polskim.
Dźwięczne spółgłoski na końcu słów angielskich pozostają dźwięczne w przeciwieństwie do polskich.

SPÓŁGŁOSKI BEZDŹWIĘCZNE:	SPÓŁGŁOSKI DŹWIĘCZNE:
(bez dźwięku strun głosowych)	(z dźwiękiem strun głosowych)

p = p	b = b
t = t	d = d
k & q = k	g = g
x = ks	
f = f	w = v
th = ṭ & s̱	th = d̲, d̲z̲ & z̲
s = s	z = z
sh = sz	zh = ż
c = ts	dz = dz
ch = cz	dzh = dż
hw = hł (why = hłaj)	l = l
h = prawie nieme	

GŁOSKI PRZEJŚCIOWE:	GŁOSKI NOSOWE:
r = r	m = m
y = j	n = n
w = ł	ng & nk = n̲

PRZEKRÓJ NARZĄDÓW MOWY
ANGIELSKI DŹWIĘK "TH"

Angielska "spleniona" spółgłoska "th": koniec i przód języka szeroko spłaszczony, widzialny między zębami; ciągły przelot powietrza między zębami i wargami.

Głoska bezdźwięczna: [s] bath [ba:s]
      [t] thank [taenk]
Głoska dźwięczna: [d] those [douz]
  [dz] they [dzej]
  [z] bathing [bejzyng]

ANGIELSKI DŹWIĘK "R"

Andielska spółgłoska "r": usta nieco otwarte; koniec języka uniesiony wklęsłym podgięciem ku tyłowi, nie dotyka podniebienia; boki języka dotykają zębów; wymowa możliwa tylko w przejściu od lub do samogłski -- przypomina lekkie rzężenie.

SCHEMATYCZNA ELIPSA POZYCJI KOŃCA JĘZYKA DLA DWUNASTU SAMOGŁOSEK ANGIELSKICH (WYMOWA AMERYKAŃSKA)

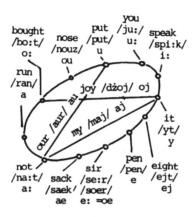

Trzy podstawowe dwugłoski angielskie -- diphtongs ['dyftons] -- są zaznaczone wewnątrz schematycznej elipsy pozycji końca języka przy wymawianiu dwunastu samogłosek angielskich.

STRUNY GŁOSOWE CZYLI FAŁDY GŁOSOWE VOCAL CHORDS OR RATHER VOCAL FOLDS

SOUND

PRODUCTION OF HUMAN VOICE

Additional Polish Titles from
Hippocrene Books

DICTIONARIES

Polish-English/English-Polish Practical Dictionary
31,000 entries · ISBN 0-7818-0085-4 · $19.95pb

Polish-English Unabridged Dictionary
250,000 entries · ISBN 0-7818-0441-8 · $200hc

Polish Handy Extra Dictionary
2,800 entries · ISBN 0-7818-0504-X · $11.95pb

PHRASEBOOKS/BEGINNERS' GUIDES

Polish-English/English-Polish
Dictionary & Phrasebook
4,000 entries · ISBN 978-0-7818-1259-7 · $13.95pb

American Phrasebook for Poles,
Second Edition, Revised
Through an expansive guide to a variety of important English-language phrases, this text provides an overview of many important areas of everyday life in North America. Its phrases and information are useful for both short-term visits or those seeking to immigrate to the United States.

ISBN 0-7818-9938-X · $11.95pb

Mastering Polish with 2 Audio CDs
This comprehensive course uses a variety of techniques to help a student of any level gain an understanding of the Polish language and the means for basic communication. The text combines practical exercises, detailed grammar lessons, and supplementary audio material.

ISBN 0-7818-1065-5 · $29.95pb

COOKBOOKS

The Best of Polish Cooking
Expanded Edition
Karen West
Recently updated with a chapter on low fat and low calorie authentic Polish food, this guide has become a classic resource on Polish fare for cooks of all levels. Organized into menus and arranged by season, these recipes expose the reader to all facets of Polish cooking in easy-to-follow directions. Also includes comprehensive guides to Polish salads and flavored vodkas.

ISBN 0-7818-0826-X · $11.95pb

Old Polish Traditions in the Kitchen
Maria Lemnis & Henryk Vitry
Through nearly 100 recipes, this cookbook provides a guide to traditional, family Polish cooking. These simple recipes reflect the everyday meals of Polish families, as well as the larger feasts prepared for Christmas and Easter. It also includes short essays on Polish holiday traditions, hospitality, and other cultural context to give cooks a greater understanding of Poland's rich cultural heritage.

ISBN 0-7818-0488-4 · $11.95pb

Polish Heritage Cookery
Illustrated and Expanded
Robert & Maria Strybel
Written especially for the American kitchen, this extensive cookbook contains over 2,200 uniquely Polish recipes with helpful illustrations and beautiful color photos. This far-reaching collection of recipes covers tradi-

tional Old Poland cuisine, hearty peasant cookery, elegant gourmet fare, and everything in between. *Polish Heritage Cookery* strives to represent the broad cultural cross-section and historical tradition that make up today's Polish cuisine.

ISBN 0-7818-1124-4 · $55.00hc

Polish Holiday Cookery and Customs
Robert Strybel

This unique guide introduces amateur cooks to the traditional Polish dishes of various occasions and holidays. It includes over 400 recipes, sample menus, as well as a dictionary of basic Polish foods, ingredients, culinary concepts, and procedures. In *Polish Holiday Cookery* one can find ideas for Christmas and Easter meals as well as a variety of other celebrations and occasions throughout the year.

ISBN 0-7818-0994-4 · $24.95hc

The Polish Country Kitchen Cookbook
Expanded Edition
Sophie Hodorowicz Knab

This popular cookbook by beloved Polish-American author Sophie Hodorowicz Knab is now updated with a new section on Polish Feasts & Festivals! Arranged according to the cycle of seasons, this cookbook explores life in the Polish countryside through the year, giving readers priceless historical information such as the type of utensils used in Poland at the turn of the century, the meaning behind the Pascal butter lamb, and many other insightful answers to common questions asked by descendants of Polish immigrants.

ISBN 978-0-7818-1294-8 · $16.95pb

Forgotten Holocaust: The Poles Under German Occupation, 1939-1945
Third Edition
Richard C. Lukas

Noted historian Richard C. Lukas, whose areas of research include World War II and Polish history, gives an extensive and absorbing account of the systematic extermination of the Polish people during the German occupation. The Poles were the first people to experience the unprecedented terror of Nazi Germany. Through comprehensive research, Lukas details this tragic story of mass executions, forced labor, and starvation of an entire nation. His work fills in many gaps in our general knowledge of Poland at this time. Included in this far-reaching account are the inspiring stories of Polish resistance movements.

ISBN 978-0-7818-1302-0 · $19.95pb

Poland: An Illustrated History
Color Edition
Iwo Cyprian Pogonowski

This concise volume details the political, social, and cultural history of Poland through detailed description and over 50 illustrations, photographs and maps. Intimate accounts of Poland's unparalleled quest for representative government, as well as investigations of Polish art, literature, music, and folklore traditions tell the story of this fascinating country.

ISBN 978-0-7818-1200-9 · $19.95hc

Poland in World War II:
An Illustrated History
Andrew Hempel
Poland's role and participation in World War II is an oft-overlooked subject in the West. Andrew Hempel, a survivor of the German occupation, presents a concise and engrossing account of the Pole's fierce struggle against the Germans. Even after the German conquest of Poland, the Polish continued to fight them in Poland as well as other European fronts. Hempel's account includes over 50 photos and illustrations to complement the reader's understanding of Poland during this period.

ISBN 0-7818-1004-3 · $9.95pb

Poland: A History
Adam Zamoyski

> *"Excellent and authoritative ... Such an extraordinary national trajectory demands an accessible and scholarly accounting. Zamoyski succeeds admirably in providing both."*
> **—The Daily Telegraph**

Adam Zamoyski's bestselling first history of Poland, *The Polish Way*, was released in 1987 when the country was in a state of subjugation, with most of its living culture surviving underground or in exile. As he set out to update his original work, he realized the task required not so much re-writing as re-thinking the known facts as well as the assumptions of the past. The events of the last twenty years and the growth of the independent Polish state allowed him to look at Poland's past with a fresh eye.

Poland: A History traces Poland's complex development from the Middle Ages to present day, examining the country's political, economic, and military struggles, as well as its culture, art, and richly varied society through the ages. Zamoyski brings the major events and characters in Poland's history to life.

ISBN 978-0-7818-1301-3 · $19.95pb

Quo Vadis
Henryk Sienkiewicz
Since its first publication in 1895, *Quo Vadis* has been translated into more than 50 languages and won its author the 1905 Nobel Prize for Literature. Now, the acclaimed translator W.S. Kuniczak gives us a modern English version of this timeless classic. Set during Nero's Rome, *Quo Vadis* chronicles the time leading up to the decline of the Roman Empire and the beginnings of Christianity. It is an epic tale of love and devotion in a tumultuous and decadent era.

ISBN 0-7818-0550-3 · $19.95pb

Prices subject to change without prior notice. **To purchase Hippocrene Books** contact your local bookstore, visit www.hippocrenebooks.com, call (212) 685-4373, or write to: HIPPOCRENE BOOKS, 171 Madison Avenue, New York, NY 10016.